KB105317

대전환

대전환

초판 1쇄 발행 | 2022년 7월 15일
초판 3쇄 발행 | 2022년 8월 20일

지은이 | 바츨라프 스밀
옮긴이 | 솝희
발행인 | 안유석
책임편집 | 고병찬
편집자 | 하나래, 구준모
디자이너 | 김민지
펴낸곳 | 처음북스
출판등록 | 2011년 1월 12일 제2011-000009호
주소 | 서울특별시 강남구 강남대로364 미왕빌딩 17층
전화 | 070-7018-8812
팩스 | 02-6280-3032
이메일 | cheombooks@cheom.net
홈페이지 | www.cheombooks.net
인스타그램 | @cheombooks
페이스북 | www.facebook.com/cheombooks
ISBN | 979-11-7022-244-6 03300

* 잘못된 책은 구매하신 곳에서 바꾸어 드립니다.
* 책값은 표지 뒷면에 있습니다.

세계를 바꾼 다섯 가지의 위대한 서사

대전환

바츨라프 스밀 지음 | 솝희 옮김

GRAND TRANSITIONS

인구, 식량, 에너지, 경제, 환경은 어떻게 현대 사회를 이루었는가

처음북스

서문

이 책은 서로 상호작용을 하며 현대 사회를 만든 '다섯 가지의 대전환'에 관한 연구를 담고 있다. 필자는 인구, 식량, 에너지, 경제, 환경 분야에서 일어난 대전환의 역사에 초점을 맞춰 이야기를 진행할 것이다. 그리고 이러한 대전환의 기원과 이를 가능하게 한 다양하고 복합적인 요인을 살펴보고자 한다. 또한 전환이 진행되고, 발전, 보급되는 과정뿐만 아니라 각 전환 사이의 상호작용을 알아보고 이로 인한 결과가 어떠했는지 보여 줄 것이다.

《대전환》을 집필에 앞서 세계의 식량 생산과 영양의 장기적인 변화[1], 에너지 자원과 그 사용[2], 현대 경제의 주요한 기술과 물질의 투입[3] 그리

1 《농업의 에너지 분석(Energy Analysis in Agriculture)》, 《세상을 먹여살리기(Feeding the World)》, 《생물권 수확하기(Harvesting the Biosphere)》, 《고기를 먹어야 할까?(Should We Eat Meat?)》.

2 《새로운 지구를 위한 에너지 디자인(Energy at the Crossroads)》, 《자연과 사회의 에너지(Energy in Nature and Society)》, 《에너지 전환(Energy Transitions)》, 《에너지와 문명(Energy and Civilization)》.

3 《20세기 만들기(Creating the Twentieth Century)》, 《20세기를 변화시키기(Transforming the Twentieth Century)》, 《현대 세계를 만들기(Making the Modern World)》, 《여전히 철기시대, 성장(Still the Iron Age, Growth)》.

고 세계 환경[4]과 같은 주제를 다뤄 본 바 있다. 다만 책에서 다루는 영역이 워낙 방대하다 보니, 중요한 사건과 상호작용 및 결과를 빠뜨리지 않도록 주의하면서 분량을 유지하기가 쉽지 않았다.

이 책은 우리가 진화를 통해 어떻게 이 지점까지 오게 됐는지, 어떻게 대전환이 어제의 상상을 뛰어넘어 오늘의 일상을 만들어 왔는지를 설명한다. 그리고 진보의 수혜자인 우리가 어떻게 지구의 생물권biosphere[5]을 위태롭게 하면서 어떤 방식으로 상대적으로 가난한 사회에 사는 수십억 명의 사람들에게 영향을 미치는지 자세히 설명하고자 한다. 필자는 선례, 발단, 업적뿐만 아니라 우회 경로나 막다른 지점, 한계 등에도 관심을 가지고 있다. 그래서 대전환의 주요 이정표와 성과를 강조하는 한편, 고르지 못한 발달을 면밀하게 살피고, 진화 과정과 부수적인 형태의 방향 또한 자세히 살펴볼 것이다.

이것(다섯 개의 대전환)들은 단순한 역사적 기록 그 이상의 의미가 있다. 그 때문에 인구학, 영양학, 에너지, 경제, 환경 분야의 여러 변수와 이에 따른 진행 과정 및 결과를 면밀히 살펴봐야 한다. 이 과정에서 필자는 상당히 많은 양의 자료를 활용할 것이다. 이 책에는 엄청나게 많은 숫자가 등장하는데 필자가 다루는 대전환 과정과 변화는 수치화한 자료 없이는 제

....

4 《탄소 질소 황(Carbon Nitrogen Sulfur)》, 《생명의 주기(Cycles of Life)》, 《지구 생태학(Global Ecology)》.

5 지구상의 생물과 환경을 모두 아우르는 개념이다.

대로 이해하기 힘들기 때문이다. 그러한 자료가 없다면 인류가 얼마나 발전했는지, 선진국의 풍요를 누리지 못하는 사람들도 선진국과 비슷한 같은 수준이 될 때까지 얼마나 많은 과업이 남아 있는지, 현대 문명의 에너지 기반을 화석연료에서 재생 에너지로 바꾸는 동시에 세계적 번영을 확대하는 도전을 어느 수준으로 감당해야 하는지 예상할 수 없을 것이다.

대전환이 서로 상호작용하며 진일보進一步된 것은 명확하다. 그래서 일부 독자들은 필자가 이 상호작용들의 모델을 구축했을 거라고 기대할 수도 있다. 이런 모델들은 현재 기후변화의 위험 평가, 식량 수요 예측, 미래 에너지 사용 및 구성 도표 작업에서 두드러지게 사용되었고, 미래의 개발을 계획하고 방향을 잡는 도구로 자리 잡았다(Creanza et al. 2017). 전 세계 인구, 식량, 에너지, 경제와 환경 간 상호작용에 대한 모델은 1960년대 후반부터 MIT의 제이 포레스터Jay Forrester의 시스템 다이내믹스System Dynamics[6] 연구로 시작되었다. 실제로 필자는 일찍이 이런 모델을 사용한 작업에 참여한 적이 있으나, 오히려 효용에 대하여 회의적인 시각을 갖게 되었다.

그 발견적 가치에 의문을 제기하려는 것은 아니지만, 우리가 구성 변수들을 완전히 이해하는 것이 아니며 복합성을 이해하기는 훨씬 더 힘들기 때문에 한계가 존재한다. 바로 이런 한계 때문에 전 세계에 대한 모델이나

....

6 MIT 대학 산업공학 교수 제이 포레스터가 개발한 복잡계 연구방법론이자 시스템공학의 설계 방법론을 말한다.

이론적 설명을 비판적으로 분석하려 한다. 미래에 대한 유용한 식견을 제공해 주거나 현실을 제대로 반영한 설명이라고 보지 않기 때문이다. 오데드 갈로르Oded Galor의 통합 성장 이론Unified Growth Theory[7]은 이러한 입장의 대비를 보여 줄 수 있는 좋은 사례이다(Galor 2011a). 이 이론은 대전환 뒤에 있는 힘을 설명하는 훌륭한 틀을 제공하기도 하지만, 에너지와 환경이 인간 역사에 미친 역할에 대한 명쾌한 해석을 제공해 주지는 못한다. 필자는 두 영역을 평생 공부해 온 사람으로서, 에너지와 생물권을 자세히 들여다보지 않고서는 우리가 사는 세계를 이해할 수 없다고 생각한다. 더욱이 필자는 그래프 모델을 사용하는 것을 꺼려 한다. 간단히 도식화된 그림이 상호 관계를 설명하는 쉬운 방법이 될 수는 있으나, 만약 관계성이 명확하게 단순화되지 않아서 현실 세계를 올바르게 반영하지 못하고 왜곡한다면 올바른 반응과 결과를 살펴볼 수 없을 것이다. 즉 오랜 시간에 걸친 중요한 질적 변화를 포착할 수 없는 것이다.

대전환의 복잡한 실타래를 풀다 보면 종종 우리가 무엇을 다루는지, 전환의 시작이 언제였는지 불분명한 경우가 있다. 유아 사망률 감소, 소득의 증가 또는 여성 노동력의 높은 비율이 보여 주듯이 인구통계학적 전환은 변화하는 사회 경제적 상황에 반응하는 적응의 과정이었는가? 아니면 얼리 어답터들이 적극적으로 퍼뜨린 새로운 산아제한 방식에 기인한

7 과거 경제성장의 요인이 모두 내부의 결과라는 내생적 성장 이론의 한계를 극복하기 위해 개발된 이론으로, 거시적 관점에서 인구 성장, 기술 발전, 성장 과정 등의 전 인류적 외부 요인을 포함한다.

혁신 프로세스라고 봐야 하는가? 이런 과정들은 독자적으로 일어나지 않고, 다양한 국가별 특성에 영향을 받아 이루어졌다. 제시된 촉발 요인과 원인 그리고 진행 방식이 동일한 설명력을 갖지는 않더라도 모두 조금씩 장점을 가지고 있다. 하지만 어떤 상황에도 하나의 설명만으로는 다른 것보다 뛰어난 우위를 점하거나 깔끔하게 그림으로 설명되지 않는다.

또 하나의 복잡한 사례로 눈을 돌려 보자. 왜 영국은 급격한 경제성장을 이룬 최초의 근대 국가가 되었을까? 무엇이 시기를 결정한 것인가? 경제성장을 지탱한 복합적인 요인은 무엇일까? 그것은 정말 산업혁명이라는 이름에 걸맞게 상대적으로 빠른 변화였을까? 아니면 경제의 현대화가 점진적으로 진행된 더 복합적인 과정이었을까? 이런 질문은 본질적으로 산업혁명의 직접적인 원인이나 그 시작과 변화의 기간에 대해 아직까지 통일된 의견이 없다는 사실만 봐도 질문에 대답하는 일이 얼마나 어려운지 알 수 있다.

지금부터 문제는 점점 더 복잡해진다. 왜냐하면 전환의 과정이 불분명하므로 일반적인 설명 모델을 도입하는 데 논란이 생기기 때문이다. 당연히 일부 과정의 결과는 전환이 시작되는 시기에 광범위하게 예측될 수 있으며, 일단 전환이 진행되면 더 구체적으로 예측될 수 있다. 하지만 대부분의 사례를 살펴보면, 전환은 완벽하게까진 아니더라도 어느 정도 진행되고 나서야 이전에는 예측할 수 없었던 많은 현실을 보여 준다. 그런 다음 새로운 질서와 상호작용이 나타나 또 하나의 새로운 현실을 만들면서 가능성이 열리고, 두 번째, 세 번째 영향과 결과가 이어진다.

이는 인구통계학적 전환의 마지막 단계가 식량 전환의 발전에 미치는 영향을 예로 들 수 있다. 단순히 생각하면, 가임률fertility[8]이 감소하고 자녀가 없는 부부의 비율이 증가하는 국가는 가족당 평균 식품 소비가 줄어들 것으로 예측될 것이다. 이런 결과는 결국 농업의 에너지 사용을 낮추고 환경적 부담을 완화할 것이다. 하지만 분명 이런 일은 벌어지지 않고 있다.

대신, 가족의 규모가 줄어들면서 가정에서 요리하는 빈도가 줄고, 간편식을 먹거나 외식을 하거나 배달하는 일이 흔해지고 있다. 특히 다짐육이나 절단육은 훌륭한 간편식이 된다. 가정에서는 전자레인지로, 패스트푸드점에서는 간편하게 조리할 수 있기 때문이다. 그러나 육류 생산에는 어쩔 수 없이 더 많은 에너지가 들어간다. 가축 사료를 위한 곡식을 재배하고 사육 시설에 있는 많은 동물을 관리해야 하기 때문이다. 육류의 세척과 가열, 냉장을 위한 시설과 물이 필요하며, 냉동 운송을 위해서는 추가로 많은 에너지가 사용된다.

결과적으로 육류를 생산하기 위해서 에너지의 사용이 필수적이다 보니 상당량의 전기와 연료를 소비하게 되었다. 동시에 높아진 에너지 수요를 해결하기 위해 다양한 방법이 추진되어 에너지 변환 효율을 높이고 실제로 부담을 줄이는 결과를 낳았다. 예를 들어 작물 농사에 필요한 질소비료의 수요가 올라갔지만, 동시에 투입 곡물당 육류 생산의 효율성도 개

8 임신이 가능한 비율을 말한다.

선되었다. 즉, 생산 육류당 투입된 질소량이 낮아졌고, 과거에 흔했던 위험한 배출이 완전히 사라졌다. 가장 큰 변화는 냉장 목적으로 염화불화탄소 CFCs: chlorofluorocarbons[9]가 더 이상 사용되지 않는다는 사실이다(염화불화탄소는 성층권의 오존 감소와 관련이 있다.). 하지만 염화불화탄소 사용 금지는 또 다른 악습을 일으키는 대표적인 사례[10]이기도 하다.

이런 사례를 통해 알 수 있듯이 전환의 영향은 그 범위가 넓다. 그것은 직접적인 촉진과 억제를 가져오기도 하고, 긴 시간이 흐른 뒤에 가변적인 영향을 주기도 하며, 전면적인 반전에 이르기도 한다. 이런 상호작용을 수량화하면 일부 영향이 오래 지속되거나, 일시적으로 기하급수적인 성장 또는 쇠퇴하는 결과가 나타나면서 실제 투입이나 비용 측면에서는 전체적인 변화를 거의 보이지 않지만, 품질에서는 중요한 변화를 보인다는 사실을 알 수 있다. 따라서 흐름을 단순화한 그래프는 제대로 된 정보를 전달하기보다 오해를 불러일으키기 쉽다.

대전환의 기원과 작동 원리를 단순하게 이해하려는 사람들이나, 예기치 않은 발전에 대한 자세한 설명보다 요약적 설명 모델을 선호하는 사람들은 이 책이 도움이 되지 않을 것이다. 더욱이 시장이 모든 것을 알아서

9 염소(Cl), 불소(F), 탄소(C)를 포함하는 화합물을 통칭하며 1930년대 미국의 듀퐁사에서 개발한 상품명인 프레온으로 알려져 있다.

10 CFC-11은 2010년부터 중국에서 사용이 완전히 금지됐음에도 최근 조사를 통해 이 화학물질이 폴리우레탄폼을 단열재로 만드는 발포제의 용도로 광범위하게 사용되고 있다고 밝혀졌다 (EIA2018).

할 것이라고 생각하는 사람들과 특정한 시간에 어떤 일이 일어날지 알고 싶은 사람들도 마찬가지다. 필자는 구차한 변명을 하는 것이 아니라 사실을 상기시켜 주는 것이다. 최근 수십 년 동안 공식 모델과 프로세스화한 그래프에 의존하여 복잡한 현실을 좁은 틀에 욱여넣으려고 할 뿐만 아니라, 먼 미래까지 예측하려는 출판물들이 홍수를 이루었다. 이런 상황을 생각하면 이 책의 실증적 태도를 뻔하다고 할 수 없을 것이다. 공식 모델에 근거한 추상론을 버리고, 그럴듯한 통일 이론은 두꺼운 이론 서적에게 맡기며, 모든 포괄적 설명의 틀을 피하겠다는 뜻이다.

대전환은 문화적, 사회적, 기술적 능력의 발전에 따른 자연적인 현상이라고 볼 수도 있지만, 현실은 발전보다는 열악한 조건과 더 관련이 있다. 즉, 전환이 일어나는 것은 불가피한 일이었다. 7만 3000년 전의 토바Toba 화산 대폭발(Williams et al. 2009)보다 훨씬 큰 화산 분출 사건부터 냉전 시대에 몇 차례 있었던 아슬아슬한 핵전쟁의 위기(Philips 2020)를 포함해 우리의 진화는 많은 사건에 의해 지연되거나 종결됐을 수도 있었다.

우리가 진화해 왔다는 경험적 사실은 더 큰 능력을 위해 진보를 멈출 수 없다는 주장을 결코 정당화할 수 없다. 우리 인간이 스스로를 호모 데우스Homo deus(Harari 2018)라 부르는 것은 인공지능이 인간의 지능을 넘어서는 특이점Singularity에 접근하는 것만큼이나 비현실적이다(Kurzweil 2017). 인간의 흥망성쇠는 많은 자연적 제약에 영향을 받으며, 문명은 자연재해에 취약하다. 거대한 소행성과 충돌하거나, 2020년 코로나19의 대유행에서 본 것처럼 지구를 몇 주 안에 집어삼킬 수 있는 바이러스성 질병이 재발할 수 있다(Bostrom 2008; Smil 2008a; Li et al. 2020).

인류는 놀라우리만큼 창의적인 종으로, 대전환의 여파로 생겨나는 수많은 어려움에도 계속해서 맞서며 변화가 불러오는 부정적인 영향을 최소한으로 낮추기도 하였다.[11] 우리는 인구 증가, 대량 물질 소비, 산업화, 도시화에서 비롯된 환경적 영향도 창의력을 발휘해 위험을 감축시키는 것에는 성공하였으나 생물권을 영구 보존하는 방식으로 경제를 운용하는 것에 실패했다.

비싸지만 효과적인 기술을 사용하면 다양한 형태의 오염을 관리하거나 제거할 수도 있다. 그리고 엄청난 인구, 식량, 에너지, 경제 전환 등에서 비롯된 궁극적인 환경 난제인 지구온난화는 대류권 기온 상승, 바다 높이 상승, 산성화, 탈산소화 현상을 간신히 완화하는 기술적이고 사회경제학적인 조정뿐만 아니라, 전 세계적 차원에서 전례 없는 노력을 필요로 할 것이다. 이를 미미한 정도로 조정하는 일조차 인류의 능력 밖일 수 있다. 거의 확실해진 사실은 우리가 견딜 수 있는 변화의 한계인 1.5℃ 이하로 지구의 평균 기온 상승을 제한하지 못할 것이라는 점이다. 물론 지금까지 구성된 어떤 설명 모델도 우리가 2050년 또는 2100년까지 어떻게 이 상황에서 벗어날 수 있을지 예측하지 못한다. 우리 인간은 정말 많은 기술을 발전시켜 왔지만, 여전히 실존적 불확실성과 마주하고 있다.

....

11 인구 1,000만 명이 넘는 도시의 시민 사이에 전염병을 옮기는 위험도나 대량 상업 항공에 내재한 위험도를 예로 들 수 있다.

필자는 이 책을 통해 서로 교류가 거의 없는 연구 영역들의 발견을 종합하여 상호 연관성과 거대 전환의 복잡성을 설명하고자 한다. 대신 깔끔한 설명으로 흔히 듣게 되는 찬사는 포기하였다. 그래도 필자는 이런 접근을 통해 여러분이 과거의 성취뿐만 아니라 미래의 도전들까지 제대로 이해할 수 있기를 바란다.

바츨라프 스밀

목차

4장 · 에너지의 대전환

5장 · 경제의 대전환

6장 · 환경의 대전환

7장 · 대전환의 결과와 미래

1

획기적인 다섯 가지 대전환

세계의 변화는 어떻게 이루어졌는가?

현대 사회를 움직이는 힘은 무엇인가? 이 질문에 제대로 답을 하기 위해서는 먼저 현대 사회가 어떤 과정을 거쳐 지금의 모습에 이르렀는지 알아야 한다. 떨어지는 출산율, 풍부한 식량, 과도한 에너지 사용, 세계화된 경제 구조, 높은 인구 유동성, 대중의 즉각적 의사소통을 익숙하게 만든 다차원적인 현대화 과정의 동력은 무엇일까? 탈산업 사회를 살고 있는 우리가 지구온난화 등의 환경 악화에 시달리게 된 까닭이 뭘까? 이러한 질문에 대한 흥미로운 접근법은 현대 사회의 전환이 이전보다 빠른 속도로 연이어 나타난 것이 원인이라는 점이다.

필자의 관심은 현대 사회의 역사에 있다. 따라서 다양한 기원과 복잡한 과정, 상승작용과 길항작용 그리고 상호의존성의 복합적인 결과를 규명하고자 한다. 전환의 복합적인 특징들은 인구 역학에 영향을 주고 전통적인 질서를 현대적인 모습으로 바꾸면서 문명이 형성되는 모든 과정

에 영향을 미쳤다.[1]

특히 전근대 세계[2]에는 다양한 변화가 나타났다. 우선 날카로운 무기를 사용한 근접전에서 포를 사용하는 형태로 바뀌고, 침략과 물리적 갈등이 반복해서 발생했다. 대규모의 이민과 더불어 제국을 건설하려는 기업들이 생겨났으며, 금속공학과 예술 분야에서의 눈부신 기술적 발전도 이루어졌다. 구체적으로 기념비적인 건축과 유화 등을 들 수 있는데, 특히 유화 작품의 경우 초기 비잔틴의 양식이 보여 주었던 종교적 엄격성은 보티첼리의 작품에서 나타나는 것처럼 우화적인 아름다움으로 바뀌게 된다.

하지만 모든 전근대 사회는 농업 생산과 식량 공급 그리고 안정적인 에너지 자원을 통한 경제성장 및 부의 창출이라는 근본적인 기조에서 벗어나지 않으려는 모습을 보였다. 물론 기후, 종교적 믿음, 사회와 경제체제 때문에 독특한 차이가 나타나기도 했다. 고도로 중앙 집권화된 중국 왕조는 안정적으로 이어진 반면, 대부분 유럽의 작은 중세 왕국에서는 통치자와 귀족들이 서로 긴장 관계를 유지했으며, 세속 권력과 종교 권력 사이에서도 갈등이 계속 이어졌다.

종교와 국가는 작부 체계(일모작, 이모작, 간작, 주요 과수 농업 등의 유무로 구분), 가축화된 조류와 포유동물의 수와 종류(구세계에는 12종이 넘는 종들이 있었지만, 고대 메소아메리카Mesoamerica에는 개와 칠면조만 있었다), 식단(완전한 채식부터 육식 위주의 구성까지) 그리고 주요 경제 활동의 형태(밭농

....

1 여기에는 농업 활동과 식량 생산, 에너지 자원의 선택과 그 때문에 이루어지는 규모와 효율성, 산업적 생산과 최근 서비스 부문의 크기 및 속도, 무역 집중도, 부의 분포, 자연환경의 상태 등이 포함된다.

2 전통 사회와 초기 근대 사회 구분은 보통 1500년대를 기점으로 한다.

사, 혼합농업, 목축업, 어업) 등에 의해 구별되었는데, 재배 형태는 광범위한 이동 재배부터 중국의 남부와 동남아시아의 특징인 정교한 관개 시설에 의한 순환 농법에 이르기까지 다양했다.

매일 먹는 식단은 유제품, 육류, 해산물의 섭취 여부 그리고 복잡한 금기 때문에 다양한 모습을 보였다. 유제품은 동아시아의 고도화된 문명에서는 외면당했지만, 유목민들에 의해 소비됐으며, 일본에서는 메이지 일왕이 직접 신하들에게 먹으라고 장려하기 전까지 천 년 이상 육류 섭취가 금지됐었다. 이러한 금기는 모든 문화권에서 찾아볼 수 있었는데, 가리는 것 없이 먹는 중국에서도 병에 걸리거나 임신 중에는 금지하는 음식들이 있었다. 성벽으로 둘러싸이고 그 안에 성당이 있는 구조의 유럽 도시, 호수의 섬에 자리 잡은 아즈텍의 수도 테노치티틀란Tenochtitlán, 중국 동부 운하로 연결된 인구밀도가 높은 도시들은 외관상 뚜렷한 차이가 있었지만, 보편적인 공통점들도 있었다.

그것은 성장, 혁신, 진보였는데, 다만 확장성의 빈도와 영향력은 여러 영역으로 흩어져 조금씩, 아주 천천히 쌓이고 있었다. 사람들의 일상은 절박한 생존 문제와 자원의 한계를 벗어나지 못했기에 수 세기, 아니 수천 년 앞서 산 사람들의 생활과 별반 다르지 않았다. 말이 기원전 3500년경 카자흐스탄 북부의 보타이Botai 문화권에서 길들여진 후 1820년대에 증기기관차가 도입되기 전까지 가장 빠른 육상 교통수단이었다는 사실에는 변함이 없었다. 바다에서는 돛단배가 그러한 역할을 했는데, 이집트 왕조 전부터 19세기 초 사이 배의 모양과 재질은 많이 변했을지라도 장거리 운송은 1830년대에 증기선이 도입되고 나서야 가능해졌다.

아주 오랫동안 정체된 방식 때문에 인구 성장은 매우 더디게 이루어졌고, 식량 공급은 제한적이었으며, 목재를 사용한 에너지 효율은 낮았기 때문에 경제성장도 느렸다. 국가들은 질적인 차이가 아니라 양적인 차이를 보였다. 중국 한나라(기원전 206년~220년)는 철을 다루는 기술과 마구 제작에 있어서 로마 공화국과 로마제국을 앞서고 있었는데, 이러한 우월함은 얼마간 이어졌지만 언제까지였는지 확인할 수 있는 정확한 증거는 없다. 프랭크Frank와 포메란츠Pomeranz는 18세기 말까지는 중국이 서구 유럽보다 부유했었다고 주장하는(Frank 1998 and Pomeranz 2000) 반면, 브로드베리Broadberry와 동료들에 따르면, 중국인의 생활수준은 12세기 초에 정점을 찍었지만, 1750년에는 인구 한 명당 경제적 생산 능력이 영국의 절반에도 못 미치는 수준이었다고 한다(Broadberry et al 2014).

• • • •

대전환의 속도와 세대 간의 격차

반면에 대전환과 함께 나타난 새로운 방식과 규범 그리고 기대 수준은 매우 빨리 변했다. 몇몇 사례를 보면 변화의 속도가 너무 빨라서 어떤 노인의 어린 시절 경험은 성인이 된 자녀들보다 몇 세기 전에 죽은 조상들과 더 비슷할 정도였다. 나폴레옹이 대륙을 정복하려던 19세기 초 프랑스 중부의 한 가난한 동네에서 태어난 여성의 삶을 한번 상상해 보자.

여성은 부모님과 함께 비가 새는 방 한 칸짜리 초가집에 살았다. 얕은 우물에서 물을 길어다 쓰고, 목욕은 거의 하지 않았다. 그리고 낡은 침대에서 세 형제와 함께 잠을 잤다. 주로 걸어 다녔으며, 유일한 교통수단이라고는 황소가 끄는 짐수레뿐이다. 마차는 꿈도 꾸지 못했고, 멀리 여행을 떠날 수도 없었다. 나무와 짚이 유일한 땔감이었기에 어머니를 도와 장작을 구해서 등에 무겁게 지고 와야 했다. 그리고 추수한 들판에서 이삭과 짚을 모아(그림 1.1) 가축을 먹이고 끼니를 해결했으며 어린 동생들도 돌봤다. 금속은 비싸기 때문에 내구성이 좋은 가재도구도 얼마 되지 않았다. 근처 도시에서 일자리를 얻은 극소수를 제외하면 대부분은 농사일로 먹고살았는데, 농사일은 낭만적인 시골 생활과는 거리가 멀었다.

가축의 도움을 받는 육체노동은 수천 년 동안 그랬듯 운동 에너지의 대부분을 차지했으며 대부분 목제 농기구는 한 세기 또는 두 세기 전과 같았다. 1823년 이 근처를 여행한 제임스 코벳James Cobbett이 '똥지게를 지고 밭으로 들어가 맨손으로 뿌리고 있었다(Cobbett 1824, 111).'라고 묘사

[그림 1.1] 19세기 초, 농장에서 장시간의 육체노동과 절약하는 삶을 보여 주는 장 프랑수아 밀레(Jean-François Millet)의 〈이삭 줍는 여인들Les glaneuses〉(1857)

한 여성의 모습과 별반 다르지 않았을 것이다. (19세기 초 몇십 년 동안 위대한 유럽 국가 프랑스의 실존적 토대가 수동적인 거름 살포에 있었다니!)

그러면 이제 1870년대의 파리에 살던 그녀의 아들을 살펴보자. 자수성가한 사업가로, 마치 구스타브 카유보트Gustave Caillebotte의 <비 오는 날의 파리 거리Rue de Paris, temps de pluie>(그림 1.2) 속에서 우산을 쓰고 걸어가는 남자 같은 모습이었을 것이다. 그리고 그의 사회적 신분 상승의 과정은 1871~1893년 사이 출판된 에밀 졸라Émile Zola의 20권짜리 저작 《루공마카르 총서Rougeon-Macquart cycle》의 주인공을 통해 생생히 묘사된 것과 비슷할 것이다. 필자는 프랑스 제2제국(1852~1870년) 기간에 있었던 근대화 초기 단계들의 빠른 전환을 《루공마카르 총서》만큼 훌륭하게 요약한 소설은 없다고 생각한다.

[그림 1.2] 19세기 말, 새로운 풍요와 열망을 담은 새 도시를 보여 주는 구스타브 카유보트(Gustave Caillebotte)의 <비 오는 날의 파리 거리Rue de Paris, temps de pluie>(1877)

이러한 빠른 변화 덕분에 손으로 거름을 뿌리며 농사를 짓던 어머니의 아들은 파리의 행정관 조르주외젠 오스만Georges-Eugène Haussmann이 낡은 집과 구시가지의 좁은 거리를 과감하게 개조한 지역에 있는 넓은 집을 얻었다(그림 1.3). 그는 주말이면 교외의 오두막에 머물며 정원을 가꾸거나, 작은 배를 타고 센강으로 나서기도 했을 것이다. 그리고 20세기 초반 10년 동안에는 전기로 불을 밝히고 석탄을 사용한 도시가스로 난방을 하는 아파트에 살았다. 그리고 전차와 지하철을 타고 이동하면서 차를 살까 고민했을지도 모른다. 여름에는 노르망디 해안의 에트르타Étretat나 리비에라Riviera에서 휴가를 보냈다. 나폴레옹 시대에 살았던 할머니의 삶은

[그림 1.3] 100여 년 후 마차 대신 자동차가 다닐 도시. 그 밖의 환경은 여전하다. 카미유 피사로(Camille Pissarro)의 〈비 오는 날 파리의 프랑스 극장 앞 광장Place du Théâtre Français, Paris: pluie〉(1898)

300년 앞선 조상과 별다를 바 없었지만, 손자의 삶은 오늘날 도시에 사는 우리의 일상과 훨씬 더 닮아 있었다.

중국의 경우, 겨우 두 세대 동안 훨씬 더 극단적인 전환을 겪는다. 공산당 통치가 수립되기 4년 전, 안후이Anhui에 있는 가난한 소작농의 가정에서 한 소녀가 태어났다. 그녀는 공산품이 거의 없던 사회에서 성장했으며 당시 마을에는 겨우 먹고살 만큼의 식량만 있었다. 그녀는 1959~1961년 사이에 있었던 세계에서 가장 파괴적인 기근에서 대가족 중 유일하게 살아남았다. 안후이는 특히 심각한 타격을 입으며 여러 마을에서 인구의 상당수를 잃었다. 결혼 후, 1965년에 그녀가 낳은 아들은 비교할 수 없을 만큼 밝은 미래가 약속된 환경에서 성년이 되었다.

1976년, 기근의 원흉이었던 마오쩌둥이 사망했을 당시 청소년이었던 그는 수학적 재능 덕분에 고등학교에 진학했고, 그 무렵 덩샤오핑은 경제개혁을 시작했다. 그가 19살이 되었을 때 식량 배급이 폐지되었으며, 그는 1989년에 베이징 대학을 졸업했다. 1989년은 정치적으로 격동의 해였다. 당시에는 중국의 일당 통치가 영원하지 않을 것처럼 보였지만, 천안문 사태와 함께 그 꿈도 사라졌다. 하지만 선전으로 일하러 간 젊은 졸업생에게는 별 차이가 없었다. 선전은 세계 전자 제조업의 중심지가 되면서 새로운 홍콩으로 변모해 가던 작은 마을이었다. 세기말이 되자, 그의 어머니는 상상할 수 없을 만큼 부자가 되었고, 널찍한 아파트에 살면서 홍콩에 집을 하나 더 장만하게 된다.

그가 상하이로 거처를 옮기고 난 뒤, 2010년에는 그의 알고리즘이 중국에 인터넷 쇼핑 붐을 일으키는 데 기여했다. 50살에는 샌달우드 부동산Sandalwood Estates의 1만 1,486㎡(약 500평) 넓이의 복합 빌라에 살았다

(Sandalwood Estates 2018). 세계적인 투자자가 된 그는 캐나다에는 포도밭이, 캘리포니아에는 집이 하나 있었으며(Hanemann and Huotari 2017), 유럽에도 상당한 자산을 가지고 있었다. 1990년에 태어난 그의 아들은 웨스트코스트 대학West Coast university에 진학을 준비하면서 엄마와 함께 밴쿠버에 살았다. 그의 이름은 제임스James였고(Huang 2017), 10만 달러짜리 스포츠카를 탔으며, 연례행사처럼 비행기를 타고 온 70대의 할머니를 모시고 캐나다나 미국에 이민 온 친척들을 방문하기도 했다.

이 이야기는 앞서 프랑스의 이야기와 마찬가지로 허구다. 하지만 구체적인 묘사는 전부 정확하다. 분명히 이런 삶과 상당히 유사한 경험을 한 실제 인물을 발견할 가능성이 높다. 결정적 차이가 있다면 프랑스에서는 한 세기에 걸쳐 일어난 변화가 중국에서는 두 세대가 지나기도 전에 이루어졌다는 사실이며, 더 놀라운 사실은 그 궤적의 시작이 역사상 가장 큰 기근이 덮친 시기에 시작되었다는 점이다. 한편, 이 이야기는 그저 놀라운 것보다도 후발 주자의 장점을 보여 주는 훌륭한 사례로도 평가될 수 있는데, 무엇보다 4조 달러에 달하는 외국인의 직접 투자와 최신 기술의 설계 이전(합법과 불법 모두)이라는 도움이 없었다면 불가능했기 때문이다.

이 책에서는 획기적인 전환이 일어난 이유를 체계적으로 탐구하고, 전근대적인 규범을 설명하며, 수 세기에 걸친 전환부터 한 세대 내에서 급격히 이루어진 수많은 전환의 궤적을 따라간다. 그리하여 이러한 대전환이 다양한 시대 변화를 겪은 현대 사회 곳곳에 어떤 영향을 미쳤는지 개괄적으로 보여 주고자 한다. 더 구체적인 주제들로 들어가기에 앞서, 전환 이전 상태와 궁극적인 결과를 병치해서 핵심적인 대비를 먼저 살펴볼 필요가 있다.

• • • •

다섯 가지 대전환의 전과 후

단순화에는 당연히 위험이 따르기 마련이므로, 지금부터 전개할 내용에 대해서는 먼저 독자분들에게 양해를 구하고 싶다. 일부 비판적 독자들은 과도한 일반화와 부정확한 내용이라고 느낄 수 있다. 특히 첫 번째 주제를 다루는 2장 시작 부분의 참조 논평, 비교와 설명 등에서 그런 인상을 받을 수 있다. 대전환의 이면에 수많은 다양성, 이탈, 복잡한 요소 등이 존재한다는 사실을 보여 줄 필요가 있다. 따라서 필자는 그런 대강의 전후 요약을 단지 우리가 어디에서 시작했으며 얼마나 발전했는지를 보여 주는 편의상의 지표로만 활용할 예정이다.

인구의 대전환

현대와 비교해 보면 전근대 사회에서는 보통 여성 한 명이 5~6명의 자녀를 낳는 높은 출산율을 보였다. 그러나 사망률 역시 비슷했다. 높은 영아 사망률은 근대 초까지도 일반적이었다. 프랑수아 샤토브리앙François-Auguste-René, vicomte de Chateaubriand은 《무덤 너머의 회상록Memoires d'outre-tombe》에서 프랑스 혁명 이전의 경험을 이렇게 묘사했다.

'생말로에서 나의 어머니는 아들을 낳았지만, 태어난 지 얼마 안 돼 죽었다… 이 아이는 이미 먼저 죽은 또 한 명의 아들과 두 딸의 뒤를 따른 것이었다. 그들 중 누구도 몇 달 이상 살지 못했다(Chateaubriand 1849, 21).'

높은 조기 사망률은 출생 시 평균 기대 수명을 50세 미만으로 줄였으며 인구 증가율은 매우 낮았다. 기원후 1000년 동안, 세계 인구는 약간 줄어들거나 거의 변동이 없었으며, 전체 기간 동안 50% 이상 증가하지 않았다. 폭력이 수반된 반복적 갈등, 수확의 실패, 전염병의 창궐 등은 상당한 인구 손실을 초래했다. 14세기 중반 예르시니아 페스티스 박테리아bacterium Yersinia pestis로 인한 흑사병으로 인구의 절반 이상을 잃었고, 1618~1648년 사이에 있었던 30년 전쟁[3]으로(Parker 1984) 눈에 띄는 지역적 손실이 있었다.

인구통계학적 전환기에 출생률의 점진적인 감소는 사망률의 감소보다 뒤처져서 결국 상대적으로 높은 인구 증가율을 나타냈다. 이는 전 세계적으로 일시적이고 과장된 성장 기간이었다. 그 기간은 1960년대 후반에 끝났으며 인구 증가율의 감소로 이어졌다. 현재 사하라 이남 아프리카를 제외한 모든 주요 지역에서 인구통계학적 전환(혹은 상당한 진전)이 이루어짐으로써 낮은 사망률을 동반한 낮은 가임률은 또 한 번 상대적으로 낮은 인구 증가율을 보여 준다.

인구통계학적 전환의 초기 단계는 아동 및 청소년이 크게 늘면서 부양비율Dependency Ratio[4]이 올라간다. 그리고 가임률이 감소하면서 경제 활동이 가능한 성인이 증가한 덕분에 국가들은 인구통계학적 이익을 누리게 된다. 여기에 효율적인 정책이 수반된다면 1980년대의 일본, 1990년대의 한국, 21세기 초반의 중국이 보여 주듯 전례 없는 경제성장을 구가하

....

3 1618~1648년 독일을 무대로 신교(프로테스탄트)와 구교(가톨릭) 간에 벌어진 종교 전쟁.

4 생산 연령 인구에 대한 비생산 연령 인구의 백분비. 15세에서 64세까지 노동이 가능한 인구 100명당 65세 이상이거나 14세 이하인 인구 숫자가 부양 비율이 된다.

면서 삶의 수준이 전반적으로 높아지게 된다. 그 후에는 낮은 가임률과 70세가 넘는 기대 수명의 증가로 오늘날의 일본처럼 부양 비율이 높아지고 인구 고령화 문제가 나타나며 인구 또한 감소한다.

심지어 일본에서도 세계에서 가장 큰 도시인 도쿄를 포함한 대도시들은 계속 성장하고 있다. 이러한 성장은 전반적인 도시화와 대도시의 성장이라는 일반적인 도시화와 또 다른 주요 전환으로 이어지는 추세일 뿐이다. 근대 초기에는 압도적으로 시골이 많았지만, 현재는 세계 인구의 절반 이상이 도시에 살고 있고, 부유한 국가의 경우에는 도시 인구 비율이 75%가 넘는다. 도시화 과정은 19세기 유럽과 북미에서 가속화되기 시작했는데, 제2차 세계대전 이후에는 아시아에서 높은 비율을 보였고 1천만 명 이상의 인구가 있는 거대 도시의 출현으로 그 정점을 찍었다. 비록 심각한 불평등이 수반되지만, 도시는 혁신과 번영의 중심이자 국내외적으로 이민을 끌어들이는 자석과 같은 존재였다. 그러나 장기적으로 보면 대도시가 남기는 엄청난 환경 발자국[5]은 걱정스러운 문제였다.

식량의 대전환

농업의 출발은 수확량이 낮은 생계형이었으며, 전통적으로 식량은 인구가 상대적으로 느리게 증가하더라도 적절한 영양 공급을 보장할 수 없을 정도로 수확량이 적었다. 이러한 결핍은 일반적으로 광범위한 영양 실조, 성장 부진, 반복되는 기근이라는 결과를 낳았다(Ó Gráda 2010). 수확 실패로 빚어진 최근의 기근은 일본의 경우 1833~1837년 사이였

5 인간의 의식주에 필요한 자원을 생산·폐기하는 데 드는 환경 영향 및 부하 정도.

고, 유럽은 1845~1849년 사이였는데, 아시아와 아프리카 지역의 기근은 대다수가 주로 폭력적 충돌과 정부의 태만(소련, 마오쩌둥 시기의 중국, 북한, 에티오피아, 남수단)이 원인이었으며, 20세기 내내 지속되었다. 그중 1959~1961년 사이 중국에서 있었던 기근이 가장 참담했는데, 가뭄이나 홍수 때문이 아닌, 광기 어린 마오주의[6] 정책(대약진 운동)으로 인한 결과였다.

거의 모든 전근대 사회에서 보통 80~90% 이상이 식물성이었던 채식 위주의 식단은 대부분 소수의 주요 작물로 구성되었다. 네 가지 주요 곡물인 밀, 쌀, 기장, 옥수수와 열대지방과 안데스산맥에서 소비하는 구근(감자와 같은 덩이줄기 식물) 그리고 가장 오래된 종류 중 하나인 렌틸콩을 비롯해, 완두, 대두 등 다양한 콩류가 더해졌다. 전통 경작지의 생산량은 꾸준히 낮았으며, 주요 곡물 생산량은 종종 씨앗을 뿌린 양의 겨우 두 배 밖에 되지 않았다. 19세기 후반에도 일부 지역에서는 연간 수확량이 헥타르당 1톤 미만으로 유지됐다(Smil 2017a).

전통적인 수확량은 날씨의 변화나 바이러스, 기생 곰팡이, 곤충 등의 영향을 받아 변동이 상당히 심했다. 수확한 작물을 동물 사료로 쓰지 않는다고 해도, 강수량이 적당한 대서양 유럽이나 비옥한 충적토가 있는 아시아의 관개 저지대처럼 풍요로운 지역에서나 풍년이 들 경우 평균적인 식량 공급이 가능했다. 하지만 토양이 척박하고 건조한 기후를 가진 지역의 수확량은 힘든 육체노동을 보상할 만큼의 적절한 영양분을 보장하지 못했다.

....

6 마오쩌둥을 중심으로 하는 중국의 공산주의자들에 의해서 만들어진 공산주의 사상이다.

농업 분야의 전환에는 보다 집중적인 투입(에너지)과 새로운 작물, 새로운 농경 관행 그리고 보다 생산적인 축산이 함께 나타났다. 주요 작물 재배는 기계화 비율의 증가, 합성 비료 사용, 충분한 관개, 수확 전 농작물 손실을 감소시킨 살충제와 살진균제 등의 사용을 통해 개선되었다. 이러한 현대화 덕분에 주요 식량 작물의 안정적인 잉여 생산과 작물 및 전문화와 모든 측면에서 전통적인 재배 농가보다 10배 이상의 차이를 보이며 수확량이 증가했다. 덕분에 기근이 사라지고 양질의 식량 공급이 보장됐다. 이뿐만 아니라, 늘어난 수확량을 동물 사료로 전용할 수 있게 되면서 1인당 고기, 계란, 유제품과 같은 동물성 식품 공급도 증가했다(안타깝지만 결과적으로 음식물 쓰레기의 발생률도 더 높아졌다.).

에너지의 대전환

모든 전근대 사회에는 에너지 공급에 의한 제약도 있었다. 에너지 공급 방식은 천 년 동안 변하지 않았다. 인간과 동물의 근육이 주요 운동 에너지의 원천이었다. 인간과 동물은 필수 불가결한 동력으로서 농업, 식품 가공, 건설, 벌목, 채석, 채굴, 공예품 제작 그리고 무역 및 상업 분야에서 활약했다. 일부 지역에서는 고정된 작업에 필요한 동력을 작은 물레방아나 풍차로 보충했다. 풍차나 물레방아의 단위 용량은 제한적이었지만, 특히 북서부 유럽 해안 지역을 포함한 몇몇 지역에서는 수요가 많아 제분, 양수, 야금 사업을 기계화하는 데 도움을 주었다.

16세기 후반에는 여전히 바다에서 노를 젓는 배가 흔히 사용되었다. 1571년 레판토Lepanto 전투 때는 양쪽에 200척 이상의 갤리galley선이 있었고, 1599년 영국을 침공하기 위해 파견된 스페인 함대에는 갤리선과 갈레아스galleass선이 모두 있었다(Rodgers 1939). 그리고 일부 큰 배들은 더 효율적인 돛단배들이 모든 대륙을 돌아다니던 18세기까지 사용되었다. 스웨덴과 러시아 해군들은 여전히 노를 이용한 배를 가지고 있었고, 스웨덴의 사령관들은 1790년 7월 핀란드만에서 벌어진 제2차 스벤스크순드 해전에서 러시아 함대를 격퇴하기 위해 포가 장착된 갤리선을 배치했다(Parker 1996).

열에너지는 오로지 생물체인 바이오매스biomass의 연소로 얻었다. 나뭇가지나 껍질, 곡식의 짚, 줄기, 뿌리와 같은 곡물의 잔여물, 가정에서 요리와 난방에 사용되는 동물의 말린 배설물 등을 여성과 아동이 수집했다. 나무는 벽돌, 타일, 유리를 구울 때 필요한 목탄을 만드는 데도 사용됐다. 숲이 우거진 지역을 벗어나면 1인당 연간 연료 공급량은 여전히 낮았고, 전통적인 연료 연소의 효율이 낮기 때문에 에너지 부족은 훨씬 더 상태가 심각했다. 목탄을 굽는 제탄製炭은 18세기에도 목재의 5분의 1 미만을 무연 연료로 전환했고, 벽난로의 연소 효율은 10% 미만이었으며, 덮개가 없는 난로는 그에 못 미쳤고, 촛불과 램프에 사용되는 왁스와 기름의 화학 에너지 중 극히 일부만이 빛으로 전환됐다.

에너지 전환의 초반에는 식물 연료가 석탄으로 교체되었고 이후 원유와 천연가스가 활용되면서 전 세계의 에너지 대부분을 공급하게 되었다. 1880년대에 수력 발전이, 1950년대에는 원자력 발전 그리고 현대에는 풍력 발전, 태양열 발전, 태양광 발전 등이 부족한 에너지를 보충하게 됐다. 그 결과 에너지를 많이 사용하는 현대 사회는 동물이나 인간의 노동력을 기계로 대체하고, 식량 생산의 혁신을 초래했으며, 산업 생산량을 늘릴 수 있었다. 또한 넘치는 에너지 공급량을 (효율성 향상을 통해) 불필요하게 남용하면서 전에는 누릴 수 없을 만큼 삶의 질이 높아졌으며, 개인의 이동성과 커뮤니케이션 능력이 향상되고, 정보에 접근할 수 있는 속도가 빨라졌다.

경제의 대전환

불확실한 수확과 부족한 에너지 공급으로 인해 전통적인 경제성장은 침체나 한계 이득을 번갈아 나타내는 반복적인 하락세(종종 폭력적 갈등과 재앙적인 박테리아 또는 바이러스 전염병으로 인해 오래 지속되는)를 보이며 최소한으로 이루어졌다. 자료를 최대한 잘 구성했을 때, 세계 경제 생산의 연평균 성장률은 기원후 천 년 동안 겨우 0.01%에 불과했다. 그렇게 되면 총생산이 두 배로 늘어나는 데 7000년이 걸릴 테고, 그다음 500년의 대규모 향상도 두 배가 되는 데까진 여전히 700년이 걸리는 0.1%에 그쳤다. 결과적으로 1인당 소득과 축적된 가계별 부의 평균은 수 세기 동안 낮은 상태로 유지되었고, 마을에 사는 인구의 80% 이상 또는 심지어 90%까지도 농업에 종사하는 경우가 있었다. 따라서 제한된 규모의 도시를 지탱하는 데 몇 가지 예외적인 경우를 제외하면, 경제는 잉여 생산이 이루어진 이후 눈에 띄게 발전하지 않았다. 경제의 전환은 주요 부문의 형태를 바꿨다. 이러한 변화는 인구통계학적, 농업적, 에너지 전환이 앞서서 이끌었다. 그중 연료 사용의 혁신과 전기 사용의 주요 발전이 큰 역할을 했다.

공업적 생산은 고도로 노동 집약적인 섬유 제조가 이끌었지만, 비싸지 않은 강철의 대량 생산을 가능하게 한 광업과 야금술(광석에서 금속을 골라내는 기술) 없이는 불가능했을 것이다. 초기 경제 확장을 이끈 건설 활동은 대규모 도시 유입을 수용할 뿐만 아니라 새로운 교통 인프라를 구축하는 역할도 했다. 중국은 예외적으로 철도가 도입되기 수 세기 전에 운하를 건설했다. 이와 대조적으로 유럽과 미국의 운하 건설은 철도가 도입되기 겨우 몇십 년 전에 정점을 찍었다.

이후 교통의 발전은 더욱 중요하게 여겨지면서 세계 무역의 성장을 가능하게 하는 일련의 전환을 불러왔다. 증기 엔진이 육로와 수로를 통한 승객과 화물 운송을 변화시킨 지 몇 세대 만에 내연기관, 증기터빈은 더 높은 효율로 연료를 전환하고 더 빠른 속도를 가능하게 하는 새로운 산업을 창출하며 자동차와 비행기의 개발이 가능해졌다. 자동차 산업은 도입된 지 몇십 년 만에 모든 주요 산업 국가에서 가장 큰 단일 제조 부문이 되었다. 제2차 세계대전 이후 비행기의 가스터빈 도입, 철도 전철화, 고속 열차의 도입과 함께 마지막 교통 전환이 진행됐다.

제2차 세계대전 이후 수십 년 동안은 도소매 상품, 가사의 개선, 교육, 재정 그리고 오락과 레저 활동에 이르는 광범위한 서비스의 경제적 중요성이 매우 빠르게 증가하는 모습을 보였다. 경제적 전환을 이룬 모든 국가에서 서비스 부문은 현재까지 국내총생산(GDP)에 크게 기여하고 있다. 불완전하지만 현재 표준적으로 사용하는 경제 성과 척도는 1950년대 초부터 전례 없는 성장률을 기록했으며, 일부 국가에서는 최대 성장률이 10%에 육박하거나 초과하기도 했다. 출산율이 감소하면서 이런 성장률은 1인당 평균 소득이 빠르게 증가하는 결과를 낳았다. 게다가 음식과 에너지가 모두 저렴해지면서 가처분소득 중 양질의 영양과 적절한 에너지 공급에 나가는 비용은 감소하고 대신 소비재, 교육, 여행 등의 다양한 분야에 나가는 비용이 증가했다.

경제적 전환의 또 다른 핵심 요소는 연료, 광석, 식품과 관련된 원자재와 완제품 모두 국제무역의 중요성이 증가한 것이었다. 선사시대에도 흑요석이나 부싯돌 같은 일부 물품은 비교적 먼 거리에서 거래되었고, 고대에는 중국의 비단이 파르티아 제국Parthian Empire을 거쳐 로마제국으로 유입되면서 유라시아 대륙 반대편 끝에 있는 제국들 사이에서 사치품 무역이 이루어졌다. 하지만 사치품은 자급자족 농업이 지배하고 지역 내 자본 투입에 의존하는 전통적인 경제에서 상류층만 소비할 수 있었다. 수공예로 생산되는 소비자 품목은 부족하기 일쑤였고, 금속 기기, 도구, 식기들은 공급량이 부족하여 대부분 나무를 사용했다. 세계화는 국제무역의 점유율 증가를 통해 세계 경제 생산물을 거의 절반으로 증가시켰고, 저소득층 가정에서조차 다른 대륙의 다양한 소재로 만들어져 대형 컨테이너로 운송되는 많은 제품을 소유하게 됐다.

환경의 대전환

인구, 에너지 그리고 경제 변화는 광물 원료(화석연료, 광석, 건설 자재로 사용되는 모래와 자갈 등), 식물 연료(식품, 사료, 산업용 작물, 목재 등), 해양 생물 연료(작은 갑각류에서 거대한 고래까지)를 포함해 지구 자원을 더 많이 개발하게 했다. 그리고 이런 개발은 산림 파괴나 토양 침식, 생물 다양성의 손실에서 볼 수 있는 것처럼 엄청난 규모로 자연 생태계를 파괴하며 자연환경만이 제공할 수 있는 혜택을 감소시켰다. 많은 전환기 이전의 환경에서는 기본적으로 삼림과 광물 자원이 고갈됐으며, 그 영향은 지역적이거나 부분적인 수준에 국한됐다(Smil 2013a). 그러나 이와 대조적으로 농업, 에너지, 경제적 전환의 복합적 결과는 광범위한 환경 악화와 두 가지의 세계 문제를 출현시켰다.

첫 번째는 인위 개변으로 인한 환경 악화가 편재하는 현상이다. 현재 우리는 토양 침식, 사막화, 삼림 벌채, 생물 다양성의 손실에서부터 대수층에서 사라지는 상당량의 물과 유독한 미립자 및 기체로 인한 공기 오염, 중금속으로 인한 토양 오염에 이르기까지 전 세계적 문제를 안고 있다. 두 번째는 세계로의 확산이다. 인위적인 개변으로 생긴 유해 복합 물질은 결국 전 세계에 확산된다. 이런 확산은 전례가 없어 해결이 매우 어렵다. 따라서 그 영향에 효과적으로 대처하기 위해서는 구체적 행동에 대한 세계적 합의가 필요하며, 그런 단계를 밟을 가능성은 계속 증가하는 경제 격차로 인해 더 줄어들기 때문이다. 온실가스의 인공적인 배출로 인한 지구의 기후변화는 환경 전환에서 가장 중요한 결과다. 왜냐하면 기후변화가 억제되지 않는다면 세계 경제의 번영뿐만 아니라, 일부 지역에서의 거주 자체가 크게 위협받기 때문이다(IPCC 2014).

이런 변화는 중동에서 처음으로 나타났다. 우리는 땀이 식으면서 이루어지는 냉각 현상을 통해 높은 열에 대처할 수 있도록 진화했지만, 아무리 건강한 사람이라도 이 보호 기제는 습구 온도(온도와 습도를 합한 측정 방식)가 35°C 이하에 머물러야만 제대로 기능한다. 더욱이 어린이와 노인, 성인 환자의 경우에는 온도가 더 낮아야 제대로 기능한다.

다섯 개의 거대한 전환은 양성·음성 피드백 사이의 상호작용과 시너지 효과를 통해 사회·경제적 분열과 환경적 우려만이 아니라, 대단한 진보와 개선으로 현대 세계를 만들었다. 그리고 글로벌 발전과 결과가 현지와 지역적 관심사 못지않게 중요해진 만큼 일반적인 거래 규모와 주요 관심사도 변화시켰다. 그 결과는 전례 없는 이익과 손해, 진보와 후퇴가 연속해서 결합한 모습을 보였다.

개인적 차원에서 긍정적인 결과는 기아 감소, 사망자 수 감소(특히 유아기), 기대 수명 연장, 1인당 소득 증가, 가계별 더 큰 부의 축적, 고등 교육과 늘어난 여행의 기회 그리고 제한이 거의 없는 접근 등이다. 사회적 차원에서 가장 해결하기 어려운 부정적 결과로는 인구의 고령화, 항생제에 내성을 가진 세균의 확산, 국제 소득 격차 증가, 부의 과도한 집중, 대중 교육의 질 저하, 의심스러운 정보의 과잉 및 인터넷으로 가능해진 잘못된 정보의 의도적 확산을 들 수 있다. 그리고 무엇보다 생물권과 자연이 주는 대체 불가능한 혜택의 광범위한 저하가 있다.

····

다각도로 바라봐야 하는 대전환의 연구

대전환들은 상호 의존도가 높다. 특정 전환의 기원을 추적하고, 진행 과정을 설명하며, 그 영향을 평가하는 일은 다른 전환을 함께 설명하지 않고서는 불가능하다. 이런 현실을 보여 주는 다양한 사례가 있다. 다음 장에서는 이 책의 첫 번째 주제로 인구통계학적 전환을 다룬다. 현대 문명의 모든 측면에 영향을 미친 근본적인 변화는 가족과 사회적 역동 안에서 어떻게 시작됐는가? 생존, 건강, 수입, 음식 섭취 그리고 에너지 사용의 개선은 특정한 발전에서 시작되었을까? 아니면 다른 전환과 함께 이루어져야 했는가?

눈에 띄는 한 가지 변수는 영아 사망률과 유아 사망률의 감소가 '가임률의 전환뿐만 아니라 세속화, 현대 경제의 부상, 심지어 지식 폭발 이면에 놓여 있는 운명론적 족쇄를 느슨하게 만드는 불균형'을 만들었다는 점이다(Kirk 1996, 386). 그것이 어떻게 가능했을까? 다이슨Dyson은 영아 사망률과 유아 사망률의 감소가 사회·경제적 발전과 무관하게 발생했지만, 동시에 후속적인 경제 발전과 사회구조의 변화를 이끈 주요 원인이라고 가정했다(Dyson 2001). 데이비드 캐닝David Canning은 '인구통계학적 과정이 완전히 독립적으로 진행됐다는 사례는 터무니없다.'라고 반박하며 '다른 방향의 발전에서 상당히 영향력 있는 인구 동태로 흐르는 중요한 메커니즘'에 대한 검토를 촉구했다(Canning 2011, 3).

유럽의 인구통계학적 전환이 산업화와 연결되어 있었기에, 가임률 감소의 시작이 소득 증가 때문이라는 점은 당연해 보였다. 소득 상승이 양육의 더 높은 기회비용으로 이어졌고, 이러한 현실은 곧 출산율 감소에 반영된다고 보는 것이 표준적인 추론이었다. 경제적 관점에서 말하자면, 사람들은 아동의 양적 성장(많이 낳아 기르는)보다 질적 성장(교육)에 더 많이 투자하게 되었다는 뜻이다. 하지만 갈로르는 이 가설의 허점과 어설픈 점들을 증명했다(Galor 2011).

가임률의 전환에 있어서, 사회·경제적 지위가 높을수록 출산율이 감소하고 지위가 낮을수록 출산율이 높다는 명백한 상관관계 같은 건 밝혀진 바 없다. 그러나 출산율 감소의 전조가 고소득층에서 시작되었고, 저소득층은 나중이었다는 건 확실하다(Dribe et al. 2014). 그리고 1인당 소득이 3배나 차이 나고, 가임률이 소득과 양적으로 상관관계가 있던 1870년대에는 거의 동시에 가임률이 감소하기 시작했다. 제인 오설리번Jane O'Sullivan이 관찰한 바에 따르면, '번영을 촉진하기 위한 개입은 출산율 감소를 위한 개입보다 이 순환을 촉발하는 비용 효율이 낮다.' 이 자료는 '발전이 최고의 피임'이라는 주장을 뒷받침하지 못한다. 오히려 '피임이 최고의 발전 자극제'라는 강력한 사례를 제시한다(O'Sullivan 2013, 1).

일반화의 한계

대전환 연구에서 가장 중요한 것은 결론을 단순화하지 않는 것이다. 전환의 궤적은 필연적으로 많은 공통점을 나타낼 수밖에 없다. 그러나 국가별 차이는 명백하다. 상대적으로 가장 진보되어 있고 가장 번영한 초기 근대 사회[7]에서도 인구, 식량, 에너지, 경제의 네 가지 전환은 동시에 이루어지지 않았고, 보통 한두 가지 전환이 다른 전환들보다 훨씬 먼저 시작되었다. 결과적으로, 현대 사회의 기초에 영향을 미치는 국가별 전환의 시작은 몇 세대뿐만 아니라 수백 년까지 차이가 있다.

빠른 출발을 가장 잘 보여 주는 사례는 영국의 에너지 전환일 것이다. 잉글랜드와 웨일스에서는 늦어도 1620년에 석탄 연소가 목재 연소를 능가했다. 그 무렵, 19세기 영국의 경제력을 향상시킬 모든 주요 석탄 광산 지역은 이미 개발되어 있었다. 1700년까지 영국은 에너지의 약 75%를 석탄에서 얻은 반면, 프랑스와 독일은 19세기 후반이 돼서야 석탄이 지배적인 연료로 자리를 잡았고, 중국은 1970년이 지나서 주요 에너지의 절반 이상을 화석연료(대부분 석탄)에서 얻기 시작했다(Smil 2017a). 북유럽 국가들의 인구통계학적 전환의 시작 역시 18세기로 거슬러 올라간다(Johansen 2002; de la Croix et al. 2009). 하지만 지중해 연안 국가들에서는 대부분 1950년대 이후에 변화가 일어났다.

....

7 유럽의 잉글랜드, 웨일스, 홀랜드의 황금기와 아시아에서는 일본의 도쿠가와 막부, 중국의 청나라에 해당하는 17세기.

전통적인 사회 질서와 통치 방식, 경제 조직, 기본으로 주어진 자원 그리고 선호되는 행동의 다양성은 획기적인 결과를 불러오는 전환이 왜 나라와 대륙마다 서로 다른 시기에 시작됐고, 일부 몇몇 나라의 경우에는 (몇 세대가 걸리기도 했던 인구통계학적 전환처럼) 상대적으로 느리게 진행됐는지를 설명해준다. 반면, 기타 다른 전환은 한 사람이 죽기 전에 달성되고 대부분은 단일 세대(20~25년) 내에 이루어지기도 했는데, 이는 기술혁신과 일부 식단의 전환에 의존하는 경우에 해당했다.

어떤 경우에는, 이 모든 요소가 부차적인 역할만 했는데, 이는 이후 지대한 영향을 불러올 전환의 시작이 오랫동안 지속한 제국의 몰락이나 큰 전쟁에서의 패배처럼 특이하고 예측할 수 없었던 단절로 거슬러 올라갈 수 있기 때문이었다. 이러한 단절은 일본의 예시를 통해 알 수 있다. 메이지 유신(1868년)은 250여 년의 도쿠가와 막부(1603~1867년) 이후 일본의 경제적 전환을 이끌었다. 일본은 1895년 전쟁에서 중국을, 1905년에는 러시아를 패배시켰고, 그 후 1931년의 만주와 1937년 이후 대부분의 중국을 점령하고 1941년 미국에 대한 공격을 이어가며 궁극적으로 전 세계에 영향을 끼쳤다. 제2차 세계대전에서의 패배와 미국의 일본 점령은 이례적으로 빠른 식생활의 전환을 이끌었고(Smil and Kobayashi 2011), 감탄스럽지만 짧았던 경제성장의 토대가 되었다.

이렇게 다른 변화의 시작점은 최근 일어나는 전환의 속도에 중요한 영향을 미쳤다. 많은 선발 주자의 전환은 매우 느리고 시차를 보인 반면, 후발 주자의 전환은 동시 발생적이고 매우 빠른 진행을 보여 주었다. 인구, 농업 그리고 에너지 전환뿐만 아니라, 대규모 지적 재산 도용을 통한 해외 선진 노하우의 대량 이전이 더해지며, 포스트 마오post-Mao 시대의 경제 발전은 빠른 속도로 일사불란하게 선진국을 따라잡는 과정을 잘 보여 주는 독보적 사례가 되었다.

그러나 많은 전환 과정은 예측할 수 없었으며, 이는 일반화에 대한 강력한 반증이다. 1900년까지 증기터빈과 내연기관이 증기기관을 대체하고 있었기 때문에, 모든 전문 엔지니어들에게 증기기관 제조가 곧 중단된다는 사실을 분명히 해야 했다. 이와는 대조적으로, 정보에 대한 접근이 만들어 낸 파장의 실제 속도나 궁극적인 규모는 예측할 수 없었다. 구텐베르크Gutenberg가 1454년 성경의 첫 페이지를 인쇄하기 위해 자신이 발명한 이동식 활자를 사용했을 때, 그는 15세기의 남은 45년 동안 유럽의 출판사들이 1만 1,000부 이상을 새로 찍어내며, 새로운 출판물의 수가 16세기 후반 13만 5,000부로 크게 증가하고, 18세기 후반에는 65만 부에 달할 것이라고는 예측하지 못했다(Buringh and van Zanden 2009).

근대 초 최초의 대규모 산업은 섬유나 가구가 아닌 출판이었다. 인쇄술이 시작될 당시에는 그 영향력이 어디까지 미칠지 예측할 수 없었지만, 과연 계몽주의가 인쇄술 없이 가능했을까 싶다. 마찬가지로 1991년 3월, 팀 버너스 리Tim Berners-Lee가 최초의 월드 와이드 웹 브라우저를 출시했을 때 검색이 거의 독점적으로 이루어질 줄은 누구도 예상하지 못했다. 최초의 대중적 인터넷 브라우저인 모자이크Mosaic는 1993년부터 이용할 수 있었고, 구글이 출시되기 전 5년 동안 알타비스타AltaVista와 애스크지브스AskJeeves부터 웹크롤러WebCrawler와 야후Yahoo!에 이르는 검색 엔진들의 작은 우주가 존재했다. 그러나 구글은 경쟁 상대를 제거하거나 주변으로 밀어냈고, 이제 컴퓨터나 휴대폰을 가진 사람이라면 누구나 복제 및 복사, 스캔을 할 수 있을 뿐만 아니라, 다양하게 표현된 역사적, 기술적, 의학적, 과학적 정보에 접근하고, 레시피, 명화, 사진, 조언, 혹은 저작권의 보호를 받지 않는 책을 다운로드할 수 있다.

그러나 모든 유형의 대전환에 적용되는 일반적 특징이 하나 있다. 영원히 자라는 나무는 없는 법. 세계화 시대가 되며 확장 가능성이 크게 확대되긴 했지만, 궁극적으로 성장률, 효율 향상, 비용 절감 등은 둔화되고, 기업들은 정체기에 접어들며, 기대치가 떨어지고, 이어질 파괴적 변화에 대한 추측이 시작된다. 불가피하게 불규칙성이나 혼란 또는 뜻밖의 사건들은 많이 존재한다. 그러나 성장에 대한 체계적인 연구들은 전근대의 발명품에서든 최신 애플리케이션에서든, 놀라울 만큼 반복되는 패턴이 있다는 사실을 보여 준다.

S자 궤적 및 기술혁신

대전환이 얼마나 점진적으로 혹은 얼마나 빠르게 전개되는지와 무관하게, 성장의 중요한 변수들은 로지스틱 함수에 따라 대칭적 곡선이 특징인 S자 형태의 궤적 또는 몇몇 유사한 제한된 성장 패턴을 따르는 경향이 있다(Smil 2019a). 이 패턴은 새로운 양식, 관례나 질서로의 전환이 천천히 시작되며, 전통적인 방식과 패턴이 새로운 기술이 도입되거나 사용되기 시작한 뒤에도 수십 년 동안 계속 중요한 위치를 차지한다는 사실을 보여 준다. 도시에서는 수레와 마차를 끌고 농장에서는 밭일에 사용되던 말과 주로 남부 농업에서 쓰였던 노새에 관한 미국의 자세한 기록은 그런 전환을 보여 주는 훌륭한 사례이다(USBC 1975; Smil 2017a).

1880년대 말, 최초의 자동차가 등장하고, 전차가 시내를 지나가던 10년 동안 활약했던 운송용 동물의 수는 1,750만 마리에 달했다(그림 1.4). 트랙터가 처음 밭일에 도입된 시기는 1890년대였으나 말과 노새의 총 숫자는 1900년까지 2,000만 마리로 증가했다. 전차의 대규모 확장, 최초의 지하철 건설, 대량 생산된 승용차(1908년 포드사의 모델 T)의 도입 및 트랙터의 판매는 제1차 세계대전 이전에 이루어졌지만, 말과 노새의 개체 수는 1917년 정점을 찍었는데, 총 2,600만 마리로 1900년보다 3분의 1 더 많은 수준이었다. 1930년까지 도시의 말들은 전기와 내연기관으로 대부분 대체됐지만, 총 트랙터 수는 여전히 백만 대도 채 되지 않았으며, 미국은 1890년대 초반보다 많은 1,890만 마리의 말과 노새를 보유하고 있었다.

농업의 기계화는 1930년대 경제 위기 속에서도 진행되었으며, 제2차 세계대전이 끝난 후 가속화되었다. 1950년 개체 수 조사에서는 겨우 760만

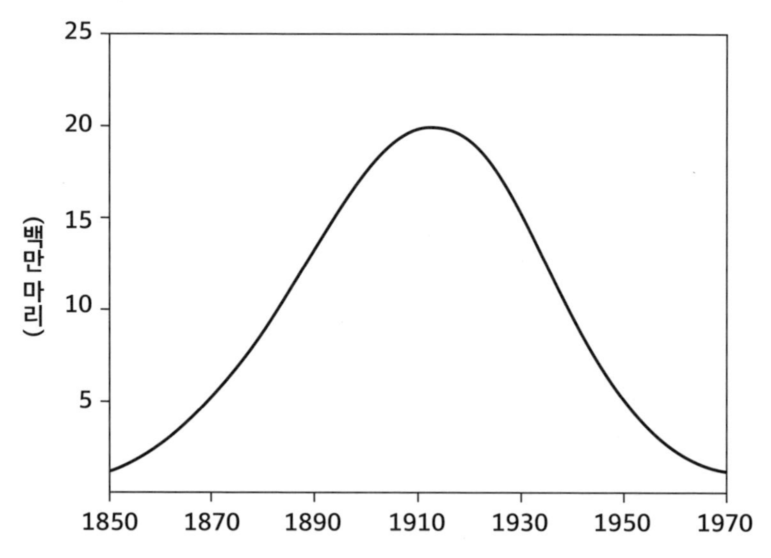

[그림 1.4] 미국에서 운송에 사용된 말과 노새의 총계. 변화의 궤적이 종 모양으로, 거의 완벽한 정규곡선을 형성한다.

마리가 남아 있었고, 10년 후 미국 농무부는 개체 수 집계를 중단했다. 천 년간 주요 운송 수단이었던 말은 약 80년 만에 획기적 전환을 맞이했고, 대부분은 1917~1957년 사이 절반도 안 되는 시간 안에 이루어졌다. 이러한 빠른 변화는 액체 연료를 추출해서 운송하고 처리하는 데 필요한 기반 시설의 개발이 함께 이루어지거나 선행돼야 했기에 훨씬 더 인상적이다.

아마도 기술혁신에 의해 추진된 가장 빠른 획기적 전환은 대륙 간 여행이 수상에서 항공으로 바뀐 것이다. 대전환의 영향은 이동 속도가 빨라지면서 여행 시간이 상당히 단축된 대서양 횡단 과정에서 잘 드러난다. 중세 초기 바이킹의 갑판이 없는 작은 배들은 논외로 두고, 유럽의 범선들은 1492~1838년 사이에 대서양을 건널 수 있는 유일한 수단이었다. 편서풍이 많이 불어 동쪽으로 향하는 여정은 빨라졌지만, 그래도 여전히 3~4주가 걸렸다. 19세기 초까지 정기선이 바람을 거슬러 항해하는 데 40일이 걸렸는데, 폭풍우라도 만나면 그 기간은 훨씬 길어졌다.

1833년 (캐나다) 퀘벡에서 건조된 (증기선) 로열 윌리엄Royal William호가 영국으로 첫 항해를 이뤄냈고, 7년이 더 지나고 나서 시리우스호와 그레이트웨스턴호, 두 척의 배가 거의 비슷한 시기에 도착했다. 시리우스호는 그레이트웨스턴호보다 4일 먼저 출발했음에도 불구하고 그레이트웨스턴호를 간신히 제쳤다. 시리우스호는 평균 14.87km/h 속도로, 18일 14시간 22분을 항해한 끝에 1838년 4월 22일 뉴욕에 도착했고, 그레이트웨스턴호는 평균 16.04km/h의 속도로, 15일 12시간을 횡단한 끝에 시리우스호가 도착한 다음날 뉴욕에 도착했다. 최초의 증기 동력을 사용한 횡단은 60% 이상 시간을 줄였고, 더 강력한 증기 엔진, 더 향상된 선체와 증기터빈을 갖춘 배들이 계속 기록을 경신했다. 1908년에 블루 리밴드[8]는 증기터빈 동력으로 가는 루시타니아Lusitania호에 돌아갔다. 루시타니아호는 4일 20시간이 걸렸으며, 1952년 미국은 3일 12시간 12분이라는 최종 기록을 보유하게 됐다(Stopford 2009). 가장 빠른 증기터빈을 장착한 여객선들은 서쪽으로 항해하는 데 걸리는 시간을 1838년에 운항했던 최초의 증기선이 걸린 시간의 거의 80%나 단축했다. 결과적으로 증기를 이용한 선박의 대규모 감소는 한 세기 이상 걸렸다.

피스톤 엔진을 단 항공기의 대서양 횡단(최소 14시간)이 상업화된 시기는 팬암의 수상기가 운항을 시작한 1939년 5월이었다. 제2차 세계대전 중에 중단됐다가 종전 후 다시 운항이 재개되었으나, 제트 여객기에 의해 급작스럽게 중단됐다. 1958년, 최초의 터보제트 엔진을 단 보잉 707 항공기가 런던까지 가는 시간을 8시간 미만으로 단축하면서, 거의 곧바로 총 항공기 승객의 수가 선박 승객의 수를 넘어섰다(Smil 2018). 이어지는 전환은 매우 빠르게 일어났다. 1960년대에는 제트 여객기가 전체 운항량의 70% 이상을 차지했고 비록 1960년대까지 세 개의 대형 해양 여객선[9]이 취항했지만, 1969년까지 선박 승객 수는 전체 대서양 횡단 여객의 4%만 차지했다. 결국 1969년 5월 퀸엘리자베스2세QE2호, 1969년 11월에는 유나이티드 스테이츠the United States호의 운항이 중단됐다.

제트 여객기는 상업성에 기여하며 10년 안에 선박들을 도태시켰는데, 이는 역사상 가장 빠른 획기적 전환 중 하나였다. 1969년 최초의 광

....

8 가장 빠른 평균 속도로 대서양을 횡단한 정기 여객선에 주어지는 비공식적인 상을 말한다.

9 1962년 프랑스(the France)호, 1965년 미켈란젤로(the Michelangelo)호, 라파엘로(Raffaello)호.

동체(폭이 넓은 기체) 제트 여객기인 보잉 747이 취항하면서 대규모 정기 해상 수송의 부흥은 영영 불가능해졌다. 메이플라워호를 시작으로 1620~1820년 사이 2세기 동안, 횡단에 걸리는 평균 속도는 약 3분의 2가량 증가했다. 그러나 첫 증기선의 속도는 두 배 이상 증가했고, 1952년까지 SS 유나이티드 스테이츠the SS United States(66km/h)호는 메이플라워호보다 거의 20배나 속도가 빨랐다. 1820년대 960시간 정도 걸렸던 선박 운항 시간과 비교해서 8시간으로 단축된 비행시간은 전체적으로 99.2% 감소한 것이다. 너무 비싸서 운항이 중단됐던 콩코드Concorde 여객기와 달리, 만약 적절한 가격의 초음속기 운항이 가능해진다면, 운항 시간을 약 3시간 줄일 수 있을 것이다. 최초의 고압 증기 엔진이 선박에 설치되었을 때, 풍력에서 증기로의 획기적 전환은 시간문제라는 점이 확실했고, 제트 추진 항공의 출현도 마찬가지였다.

기대와 현실

그러나 모든 변경과 조정이 나중에 벌어질 전환의 시작에 기여하는 것은 아니다. 낙관적인 출발이 금세 허위로 드러나거나, 비교적 큰 규모의 발전이 뒤따르는 성공적 출발도 획기적인 변화를 일으키기에는 충분하지 않을 수 있다. 일례로 전기 자동차의 역사를 들 수 있으며, 원자력 발전 역사 또한 엄청난 기대와 투자와는 대조적으로 기대에 못 미치는 궤적을 보여 왔다. 핵분열 발전이 시장을 완전히 장악할 것이라는 기대와 달리 전환은 일어나지 않았다.

1886년 고틀리프 다임러Gottlieb Daimler와 칼 벤츠Karl Benz가 이끈 현대 차량의 첫 번째 프로토타입은 휘발유를 사용하는 내연기관이었으며, 이후 몇십 년 동안 출시된 대부분의 값비싼 새 자동차 모델도 마찬가지였다. 에디슨은 전기 자동차가 우세할 것이라고 강하게 믿었지만, 새로운 세기가 시작됐을 당시에는 어떤 이동 방식이 지배하게 될지 확실하지 않았다. 증기 자동차는 너무 무겁고 조작하기 까다로워 각광받는 교통수단이 될 가능성이 적었던 반면, 전기 자동차는 유망해 보였다. 1896년 미국 로드아일랜드Rhode Island에 있는 나라간셋 공원Narragansett에서 열린 첫 트랙 경주에서 리커Riker 전기차가 두레이Duryea[10]의 차량을 완전히 이겼고, 1899년 라 자매 콩텐La Jamais content이라는 총알 모양의 프랑스 전기자동차가 최초로 시속 100km에 도달했다.

미국 전기차의 상업적 생산은 일렉트릭 캐리지 앤 왜건 컴퍼니Electric Carriage and Wagon Company가 뉴욕에 택시를 도입하며 시작됐다. 1899년, 휘발유로 가는 차량이 936대였던 것과 비교해 연간 전기차 생산량은 1,500대를 상회했으며, 포프Pope의 일렉트릭 비히클 컴퍼니Electric Vehicle Company는 1901년 가장 큰 자동차 생산자인 동시에 최대 자동차 운영 회사가 되었다(Burwell 1990; Kirsch 2000). 전기차는 '가장 안전하고, 깨끗하며, 타기에 가장 좋고, 보관하기에도 경제적'이라고 광고됐다. 실제로 가연성 휘발유를 주입할 필요가 없을 뿐만 아니라 조용하기까지 했으며, 전기 시동기를 도입하기 전 모든 내연기관 차들이 그러하듯 수고스럽고 위험하기까지 한 크랭킹 작업[11]도 필요 없었다(Smil 2005). 그리고 뉴욕과 필라델피아 사이에 6개의 충전소를 지어 인프라를 구축하기 위한 첫 단

....

10 내연 자동차를 처음 제작한 것으로 알려진 미국의 발명가.

11 손으로 엔진을 돌려 시동을 거는 작업을 말함.

계를 밟았다. 에디슨은 미래는 전기차의 시대가 될 거라 굳게 확신하며 배터리를 개선하는 작업에 들어갔다(McShane 1997).

그러나 에디슨은 틀렸다. 그는 20세기의 초반 십 년을 더 좋은 배터리를 개발하는 데 보냈고 성공도 했지만, 그것은 자동차에 더 좋은 배터리는 아니었다. 그의 니켈-아이언 배터리는 1859년에 개발된 납축전지에 비해 수명이 길고 더 높은 에너지를 가지고 있었으며 내구성이 좋았다. 하지만 전압과 충전율은 낮았고, 질량과 부피는 컸다. 에디슨의 배터리는 1975년 주로 지하 광산 및 철도에 사용되기 전까지 상업적 생산에 있어서 내연기관의 승리를 막을 수 없었다. 뉴욕의 일렉트릭 비히클 컴퍼니는 센트럴 파크에서 잠깐 운행하는 것으로 운영을 축소하다가, 포드사가 1908년 10월 모델 T를 출시하기도 전인 1907년에 결국 파산했다.

20세기 말까지는 전기를 이용한 교통수단 도입에 관한 큰 움직임이 없었다. 1995년 캘리포니아 에너지 위원회California Energy Commission는 1999년까지 캘리포니아주에서 새로 판매되는 모든 차 중 2%를 전기차가 차지하게 만들겠다는 목표를 정했지만, 실제로 판매된 상업용 전기차는 없었다(Lazaroff 2001). 전망은 에너지 공급의 탈탄소화에 대한 탐색이 확대되면서 바뀌었다. 가장 좋은 선택이라고 널리 평가받고 난 뒤 한 세기가 흐르고 나서야 전기차가 마침내 총아로 떠오른 것이다. 이제 드디어 내연기관에서 전기모터로, 또 하나의 획기적 전환의 첫걸음을 떼게 됐다. 그러나 이 전환이 완성되기까지 수십 년은 더 걸릴 것이다(Smil 2017c).

국제에너지기구IEA: International Energy Agency는 전기차가 2025년까지 7,000만 대에 달할 것으로 전망하고 있으며, 2030년에는 1억 6,000만 대에서 2억 대가량 될 것으로 보고 있다. 그해에 대한 모든 예측 범위는

3,000만~2억 대 사이이다.

필자는 영국석유회사BP:The British Petroleum Co., PLC가 전망한 2040년까지 3억 2,000만 대보다 많은 3억 6,000만 대까지일 것으로 보고 있다(IEA 2017b; Smil 2017b; BP 2018a). 블룸버그 신에너지 파이낸스Bloomberg New Energy Finance는 2040년까지 전기차가 승용차 전체의 30%를 넘어설 것으로 보고 있는데, 약 17억 대의 차량이 운행되고 있는 상황에서 이 통계는 내연기관이 당분간 여전히 우위를 점할 것이라는 전망을 보여 준다(BNEF 2020).

핵분열로 생산되는 전기는 최초의 상업용 원자력 발전소가 가동을 시작하기 전부터 주목받았다. 1945년 미국 원자력 위원회US Atomic Energy Commission 회장인 루이스 스트라우스Lewis L. Strauss가 뉴욕 전미과학작가협회NASW:National Association of Science Writers에 '너무 저렴해서 비용조차 매기기 힘들다(Strauss 1954)'라고 장담한 일은 당시 원자력 에너지에 대한 희망을 잘 보여 준다. 1956년 상업적 발전이 시작됐으나, 그 이후 영국, 미국, 소련에서의 성장은 느리게 나타났으며, 1968년까지 핵발전을 이용한 전기 공급은 전 세계 공급량의 단 1%를 차지했다. 하지만 이는 기술 발전 초기에 흔히 볼 수 있는 현상이다.

1970년대 초에는 2000년까지 미국의 모든 전기 발전은 핵발전일 뿐만 아니라 대부분은 그 당시 몇몇 나라에서 집중적으로 개발되고 있던 훨씬 더 효율적인 고속 증식 원자로에서 나올 것으로 예상됐다(Smil 2017b). 1975년, 전 세계 원자력 발전의 점유율은 5%까지 올랐고, 1981년에는 두 배인 10%까지 올랐으며 3년이 지나지 않아 15%에 달했지만, 이런 빠른 속도가 신산업의 미래를 보여 주는 것은 아니었다. 1970년대 초반에 있었던 발전소 수주가 뒤늦게 마무리됐기 때문이었다. 1970년대 말까지 미국의 새로운 건설 주문은 중단됐는데, 이는 스리마일섬Three Mile Island[12]의 사고로 인한 공포가 아니라 경비 초과가 원인이었다. 프랑스를 제외하면 나머지 유럽에서도 비슷하게 중단됐으며, 일본과 소련에서도 서서히 감소세에 접어들었는데, 이는 1987년에 있었던 체르노빌 참사 때문이었다. 원자력 발전이 차지하는 비율은 1987년 전 세계 전력의 16.8%로 정점을 찍은 뒤, 20세기가 끝날 때까지 내내 그 수준에 머물렀다.

1950년대 새롭게 떠오르며 매우 유망해 보이던 획기적인 전환은 결국 심각한 결함이 있는 전기 발전 기술의 값비싼 서막으로 드러났다. 그리고 현실적으로 두 번째 기회가 올 가능성은 없어 보인다. 2020년, 28개 국가에 거의 450개나 되던 원자로는 전체 전기의 약 10%를 생산했다. 국제원자력기구IAEA: The International Atomic Energy Agency는 전 세계 총 전력 생산에서 원자력이 차지하는 비중이 2030년에는 7.8%, 2050년에는 6%까지 감소할 것으로 보고 있으며, 그보다 나은 관점은 2030년에 12.4%, 2050년에는 13.7%까지 점유율이 증가할 것으로 보고 있지만, 이 역시 1980년대에는 한참 못 미친다(IAEA 2018). 이런 추정치는 2050년에 핵분열이 1차 에너지 공급의 4%가 못 될 것이라는 전망을 보여 준다.

전례 없는 결과

이런 여러 가지가 뒤섞이고 서로 연관된 전환 과정들은 저마다 예상을

....

12 미국 펜실베이니아주 서스쿼해나강에 위치한 섬으로, 길이가 3마일이어서 붙은 이름이다. 특히 스리마일섬은 1979년 3월 28일 발생한 미국 사상 최악의 원전 사고로 잘 알려진 곳이다.

벗어난 정도는 다르지만, 전례를 전혀 찾아볼 수 없다는 공통점이 있다. 네 가지 대전환을 모두 겪은 사회는 인구 동태, 잉여 식량(그리고 음식 폐기물), 높은 수준의 에너지 사용(그리고 낭비), 경제적 사회의 확장(그리고 증가하는 부의 불평등)의 시대로 들어서게 된다. 부유한 나라에 사는 이 책의 독자들은 기본적인 혜택을 위해 크게 애쓰지 않으면서도 이런 전환들의 시너지가 만들어 내는 다양한 혜택을 받았다. 그리고 대부분 그러한 혜택들을 당연하게 받아들일 뿐만 아니라, 완전히 예상했던 결과처럼 받아들인다. 또한 과연 다른 결말이 있을 수 있었을까 하는 생각을 하며 진보의 당연한 순서로 간주한다. 물론 그럴 가능성도 있다. 하지만 이제껏 상대적으로 가난하게 살고 있는 사람들에게 그 혜택이 확대될 거라고 장담할 수는 없다.

저소득 국가와 중소득 국가에 사는 수십억 명의 사람들은 현재 네 가지 대전환이 보이는 특정한 궤적에서 다른 단계에 있다. 중국에 대해 아무것도 모르는 방문객은 공항에서 상하이 룽양Longyang역까지 데려다준 자기부상열차에서 내리면서 중국의 기술이 미국을 앞섰다고 느낄지도 모른다. 하지만 독일에서 만든 이 열차는 세계에서 유례없이 높은 보조금을 받아 만들어진 일종의 전시품이며 만약 그 방문객이 광시의 시골이나 산시성의 석탄 광부들의 일상을 본다면 전혀 다른 인상을 받게 될지도 모른다. 게다가 새로운 중국은 세계에서 가장 불평등한 나라이거나, 그게 아니라면 적어도 불행한 나라 3위 안에는 들 것이다. 인도 역시 부의 불평등한 분배로 인한 비슷한 문제를 안고 있다. 인도에는 모든 전환 단계에 해당하는 사람들이 수천만 명씩 모인 집단이 존재하는데, 뭄바이 빈민가와 그 위로 보이는 무케시 암바니Mukesh Ambani의 수십억 달러짜리 빌

덩은 이 같은 현실의 대비를 극명하게 보여 준다.

그리고 네 가지 대전환의 영향을 전혀 받지 못한 채, 아프리카에 살고 있는 사람들도 수억 가구에 달한다. 그들은 대부분 영양실조로 발육이 부진한 아이들과 함께 농사일을 하거나 목축을 하면서 여전히 자급자족하는 삶을 살고 있으며, 식량 부족에 대한 지속적인 위협을 받고 있다. 전환기 전의 삶을 사는 이 가족들은 아직도 나무나 짚을 태워 실내와 실외에서 모두 호흡기 문제의 위험성을 안은 채 밥을 지으며, 여성과 아이들은 장작을 모으고, 먼 거리를 걸어 우물이나 연못에서 물을 길어온다. 이들이 가진 재산은 기본적인 뼈대만 갖춘 침대, 약간의 냄비와 조리 도구, 갈아입을 옷 몇 벌과 같은 생필품이 전부로, 아직도 현대 교환 경제에서 완전히 벗어난 삶을 살고 있다.

대전환의 혜택을 공유해야 한다는 도덕적 책임은 많은 지표가 세계 경제의 불평등이 심화되고 있음을 보여 주었던 지난 세대를 거치며 훨씬 더 절실해졌다. 수십억 명의 사람들이 아직 제대로 된 삶의 질을 누리지 못하고 있다는 점을 고려하면 혜택을 공유해야 한다는 이런 목표는 바람직하다. 그러나 이미 심각한 압박을 받는 생물권의 장기적 보존을 함께 고려하면서 필요한 변화를 이루기란 훨씬 더 어렵다. 우리는 다섯 번째 환경 전환의 관리가 앞선 네 개의 획기적인 전환들을 진정한 성공이냐 실패냐를 결정짓는 상황에 몰려 있다. 따라서 지금 이 시점에서 우리가 적어도 상당 부분 성공하게 될지, 아니면 살 만한 생물권 유지라는 가장 근본적인 목표 달성에 크게 실패하게 될지를 말하는 것은 불가능하다.

2

인구의 대전환

인구 전환이 세계에 미치는 다양한 결과

인구통계학적 전환은 과거에는 일어나지 않았던 중요한 변화와 영향을 주고받으며 정치, 경제, 사회, 환경에서 다양한 결과를 불러왔다. 인구 전환 과정은 1930년대 최초 개념이 등장한 이래 줄곧 현대 인구 연구의 주요한 주제가 되었다. 로널드 리Ronald Lee는 '인구통계학적 전환이 시작되기 전에는 수명은 짧고, 출생은 많았으며 성장은 더뎠고, 인구는 젊었다. 전환이 일어나는 동안 처음에는 사망률이, 그다음에는 가임률이 감소하는 가운데 인구 증가가 빨라졌다가 다시 느려지며 저출산 고령화 장수 인구로 바뀌었다.'라고 간명하게 묘사했다(Lee 2003, 167). (로널드 리의 이야기를 도식화하면 그림 2.1과 같이 단순한 모습을 보이지만, 실제 국가별 그래프는 이 이상적 패턴과 상당한 괴리를 보인다.)

결국 모든 종의 운명은 개체 수의 역학에 달려 있다. 그렇다 보니 세계가 지금의 모습으로 형성되는 과정에서 가장 중심적인 역할을 하는 인구통계학적 전환은 경제 개발에서 환경 악화에 이르는 다양한 연구에서 관

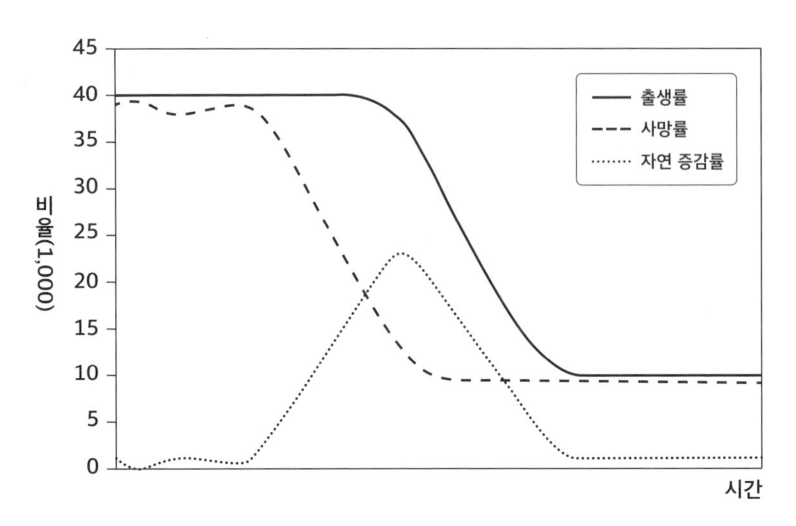

[그림 2.1] 단순화된 인구통계학적 전환의 궤적. 사망률과 출생률의 연속적인 감소 및 그로 인해 일시적으로 증가한 자연 증감률을 보여 준다.

심 대상이 되었어야 했지만 이상하게도 그런 일은 일어나지 않았다.

이러한 평가에 팀 다이슨Tim Dyson은 인구통계학적 전환의 역할은 '대개 과소평가 되어 왔다.'라고 말하며 '개발 이론[1]이 인구통계학적 전환을 주요하게 다루지 않는 한, 사회구조적 변화의 핵심을 제대로 설명할 수 없다.'라고 논평했다(Dyson 2001, 67). 로널드 리와 데이비드 레어David Reher 역시 이와 비슷하게, '높고 변동이 급격한 가임률과 사망률에서 상대적으로 안정적인 가임률과 사망률로의 변동 추세는… 지난 반세기 동안 인간 사회에 영향을 미친 가장 중요한 변화 중 하나이며, 이는 민주 정부의 확대, 도시화의 증가 그리고 교육 수준의 점진적 증가에 견줄 만하다.'라고 평가했다(Lee and Reher 2011, 1).

1 제2차 세계대전 이후 식민 지배에서 벗어난 개발 도상국들의 경제 발전을 다루는 경제 이론.

하지만 이러한 논평은 인구통계학자들 사이에서조차 일반적으로 받아들여지지 않고 있다. 이런 변화가 갖는 의미에 대해서는 논란이 있었지만, 수십 년 동안 인구통계학 연구의 중요한 주제였음에도 불구하고 그 현상의 존재 자체에조차 의문을 제기하고 무시했다. 사이먼 스레터Simon Szreter는 (인구 전환이) 장기적인 변화를 묘사하고 예측해 주는 뛰어난 지표지만, '인구통계학적 전환의 개념은 불필요하고 부적절하다.'라고 논평하면서 역사적 상황에서 특정한 가임률을 이해하는 유용한 지침을 제공하지는 못한다고 생각했다(Szreter 1993, 692). 닐슨Nielsen 역시 이에 못지않게 무시하는 태도를 보였는데, '대부분을 상상에 기초하고 있으며… 계속해서 경험적 증거와 모순된다.'라고 말했다. 더욱이 '그런 평가가 인구통계학적 연구를 비과학적으로 만든다.'라고 결론을 내렸다(Nielsen 2015, 17).

그러나 높은 가임률에서 낮은 가임률로, 높은 사망률에서 낮은 사망률로의 변화(현재까지 아프리카만 제외하면 보편적인)를 부인하는 것은 가장 근본적인 인구통계학적 증거를 무시하는 것이다. 즉 '일반화한 모델(이론)'이 국가 단위의 역사적인 경험을 재현할 수 없음을 드러내고자 하는 바람에 부인할 수 없는 중요한 현상의 존재 자체에 의문을 제기하는 오류를 범하는 것이다. 이러한 거부들은 애초에 불가능한 무언가를 요구하는 것에서 비롯된다. (국가별 궤적들은 이론상 이상적인 개념화에서 상당히 벗어남을 보여주는데, 필자는 이러한 현상에 대해 많은 구체적 현실들을 짚을 것이다.)

인구 변화의 과정을 이해하고, 이상화된 결과에서 불가피하게 벗어난 이유를 이해하기 위해서는 인구통계학적인 핵심 변수를 간단히 짚고 넘어가야 한다. 자연적으로 증가하는 인구 성장은 출산율과 사망률의 격차에서 비롯된다. 출산과 사망은 모두 자연적인 한계가 있는 사건이지만, 선호와 선택이 만드는 내부 요인과 질병부터 의학적 진보에 이르는 외부 요인에 의해서도 영향을 받는다. 출산율(출생률)은 1,000명당 연간 출생아 수로 나타내는데, 한 여성이 가임 기간에 출산 가능한 아이의 총수, 배란 주기, 수태율, 유산에 의해 자연적 최대치가 결정된다.

제약이 없으면, 출산율은 자연적으로 일 년에 인구 1,000명당 40~50명이다. 그러나 많은 전통 사회에서 출산율은 실제로 상당히 낮았는데, 특히 유럽의 수도원(Parish 2010)과 티베트와 태국의 불교 사원(Pichard and Lagirarde 2014) 내에서는 독신주의자의 규모가 비교적 크기 때문이었다. 많은 전통 사회에서 임신 기피(결혼을 늦추거나 혼전 성관계 금지)나, 피임(질외 사정)이 이루어졌으며, 유아 살해는 생존하는 아이들의 수를 조절하는 일반적인 방법이었다(Riddle 1992; Jütte 2008). 그 결과 일부 전근대 사회의 가임률은 자연 가임률의 최대치에 근접하지 못했다.

사망률은 인구 1,000명당 총사망자로 표현하거나 영아, 아동, 청소년, 성인, 65세 또는 85세 이상 연령으로 구별해서 나타낸다. 전근대 사회에서의 사망률은 늘 높았는데, 주로 1,000명당 300명 정도가 영아 사망률로 인한 것이었고, 사망한 영아의 30% 이상은 첫돌을 넘기지 못했다. 19세기 후반 유럽에서도 노르웨이와 스웨덴은 유아 사망률이 정상 출산 1,000명당 100명으로 감소했지만, 독일, 오스트리아, 러시아에서는 1,000명당 200~250명이었다(Berin et al. 1989; Viazzo and Corsini 1993). 아동기 사망률도 역시 높았으며 감염과 부상은 성인의 생존을 감소시켰다.

높은 출생률과 높은 사망률로 인해 모든 전통 사회에서 인구 성장은 매우 더디게 이루어졌다. 여기에 더해 전염병과 유행병, 계속되는 폭력적 분

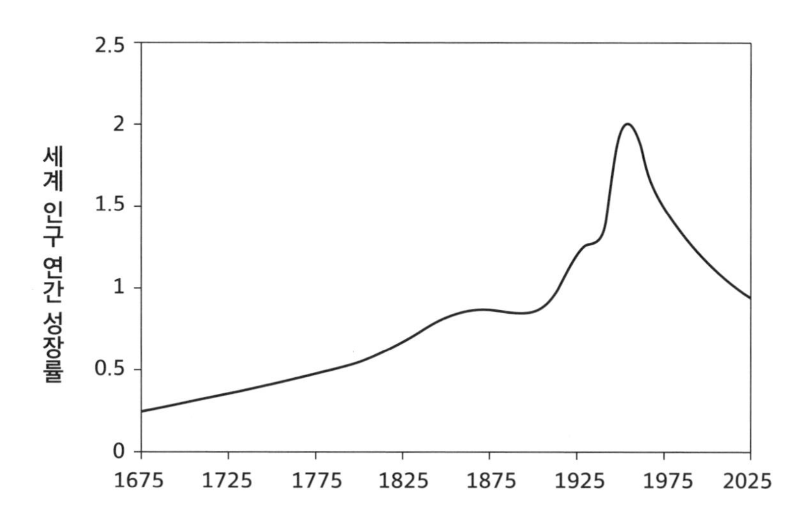

[그림 2.2] 세계 인구의 연간 성장률(1700~2020년 사이 세계 인구의 연 성장률과 유엔의 2025년 중위 추정치. 1960년대 후반 2%를 웃돌며 최고점을 찍은 뒤 2050년까지 0.5%에 못 미치는 정도로 하락하다가 18세기 후반에 나타난 수준으로 회복될 전망)

쟁, 이어지는 흉작도 일시적으로 인구를 감소시키면서 전체 인구는 상당히 감소하게 되었다. 모든 전근대 사회의 인구 추정치는 매우 부정확하지만, 가장 믿을 만한 통계를 바탕으로 추정하였을 때는 세계 인구의 성장률이 1000년 이전에는 0.05% 미만이었고, 1000년 이후 첫 500년 동안 0.1%로 두 배 이상 증가했다는 사실을 보여 준다. 이 비율은 16세기 동안 또 한 번 두 배가 되어 18세기에는 대략 0.2%까지 올라갔으며, 19세기에는 4배 증가하여 0.8%가 되었다가(그림 2.2; Smil 2019a; UN 2017b) 다시 빠르게 떨어지기 전, 1960년대에는 2%를 넘어 정점을 찍으며 20세기 평균은 1.35%를 기록했다(그림 2.2; Smil 2019a; UN 2017b).

전근대 사회의 인구 성장률이 매우 낮다는 이야기는 역사가 기록된 5천년 전체를 살펴봤을 때 1500년대 이전에는 단조롭다가, 1800년대 전까지 완만하게 상승한 뒤 거의 수직에 가깝게 치솟는 그래프로 표현된다. 인구 증가에 있어서 일시적인 급상승은 전환의 가장 중요한 결과이며, 인구통계학적 전환이 끝난 국가들에서는 인구의 고령화가 지배적으로 나타난다.

필자는 도시화에 대한 연구로 이 장을 마무리지으려고 하는데, 농촌으로부터의 대규모 이주, 도시 중심의 산업화 및 이후 대규모 도시 서비스 부문의 부상 등이 서로 결합되지 않았다면, 도시화가 그렇게 빠르고 광범위하게 이루어지지는 못했을 것이다. 19세기 중반 도시화가 가속화되었으며, 100년 뒤 그 변화가 세계적인 현상이 되면서 2007년에는 인류의 절반이 도시에 살게 되었다. 도시화는 이 연구에서 고려되는 모든 과정에 특히 지대한 영향(출생률은 낮아졌고, 다양한 종류와 더 나은 품질의 식품에 대한 수요를 증가시켰으며, 시골 생활보다 더 많은 에너지를 소비했다. 또한 전 세계 경제를 탈바꿈시켰고 환경에도 상당한 압박을 가했다.)을 미쳤다.

제1차 세계대전 이전의 도시화는 미국이 세계 경제 강국으로 부상하는 데 중요한 역할을 했는데, 국제 이민에서 주목할 만한 요소가 있었다(그림 2.3 a-b). 1910년까지 10년 단위의 인구 조사를 보면 1,350만 명의 미국인이 해외에서 태어났으며, 그중 87%가 유럽 태생이었다(Gibson and Lennon 1999). 전쟁 동안 잠잠했던 유럽인의 이주는 1945년 이후에 재개되었다가 유럽의 경제적 번영과 함께 감소했다. 이후 21세기 초 중동과 아프리카로부터의 유입이 유럽연합의 주요 관심사가 되었다.

이런 대규모 이주는 유럽 대륙에 전반적으로 나타나는 출생률 감소가 흡인 요인[2]이 되었고 아프리카 국가, 중동, 아프가니스탄, 파키스탄에서

....

2 좋은 일자리 창출이나 쾌적한 주거 환경 조성 따위와 같이, 타 지역의 인구를 끌어들이는 요인.

[그림 2.3-a] 20세기 초반, 신세계에 도착한 이민자들. 들판, 광산, 공장에서 일하려고 온 노동자.

젊은 세대(특히 14~26세 사이의 남성)의 인구가 급증한 것이 추진 요인[3]이 되었다. 따라서 이런 대규모 이동은 가장 최근 일어난 인구 전환의 네 번째 결과로 볼 수 있다. 2016년 100만 명 이상의 이민자가 독일로 유입되었다는 사실만 봐도 인구 이동이 얼마나 급격했는지 알 수 있다. 하지만 아프리카 북부 지역에서 이탈리아나 스페인으로 이동하는 인구의 누적 규모는 오랜 기간에 걸쳐 높은 수준에 머물렀다. 그리고 라틴아메리카,

....

3 사람들이 어떤 장소를 떠나거나 특정한 상황에서 벗어나기를 원하게 만드는 것.

[그림 2.3-b] 20세기 초반, 신세계에 도착한 이민자들. 교육을 잘 받고 모험심이 강한 사람들.

아시아, 아프리카에서 북미나 호주 지역으로 움직이는 인구 이동 과정 역시 비슷하게 이해하는 시각이 존재한다.

사망률, 출생률, 이민의 영역에서의 전환은 몇 가지 공통적인 특징이 있다(Willekens 2014). 개인의 행동과 선택 그리고 선호가 복합적으로 어우러지면서 나온 결과라는 점인데, 특히 전환의 후기 단계에서 이런 모습이 두드러진다. 이는 기관과 사회구조의 역할이 줄어들어 개인의 자율성과 선택 능력이 강해졌기 때문이다. 이런 전환의 양상은 과거 역사에 따라 향후 펼쳐질 변화의 형태가 크게 좌우된다. 이는 경로 의존성path dependence[4]이라고 하는 특성 때문인데, 많은 초기 사건과 행동이 장기적인 결과에 영향을 미치고 미래의 피드백을 결정한다.

····

인구 전환의 원동력이 된 가임률

획기적 인구 변화의 개념은 1929년 미국의 인구학자 워렌 톰슨(Thompson 1929)에 의해 처음으로 드러났고, 몇 년 후 프랑스의 인구통계학자 미셸 오귀스트 아돌프 랑드리Michel August Adolphe Landry에 의해 다음과 같이 간명하게 정의되었다.

경제 및 사회적 변화가 두드러지면서 역사적으로 특정 단계에 있는 모든 인구는 평형 상태를 유지했던 높은 가임률과 높은 사망률에서 새로운 평형 상태로 이동하게 된다(Landry 1934, 7).

이러한 표현은 전환의 본질을 전달하는 반면, 인구통계학적 연구는 국가별 특징과 예외를 보여 주었다. 지금까지 가장 흥미로운 난제는 그 과정의 원인을 풀고 결과를 이해하는 것이었다. 첫 번째 광범위한 설명은 1945년에 나왔고(Notestein 1945; Davis 1945), 1950년대부터 경제와 사회학 연구의 핵심 주제가 되었다(Chesnais 1992; Szreter 1993; Kirk

········

4 한번 일정한 경로에 의존하기 시작하면 나중에 그 경로가 비효율적이라는 사실을 알고도 여전히 그 경로를 벗어나지 못하는 경향성.

1996; Reher 2004; Caldwell 2006; Lee and Reher 2011; Canning 2011; Diebolt and Perrin 2017). 이 시기에는 전 세계적으로 인구통계학적 전환이 진행됐다. 유럽과 북미에서 계속되었을 뿐만 아니라, 동아시아에서 빠르게 전개됐으며, 일부 아프리카 국가에서도 시작되었다. 전환의 원동력은 가임률의 감소이며 최소한의 기본적인 요소와 가정만 있으면 최대 평균 가임률을 알 수 있다. 그 수치를 알게 되면 가임률이 얼마나 감소했는지 알 수 있다.

가임률

50세가 훌쩍 넘은 여성도 임신할 수 있게 만드는 현대 의학의 개입을 배제하면, 건강한 여성의 자연적 가임 기간은 초경부터 폐경까지다. 근대 이전에는 평균 초경 나이가 17세 이후로, 상대적으로 늦었다. 19세기 중반 서구권에서는 15세가 조금 넘었고, 20세기 동안 10년에 3~4개월씩 빨라지는 경향을 보이며, 1980년대에는 13살 미만이 됐지만, 이후로는 그러한 추세가 멈춘 것으로 보인다(Clavel-Chapelon 2002). 폐경기 연령은 동시적 변화가 훨씬 적었고 현재는 50세 이상까지 연장됐다. 평균 생식 연령 기간은 20세기 동안 조금 늘어나 38년이 되었다(Nichols et al. 2006).

전근대 사회에는 영유아 사망률이 높았기 때문에 재생산 기간(재가임률)이 짧았다. 약 30년 혹은 400번의 배란이 가능했다. 거기에서 모든 임신 기간 동안에는 10회의 배란이 빠지고, 전통 사회에서는 모유 수유가 일반적이었기에 그 기간(5~6개월)에는 임신 가능성이 줄어들었다. 이론적으로 여성의 최대 가임률은 25명 정도인데, 다태多胎 임신을 포함할 경우 30

명 이상이 가능하다는 신뢰할 만한 기록이 존재한다. 다만 전근대 사회의 가임 여성의 유산은 상당히 흔해서, 임신 발생률은 (생리) 주기마다 최고 30% 정도 되기 때문에, 평균 합계 출산율TFR: total fertility rate은 약 8~9명이다. 하지만 이 숫자는 불임 유병률로 인하여 10% 정도 감소한다.

따라서 7~8명이 생애 평균 가임률인데, 전체 모집단에 대한 대표적 최대치로 생각해야 한다. 이런 수치는 20세기 말에도 아프리카와 일부 아시아 국가에서 볼 수 있었고, 몇몇 아프리카 국가들에서는 여전히 만연하다. 1986년 인구 조사에 따르면, 1980년대 이란의 시골 지역의 합계 출산율은 7.5~8.5명으로 나타났고(Abbasi-Shavazi et al. 2009), 2017년에는 니제르Niger가 약 7.5명으로 세계에서 가장 높았으며, 소말리아가 6.2명으로 그 뒤를 이었다. 반면 대륙에서 인구가 가장 많은 나라인 나이지리아를 포함한 아프리카 11개국과 동티모르에서는 5~6명 사이의 비율을 보였다(World Bank 2019).

심지어 높은 가임률은 실제로 원하는 아동의 수보다 적었다. 2004년에 아프리카의 기혼 여성을 대상으로 선호하는 아이의 수를 조사한 결과, 차드Chad에서 9.2명, 니제르에서 9.1명, 콩고에서 6.8명, 나이지리아에서 6.7명으로 높게 나타났다(USAID 2010). 이와는 대조적으로 중국과 인도에서 선호하는 아이의 수는 겨우 2명이며, 미국이나 영국보다 살짝 낮았다. 아프리카의 출생 비율은 다음 세대의 인구를 유지하기 위해 여성 한 명에게 필요한 평균 출생아 수인 대체출산율replacement fertility[5]의 몇 배이다. 대체출산율은 선진국의 경우 대략 2.1(아이가 다음 세대를 낳기 전

5 현세대의 부부가 그들 자신을 대체하기 위하여 가져야 할 자녀 수에 대한 인구통계학적 용어.

에 죽는 경우와 성비 때문에 0.1을 추가한다.)명으로 나타나지만, 영아 및 아동 사망률이 높아서 많은 소녀들이 생식 연령이 될 때까지 살아남지 못하는 나라에서는 꽤(3명 이상까지) 높을 수 있다. 그런데 이렇게 높은 가임률이 대체출산율까지 떨어지고 낮은 가임률로 전환되는 현상은 모든 국가에서 보편적으로 나타나는 일일까?

수잔 핸리Susan Hanley는 위의 현상에 대한 타당성에 의문을 제기했다. 그 예로 일본의 경우 전통 인구의 출산율이 낮고 기대 수명이 상대적으로 높아서 도쿠가와 시대(1603~1867년)와 메이지 시대(1868~1912년) 그리고 1920년대의 인구 역학에 뚜렷한 불연속성이 없다고 하였다(Hanley 1974). 그러나 칼 모스크Carl Mosk는 도쿠가와 시대와 메이지 시대의 인구 역동에 관한 신뢰할 수 있는 증거가 없다는 점을 지적하며 수잔 핸리의 결론을 반박했다. 우선 증거가 수집된 마을의 수가 너무 적었고, 공간적 시간적 편차가 컸다. 또한 사망한 영아의 수는 축소해 보고되었을 가능성이 높으며 부실한 영양 상태로 인한 재생산율[6] 저하(일시적 불임 상태로 인한 가임할 수 없는 기간이 길어짐.)가 출생율의 저하로 이어진 것이다(Mosk 1977). 그렇다면 인구통계학적 전환이 일본에서 일어났다고 봐야 한다.

이와 유사하게, 몇몇 인구통계학자와 역사학자들은 전환기 이전 중국의 결혼 가임률이 유럽보다 낮았는데, 아이들의 수와 성별, 출생 간격이 의도적으로 통제되었다고 주장했다(Campbell et al. 2002; Zhao 2006). 그러나 우리가 전통적인 인구의 인구 동태를 재구성하기 위해서 비율을

....

6 한 여자가 임신 가능 나이까지 생존할 경우 낳을 수 있는 평균 여자아이의 수를 나타낸 비율. 그 기간 동안 일련의 연령 특이 생식률과 출생 시의 성비를 따른다는 조건이 붙는다.

사용할 때는 매우 신중해야 한다. 한편 중국(Campbell and Lee 2010)이나 독일(Amialchuk and Dimitrova 2012) 등에서 볼 수 있는 가장 좋은 증거를 다 모아 봤을 때, 전통적인 사회에서는 과거 출산 경력을 감안한 산아제한(원하는 숫자의 아이를 출산하고 난 뒤에 피임을 하는)은 물론 출산 경력과 상관없는 산아제한 모두 행해졌다. 이런 제한은 임신 기회 자체를 줄이거나, 출산 간격을 넓히는 방식으로 행해졌다.

한편, 유아 사망뿐 아니라 출생을 축소하여 보고하는 일은 흔했기에 논란의 여지 없이 만연했던 낮은 가임률조차도 부부 수태의 의도적인 조절 탓으로 돌릴 수 없었다. 대안적인 설명으로는 낮은 성교 빈도, 장기간의 모유 수유로 인한 무월경, 낮은 다산성, 일시적 불임 등이 있다. 마지막 두 조건은 만성 영양실조나 영양 부족, 치료하지 못한 질병으로 유발됐는데, 이를 통해 출산 간격이 길어지는 이유를 설명할 수 있다(Amialchuk and Dimitrova 2012).

역사적 증빙 자료에 따르면 출생률이 눈에 띄게 감소하기 훨씬 전부터 의도적인 출산 제한이 일어났다. 이런 방법들은 출생되는 아이의 전체 수를 줄이지는 못했지만 변화를 만들었으며, 이는 전환의 개념 자체에는 아니지만 전환의 단계들에 대한 포괄적 모델에 의문을 제기할 만큼 충분히 효과적이었다. 더들리 커크Dudley Kirk는 이 과정의 본질을 '낭비적인 사망률과 무분별한 생식의 원시적 조건들로부터 낮은 사망률과 출산 제한이라는 새로운 균형으로의 전환'이라고 판단했다(Kirk 1946, 242).

17세기와 18세기에 이미 일부 현대 유럽과 아시아 인구가 '무모한 출산'에서 상당히 멀어졌다는 데는 의심의 여지가 없다. 결과적으로, 전환기 이전의 모든 인구에서 높은 '자연적 가임률'이 지배적이었다고 가정하는 것은 틀린 판단일 수 있다. 하지만 유럽의 국가들에서 계속 가임률이 낮아지는 순간에도 그들의 과거 '헛된 사망률'이 줄기 시작한 시기는 단지 19세기 전반 동안만이었다. 존 봉가츠John Bongaarts는 모든 생식 연령 여성 중 기혼 여성의 비율, 피임 사용 및 효과, 산후 불임(또는 산후 비감수성)의 지속 기간, 인공 유산, 다산성, 영구 불임, 자궁 내 자연 사망률이라는 현대 사회에서 가임률을 결정하는 일곱 가지 요인을 밝혀냈으며, 앞의 네 가지 변인은 다양한 인구 집단에서 대부분의 변화를 설명한다(Bongaarts 1978).

전근대 사회에서는 조혼早婚이 일반적이었고, 전통적인 피임 방법들은 대부분 효과적이지 못했다. 산후 불임 역시 가임률을 줄여 주지 못했고 인공 유산은 흔하지 않았다(하지만 여자아이에 대한 선택적 영아 살해는 흔했다.). 미셸 랑드리Michel Landry는 이 과정을 다음과 같이 말했다(Michel Landry 1934). 전통적으로 대다수의 사람은 최소한의 생존을 유지하며 근근이 살았으며, 출생은 제한이 없었고, 인구는 사망률에 의해 좌우되었다. 그리고 부모는 자녀에게 적어도 그들의 삶과 동등한 삶의 수준을 제공하기 위해 노력하면서 결혼(순결과 늦은 결혼)을 통하여 출산이 제한되었다. 마지막 단계는 경제적인 이유와 다른 이유들 때문에 이루어지는 산아제한인데, 이러한 선택은 유아 사망률과 소아 사망률이 낮아졌기 때문이다.

전환의 궤적

미국의 인구학자 프랭크 노트스타인Frank Notestein은 기본적인 역학을 설명하는 인구통계학적 전환을 세 단계로 구분했다. 이런 구분은 전환 과정을 설명하는 일반적인 모델이 되었다(Notestein 1945). 모델에 따르면, 먼저 전환이 일어나지 않은 단계the pretransition stage는 국가들이 평균적으로 불규칙적이고 낮은 성장을 보인다. 그다음 초기 전환 단계early transition에서는 어느 정도 전환이 진행된 곳에서 사망률이 낮아지지만 가임률은 비슷하게 줄어들지 않으면서 둘의 조합은 최대 인구 성장률을 만든다. 마지막으로 후기 전환기late transition에서는 사망률이 크게 감소하고, 출생률은 계속 떨어지며 인구 증가 속도가 느려진다. 그리고 전환기 이후 단계가 되면 가임률은 대체 수준보다 훨씬 낮으며 가임률의 감소는 결국 인구 감소로 이어진다.

이 연쇄 결과에 대한 이상적인 그림은 일반적으로 인구통계학적 전환의 전형적인 과정을 나타나기 위해 재현된 것이다(그림 2.1 참조). 그러나 실제로 신뢰할 수 있는 과거 데이터를 가진 많은 나라의 장기적 궤도를 살펴보면 단순화된 과정에서 많이 이탈했다는 사실을 알 수 있다. 모든 전환 단계에서 지배적일 수 있는 출생률, 가임률, 사망률, 이민 등으로 이루어지는 인구 조합을 생각하면 똑같은 궤적을 보이는 나라가 없다는 사실은 놀라운 일이 아니다. 커크Kirk는 '이 다양성은 보편성에 위배되는 것이 아니며… 그러나 … 그 차이점들은 그렇게 많지 않다. 차이들은 전환을 가속화시키거나 늦추지만, 결국 전환은 불가피하다.'라고 결론지었다(Kirk 1996, 386).

1850년대 이전의 출생률을 제대로 구상하기에는 구체적인 자료가 부족하지만, 일부 유럽 국가들은 250년이 넘는 출생 및 사망 자료를 잘 보관하고 있다. 영국과 웨일스의 기록은 16세기 중반으로 거슬러 올라간다(Wrigley and Schofield 1989; Chesnais 1992; Binion 2000; Wintle 2000; Reher 2004; Caldwell 2006; Bocquier and Costa 2015; Diebolt and Perrin 2017). 가장 오래된 기록에 따르면 출생률은 높은 수준(대략 40/1,000, 합계 출산율total fertility rate > 5에 해당)에서 완만한 수준(대략 30/1,000, 합계 출산율 4에 해당) 사이에서 등락을 보이고, 마찬가지로 사망률 또한 거의 비슷한 경향을 보인다. 덴마크와 스웨덴의 공신력 있는 인구 동태 통계는 18세기 전반으로 거슬러 올라간다(Andreev 2002).

영국과 웨일스에서는 인구 역학 기록이 잘 보존되어 있는데 이를 바탕으로 오랜 시간에 걸쳐 뚜렷하게 일어나는 전환의 초기 사례를 살펴볼 수 있다. 더욱이 두 지역에서의 인구 전환은 이상적인 전환 모델에 근접한 모습을 보인다(Wrigley and Schofield 1989). 믿을 만한 통계 자료가 보존된 국가를 살펴보면, 지속적으로 출생률이 하락하기 시작한 특정 연도를 알 수 있다. 프랑스는 1827년, 스웨덴은 1877년, 벨기에는 1881년, 스위스는 1887년, 독일은 1888년, 영국은 1893년, 네덜란드는 1897년, 덴마크는 1898년에 각각 처음 시작됐다. 제1차 세계대전이 시작되기 전, 거의 모든 유럽 국가에서 감소가 시작됐지만, 전환기 이전의 가임률과 그 궤적(사망률과 출생률 감소 사이의 시간 차 및 변화의 정도) 그리고 새로 나타나는 낮게 유지되는 평형에서 국가별로 고유한 특징이 많이 나타난다.

서구 유럽과 동아시아는 전환이 일어나기 전에는 두 가지의 매우 다른 결혼 패턴을 보였다. 동아시아에서는 여성 결혼 연령이 극단적으로 낮았고, 결혼 후 이른 임신이 보편적이었다. 하지만 부부 사이의 가임률은 때로는 극단적으로 낮았으며, 이 전환에서 가장 주목할 만한 변화는 결혼 가임률의 감소보다는 높아진 결혼 연령에서 나타났다. 이와 대조적으로, 유럽 여성들은 상대적으로 늦게 결혼했으며 많은 여성이 독신으로 살았다. 유럽의 출산율은 상당히 낮은 1,000명 중 30~40명인 반면 결혼 이후의 가임률은 높았다. 놀랍게도, 일단 결혼 가임률이 떨어지기 시작하자,

평균 결혼 연령도 낮아졌고 기혼 여성의 비율은 높아졌다.

유럽의 인구통계학적 전환은 산업혁명 및 도시화와 매우 밀접한 관련이 있다. 하지만 이런 전환을 이끌어 내는 기본 요인은 쉽게 파악되지 않는다. 예를 들어 평균적인 경제 생산량이나 사회적 진보(여성 교육에 대한 접근성)의 차원에서 수량화된 지표가 보이지 않는다. 반대로, 이들 변화는 질병 측면의 전환이 일어났기 때문에 발생했다. 유행병 발생 빈도가 점차 잦아들고 (어떤 유행병은 아예 사라지기도 했다.) 만성적인 퇴행성 질병(심혈관 관련 증세나 각종 암)이 사망률의 주요 원인이 되었다. 지속적으로 가임률이 줄어들자 임신은 가족에게 신중하게 결정을 내려야 하는 사안이 되었다. 즉 사회경제학적 조건과 아이들의 미래를 고민하다 가족의 규모를 제한하는 합리적인 계산을 하기 때문이다(Coale 1973).

그런데 아시아와 라틴아메리카뿐만 아니라 유럽 국가에도 고르게 나타나는 일반적인 현상이 한 가지 있다. 그것은 후발 국가의 전환 과정이 선두 국가보다 더 빠르게 진행된다는 점이다. 북유럽과 비교하면 러시아와 지중해 국가에서 전환이 훨씬 빨리 일어났고, 프랑스는 고유의 독특한 패턴을 보였다(Chesnais 1992; Binion 2000; Diebolt and Perrin 2017). 1800년 프랑스의 평균 합계 출산율은 미국이 7명이었던 것과 비교해, 4.5명밖에 되지 않았다. 프랑스에서는 수십 년에서 최대 한 세기 전부터 가임률이 줄어들기 시작했다. 커민스Cummins는 이러한 감소가 1789년의 프랑스 혁명과 관련된 경제적 불평등 수준 변화에서 비롯됐다고 주장했지만(Cummins 2012), 그 과정에는 분명 다른 원인들이 있었다. 1890년대 영국의 출산율은 1,000명 중 30명 밑으로 떨어졌고, 프랑스에서는 1830년대부터 그 수준을 밑돌았다. 게다가 프랑스의 사망률과 출생률은 거의 동시에 감소하기 시작했고 이후에도 매우 비슷하게 감소했다.

1950년 이후 동아시아에서는 가임률이 전례 없이 빠른 속도로 대체출산율 밑으로 떨어지는 변화가 진행됐다. 일부 유럽 국가에서는 인구통계학적 전환이 완료되는 데까지 여러 세대가 걸렸다. 덴마크에서는 1780년부터 1980년까지 2세기가 걸렸고, 잉글랜드와 웨일스에서도 1760년대 초부터 1940년대 초까지 거의 2세기가 걸렸으며, 스웨덴에서는 1810년부터 1980년에 걸쳐 완료됐다. 이와 대조적으로, 대만의 궤적은 급격한 사망률 감소와 50년 정도로 훨씬 지연된 출생률이 조합된 궤적을 보였는데, 전환이 완료되는 데는 겨우 1세기가 걸렸다. 인구 조밀 국가인 중국과 한국 그리고 이란은 국민들의 평균 수명보다 짧은 기간에 전환을 달성한 매우 좋은 사례들이다.

중국은 1980~2015년 사이에 시행한 한 자녀 정책 이전부터 급격한 가임률 감소를 겪고 있었다. 1950년 중국의 평균 가임률은 6명이었는데, 1959~1961년 사이 기근을 거치며 약 4천만 명의 사망자를 낸 후, 상당한 보상 현상을 보이며 1965년 약 6.4명으로 상승했다가 1980년에 약 2.6명으로 감소했다(World Bank 2019). 2000년에는 한 자녀 정책의 영향으로 1.5명에 불과했으나 2015년에 약 1.7명으로 소폭 상승했다. 놀랍게도 정부의 어떤 강제적 개입 없이 이루어진 한국의 합계 출산율 감소는 1960년 6.1명에서 1990년 1.57명으로 훨씬 빠르게 일어났으며, 2015년에는 1.2명밖에 되지 않았다.[7] 세계에서 가장 낮은 가임률도 동아시아

....

7 중국만큼 강제적인 산아제한 정책을 실시하지는 않았지만, 한국에서도 1960년대부터 1980년까지 산아제한 정책이 실시되었다.

에서 찾아볼 수 있는데, 한국뿐만 아니라 홍콩과 마카오, 대만, 싱가포르에서도 2000년부터 1.3명 아래로 떨어졌다.

브라질은 1950년대 초반 6.1명에서 20세기 초 2.1명, 2017년 1.75명으로 꽤 가파른 하락세를 보였다. 하지만 이란만큼 뚜렷한 변화를 보여주는 국가는 없다. 1979년 이란혁명 이후 물라족the mullahs이 정권을 잡았을 당시 이란의 합계 출산율은 약 6.5명이었는데, 1986년에 새로 시행한 인구 조사에 따르면 인구가 빠르게 증가하고 있었다. 그러나 이후 인구 억제 정책으로 인해 출생률은 2000년까지 대체출산율 수준으로 떨어졌고, 최근에는 1.75명 이하를 보였다(Abbasi-Shavazi et al. 2009; UN 2017a). 2010년대에는 몇몇 중동 국가와 대부분의 사하라 이남 아프리카 국가만이 낮은 사망률과 비교했을 때 상대적으로 높은 출생률을 보였다. 아프리카에서 인구가 가장 많은 나이지리아는 1960년대부터 사망률이 절반 이상 떨어졌지만 출생률은 고작 15% 하락했다. 같은 기간 동안 이집트는 사망률이 70% 감소했지만, 출생률은 43% 정도에 그쳤다(World Bank 2019).

몇몇 서유럽 국가에서는 사망률이 절반 가까이 되고, 출산율도 비슷한 비율로 감소된 19세기에 전환이 거의 마무리됐다. 이런 감소세는 유럽의 인구 출생률과 사망률이 매우 낮은(전체에서 1,000명 중 10명 정도) 새로운 균형 상태에 도달한 1940년대까지 지속됐다. 그러나 제2차 세계대전 직후 유럽과 북미는 20년(1945~1964년) 동안 베이비붐이라고 불리는 비교적 높은 가임률을 보여 주었다(Monhollon 2010). 가임률이 역전된 이 기간은 전쟁 동안 미뤄진 임신률을 따라잡는 것 이상의 결과를 보여 주었다. 가족 규모가 커지는 현상은 1930년 후반부터 시작되었고, 높아진 혼인율과 결혼 연령의 하락 역시 베이비붐 현상에 일조했다.

1960년대 후반 유럽과 북미에서 다시 시작된 가임률의 감소는 제2의 인구통계학적 전환으로 불린다. 이 새로운 인구통계학적 양식은 유럽, 북미, 일본 그리고 소득이 낮은 국가의 도시 엘리트 계층에서도 찾아볼 수 있으며, 결혼율과 가임률이 대체 수준보다 훨씬 못 미치는 특징을 가진다. 미국의 평균 가임률은 1950년 약 3.3명이었지만 세기말에는 2명으로 떨어졌으며, 일본에서는 3명에서 1.3명, 러시아에서는 약 2.9명에서 1.3명으로 비슷한 모습을 보였다. 이후 일본과 러시아에서는 다시 소폭 상승하긴 했지만, 최근 러시아는 1.75명, 일본은 1.5명으로 대체 합계 출산율에 한참 못 미친다(World Bank 2019).

그러나 주목할 만한 예외가 있었다. 프랑스의 가임률은 1990년대 초, 1.7명까지 내려갔지만, 2006년부터 대체출산율에 매우 근접했다(2015년 2.01명). 스웨덴은 1.88명, 노르웨이는 1.85명으로, 스칸디나비아반도에서의 가임률은 대륙의 다른 지역만큼은 낮아지지 않았다. 프랑스의 가임률은 생식 연령이 끝날 무렵의 가임률 감소에서 중요한 사실을 보여 주는데, 1900년 연령별 가임률은 30대 미만 여성의 경우 1.6명이었으며 35세 이상 여성의 경우는 0.6명이었고, 1980년대 후반까지 비슷한 비율로 각각 1.4명(Toulemon 1988)과 0.15명까지 떨어져서 35세 이상 여성의 경우 1900년대의 겨우 4분의 1 수준을 보였다(Toulemon 1988).

반면, 1990년대 많은 유럽 국가들이 최저 가임률the lowest-low fertility(합계출산율<1.3)이라고 불리는 것을 기록하기 시작했다(Kohler et al. 2002). 2003년까지는 그 정도로까지 매우 낮은 가임률을 보인 국가는 21개국에 불과했다. 그러나 상황이 반전되어 2008년에는 오직 5개 국가만이 그

정도로 낮은 가임률을 보였는데, 그중 4개 국가는 동아시아에 있었다. 그동안 유럽에서는 활발한 반전이 일어나고 있었으며 모든 부유한 국가에 영향을 미쳤다(Goldstein et al. 2009). 그러나 이 반등은 오래가지 못했다. 2017년까지 1.3명보다 낮은 합계 출산율은 보스니아헤르체고비나Herzegovina, 그리스, 몰도바, 리히텐슈타인과 더불어, 3개 주요 국가(이탈리아, 스페인, 루마니아)를 포함한 7개의 유럽 국가들에서 나타났고, 폴란드와 포르투갈을 포함한 5개 국가들의 합계 출산율은 간신히 1.4명을 기록했다. 출산 장려 방법들은 성과가 좋지 못하지만, 합계 출산율이 대체 수준에 매우 근접한 국가들에서는 전망이 나은 편이다.

제2차 세계대전 이후로는 신빙성 있는 자료가 수집된 덕분에 세계 인구의 누적 점유율을 살펴봄으로써 인구통계학적 전환의 진행 과정을 알 수 있다. 1950년대 초, 인류의 5분의 2가 6명 이상의 합계 출산율을 나타내는 국가에 살고 있었고 평균 합계 출산율은 약 5명 정도였다. 1970년대 후반까지 합계 출산율이 6명을 넘는 나라들은 겨우 전체 인구의 15%였으며, 평균은 4.5명 정도로 떨어졌다. 21세기가 시작되고 몇 년 동안은 겨우 인류의 5%만이 합계 출산율이 6명 이상이고 나머지 국가의 평균은 2.6명으로 떨어졌다. 지금으로부터 두 세대 전인 1970년대에는 전 세계의 절반의 합계 출산율이 5.5명을 넘었다. 2010~2015년 사이, 중앙값은 겨우 2.3명이었고, 겨우 50개국만이 3.5명 이상의 상대적으로 높은 가임률을 보였다. 그중 3분의 2는 경제적으로 개발도상국으로 분류되었다(UN 2017a).

아프리카 인구 증가의 90%는 인구 대체율을 초과하는 가임률에 기인한다. 아프리카에는 2050년까지 9억 명 이상의 인구가 늘어날 것으로 보인다. 반면에 다른 모든 지역에서는 대체율을 밑돌 것으로 예상된다. 이 과정은 이미 상당히 진척됐는데, 2015년 가임률 전환의 속도가 빨라지면서 세계 인구의 절반 가까이 차지한 80개국 이상에서 인구 대체율 이하로 그 수치가 떨어졌다. 가장 두드러진 사실은 2018년에 세계에서 가장 인구가 많은 10개 국가들 중 다섯 국가(중국, 미국, 브라질, 방글라데시, 러시아)의 가임률이 인구 대체율에 도달하거나 밑으로 떨어졌다는 점이다. 인도, 인도네시아, 멕시코는 매우 근접해 있으며 파키스탄과 나이지리아만이 여전히 높은 합계 출산율을 보였다(UN 2017a).

아프가니스탄과 동티모르를 제외하고 합계 출산율이 높은 나라들은 아프리카에 있으며 일부 국가에서 전환은 잘 진행되고 있다. 가나와 케냐(총재생산율이 각각 4.03과 4.56이다)처럼 인구가 많은 국가에서 출생률이 상당 부분(30% 초과해서) 감소했다. 한편 베냉, 부르키나파소, 말라위에서는 변화가 천천히(10% 이하의 감소율) 진행 중이다(Johnson et al. 2011). 하지만 최근 진단에 따르면 대부분의 아프리카 사회에서는 합계 출산율이 4명보다 적은 적정 수준으로 낮추는 데 여전히 거부감(문화적, 친족 관계상의 이유)이 있다는 사실을 보여 준다(Casterline and Bongaarts 2017).

21세기 초, 대체출산율을 밑도는 유럽과 아시아 30개 국가의 출산율이 다소 올라가긴 했지만, 인구를 대체할 만큼은 되지 못했다. 이 부분적인 반등은 최근 평균 가임률이 대체율 이하로 떨어진 국가들에서 다시 나타날 가능성이 높지만, 이 역시 눈에 띌 정도의 인구 성장률로 회복되지는 못할 것으로 보인다. 또한 2050년까지 인류의 약 70%가 인구 대체율 아래로 떨어질 것으로 예상된다. 전 세계에서 일어나는 전환의 속도는 놀라울 정도로 빠르며, 꽤 오랜 기간 동안 대부분의 사람이 예측하지 못한 사건이고, 현대 역사의 한 축을 차지한다. 또한 그로 인한 파급효과가 개인은 물론, 가족, 국가, 전 세계에 다양하게 퍼졌다. 그러나 이런 획기적 전환의 원동력을 몇 가지 분명한 요소로 단순히 압축시키기는 어렵다.

인구통계학적 전환의 경향

인구통계학적 전환의 원인을 알아내기 위해서 독립적 방법(비중이 낮은 요인을 제거하고 분석하는 방법)은 물론 상호작용적 방법(여러 요인을 포함하여 분석하는 방법)으로도 연구가 진행되었지만, 1장에서 언급한 바와 같이 몇 가지 매개변수로 수치화한 구성으로 만드는 데는 실패하였다. 첫 번째 그룹(독립적 방법론)은 영유아 출산율과 사망률 감소의 원인을 특수한 역사·문화적 상황은 일단 배제하고 경제성장(위생, 영양 상태, 공중 보건, 주거 환경 등)의 이유에 더 집중한다. 한 명을 살리기 위해 많이 낳을 필요가 없어졌다는 것이다.

팀 다이슨은 지속적으로 출산율이 감소하는 데에는 '슈퍼 매크로super-macro'라고 할 수 있는 대규모 사망률의 감소가 지대한 영향을 미쳤다고 판단했다(Dyson 2001). 그 어떤 사회도 사망률의 감소와 높은 가임률을 수 세대 동안 유지할 수는 없다. 그런 조합은 인구 과밀과 토지 파편화land fragmentation부터 실업과 오염에 이르는 너무 많은 문제점을 불러올 수 있기 때문에, 머지않아 평형에 근접한 상태가 되어야 한다.

캐닝Canning은 네덜란드의 역사적 데이터를 살펴보면 출생률 감소가 (사망률 감소와 상관없이) 독립적으로 이루어졌다면서 다이슨의 주장을 반박했다(Canning, 2011). 유년기 생존은 가족이 다른 아이를 가질 확률과 출생 간격에 확실하게 영향을 미쳤다. 그러나 이 영향은 1900년 이후 특히 강했고 농업에 종사하는 사람보다 기술 노동자의 가족에서 더 강하게 나타났다. 또한 살아남은 아이의 수는 엄격한 개신교 부부나 가톨릭 부부와 비교했을 때, 개신교 부부 사이에서 생존한 아이 수가 더 많다는 점에서 차이를 보였다(Van Poppel et al. 2012). 이러한 역사적 증거는 한 나라에서도 출산율이 낮은 이유가 다양하다는 사실을 보여 준다. 살아남은 아이들의 수에 대한 반응은 사람들이 그들의 삶을 어떻게 바라보는지, 장기적 목표를 어떻게 세웠는지 그래서 그 목표를 달성하려는 의지가 어느 정도인지에 따라 결정됐다.

사망률 감소는 출생률 감소보다 항상 먼저 나타났다. 하지만 많은 경우, 사망률이 떨어지기 시작하면서 한시적으로 출생률이 올라간다. 그리고 생존 확률이 높아지면 원하는 수의 아이를 낳기 위해 필요한 가임률이 감소하게 된다. 하지만 아이의 양적 성장의 측면과 질적 성장의 측면의 반전(더 적은 아이에 대해 인당 투자 금액을 높이는 일)으로 출생률 감소를 설명하는 편이 설득력이 높다. 그리고 어떤 나라에서는(특히 중국과 인도) 전체적인 인구의 소득이 높아지기도 전에 현대적인 피임 방식을 활용해서 출생률을 떨어뜨린다. 코넬리Conley와 동료들은 지속적으로 높은 아동 사망률이 아프리카의 높은 출산율을 설명하는 가장 중요한 요소라는 사실을 보여 주었다(Conley et al, 2007). 농업 생산성은 두 번째 원인으로 꼽힌다. 하지만 여성의 교육 수준, 총소득은 원인으로 보기에 크게 중요하진 않았다. 이에 대해 코넬리는 '바로 이 지점에서 인구통계학적 전환 이론이 시작된다. 아이를 구하면 가족은 출생하는 아이의 숫자를 줄인다(Conley et al. 2007, 31)'라고 밝혔다. 이 이론은 다른 지역에서 아이의 생존율을 단기간에 높일 수 있음을 시사하기에, 가임률 전환이 상대적으로 빨리 일어날 가능성도 보여 준다.

또 다른 가설에 따르면, 가임률 감소 시기와 생존한 아이의 수는 유사한 사회적 문화적 조건을 가진 국가들에서 1인당 소득과 반비례한다는 것이다. 그러나 앞서 언급한 바와 같이, 유럽에서는 그 시기와 수가 모두 일치하지 않는다. 더 자세한 연구를 통해 국가 간에도 현저한 차이가 있으며, 동일 지역에서도 구역에 따라 격차가 나타났다. 이탈리아의 사르데냐에서는 지방에서 가장 느린 인구 전환이 일어났는데, 부유한 가정이 먼저 의도적으로 결혼 가임률을 조절하기 시작했다(Breschi et al. 2014).

오데드 갈로르Oded Galor는 가임률 감소가 인적 자본에 대한 점진적 수요 증가와 관련된다고 보았다(Galor 2011b). 이런 변화는 산업화의 두 번째 국면인 19세기 후반에 벌어졌고, 인적 자본을 창출하는 자녀들에게 더 많은 투자를 하게 만들면서 계속되는 가임률 저하를 이끌었다. 소득이 늘어나면서 자원이 풍부해졌고, 더 많은 아이들이 기본적인 교육을 받을 수 있게 되었으며, 기술적인 진보로 인하여 인적 자본으로 들어가는 투자가 늘어났다. 이로 인해 더 나은 교육이 평균적으로 제공되고, 출생률이 감소하면서 인구 성장이 둔화되었다. 이는 자기 강화[8]의 과정이었다. 더 나은 교육을 받은 인구의 비율이 증가함에 따라 기술 및 조직의 발전이 가속화되었고, 더 나은 교육을 받은 노동자에 대한 추가 수요가 창출되며 훨씬 더 높은 교육적 기대로 이어졌다.

이와 유사하게 마테오스-플라나스Mateos-Planas는 흔히 나타나는 세 가

8 정치, 경제 따위의 다양한 분야에서 요구되는 능력이나 업적을 충족하기 위해 자신의 능력이나 업적을 스스로 발전시키거나 증대하는 행위.

지 주요 요인인 사망률의 감소, 기술적 진보, 양육비 증가가 전환을 형성한다고 보고 스웨덴과 영국 그리고 프랑스가 여기에 해당한다고 결론 내렸다(Mateos-Planas 2002). 첫 번째 요인은 대부분 결정적인 촉발 요인으로 보이긴 했지만 제한적이었고, 변화의 주요한 부분으로 기술적 발전과 아동의 양육비 변화에 기여한 것이 틀림없었다. 그리고 인적 자원에 대한 수요의 증가는 여성 노동력에 대한 더 높은 기대로 이어졌으며, 임금 차별의 격차가 줄어들게 만들었다. 이러한 결과는 가임률을 낮추는 것에 기여했다. 이는 200년 가까이 되는 기간의 미국의 자료를 통해 여성과 남성 소득 비율과 평균 가임률 사이의 강한 역전 관계[9]를 볼 수 있다.

존 콜드웰John Caldwell은 세대 간의 부의 이전wealth flows을 통한 경제적 설명을 내놓았다(John Caldwell. 2006). 대가족 중심의 전근대 사회에서 젊은 세대의 수익은 기성세대에게 갔지만, 핵가족 중심의 현대 사회에서는 부모가 자녀들을 부양했다. 이때 이론적으로 가장 경제적인 대응은 '무자녀 상태'겠지만 이런 건 제외하고, 자녀의 수를 줄이고 아이를 단순히 경제적 자원으로 바라보는 것에서 벗어나 개인적·사회문화적으로 아이들을 소중히 여기게 된 것이다. 또 다른 설명은 높은 가임률이 노년에 대한 보험이었다는 관점이다. 즉 연금과 자본 시장이 존재하지 않는 상황에서 자녀가 노후를 지원해 주는 자산이라는 것이다. 그러나 이러한 필요성은 전환을 구성하는 그저 작은 구성 요인이었을지 모른다. 1601년 영국의 빈민법English Poor Law Act과 같이 노인을 지원하기 위한 일부 제도가 인구통계학적

....

9 한 변수에서는 더 높은 빈도를 갖고 다른 변수에서는 더 낮은 빈도를 갖는 두 현상 사이의 관련을 의미한다. 때때로 사회연구에서 이것은 부정적인 상관관계(negative correlation)로 일컬어진다.

전환의 훨씬 전부터 있었고, 노후 부양책이 크게 걱정되지 않는 부유한 가정에서 더 많은 아이를 낳는 경우도 있었기 때문이다.

이런 모든 설명은 모두 변화하는 환경에 따라 조정되거나 동화 과정을 거쳐 원리를 설명한다. 하지만 한편으로는 연관된 혁신의 전파에 초점을 맞춘 설명도 있다. 피임할 수 있는 가능성, 피임 도구의 비용과 효과는 가장 극명한 사례가 된다. 특히 정부 정책상 허용되었을 때 그 관계가 명확히 보인다. 가족 계획 프로그램을 위해 강력한 지원을 하는 나라에서는 지원이 없는 나라에 비해 가임률이 훨씬 더 빠르게 줄었다. 동시에 이미 1장에서 언급했듯이 '데이터는 발전이 최고의 피임법이라는 주장을 뒷받침하지 못한다… 오히려 피임이 최고의 발전 자극제'라는 주장을 강력하게 뒷받침한다(O'Sullivan 2013, 1).

일부 인구통계학자와 역사학자는 문화적인 요소와 개인들의 발전에 대한 지배적인 생각의 변화에 초점을 맞춰 전환을 설명한다. 더 확대된 선택의 자유와 자율성, 자아실현의 욕구 그리고 무엇보다 여성의 해방과 독립적인 직업, 양육 비용의 급증 등이 전통 서양 사회의 종교적 독실함을 약화하고 세속화가 전환에 영향을 끼쳤다고 본다. 이 때문에 레생Lesthaeghe은 가임률의 감소를 개인의 목표 추구로 확대된 해방 과정의 한 부분이라고 판단한다(Lesthaeghe 2014). 인구 전환은 단 하나의 촉매로 시작되지 않으며, 국가별 경험은 미리 정해진 경로를 따라가지 않는다. 인구통계학적 전환의 결과들의 개요를 설명하는 일은 훨씬 더 쉬우며, 일부 영향은 현대 문명의 가장 근본적인 (원리나 원인보다) 결과들의 개요를 설명하는 일이 더 쉬운데, 일부 영향(결과)은 현대 문명의 가장 근본적인 변화를 만들었고, 그것은 전 세계 인구의 급속한 증가를 불러왔다는 것이다.

인구통계학적 전환의 결과

우선 주목할 것은 아이들과 가족의 삶에 미친 영향이다. 신생아와 아동 그리고 부모들이 겪는 고통의 감소가 가장 중요한 결과다. 영아 사망의 위험도가 낮아진 점이 가장 향상된 부분이다. 부유한 국가에서 영아의 사망률은 1,000명 중 2~3명으로 줄었다. 이는 이들 국가가 뛰어난 출산 전후 의료 시스템을 가지고 있었기 때문이다. 200년 전에는 세 가구 중 한 가구가 겪었던 슬픈 일을 1,000가구 중 2가구만이 겪게 된 것이다. 세계 평균은 여전히 한 자릿수 더 높으며(2018년 기준 1,000명 중 30명), 이 비율은 세계에서 가장 가난한 국가에서 두 배 더 높다.

일반적으로 간과되는 또 다른 혜택은 (일시적이긴 해도) 가족 안정성이 높아졌다는 점이다. 네덜란드의 자료는 전환이 아동의 생활 조건에 어떤 영향을 미쳤는지 설득력 있게 보여 준다. 성인 사망률의 감소와 더불어 낮은 혼외 출산율과 상대적으로 낮은 이혼율의 복합적 결과로, 1880~1964년 사이에 태어난 아이들이 다른 어느 시대에 태어난 아이들보다 더 완전한 가정에서 살았다(Van Poppel et al. 2013). 그러나 시간이 지남에 따라 역전 현상을 보이면서 19세기보다 1980년대 이후 싱글맘의 손에서 자라는 아이의 숫자가 많아진다.

영유아 사망률의 감소로 인해 아이들은 부모로 하여금 더 많은 관심과 금전적 지원이라는 일생의 이점을 누린다. 성인들의 교육적 성취와 청소년들의 중등 교육 이후를 위한 계획을 분석한 결과를 보면 부유한 미국에서조차 아이들의 자질에 대한 희석 모델dilution model[10]의 기대를 뒷받

10 아이들이 늘어날수록 각 아이의 자질이 떨어진다는 가설.

침한다. 게다가 이런 분석을 보면, 형제자매가 없는 아이들은 사랑과 지원을 한몸에 받는다. 반면에 중국 같은 경우 한 자녀 정책이 강압적으로 진행되면서 외동 자녀가 양산된다. 그리고 같은 기간 동안 (별개의 이유로) 가구당 재산이 크게 늘어났으나 그 결과 소아 비만 같은 바람직하지 않은 결과가 일어나는 모습이 자주 목격된다.

그리고 자녀가 적다는 것은 더 나은 주거 환경과 양질의 영양 공급이 가능하며, 여행과 은퇴 준비에 더 많이 투자할 수 있는, 높은 생활수준을 가질 수 있다는 의미이다. 일본을 시작으로 대만, 싱가포르, 한국, 말레이시아 그리고 1990년대 이후 중국과 베트남과 같은 동아시아 국가들의 가임률이 전환기 이전 수준(일본 ~3명, 한국과 중국 ~6명)으로 유지됐었다면, 1인당 소득과 가족의 재산 그리고 전반적인 생활수준이 그렇게 빠르게 개선되지는 못했을 것이다.

신체적인 조건의 질적 향상은 평균 신장이 커진 것에서 확인할 수 있고, 사회적 발전은 기본 교육에 대한 일반적 접근성 및 여성의 지위 향상으로 나타난다. 영양실조와 발육부진이 사라지면서 전 연령의 집단에서 평균 키가 커졌다(NCD Risk Factor Collaboration 2016). 20세기 중 가장 큰 향상은 아시아에서 있었다. 대한민국 여성의 평균 신장은 20cm 이상 자랐고, 18세 일본 남성은 1900년대 18세 남성보다 거의 12cm 더 자랐다(SB 2006).

가임률의 감소는 여성 독립, 자아실현의 기회, 노동 시장에서 대규모 참여가 확대되는 데 있어서(충분조건은 아니었지만) 필요조건이 되었다. 이런 변화는 제조업에서 비숙련 노동으로 시작해 교육, 의료 분야, 사무직과 같은 숙련 노동으로 진보했으며, 비록 완벽하게 동등한 수준까진 아니어도 상대적 임금 상승이 이루어졌다. 그리고 일부 국가들에서는 1890년대 18%였던 여성 의사, 변호사, 정치인의 비율이 1930년에는 25%까지 늘어났으며, 2000년에 60%(이 중 미혼여성의 비율이 전체 비율에서 약 두 배를 차지함)를 달성한 후, 2018년 소폭 하락해 57%를 기록했다(FRED 2018). 지금까지 널리 반복되고 있는 이런 세계적 추세는 이혼율의 증가와 아동 돌봄에 대한 정부 지원 수요 증가 등으로 사회적, 경제적 파급 효과를 불러왔다.

환경의 질을 비롯해 경제 및 사회 발전의 모든 측면에 영향을 미친 인구통계학적 전환의 두 가지 주요한 결과는 전례 없는 인구의 증가 그리고 인구 구조의 변화로 생긴 인구 배당 효과demographic dividend[11]의 창출이었다. 사망률의 감소와 출생률의 감소에서 시차가 발생하면서 인구 증가가 빨라졌고, 그 결과 짧은 시간 동안 전 세계 인구가 두 배나 늘어났으며, 사람들은 무분별한 확장에 막연히 두려움을 갖게 되었다. 앞서 언급한 바와 같이, 역사가 기록되기 전 인구 성장은 아무리 잘해봐야 0.1%를 넘지 않았고, 인구가 두 배가 되려면 1천 년 이상의 시간이 필요했다. 전 세계 인구가 5억 명에서 두 배 늘어나 19세기 초에 10억 명이 되기까지 약 250년이 걸렸지만, 1927년 20억 명에 도달하는 데는 겨우 123년이 걸린 것이다.

1974년에 그 두 배인 40억 명이 되기까지는 47년이 걸렸지만, 1970년 이후 성장 속도가 느려짐에 따라 80억 명으로 늘어나는 시기는 52년 뒤

....

11 전체 인구에서 생산 가능 인구가 차지하는 비율이 높아져 부양률이 감소하고 경제성장이 촉진되는 효과를 말함.

인 2026년으로 전망하고 있다(UN 2017b). 세계 인구의 총합의 재구성Reconstructions of global populationtotal을 보면, 17세기 후반 연평균 성장률이 0.2%에 도달하고, 1820년 이전에 0.5%를 웃돌다가, 1910년까지 0.8%로 상승한 다음 1930년대 초반에 1%를 넘었다는 것을 보여 준다. 제2차 세계대전이 끝난 후에 이 비율은 계속해서 상승했는데, 앙드레 드 카유외André de Cailleux는 이런 초성장(계속해서 성장률이 증가하는 성장, 쌍곡선 함수)을 최초로 눈치챈 인구학자다(André de Cailleux.1951). 한편 본 푀르스터von Foerster와 동료들이 1960년 이전의 성장을 토대로 계산해 본 결과 2026년 11월 13일에 싱귤레리티(무제한 급속 성장)에 도달하리라 예측했다(von Foerster et al. 1960).

물론 그런 현상은 전혀 없었고, 쌍곡선 팽창은 돌연 끝났다. 세계은행이 재구성한 내용을 보면 1966년 2.107%, 1969년 2.109%로 두 번의 최고치를 나타냈다(World Bank's 2019). 하지만 전 세계 인구 성장과 관련해서 소수점 세 자리까지의 숫자가 얼마나 정확할지는 장담할 수 없다고 했다. 한 가지 확실한 사실은 2.1%라는 인구 성장률 정점이 3세기 전에 만연했던 성장률과 비교했을 때 한 자릿수 높다는 점이다. 이후에는 2000년까지 연평균 비율은 약 1.3%로 떨어졌고 2015년 이후 평균은 1.2%에 못 미쳤다. 인구가 또다시 두 배 이상 증가하는 시점이 얼마 멀지 않았지만, 80억 명이 되려면 약 50년이 걸릴 것으로 예상된다. 전 세계 증가율이 하락하고 있다는 확실한 지표다.

인구통계학적 전환의 두 번째 결과는 경제성장에 미치는 영향이다. 이 전례 없는 인구 성장에 의해 경제는 성장 촉진되었는가? 제한되었는가? 아니면 대체로 중립적인 상태였을까? 우린 이 세 가지 효과를 증명하는 증거들을 모두 찾을 수 있다. 경제성장에서 인구통계학적 전환이 끼친 역할을 가늠하려면 전반적인 연령 구조의 변화, 인구 배당 효과라고 알려진 개념이 특히 어떻게 중요한지 집중해서 살펴봐야 한다. 이런 식으로 접근하면 각각 다른 인생 단계에서 생존 요건과 경제 활동이 얼마나 큰 영향력을 갖는지 깨닫게 된다.

인구통계학적 전환의 초기 단계에서 경제는 상당수의 아동을 부양해야 하고, 필요한 의료 서비스와 교육을 제공하기 위해 자원을 쓰면서 경제성장 속도가 느려진다. 전환이 진행되면서 사망률은 감소하지만, 성인이 되는 사람 숫자는 증가하고 그 결과 경제 활동 인구(15~64세 혹은 20~64세의 인구) 비중이 부양 인구에 대비해서 상당 수준 커진다. 이때 부양 인구는 15세 미만의 아동(혹은 20세 미만의 아동과 청소년)과 65세 초과의 노인을 의미한다(Mason et al. 2017). 총부양비Total Dependency Ratio 감소를 겪는 국가는 일시적으로 인구 배당 효과 혜택을 보게 된다(Bloom et al. 2003). 이러한 변화는 빠르게 일어날 수 있지만, 이들이 경제적 생산성에 강력한 자극이 되려면 경제 활동 인구에게 합리적인 거시경제 정책(무역 개방, 탄력적인 노동 시장, 저축 장려 등)이 마련되어야 하고, 적정한 수준의 영양, 의료 서비스, 가족 계획, (성장 기간 동안) 교육이 제공되어야 한다.

출산 후 가정에서 양육을 담당하던 여성이 노동 인구로 진입하면서 평균 소득은 더욱 상승한다. 평균 소득은 때로는 30~40%까지 증가한다. 이러한 증가분은 대부분 추가적인 경제 확장을 위한 자본이 된다. 높은 가처분소득은 새로운 수요를 창출하고 경제는 이 선순환을 통해 이익을 얻는다. 1950년대 이후 인구통계학적 전환으로 아시아와 라틴아메리카의 많은 나라에서 일시적인 배당이 이루어졌다. 한국의 총부양비는 49년 동안(1962년부터 2011년까지), 중국은 37년 동안(1973년부터 2010년까지), 베트남은 45년 동안(1968년부터 2013년까지) 하락했다. 인도의 전반적인 총부양비는 1960년부터 하락하기 시작했고 중국의 비율과 꽤 근접해있다(World Bank 2019). 놀라울 만큼 낮은 중국의 총부양비는 1979~2016년 사이 국가에서 강제로 시행했던 한 자녀 정책의 결과였다. 2010년 그 비율은 세계 평균인 53명과 비교해 가장 낮은 35명이었다.

이와는 대조적으로 라틴아메리카에서는 상대적으로 효과가 낮았던 정부 정책으로 인해 그 영향이 약했고, 아프리카의 주요 국가들은 높은 가임률로 인해 총부양비의 비율이 줄어들지 않거나, 상당히 높은 비율에서 약간 줄어든 수준이기 때문에(케냐의 경우 1980년대에 110이었던 것이 2015년에 80 밑으로 떨어졌다.) 아직 그 효과를 체감할 수 없다. 인구 배당 효과에는 본질적으로 시간적 제약이 따른다. 대규모로 노동 인구가 고령화되고 은퇴하면 배당이 줄어들었다가 결국 사라지지만, 일시적 소득을 사회 기반 시설과 교육, 건강, 기술 개발에 투자할 경우 긍정적인 영향은 이후에도 오래 지속될 수 있다.

총부양비는 이후에 한 번 더 변동된다. 은퇴 인구가 늘어나면서 비용이 늘어나고 국가들은 덜 생산적(노령 인구의 파트 타임 고용)인 인구와 비생산적인 인구를 다시 부담해야 한다. 이러한 변화는 높은 가임률이 회복될 경우에만 반전될 수 있다. 발전 단계에서 나타나는 이 과정은 훗날 고령화 사회라는 부담으로 나타나지만, 인구 배당 효과의 초기 단계에서는 부의 증가가 두드러진다(Mason 2005).

인구통계학적 전환의 결과는 경제 발전의 주요 단계를 자세히 들여다

볼 때도 확실히 알 수 있다. 전환의 초기 단계에서 일자리를 찾는 젊은 층이 늘어나면 섬유, 전자, 자동 기기와 같은 노동 집약적이고 수출 지향적인 제조업이 선호된다. 이는 제2차 세계대전 이후 일본이 개척해서 보여준 발전 방식이었으며 대만과 한국 그리고 중국이 이를 성공적으로 반복했다. 이 세 나라 모두 개인 휴대 전자 기기 제품에 대한 세계적인 수요로부터 상당한 이익을 챙기고 있다.

핵가족화된 구직자들의 건강이 향상되고 교육 수준이 높아지면서 추가적인 경제 이익이 발생했다. 더욱이 예방접종의 보편화, 태아 관리, 예방적 건강 관리, 영양 공급의 향상은 일차적 개선을 가능하게 했고 동시에 많은 국가에서 의무 교육을 18세까지 확대했다. 게다가 장수 인구가 늘어나고 더 오래 건강한 삶을 살게 되면서 교육에 투자하는 시간이 늘어났다. 고도로 전문화된 인력들은 20대 후반에서 30대 초반의 나이에 일을 시작하게 되는데, 전환 이전 시대에는 겨우 20년 동안 생산 활동을 할 수 있는 나이였다.

많은 국가는 이미 새롭게 복합적 문제를 불러올 인구통계학적 전환의 마지막 단계를 밟고 있다. 비록 우리가 결과적으로 세계적인 최대치를 확실히 짚을 수는 없지만, S자 곡선의 모습으로 성장이 이루어지고 있다는 사실은 확실하다. 그러나 우리가 금방 새로운 안정기에 접어든다고 하더라도, 과거에 있었던 빠른 인구 성장의 여파로 인해 부유한 나라와 점점 더 늘어나는 현대화된 경제 국가는 수명이 더 길어진 인구를 감당해야 하며, 이미 인구 감소를 보이는 일부 국가의 예를 통해 알 수 있듯이 오랜 기간 우리에게 영향을 미칠 것이다. 또한 거대 도시들이 늘어나며 절정에 달한 큰 규모의 도시 확장은 대규모 이민 없이는 달성될 수 없었을 것이다. 따라서 이번 장의 나머지 부분에서는 고령화, 인구 감소, 도시화 및 이민 문제를 다루고자 한다.

• • • •

기대 수명의 한계와 고령화 그리고 인구 감소

인구 배당 효과의 이면에는 인구통계학적 부담이 있다. 대체 수준 이하로 출생률이 떨어진 국가에서는 총부양률이 올라가고 점차 인구가 감소한다. 물론 인구가 감소하려면 상당한 비중의 여성이 재생산 연령을 넘어서야 한다. 일단 인구 동력이 소진되면 인구는 줄어들기 시작한다(Keyfitz and Flieger 1971; Blue and Espenshade 2011). 인구통계학적 부담은 기대 수명이 이전에는 생각할 수 없는 정도로 높아질 사회에 훨씬 큰 부담이 될 것이다. 일본의 인구 궤적은 21세기 중반까지 80대 인구가 아이들의 수를 넘어서게 될 것으로 예측한다(NIPSSR 2017). 호모 사피엔스 1만 년의 역사에서 그런 사회는 한 번도 존재한 적이 없었지만, 이미 일본과 일부 유럽에서 나타나는 지역적이고 국소적인 인구 감소에 대한 우려가 시작됐다.

수명의 연장

평균 수명은 우선 유아 사망률과 비명횡사untimely deaths가 거의 줄어들 때쯤 늘어나기 시작했다. 유럽 대륙과 미국에서 그 비율은 1850년 1,000명당 200~300명이었다가 100년 뒤 35~65명으로 떨어졌다. 그리고 2000년까지 경제적으로 부유한 국가에서는 5명 이하까지 하락한다.

거의 50개국에서 유아 사망률은 1%인 10명 미만이었다. 아프리카의 19개 국가만이 10%인 100명 이상으로 대략 한 세기 전의 유럽과 같았다(Abouharb and Kimball 2007).

일반적인 생각과는 다르게, 의학의 발전은 19세기 사망률 감소에 중요한 역할을 하지 못했다. 결정적인 요인들은 생활수준의 향상, 더 나은 영양 공급, 더 나은 거주, 더 나은 공중 보건 조치(배수관, 하수처리, 가정 위생) 등이었다(Fogel 2004 and 2012). 초기 의료보험 제도도 도움이 됐는데, 프랑스와 독일을 포함한 유럽의 다섯 나라의 자료를 통해 1873~1913년 사이에 이런 제도로 인해 사망률의 감소세가 가속화했다는 것을 알 수 있다. 이것은 의료 서비스가 확대되었기 때문만이 아니라 건강 정보와 위생 의식이 확산되었기 때문이기도 하다(Winegarden and Murray 2004).

맥커운McKeown과 동료들은 잉글랜드와 웨일스에서 '치료는 아무런 도움이 되지 않았고, 면역의 효과는 사망률 감소에 약 20분의 1의 기여를 한 천연두의 경우에만 제한됐다.'라고 주장했다(McKeown et al.). 맥킨레이McKinlay J.B.와 맥킨레이S.M. McKinlay는 이런 주장을 20세기 미국으로 확장했다. 1900년 이후 홍역, 성홍열, 결핵, 장티푸스, 폐렴, 디프테리아로 인한 사망률은 줄어들었는데, 개입 시점 이후 사망률이 눈에 띄게 감소한 질병은 전체 감소에서 겨우 3.5% 정도만이 의학적 진보가 원인이라고 결론 내릴 수 있었다(McKinlay and McKinlay 1977). 1955년 도입된 소아마비 예방접종만이 거의 유일하게 이러한 추세에 주목할 만한 영향을 미쳤다. 전반적으로, 미국의 연령별 사망률은 20세기에만 74% 감소했으며, 감소분의 70%는 1950년 이전 전염병 사망률의 감소로 발생했다(Singh and van Dyck 2010).

1930년대에 설파제sulfa drugs[12]가 발견되기 전까지, 우리는 가장 흔한 전염병을 억제할 수 있는 어떤 수단도 가지고 있지 않았다. 자야찬드란Jayachandran과 동료들은 1937~1943년 사이에 이 새로운 약물이 사용되며 미국 산모 사망률은 25%, 폐렴과 인플루엔자로 인한 사망률은 13%, 성홍열 사망률은 52% 감소했다는 사실을 발견했다(Jayachandran et al.). 이런 결론은 영아 사망률과 유아 사망률 감소에 차이를 만드는 더 나은 위생과 영양 공급이 결정적인 역할을 했다는 주장을 뒷받침한다(Singh and van Dyck 2010).

결과적으로, 20세기 중반까지 65세 이상인 사람들의 전체적인 수명 증가율은 20% 미만이었다. 그리고 65세 이상 노년층의 기대 수명이 75% 이상 증가하면서 그 비율은 역전되었으며, 점근선에 근접하면서 계속 상승하고 있다(Eggleston and Fuchs 2012). 인류 대부분은 아직 장수로 가는 전환 초기 단계에 있다. 가난하고 인구가 많은 아시아와 아프리카의 국가에서 성인 사망 원인의 대부분을 차지하는 병(심혈관병과 각종 암)을 예방하고 치료하는 진보된 기술은 도시 거주 엘리트층에게만 제공된다. 결과적으로 이 새로운 인구 전환 과정은 21세기 동안 끝나지 않을 것이다.

이 과정은 평균 수명이 어떻게 증가되었는가를 잘 따라가 보면 이해할 수 있다. 이 통계 구조의 기본은 신생아가 출생할 당시의 사망률을 살펴보고 그것이 향후 비슷하게 유지될 경우 아이가 누리게 될 평균 수명을 나타내 보는 것이다. 이는 곧 전반적인 삶의 질을 나타내는 좋은 표본이

....

12 최초로 발견된 설폰아마이드로서 강력한 항균제이다. 이전에는 각종 감염증 치료에 사용되었으나 현재는 더욱 유효하고 독성이 적은 유도체 및 항생 물질로 대치되고 있다.

된다. 다른 영유아 사망률과 기대 수명의 지표들이 그러하듯 건강관리, 영양 상태, 생활수준 등 복합적인 요소를 봐야 하지만, 중요한 것은 생후 수십 년 동안 지속되어야 한다는 점이다.

1850~2000년 사이 유럽과 북아메리카, 일본에서 가장 높았던 기대 수명은 지속적으로 늘어났다. 남녀 모두 평균 40년에서 80년으로 두 배 증가했다. 모든 국가에서 여성이 남성보다 기대 수명이 높은데, 여성의 최대 수명은 80세를 넘어섰다. 20세기 동안 고소득 국가의 수명 연장은 약 30년 정도였다(Marck et al. 2017). 세계적으로는 제1차 세계대전(1914~1918년)과 스페인 독감[13](1918~1919년)이 겹친 기간, 제2차 세계대전(1939~1945년) 두 기간 동안만 출생 시점의 기대 수명이 감소하는 모습을 보였다. 수십 년간 일본 여성들이 최장 기록을 보유했는데, 2010년 이들의 출생 시점 기대 수명은 85세를 넘어섰다(SB 2017).

2015년 출생한 남녀의 기대 수명이 높은 12개 국가는 일본, 스위스, 싱가포르, 호주, 스페인, 이탈리아, 아이슬란드, 이스라엘, 프랑스, 스웨덴, 한국, 캐나다이다(WHO 2018a). 일본은 83.7년, 스위스는 83.4년, 프랑스는 82.4년, 캐나다는 82.2년으로, 상위권에서는 아주 근소한 차이를 보인다. 그리고 건강 기대 수명Healthy Life Expectancy[14]이라고 불리는 지표를 사용해 봐도 결과는 크게 다르지 않다. 일본은 건강 기대 수명이 23.1년인 여성 덕분에 또 한 번 남녀 합계 60세 이상 건강 수명이 21.1년으로 1위

....

13 1918년에 처음 발생해 2년 동안 전 세계에서 2,500~5,000만 명의 목숨을 앗아 간 독감이다. 페스트가 유럽 전역을 덮쳤을 때보다도 훨씬 많은 사망자가 발생해 인류 최대의 재앙으로 불린다.

14 건강 기대 수명은 한 사람이 '온전하게 건강한' 상태로 살아가는 햇수를 뜻함.

를 차지했다. 그러나 2위인 스위스는 12위인 캐나다의 19.7세보다 살짝 높은 19.9세였다.

이렇게 상위권 장수 국가를 통해 1인당 최고 경제 생산량과 최고 기대 수명이 서로 상관관계가 거의 없다는 사실을 알 수 있다. 12개 국가 중 오직 2개 국가인 싱가포르와 스위스만이 1인당 GDP가 가장 높은 국가 순위에 속하며, 12개 국가 중 7개 국가는 부유한 국가 중 25위 안에 들지 않았다(World Life Expectancy 2018). 얼핏 보면, 더 나은 기후 조건(호주, 스페인, 이탈리아, 이스라엘)이 하나의 요인이라고 생각될 수도 있다. 하지만 다른 상위권 국가(스위스, 아이슬란드, 한국, 캐나다)의 사례가 이를 부인한다. 수명은 경제, 영양, 건강 관리 등의 변수를 포함하는 복잡한 상호 작용에 따른 결과다. 그리고 최근 연구는 삶에 대한 태도가 장수를 가능하게 하는 핵심적인 공통 원인이라는 점을 시사한다. 노화를 더 긍정적으로 받아들인 사람은 덜 긍정적으로 받아들이는 사람에 비해 최대 7.5년을 더 살았다(Levy et al. 2002).

대조적으로 하위 순위 국가를 살펴보면, 경제적 빈곤이 영양 결핍이나 의료 서비스 부재와 맞물리면서 상관관계가 밀접하게 드러난다. 기대 수명이 60세 이하인 20개 국가는 모두 사하라 이남 아프리카 지역에 있었다. 또한 인구통계학적 전환 진행과 기대 수명의 관계 역시 분명히 보인다. 간신히 변화를 시작했거나 변화의 가장 초기 단계에 있는 사하라 이남 국가들은 수명이 매우 짧은 나라들이었다. 삶의 질과 수명의 관계는 명백하다. 아이의 수가 적을수록 생존과 장수의 확률은 높아진다.

새롭고 예상치 못한 현상은 21세기 초 미국에서 등장했다. 대학 교육을 받지 않은 백인 중년 인구의 사망률은 몇 세대에 걸쳐 꾸준히 감소하다가 감소가 멈춘 뒤 다시 올라가기 시작했다(Case and Deaton 2020). 대개 자살이나 약물중독, 알코올성 간 질환이 원인으로, '절망의 죽음'이라고 불렸다. 이런 사망률이 과연 미국의 특이한 사례로만 남을지, 아니면 다른 탈산업화 국가들의 기대 수명에도 나타날지는 지켜봐야 할 것이다.

인구통계학자들과 생리학자들은 기대 수명이 더 길어질지에 대한 전망에서 의견이 나뉘었다. 노화는 30세부터 이미 급격하게 시작되며 벗어날 수 없는 현상이다(Marck et al. 2017). 당연하게도 최대 기대 수명의 추가적인 증가는 제한적이라는 증거가 많다. 가장 오랜 기간(1820년대부터 21세기 초)을 담고 있는 스웨덴, 프랑스, 영국의 자료에 따르면, 출생 시 기대 수명은 거의 두 배로 증가했지만, 그 진행은 1920년대부터 성장이 점점 둔화하기 시작해서, 2000년 이후 2050년까지 단 일 년이 추가되는 로지스틱 곡선[15]의 형태를 띤다(Zijdeman and de Silva 2014; Smil 502019a). 프랑스, 일본, 미국, 영국의 초백세인supercentenarian 연구도 기대 수명 증가에 대한 한계를 보여 주는 또 다른 확실한 증거이다(Dong et al. 2016).

1970년대와 1990년대 초 사이에 생존율이 가장 크게 증가한 것은 노년층이었다. 이로써 기대 수명에 제한이 없어지는 것을 암시하는 듯했으나 이후 수명의 증가량은 100년 가까이 정체되었다. 이는 1997년 122.4세의 나이로 세상을 떠난 진 칼멘트Jeanne Calment와 1999년 119.26세로 사망한 사라 나우스Sarah Knauss 이후 그 누구도 그녀들보다 오래 살지 못한 것을 보면 알 수 있다(Zak 2018). 또한 우리의 기대 수명 증가가 이

....

15 생태학에서 생물의 개체 수 증가를 수학적 모델로 표현하려는 시도 중 하나이다. 이 식에 따른 그래프는 S자 커브를 그리게 된다.

미 한계치에 근접했다는 또 다른 증거는 미국 통계에서도 찾아볼 수 있다. 1900~1950년 사이 남녀의 수명 증가량은 연평균 152일로, 평균 수명이 47.3세에서 68.2세로 많아졌지만, 평균 나이가 76.8세에 도달했던 1950~2000년 사이에는 겨우 연간 63일에 불과했다(CDC 2011). 이런 진행은 80년 미만에서 점근선을 그리는 로지스틱 곡선을 따르고 있다. 여성의 수명 증가량은 20세기 전반 일 년에 166일부터 시작해 이후 50년 동안 점점 더 빠르게 감소하면서 일 년에 60일까지 줄어들었다.

인간 수명은 최대치는 고정되어 있는 듯하지만 이는 유전적 영향만으로 결정되기보다는 만성질환, 생체역학, 자연적 제한 등의 복합적인 결과와 합쳐진 것으로 보인다(Robert et al. 2008; Olshansky 2016). 여성 기대 수명의 국가 최대 평균은 향후 두 세대에 걸쳐 90년 혹은 그 이상까지 올라갈 수 있지만, 21세기 후반까지도 남녀 모두의 평균 수명이 100세에 근접하거나 많은 사람들이 115~120세를 넘길 가능성은 거의 없다. 이를 확인하는 또 다른 증거가 올림픽 선수나 우수한 운동선수를 대상으로 한 연구에서 나왔는데, 이 표본 집단에서는 일반 인구보다 6~7년 더 오래 살며 최대치는 106세로 나타났다(Antero-Jacquemin et al. 2014). 하지만 이 증가량은 포화 상태를 나타내면서 점점 더 많은 사람들이 한계에 다가가고 있으며 한계를 뛰어넘지 못할 것이라는 점을 강력하게 시사하고 있다.

낙관적인 전망도 있다. 고소득 국가 16개국의 기대 수명을 청소년, 성인, 노년 그룹으로 분류해서 각각의 기대 수명을 살펴보는 연구가 진행되었다. 이에 따르면 노년기의 기대 수명이 매년 0.15년(55일)씩 증가한다는 점을 발견했는데, 이러한 증가는 향후 몇십 년 동안 계속될 수 있다고 결론지었다. 또한, 최근 일본 여성의 기대 수명이 예상한 최대치를 넘어서기도 했다. 외펜Oeppen과 보펠Vaupel은 기대 수명이 상당량 증가할 것으로 전망했다(Oeppen and Vaupel 2002).

그리고 필자는 텔로미어Telomere[16]를 연장하거나 제한된 에너지 섭취를 통해 인간의 세포를 다시 재생하거나 인간의 수명을 연장할 수 있을 것이라고 믿는 사람들이 있다면, 지금까지 인간에게 그런 효과가 나타난 적은 없다(Jaskelioff et al. 2011; Mattison et al. 2012)고 짚어 주고 싶다.

고령화 사회

수명이 길어진다는 전망은 상대적으로 큰 굴곡 없이(꽤 부유하거나 정신적으로 건강하게 살면서) 늙어 가는 개인에게는 희망적인 소식이다. 노쇠하면서 가족, 사회, 재정적 문제에서 비롯된 어려움을 겪는 대부분의 이들에게는 괴로움만 늘어날 뿐이다. 즉 수명 연장의 혜택은 사람들의 현실과 균형을 이뤄야 한다는 것이다. 만약 가임률이 매우 낮아서 이들을 돌볼 사람이 충분하지 않은 사회라면 문제가 심각한데, 일본의 경우가 이런 문제를 보여 주는 대표적인 사례이다.

1985년에는 65세 이상의 일본인이 10% 미만이었지만, 2007년에는 그 비율이 두 배가 되었고, 2015년에는 거의 일본 전체 인구의 27%에 달했다(SB 2006 and 2017). 이러한 수치는 이민의 규모가 큰 미국(14%)과 캐나다(15%)보다 높을 뿐만 아니라, 프랑스(19%)와 독일(21%) 등 유럽의 고령화 국가보다 높다. 그리고 일본에서 65세 이상 인구의 비율은 2030

....

16 염색체의 끝부분에 있는 염색 소립으로 세포의 수명을 결정짓는 역할을 한다. 이것은 즉 세포 시계의 역할을 담당하는 DNA의 조각들이다.

년 30%, 2036년에는 33%로 증가할 것으로 예측되며, 2011년 3월 11일에 있었던 지진, 쓰나미, 원전 재앙에 영향을 받은 후쿠시마현과 이와테현을 포함한 일부 지역에서는 2040년까지 전체 인구의 거의 40%가 65세 이상이 될 전망이다(NIPSSR 2017).

일본의 노년 부양비[17]는 1950년 약 9명에서 1975년 11명으로 증가했다. 그러나 2000년에는 25명이 되었고, 2015년에는 거의 44명에 달했으며, 2030년에는 73명, 2065년에는 거의 75명까지 늘어날 전망이다(NIPSSR 2017). 이러한 부담을 낮추는 가장 현실적인 방법은 정년을 69세로 올려서 경제활동인구를 은퇴자 1인당 2명 가까이로 만드는 일이 될 것이다. 최고령층 집단의 증가는 훨씬 더 어려운 과제가 되겠지만, 우리는 아직 초고령화 사회가 어떻게 돌아갈지 명확하게 예측하지 못하고 있다. 복지 비용과 의료 비용이 늘어나면서 재무적 부담이 커지는데 이에 대해서는 최근 많은 연구가 이루어졌다(Bloom et al. 2003; Lee and Mason 2011; Oshio and Oguro 2013; Hara 2015; GOS 2016). 전반적인 국가 생산량 둔화는 노동력과 인구 성장률 감소와 대략 맞아떨어진다. 노령화는 잘 설계된 연금 제도에도 부담을 줄 것이다. 게다가 특히 유럽 국가에서 두드러진 공공 부문 이전에 대한 높은 의존, 정부 일반 예산 부족[18], 노인 의료 분야 일자리의 낮은 호감도 등이 더해진다.

일본은 2000년부터 보편적 장기 요양 보험 제도universal long-term-care를

....

17 생산연령인구(15~64세) 100명에 대한 고령(65세 이상)인구의 비율을 말한다.

18 유럽연합의 GDP 대비 평균 부채 비율은 약 82%, 미국의 경우 105%, 일본은 250%를 기록하였다(Trading Economics 2018).

시행하고 있다. 이 제도는 65세 이상의 모든 국민에게 경제적 능력과 상관없이 필요한 모든 의료 및 사회 서비스를 제공하는 것이다. 그러나 이런 보장은 의료 및 사회복지에 대한 적절한 투자와 운용 능력에 달려 있는데, 고령화 국가들은 이미 농촌의 인구 감소 지역에서 의료 인력이 부족한 상황에 직면해 있다(Muramatsu and Akiyama 2011). 이런 전망은 홀로 사는 노인들이 많아지면서 더 나빠졌는데, 일본에서 그 비율은 1960년 이래로 다섯 배로 늘어났다. 동시에, 인공지능, 로봇공학 그리고 보조 공학(병상에 누워있는 환자를 들거나, 말동무가 되어 주고, 정신 질환자를 지켜보는 등의 일을 하는 로봇)의 발전이 고령화 사회에서 인간을 돌보는 일에 대한 부담을 크게 줄여 줄 것이라는 주장을 믿는 것은 순진한 태도일 수 있다. 일본의 매체는 전례 없이 많은 치매 인구와 증가하는 고독사에 대해 연일 보도하고 있다(Allison 2013). 물론 이에 대한 대응 역시 속속 들어서고 있다. 몇몇 지방 자치 단체에서는 고독사를 걱정하는 사람들에게 장례 기관과 계약을 맺도록 주선한다. 장례 기관은 돌보미를 정기적으로 집으로 방문시키며, 최종적으로 장례식과 사후 문제를 처리해 준다(Kyodo 2018).

최근 연구를 살펴보면 노쇠 현상이 어떻게 진행되고 사회 전반적으로 퍼져나가는지 알 수 있다. 최근 연구들도 우리에게 체중 감소shrinking body mass, 소진exhaustion, 적은 신체 활동low activity, 느린 걸음 속도slowness, 약한 악력weakness 등과 같은 특징을 나타내는 노쇠frailty의 유병률과 진행에 새로운 통찰을 제시한다. 다섯 가지 증상 중 한두 가지에 해당하는 사람은 52%였다(Yuki et al. 2016). 일본에서 노쇠 현상이 얼마나 보편적인지 파악하기 위해 진행된 메타 분석을 살펴보면, 노화가 진행되면서 노쇠 현상 역시 진행되고 있음을 발견할 수 있다. 65~69세 인구 중에 노쇠 인구는 2%로 미미하지만, 70~74세에서는 4%, 75~79세에서는 10%, 80대 초반은 20%, 85세 이후 그 비중은 35%까지 올라간다(Kojima et al. 2017). 최근 연구에서는 여성과 달리 혼자 사는 남성과 노쇠가 매우 큰 관련성을 가지는 것으로 나타났다(Yamanashi et al. 2015).

100세 이상 사는 현상은 놀랍고 근사해 보이지만, 동시에 골치 아픈 문제이기도 하다. 일본은 전 세계에서 100세 이상 노인 인구가 가장 많은 국가이며 그 수는 매년 기록을 경신하고 있다. 2017년 말까지 6만 8,000명인 100세 이상의 노인은 2050년 인구 1만 명당 41명으로, 전체 40만 명 이상이 될 것으로 전망된다. 그러나 신체 기능을 살펴본 연구에서는 이들 중 약 18%만이 나이와 비교해 정상적인 신체 기능을 하는 것으로 드러났다. 반면에 약 55%가 정신 또는 신체 기능에서 노쇠함이 나타났고, 25%는 인지와 신체 기능 모두 저하되었다(Gondo and Poon 2007). 이 비율을 40만 이상의 인구로 곱하면, 21세기 중반 일본의 노인 돌봄 문제는 실로 감당하기 어려워질 것이다.

이에 더해 일본은 자연재해가 발생했을 때 노령 인구를 구조하고 보호하는 일 역시 부담이 가중된다. 일본의 사례를 보면 이 문제가 어느 정도로 심각해지는지 가늠할 수 있다. 2011년 3월 11일 9.0의 강도를 기록한 도호쿠 지진은 일본에서 가장 가난하고 인구가 감소 중인 지역을 강타했다. 이 사건을 통해 인구 밀집 지역에서 노령 인구의 치료가 불가능해지고, 추위와 열, 감염, 스트레스에 노출되며 안전망이 사라진다면 어떤 비극적인 일이 일어날지 살펴볼 수 있었다. 도호쿠 지진의 여파를 살펴보면, 지진 후에 일어난 일은 이후 미처 예기치 못한 대규모 결과를 불러왔다(Hasegawa 2013).

지진 직후 제대로 돌봄을 받지 못해 죽은 사람의 숫자는 많지 않았지만 지진 이후 6년이 지난 뒤에도 약 13만 4천 명의 사람들이 실향민 상태로 남아 있다. 이들은 근처의 소도시나 대도시로 옮겨갔다(Yonetani 2017). 이렇게 집을 잃는 일은 해당 지역에 수 세대 동안 살았거나 경제적 이유로 은퇴 후 그 지역에서 살기로 결정한 노인에게는 감당하기 어려운 부담이었다. 연구에 따르면 이런 노인들은 살던 집이 오염되어서 멀리 떨어진 집을 배정받아 살아가면서 고립된 삶을 이어갔다. 더욱이 노인들은 계속되는 절망과 무기력을 경험하는 것으로 나타났다(Okamoto 2016).

인구 감소

일본의 고령화는 (훨씬 더 어려운 문제가 될 수 있는) 인구 감소의 진행과 더불어 진행되는 경향을 보인다(Hara 2015). 순인구 이동net migration[19]을 포함한 첫 번째 감소는 2005년에 있었고, 두 번째 감소는 2009년에 있었으며, 2011년부터는 멈추지 않는 감소가 시작되면서 2016년에는 자연 인구 감소가 30만 명에 달했고(SB 2017), 2019년에는 51만 2,000명의 인구가 줄어드는 신기록을 세웠다(Kyodo 2019).

일본 국립 사회보장인구문제연구소NIPSSR의 최근 5년 주기 전망의 중위 추계medium variant[20]는 2019년 1억 2,700만 명이었던 인구가 2053년에는 1억 명 밑으로 떨어지고, 2065년에는 총 8,800만 명으로 감소할 것으

19 인구 1,000명당 전입자 수에서 전출자 수를 뺀 순이동자 수를 말함.

20 중위 가임률(medium fertility)과 중위 사망률(medium mortality)을 합친 것.

로 전망하고 있다. 그때가 되면 65세 이상 인구가 국가 인구의 38% 이상이 되며 그 총합은 아동 인구의 약 3.8배가량 높다. 그리고 낮은 가임률을 반영하면 전체 인구는 약 8,200만 명이므로, 65세 인구는 41%를 웃돌고 아동 인구의 4.9배가 될 것으로 추산된다. 2015년과 2040년, 2065년의 연령과 성별 비교를 보면 이런 진행이 한눈에 명확하게 보인다(그림 2.4a-c). 두 경우 모두, 과거에 흔하게 보였던 피라미드 형태로 볼 수 없는데, 이는 2015년조차 바닥이 가운데보다 더 좁았기 때문이다.

궁극적으로 50년 안에 (스페인 전체 인구와 맞먹는) 최대 4,500만 명의 인구 손실은 여러 가지 결과를 초래할 것이다. 인구 감소는 수십 년에 걸쳐 지방에 영향을 미치고 있다. 마을이 제 기능을 하지 못하고, 인구가 감소하면서 그나마 살고 있는 인구조차 필수적인 서비스를 받지 못하거나 어디론가 통합된다. 하지만 이런 노력은 시간 벌기에 불과하다. 2040년에는 결국 900개의 소도시와 중심지들이 사라질 것이다(Nikkei 2014).

일부 가난한 산간 지역과 작은 섬들의 인구 감소는 이미 걱정스러운 수준이며, 이런 추세라면 빠른 속도로 여러 작은 마을을 도태시킬 것이다. 혼슈섬 최북단에 있는 이와테현은 2030년대 중반까지 인구의 35%가, 후쿠시마현은 30% 정도가 줄어들 전망이다(Hara 2015). 미소유 토지의 총면적은 2017년에 이미 410만ha로, 2040년에는 시코쿠섬 전체 면적의 4배 가까운 720만ha에 달할 것으로 예상된다(Kyodo 2017). 2018년까지 빈집의 수는 1,000만 채가 넘었고, 아직 인구가 늘어나고 있는 수도에서도 빈집의 수는 점점 늘어나고 있다.

이러한 인구 감소는 제조 산업의 선두를 이끌었던 일본의 위치를 계속해서 약화시키고 있다. 2060년에는 일본보다 터키나 베트남의 인구가

[그림 2.4-a] 2015년 일본 인구 분포

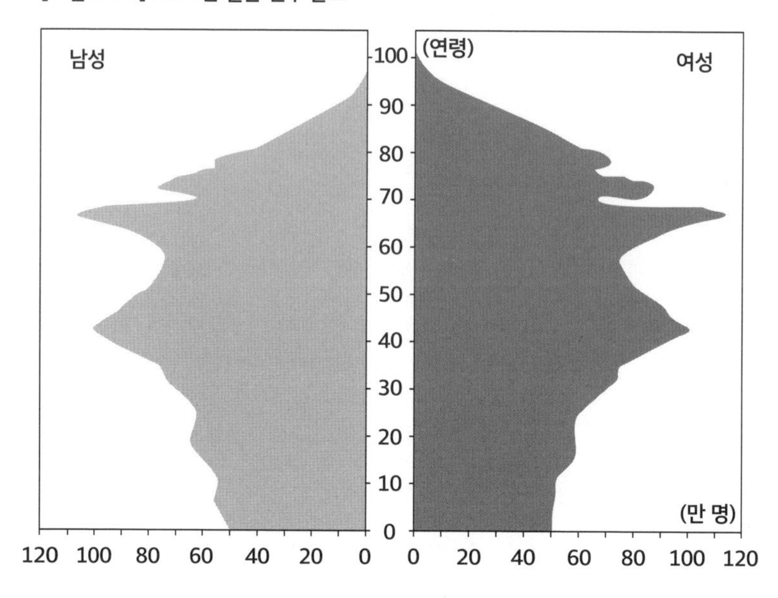

[그림 2.4-b] 2040년 일본 인구 예측

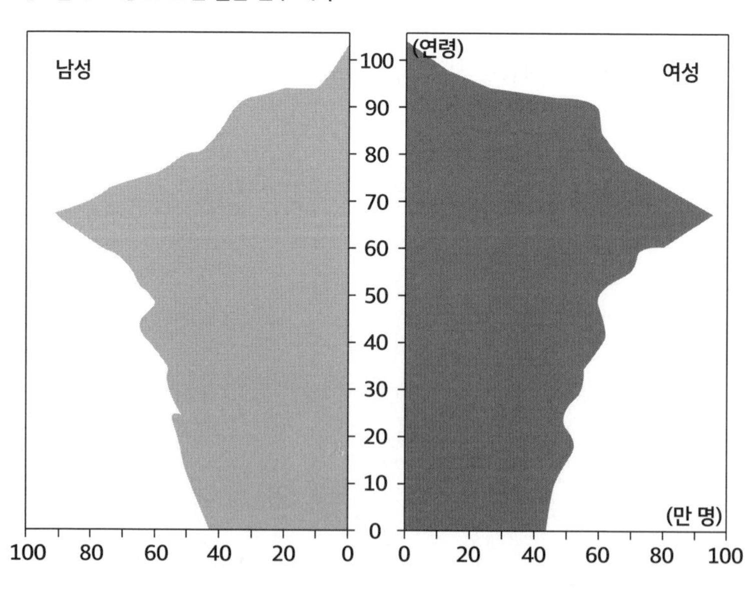

[그림 2.4-c] 2065년 일본 인구 예측

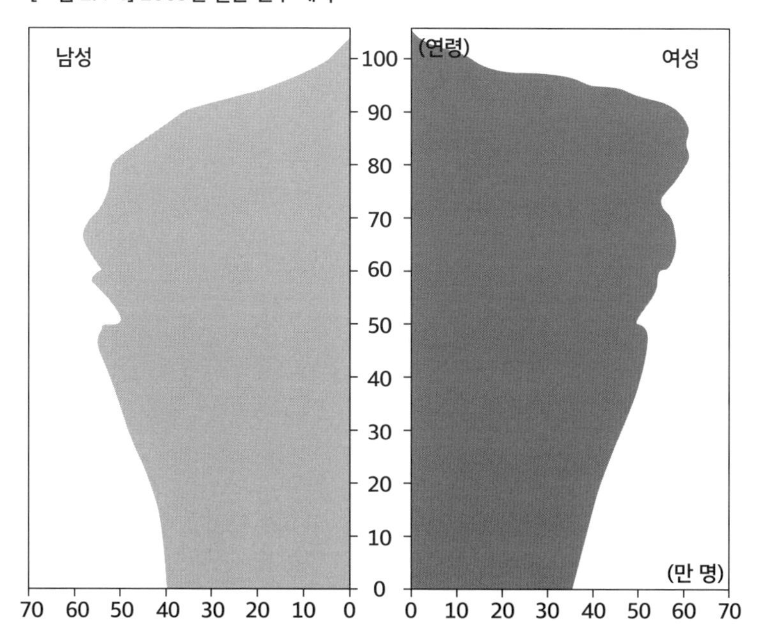

[그림 2.4 a, b, c] 일본은 노인(65세 이상)의 인구가 어린이(0~14세) 인구의 4배 가까이 되고, 80대는 10살 밑의 아이들보다 2배 이상 많을 것으로 전망된다. 이런 연령 분포는 전례가 없을 것이다.

더 많아질 것으로 예측하는데 이는 자연히 일본의 정치적 입장에도 영향을 줄 것으로 보인다. 하지만, 한 국가의 전체 인구와 국가의 입지 사이에 분명한 상관관계는 존재하지 않는다. 이런 불일치는 역사적으로 그리고 최근 몇십 년 동안 정치 경제의 영향력을 통해서도 확인할 수 있다. 불균형은 역사적으로 존재했고 (고대 그리스, 베니스) 최근 몇십 년만 봐도 대만, 싱가포르, 이스라엘처럼 작은 국가들 혹은 캐나다, 한국처럼 중간 크기 국가들이 인구 규모 대비 강력한 경제적, 정치적 영향력을 발휘했다. 2019년을 기준으로 캐나다의 인구는 세계 38위에 불과하지만 경제력 순위는 10위이다.

일본의 근대사는 그 자체로 비교 자료가 된다. 1905년 일본이 러시아 제국에게 참담한 패배를 안겨줬을 때만 해도 러시아의 인구는 1억 3,500만 명이었던 반면, 일본의 인구는 4,700만 명에 불과했다. 그리고 1960년대 일본이 제조업의 새로운 강자로 떠올랐을 때의 인구는 약 1억 명이었다. 2060년에는 1955년의 인구와 같은 9천만 명 정도가 될 텐데, 이는 미국의 GDP가 제2차 세계대전 이전의 정점을 넘긴 지 겨우 일 년 만에 인상적인 경제성장을 이루었을 때와 같다. 21세기의 일본은 전 세계 기술, 사회 발전이 앞서는 국가로 여전히 남아 있을 것이다. 그리고 더 이상의 인구 감소를 막기 위해 지속적으로 대량의 이민을 (호주나 캐나다가 그러했듯이) 받아들이는 선택지도 있지만, 적어도 현재까지 일본은 주변 국가에서 이민자를 받아들이는 데 지극히 소극적인 태도를 취해 왔다.

중국에서 인구 배당 효과가 인구 부담으로 전환되는 과정은 훨씬 빠르게 진행될 것이다. 2015년 전체 인구의 10%에 살짝 못 미쳤던 65세 이상 인구의 비율은 2050년까지 26%를 넘길 예정으로, 같은 기간 동안 일본이 약 40%로 증가한 데 비해 3배 가까이 늘어날 것이다. 중국 고령화의 부담은 연금 재정이 점점 더 부족해지는 상황과 수십 년 동안 진행된 한 자녀 정책이 야기한 (여아의 선택적 살해로 인한) 심각한 남녀 불균형에 의해서도 영향을 받는다. 결과적으로 수백만 명의 중국인 남성들은 배우자를 찾기도 어렵고, 대부분 한 자녀 가정 출신이기 때문에 사망할 때까지 혼자 늙어갈 가능성이 높다.

일본과 중국에서 나타나는 고령화 사회로의 전환에 주목해야 하는 이유가 있다. 그것은 일본의 경우 앞서 전환의 궤적을 밟아왔기 때문이고,

중국은 더 큰 규모의 인구가 빠르게 전환이 이루어지는 과정을 보이기 때문이다. 하지만 장기적이고 세계적인 전망에서 두 나라 모두 특별한 것은 아니다. 뚜렷한 고령화와 절대적인 인구 감소는 유럽의 일부 지역에서 이미 흔한 현상이며, 한국과 대만을 필두로 다른 아시아 국가에서도 고령화 여파가 나타나고 있다. 미국과 캐나다는 나름의 문제점을 가지고 있는 대규모 이민에 의존해서 이러한 전환에 간신히 맞서고 있다.

....

이민과 도시화 그리고 메가시티

이민으로 인한 도시의 성장은 정착 문명만큼이나 오래된 현상이다. 하지만 전근대 시기에 이민의 크기나 범위는 상당히 제한적이었다. 10% 미만인 소수를 제외하면 국가나 지역의 대부분 인구는 살던 마을에서 계속 살았다. 상대적으로 규모가 큰 정착지들도 도시라기보다는 작은 마을이었는데, 도시와 마을을 명확하게 구분하는 통계적인 기준도 없었고 대도시들은 극히 드물었다(UN 2016). 기원전 7000년경 터키에 있는 신석기시대 차탈회위크Çatalhöyük에는 약 1,000명이 살고 있었고, 6000년 전 수메르의 고대 도시 우루크Uruk의 인구는 5,000명이었다(Davis 1955; Çatalhöyük Research Project 2018).

메소포타미아의 가장 큰 도시들은 이후 인구 몇만 명의 규모로 성장했고, 고전 아테네의 인구는 약 4만 명에 달했다(Morris 2005). 알렉산드리아Alexandria의 인구는 50~80만 명, 로마제국의 인구는 80~100만 명 사이였을 것으로 추정된다. 그러나 이런 도시들은 예외적인 경우로, 전근대

도시의 규모는 농작물의 수확량과 식량, 연료, 건설 자재들을 운반할 수 있는 육상 교통 능력에 따라 제한을 받았다. 고대와 중세의 가장 큰 도시들은 배를 통해 접근이 가능했는데, 로마의 경우 오스티아Ostia에 도착한 화물들을 작은 배에 싣고 테베레강의 물살을 거슬러 도시로 끌고 가는 방식으로 운송했다.

10세기에 100만 명의 인구가 살고 있었던 중세 도시는 바그다드Baghdad가 유일했다. 당시 유럽의 가장 큰 도시들은 파리, 밀라노, 제노바였는데, 인구가 10~20만 명 사이였으며, 항저우와 베이징은 40만 명, 카이로는 60만 명 정도였을 것으로 추정된다. 명나라와 청나라의 수도였던 베이징은 18세기까지는 가장 큰 도시였지만, 1800년쯤에는 도쿠가와 막부의 에도(현재 도쿄)와 런던의 인구가 100만 명에 육박했다. 19세기 초 미국 도시들은 규모가 작았는데, 1800년 뉴욕에는 6만 5,000명, 보스턴에는 2만 5,000명밖에 없었다. 추운 지역의 도시들은 계절상의 이유로 충분한 연료를 확보해야 했기에 인구 증가가 쉽지 않았다.

대전환이 다양하게 맞물리면서 나타난 현상이 도시화이다. 시골에서 도시로의 대규모 이동은 농촌의 잉여 노동력을 도시로 옮겨 가게 만드는 농업의 전환이 없었다면 일어날 수 없었을 것이다. 도시는 농업과 에너지 전환 없이 높은 성장률을 유지할 수 없는데, 그것은 충분한 식량 조달이 어렵기 때문이다. 처음에는 철도가 생겨났고, 이후에는 곡물과 육류 그리고 연료와 전력을 제공해 주는 시장이 형성되었다(1870년 후반에 도입된 냉장 수송도 빼먹을 수 없다.). 그 결과 도시에서 소비되는 식량과 에너지양이 전례 없는 수준으로 늘어났다. 그리고 도시 주도로 경제 전환이 일어나면서 제조와 서비스 분야에서 대규모의 구직 기회가 발생하였는데, 이는 다시 지방에서 도시로 인구가 유입되는 요인이 되었다. 제조와 서비스 분야의 융성으로 인해 온갖 기계, 장치, 프로세스 등에 새로이 자원이 투입되면서 농경 전환과 에너지 전환에서 선순환이 일어나고, 이로 인해 전환이 확장되었다.

도시의 확장은 식량과 에너지 그리고 원자재에 대한 수요로 인해 해당 지역과 인접 지역들은 물론 전 세계로 확대되었다. 하지만 동시에 도시 지역은 지역 환경오염의 주범이 되었다. 전근대 사회의 소도시와 도시의 환경 문제(목재 연소에서 비롯된 연기, 하수도 부재, 오염된 상수도, 녹지 부족 등)는 현대화된 도시에서 새롭게 변화하게 된다. 그것은 도시는 물론 도시 주변부 지역까지 상당한 규모의 새로운 환경 부담을 만들었다.

새로운 유형의 공기 오염에는 미세먼지와 황산 물질이 포함됐다. 석탄 연소와 광화학 스모그를 발생시키는 자동차 교통량의 증가에 기인한 오염은 1940년대 로스앤젤레스에서 처음 발견되었으며, 1960년대 이후로는 세계 대도시에서 흔하게 발생하는 주기적인 현상이 되었다. 여기에 제련과 석유화학 물질로 인한 공기 오염이 더해졌다. 수질 오염은 산업화와 물질 소비의 초기 단계에서 흔히 나타났다. 비산업 고형 폐기물의 대부분은 음식물 쓰레기와 낡은 주택의 철거에서 비롯되었는데, 처리 방법은 불법 투기에서부터 매립, 소각, 먼 지역으로 수출에 이르기까지 다양하다. 그리고 많은 대도시는 해안가에 있거나 고도가 낮아 특히 해수면 상승에 취약한데, 중국의 대도시 다섯 곳 중 네 곳이 그런 지역에 있다.

유럽에서는 산업 도시에서 흔히 나타났던 인구 과밀 현상이 제2차 세계대전 이후 해소되었다. 하지만 아시아와 라틴아메리카의 빈민 지역에서는 그렇지 못했다. 모든 도시는 환경에 더 많은 탄소 발자국[21]을 남기기 시작했다. 식량, 에너지, 원자재들은 도시에 인접한 내륙보다는 선박을 통해 편리하게 투입됐다. 그리고 도시 중심에서 시작된 환경 악화는 산업과 운송을 통해 모든 대륙의 농경지, 숲, 초원으로 확대되며 도시는 그 어느 곳보다 탄소 배출량이 가장 많은 장소가 됐다. 따라서 아마 도시화는 근대화로의 대전환 과정에서 가장 복잡하게 얽히고설킨 상호작용을 보여 준다고 할 수 있을 것이다.

도시화의 속도

이주는 항상 흡입 요인과 추진 요인의 조합에 의해 주도되어 왔다. 사람들은 경제적 향상을 바라면서 또는 폭력, 박해, 기근, 환경 재해 등을 회피하기 위해 이민을 감행했다. 흡입 요인에는 새로운 시작과 새로운 기회의 약속 그리고 먼저 이주한 친척이나 친구들의 도움 등이 있다. 19세기와 20세기 초 상당수 유럽인은 주로 아메리카, 아프리카, 호주의 농촌 지역으로 이민을 했다.[22] 또한 중국 내에서 상당한 인구가 북동부 지방으로 이주했다(Rasmussen, 1975; Lucassen & Lucassen, 2014).

이와는 대조적으로, 제2차 세계대전 이후의 모든 국내와 국제 이주는 단순히 도시 지역으로 향하는 것만이 아니라, 제일 큰 도시들에 몰리면서 불균형적인 모습을 띠게 됐다. 1800~1900년 사이에 런던의 인구는 6

....

21 인간 개인 혹은 집단이 직간접적으로 발생시키는 온실 기체의 총량.

22 캐나다의 대초원 프레리(Canadian Prairies), 미국의 그레이트플레인스(Great Plains), 아르헨티나의 팜파스(pampas), 호주의 아웃백이 새로운 농작 지대로 탈바꿈하면서 일어난 결과다.

[그림 2.5] 1872년 런던 브릿지(London Bridge). 19세기 후반의 산업화된 대도시들은 자동차가 도입되기 한참 전부터 극심한 교통체증 때문에 주요 도로가 막혔다.

배가 뛰어 650만 명으로 증가했으며(그림 2.5), 파리는 약 400만 명으로 7배 이상 뛰었고, 뉴욕의 인구는 60배 가까이 증가해 340만 명 정도가 됐었다. 이러한 이동을 통해 제1차 세계대전 이전에 몇몇 서유럽 국가의 도시 인구가 크게 늘어났다(UN 1969). 대영제국은 도시에서 거주하는 인구 비율이 1800년 33%에서 1914년 78%로 증가했으며 독일은 1850년 36%에서 1914년 60%로 증가했고, 그 시기 프랑스는 여전히 절반 이상이(56%) 시골이었다. 유럽 전체 도시 인구는 1800년(1000년보다 약간 높았던 시기) 약 8%에서 증가해 1900년에는 28%가 됐다(UN 1969).

미국으로 이민하는 사람들의 주요 목적지는 두 곳으로 나뉘었다. 19세기 후반 수백만 명의 사람들이 미국의 해안과 내륙 지방의 대도시로 정착했고, 또 많은 사람들이 그레이트플레인스에 있는 소도시와 농장에 정착했다. 도시의 인구 비중은 1800년에는 6%였다가 남북전쟁 이후 25%로, 1914년에는 거의 46%로 증가했다. 가장 최근에 있었던 브라질의 대규모 국내 이동도 이와 같은 모습을 보인다.[23]

현대 도시화는 성장의 중심을 서쪽으로 이동시켰다. 고대와 중세 시대에는 세계의 거대 도시가 대부분 동아시아와 남아시아에 있었다. 1825년까지는 큰 도시의 10곳 중 6곳이 동아시아와 남아시아에 있었지만, 1900년에는 10곳 중 9곳이 유럽과 미국에 있었다(Jedwab and Vollrath 2014). 나머지 국가은 압도적으로 지방 인구가 많아서 2만 명 이상의 도시에 거주하는 인구 비율은 10%가 채 되지 못했고, 10만 명 이상 도시에서 거주하는 인구 비율은 5%를 넘지 못했다. 20세기 초반에는 발전이 천천히 이루어졌지만, 제2차 세계대전 이후 아시아와 라틴아메리카 지역에서는 빠른 도시화가 지극히 자연스러운 일이 되어 버렸다.

19세기 후반, 전 세계의 성장하는 도시들은 5,000만 명 이상의 이민자를 받아들였다. 그중 가장 개별적으로 많이 수용한 도시는 런던, 파리, 뉴욕이었는데, 도시별로 약 200~400만 명 사이의 이민자를 수용하였다. 이러한 유입은 한 세기가 지나고 또다시 크게 증가하는데, 1950~2000년 사이에 도시의 인구는 이민을 통해 10억 명이 추가되면서 21억 명이 증가했다. 도시화가 가속화되는 모습을 알 수 있는 또 다른 방법은 도시 거주자가 10억 명 늘어나는 데 필요한 연속적인 기간을 비교하는 것이다. 처음 10억 명을 달성한 때는 1960년이었다. 이때는 도시 거

....

23 브라질도 대도시가 성장했지만, 동시에 수백만 명의 인구가 지방으로 이동했다. 지방으로 이동한 인구는 콩과 사탕수수를 포함한 작물 재배와 소 방목지를 확장하기 위해 세라도의 지역과 아마존 삼림 일부를 개척했다(Keller et al. 2013).

주가 시작된 지 1만 년이 지난 시점이었고, 두 번째로 10억 명이 늘어난 시기는 그로부터 25년 뒤인 1985년이었으며, 세 번째 달성은 17년 만인 2002년, 네 번째는 15년 만인 2017년이었다.

전 세계적인 도시화 인구 비율은 1960년대까지 전체 3분의 1에 달했고, 2008년에는 50%가 넘었다. 대부분의 서구 국가, 일본, 라틴아메리카에서의 도시화는 포화 상태이거나 포화 직전의 수준이었다. 2016년 미국의 도시화 인구 비율은 82%이며, 브라질은 86%, 일본은 94%, 독일은 76%로 각각 집계되었다. 반면, 인도의 경우 도시화 인구 비율이 1960년 18%에서 2016년 33%로 증가하는데 그쳤다. 그러나 이민은 계속해서 일부 서양 대도시들의 인구 궤적을 변화시키고 있다.

10년 단위의 인구 조사에 따르면 1801년 거의 110만 명이던 런던의 인구는 제2차 세계대전 직전에 860만 명으로 늘었다가 1981년에는 680만 명으로 감소했다. 이런 추세라면 이 수도의 인구는 2050년까지 약 210만 명으로 줄어들게 될 터였다(Smil 2019a). 하지만 이민 붐이 일어나면서 (1980년대 후반 세계화 현상의 영향도 있다.) 2011년 런던 인구는 820만 명이 된다. 뉴욕도 한때 비슷하게 경제 침체, 도시 쇠락, 인구 감소를 겪었지만, 1990년 이후 이민으로 다시 활기를 되찾았다. 2015년에는 뉴욕시의 다섯 개 구 인구의 38%가 외국 출신[24]으로, 이들은 도시 노동력의 45%를 제공했다(NYC Planning 2017). 주목할 만한 점은 이민자들이 자택을 소유한 비율이 살짝(3% 정도) 낮았다는 사실이다.

최근 논란의 되고 있는 이민은 아프리카나 중동 지역에서 유럽연합 지

....

24 그중 상당수가 도미니카 공화국, 중국, 멕시코, 자메이카에서 왔다.

역으로 들어오는 인구 유입이다(Ok ó lski 2012; Geddes and Scholten 2016). 2017년 가장 많은 망명 신청자는 시리아, 이라크, 아프가니스탄, 나이지리아, 파키스탄, 에리트레아Eritrea, 알바니아 출신이었다(Eurostat 2018a). 유럽 연합에 속하지 않은 국가의 이민을 가장 많이 수용한 나라는 독일, 영국, 스페인, 이탈리아였다(Eurostat 2018b). 새로 유입된 사람들은 대부분은 주요 도시들로 이동하는데, 이로 인해 미국, 캐나다, 호주가 겪은 동화 과정의 어려움보다 더 큰 문제점들이 드러났다.

중국만큼 도시 인구 유입으로 변화가 크게 일어난 사례는 찾기 힘들다. 그 변화의 속도는 세계적인 흐름을 따라잡는 데 적지 않은 역할을 했다. 중국의 도시화 과정은 마오쩌둥 집권 30년 동안 상당히 제한적이었다. 공산당이 권력을 잡은 해인 1949년에 중국의 도시 비율은 9%에 불과했으며, 마오쩌둥이 사망한 1976년에는 겨우 두 배 늘어나 18%밖에 되지 않았다(UN 1969; NBS 2000). 이후에 이어진 경제의 근대화로 인구가 많고 가난한 내륙 지방들[25]로부터 가장 큰 규모의 이주가 일어나면서 역사상 가장 급속한 도시화가 진행됐다(Lu and Xia 2016). 중국의 도시 인구 비율은 1980년 약 19%에서 20세기 말에는 36%로 증가했으며, 2016년에는 57%에 달했다. 도시 전체 인구는 1억 9,000만 명에서 7억 9,000만 명으로 6억 명 증가했는데, 약 4분의 3(4억 5,000만 명)은 이주로 인한 증가분이다. 2016년에 전체 중국 도시 거주민의 80%만이 도시에 전입 신고가 되어 있었고, 2억 2,000만 명은 여전히 지방에 주소를 두고 있었다. 유동 인구로 불리는 노동자들은 새로운 도시를 건설하고, 제조업과

....

25 안후이성, 쓰촨성, 후난성, 후베이성, 장시성이 21세기 첫 10년 동안 이민이 일어난 5대 지방이다.

서비스 분야에 대부분 노동력을 제공했으나, 2등 시민[26]으로 대우받았다(Zhao et al. 2018). 그런 대우는 1958년에 만들어진 후커우hukou[27]라는 제도에서 비롯되었다.

내륙 지방에서 제조업 일자리를 찾기 위해 해안 지역으로 이동한 농부가 있다고 하자. 6개월이 지나면 이 사람은 공식적으로 도시 호구 등록 없이 도시에 거주하는 이민자가 된다. 이러한 현실에 처한 인구의 수는 상당하다. 유동 인구는 1980년 중국의 경제 개혁이 시작되었을 당시 500만 명이 되지 않았고 10년 뒤에는 2,160만 명으로 늘어났으며, 2000년에는 거의 7,900만 명에 달했다. 2010년에는 중국 인구의 약 17%인 2억 2,100만 명으로 급증했다(이들 중 60%는 같은 성 내에서, 40%는 다른 성에서 유입되었다). 상하이를 포함한 양쯔강과 광저우, 선전을 포함하는 주강珠江의 삼각주 지역은 장거리 이주민의 주요 목적지이다.

2억 2,000만 명의 이주민들 가운데 아이들은 약 4,000만 명이며, 최대 6,000만 명의 아이들이 부모와 멀리 떨어져 그들의 조부모나 친척들에게 보살핌을 받고 있다(Liang et al. 2016). 이주민들이 정상적인 삶을 살 수 있도록 낡은 등록 제도를 정비해야 했는데, 이를 위한 첫 시도가 베이징에서 시작된 점수 기반 후커우 시스템point-based이다(Xinhua 2018). 새로운 규정에 따르면, 도시에 7년 동안 거주한 사람들은 영구적인 거주 신청

....

26 집단의 사회 구성원으로 완전히 받아들여지지 못하고 권리, 혜택, 자격 등을 누리는 것에 있어서 은연중에 배척과 차별을 당하는 계층.

27 후커우(戶口) 제도는 신분과 거주지를 증명하기 위한 점에서 한국의 주민등록제도와 비슷하지만, 그것은 가족과 개인을 출생지에 묶어 두어 이동이 현실적으로 (거의) 불가능하다는 데서 큰 차이가 있다. 즉 중국 정부가 국민의 거주지 이전을 효과적으로 통제하기 위해 만든 제도다.

을 할 수 있게 되었다. 제도가 훨씬 더 자유로워지면 도시에 등록된 인구는 2030년까지 약 3억 명까지 늘어날 수 있다(Liu and Liang 2017).

중국과 인도에서 도시화 현상이 일어나면서 전 세계 대도시가 다시 동쪽으로 쏠리기 시작했다. 1900년 세계 25대 도시 중 17개 도시는 유럽과 아메리카에 있었고, 6개 도시는 아시아에 있었다. 그러나 2000년이 되자 유럽과 아메리카는 8개 대도시만을 보유하고 아시아의 대도시가 16개로 늘어났다(UN 2016). 크기에 따른 도시 인구의 순위는 역 제곱 법칙 inverse power formula의 형태로 나타난다(Zipf 1949; 그림 2.6; Smil 2019a). 이 법칙은 세계적인 수준에서 유효하기 때문에 이것을 입증하기 위해서 실제 인구 자료를 찾아볼 필요는 없다. 차라리 대규모 거주지들을 보여 주

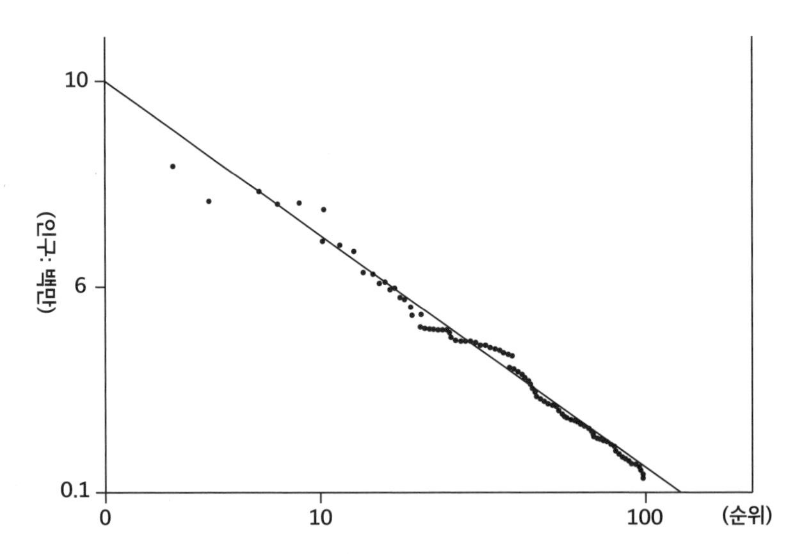

[그림 2.6] 조지 킹슬리 지프는 《인간 행동과 최소 노력의 원칙(Human Behavior and the Principle of Least Effort)》에서 단어의 사용 빈도를 다룬 연구 결과를 다른 현상에도 확대했는데, 그중 하나가 미국의 100개 대도시 지역의 순위다. 역 제곱의 법칙에 근접하지만, 완벽히 일치하지는 않는다.

는 위성 사진을 사용하는 것이 더 낫다(Jiang et al. 2015).

도시화의 결과

도시가 이끈 사회적 지평과 개인의 관련성 변화는 심오했다. 적어도 20만 년 동안, 우리 인류는 혈연관계로 맺어진 작은 무리 안에 살면서 접촉하는 사람의 수가 거의 100명을 넘지 않았다. 그리고 1만 년 동안은 목축을 하면서 이동이 가능한 작은 무리에 살았으며, 농민들은 수십~수백 명의 인구를 가진 정착촌에서 대가족을 이루며 살았다. 그리고 19세기 초반까지 소수의 사람들(인구의 10분의 1도 채 안 되는 적은 수)이 수백~수천 명의 인구 규모를 가진 도시에 거주했다.

대가족이 해체되고 점진적으로 핵가족으로 변화하는 과정에서 도시화가 가장 큰 역할을 했다. 도시 지역의 가임률은 지방에 비해 상당히 낮았지만, 가임률이 전반적으로 낮아지면서 그 격차는 일부 저소득 국가(방글라데시, 2명 대 2.5명) 내에서도 상대적으로 줄어들었다. 여성 노동력이 증가함에 따라 인간관계 교류가 가족에서 보육인, 선생님, 보모, 친구, 지인, 동료 등의 외부인으로 바뀌어 갔다. 이러한 현실은 아이러니하게도 인간관계 교류를 줄이기도 하고 확장시키기도 했는데 이 때문에 고립과 대중의 공존이라는 전례 없는 조합을 만들어 냈다.

도시화가 만든 이동성의 확대 역시 상당히 큰 규모의 변화를 이끌었다. 한때 세상은 걸어 다닐 수 있는 마을 주변이 전부였다. 그러다가 가끔 방문하게 되는 근처나 먼 곳에 있는 다른 마을까지 확장되기 시작했으며, 매일 최대 수십 킬로미터의 통근을 하게 되고 도시와 도시 사이의 이동이 이루어졌다. 통근 거리가 멀어서 생기는 불편함은 특히 마약 밀매, 갱

단 사이의 싸움, 여성에 대한 성폭행의 형태를 띠는 폭력에 대한 위협에 비하면 훨씬 받아들이기 쉽다. 이런 범죄들과 도시 규모와의 직접적인 연관성은 없는데, 세계에서 가장 큰 도시인 도쿄는 놀라울 만큼 안전하며, 1980년대에 고질적인 폭력으로 유명했던 뉴욕은 수백만 명의 이민자를 수용한 거대 다문화 도시에서 범죄율이 어떻게 감소하는지 보여 주고 있다(Zimring 2013).

도시가 경제적으로 왜 중요한지는 자명하다. 도시화가 대규모로 진행되면 현대 산업화가 진행되고 또한 반대로 산업화로 인해 도시화가 가속화된다. 1860년과 제1차 세계대전 사이에는 전례 없는 도시 중심의 기술과 과학적 진보가 이루어졌다. 그리고 그러한 진보는 이후 20세기를 정의하는 전기 발전, 전기모터, 증기터빈, 내연기관, 저렴한 강철 및 알루미늄의 생산, 소리와 이미지의 복제, 무선 통신, 산업적 규모의 합성 화학과 같은 모든 기반 부문의 혁신을 이끌었다. 그런 수준의 혁신 때문에 필자가 19세기를 마무리하는 몇십 년이 20세기를 창조했다고 주장하는 것이다(Smil 2005). 결과적으로 이 모든 발전은 상당한 성과와 효율의 향상을 보이며 비용 하락과 대량 도입Mass Adoption[28]이 이루어졌다. 하지만 19세기 발명가나 혁신가가 오늘날의 기계나 프로세스를 보면 그 안에 자신의 창조물이 녹아 있다는 사실을 쉽게 눈치챌 것이다. 그만큼 그들의 기본 운용 원칙이 오랜 시간 살아남았기 때문이다(Smil 2005 and 2006).

도시가 성장하면서 사람들은 생산성 증가로 인한 혜택을 집중적으로 누렸다. 국가 평균보다 높은 수준의 1인당 소득을 벌어들였고, 전체 부의 상

....

28 기술 등이 광범위하게 채택되어 사용되는 현상.

당량을독점했다. 2025년 기준 가장 인구가 많은 600개 도시와 이들의 성과에 대해 맥킨지McKinsey에서 한 예측(Dobbs et al, 2011)을 보면, 이들 도시가 어떻게 경제적 우위를 누리는지 확연히 알 수 있다. 2010년 세계 대도시 중 600개 도시는 전 세계 인구의 22%인 15억 명을 수용하지만, 세계 경제 생산량의 반 이상을 만들어 냈으며, 그중 상위 10개 도시가 전체의 40% 가까이 차지했다. 2007년 고소득 국가의 380개 도시는 전 세계 경제 생산의 절반을 차지했으며, 그중 20%는 북미의 단 190개 도시만이 차지했다.

도시화가 계속되면서 매년 거의 7,000만 명의 새로운 도시 거주자가 추가되고 있는데, 이는 거의 2개의 도쿄, 4개의 뉴욕, 혹은 6개의 리우데자네이루와 맞먹는 인구다. 2025년까지 인구 1,000만 명이 넘는 메가시티는 세계 인구의 25%인 20억 명의 인구를 수용하고, 전 세계 경제 생산의 60%를 차지할 것이다. 국내 도시를 이용한 비교도 불균형적인 경제의 중요도에 있어서 마찬가지의 설명이 가능한데, 도쿄 인구는 일본 인구의 30%를 차지하고 GDP의 40%를 차지하며, 상하이의 인구는 2%가 안 되지만 GDP의 20%를 차지할 것으로 대략 추정된다. 베이징의 1인당 평균 경제 생산은 국가 평균의 2.2배이며, 샌프란시스코 가구 소득의 중간값은 국가 평균의 약 2배가 된다.

이 모든 불균형한 비중의 총합은 집적 이익을 반영한다(Marshall 1890). 인구밀도가 높아지면 운송 비용이 절감되고 수요와 공급의 상호작용과 노동력 풀labor pooling[29]이 촉진되며, 종합적이고 전문적인 지식 교환이 가

....

29 대학이나 비즈니스 스쿨 졸업생 등 특정 훈련을 받은 사람들 중에서 기업이 종업원을 모집하는 일이 많은 사람들의 층.

능한 최적의 환경을 제공하며, 협력과 경쟁이 촉진되고, 규모의 경제가 강화된다(Krugman 1991; Glaeser 2010; Behrens et al. 2014; Duranton and Kerr 2015). 기업이 갖는 집적 효과 혜택은 특정 산업이 한 도시에 집중되는 현상만 봐도 뚜렷하게 알 수 있다. 뉴욕, 취리히(금융 서비스), 실리콘밸리(하드웨어 및 소프트웨어 디자인) 할리우드와 발리우드(엔터테인먼트) 그리고 최근 부상한 중국의 선전(전자 제품 조립)이 대표적인 사례다.

이런 집적 이익은 과거 항구도시나 교통의 요지가 가지고 있었던 입지적 이점을 능가한다. 그리고 가백스Gabaix는 도시 성장 감소에 영향을 주는 외부 충격들은 도시가 확장됨에 따라 더 큰 경제 회복력, 더 나은 교육, 더 높은 세금, 더 안전한 치안이 주는 이득으로 인해 감소한다고 주장했다(Gabaix 1999). 대규모 장거리 운송의 확산과 실시간 커뮤니케이션 및 정보 공유가 보편화됐음에도 불구하고, 집적 추세는 계속 이어지고 있다. 아마 가장 주목할 만한 사항은 도시들이 다루기 어려운 환경 문제와 다른 단점들에도 불구하고 계속 성장하고 있다는 사실이다. 도시가 겪고 있는 이런 단점들을 없애는 것은 불가능하겠지만 도시 스스로가 그런 문제들을 통제하고 관리하는 데도 기여해 왔다.

19세기 유럽과 미국의 도시화가 안고 있는 비참함은 암울한 통계와 동시대의 조사 보고서 그리고 소설 등을 통해 잘 드러난다. 모두 하나같이 혼잡하고 열악한 생활 환경, 무주택, 범죄, 비정상적으로 긴 노동 시간, 아동 노동, 전염병의 만연, 영양 결핍, 규제되지 않는 공기와 수질 오염 등을 보여 주고 있다. 그리고 영국의 설문 조사 자료, 의회 보고서, 정치적 팸플릿에서도 찰스 디킨스, 에밀 졸라, 토마스 하디, 엘리자베스 개스켈에 의해 창조된 허구의 도시가 묘사하는 비참함과 같은 불편감을 느낄 수 있다(Howden-Chapman and Kawachi 2006). 그러나 이런 음울한 현실조차 많은 이민자에게는 더 나은 삶으로의 변화를 의미했다.

그 삶의 변화는 평균 영양 섭취 수준이 크게 호전된 것으로, 오랜 주식이었던 빵과 감자뿐만 아니라 고기, 돼지기름, 버터, 치즈, 식용유, 설탕 등의 소비가 늘어난 것이다. 영양적으로 최적은 아니지만 전보다 에너지 밀도가 높은 음식들을 저렴하게 먹을 수 있게 된 것이다. 만약 이를 비판한다면 그것은 과거 상황을 제대로 알지도 못하면서 성급한 결론을 내리는 일이다. 왜냐하면 19세기 후반 유럽과 북미의 산업 도시들이 역사상 처음으로 기근을 해결할 수 있도록 돕는 중요한 역할을 했기 때문이다. 이런 영양 섭취의 호전은 즉각적으로 발육 부진의 비율을 낮추고, 아동의 평균 신장이 증가하게 하였다.

또 다른 성과는 예방접종, 배수관을 통한 식수 공급, 수세식 변기, 하수관과 같은 공중 보건의 수준을 높인 것으로, 이는 곧 기대 수명의 증가에 반영됐다. 더 많은 아동이 접근성 좋고 질적으로 더 나은 기본 교육의 혜택을 받기 시작했으며, 소득의 증가로 중산층 가정에서도 좋은 가구와 의복을 위해 더 많은 지출을 할 수 있게 되었다. 도시가 커지면서 새로운 도서관, 자선에 힘쓰는 조직이나 기관, 참여 예술 공연(극장, 합창단 등), 운동 시설 등도 속속 생겼다. 아마추어 활동(극장, 스포츠, 교외 여행)이 흔해진 시점이 바로 이때쯤이다.

도시 환경을 향상시키기 위한 조치도 취해졌다. 1812년 처음으로 가스등이 설치되었고 1882년부터 공공장소나 실내에 전기 조명이 들어섰다. 가장 과감한 조치는 오래된 주거지의 대규모 철거와 재건축이었다. 조르주 외젠 오스만의 파리 중심부 재건축이 가장 영향력 있는 사례로, 브뤼

셀, 비엔나, 마드리드, 프라하를 위시해 다른 유럽 도시들도 그 뒤를 뒤따랐다(Haussmann 1893; Camiller 2002). 공공 교통수단은 속도가 더 빨라지고 전기차, 지하철 등의 가격이 저렴해졌다. 더 포괄적으로 접근하는 도시 계획들도 등장했는데, 영향력 있는 사례로 에버니저 하워드Ebenezer Howard가 제시한 영국 전원도시[30]이다(Meacham 1999).

사회는 부를 향한 개인의 끝없는 욕망을 위해서가 아니라 아이들을 비롯해 모두가 적당한 삶을 살 수 있도록 관심을 가져야 하지만, 도시가 주는 혜택이 사회에 분배되는 방식은 불공평하다. 도시 내의 과도한 불평등은 높은 범죄율과 맞물린다. 불평등은 도시의 크기가 아닌 여러 역사적, 경제적, 사회적, 문화적 현실을 반영한다. 도쿄에서 나타나는 불균형들은 명백하지만, 혐오스러운 정도는 아니다. 홍콩은 사회 안전망이 견고하지만, 불평등의 정도가 매우 높다. 아프리카와 라틴아메리카 도시들도 빈부 격차가 격심하다. 요하네스버그는 0.75라는 예외적으로 매우 높은 지니 계수Gini Coefficient[31]를 보인다. 다른 불평등한 도시로는 에티오피아의 아디스 아바바(지니계수 약 0.6), 콜롬비아의 보고타, 케냐의 나이로비, 멕시코의 멕시코시티, 가나의 아크라 등이 있다(Hugo 2015).

20세기 동안 도시 생활의 질이 크게 개선되기는 했지만, 1백만 명 이상이 거주하는 도시는 거주자 모두에게 꽤 부정적인 영향을 끼쳤다. 높은 주택 가격, 항상 붐비는 출근길, 교통 체증도 자주 발생하는 문제다. 다른

....

30 도시 내부는 주거 · 산업 · 농업 기능이 균형을 갖추고 있고 도시 주변은 그린벨트로 둘러싸여 있어 도시와 전원의 장점이 조화되는 자족적 계획도시 모델.

31 불평등을 나타내는 지수로 1에 가까울수록 불평등하다.

문제의 범주나 강도는 도시마다 다르다. 앞서 말했듯이 도쿄의 범죄율은 낮으며 지하철 시스템이 훌륭하지만, 주택의 질은 미국보다 열악하다. 베이징의 오염 수준은 이례적일 만큼 심각하며, 깊은 대수층에서 지하수를 과도하게 뽑아 쓴 대가로 도시 전체가 가라앉고 있다. 고형 폐기물 처리 문제도 심각해지고 있는데, 만족스러운 해결책을 제시하는 도시는 없다. 이 모든 것들은 메가시티에서 나타나는 가장 고질적인 문제이다.

메가시티

메가시티는 천만 명 이상의 인구가 사는 도시라고 정의되지만, 실제 면적과 총인구수는 어떤 기준을 따르느냐에 따라 매우 다르다. 뉴욕시의 경우 5개 자치구에는 850만 명, 뉴욕 메트로폴리탄 통계 면적New York Metropolitan Statistical Area에는 약 2,000만 명, 복합 통계 면적Combined Statistical Area에는 거의 2,500만 명이 살고 있다. 2016년 도쿄의 23개 구의 인구는 925만 명이지만, 도쿄현까지 따지면 1,350만 명, 시 정부에 의해 정의된 통근 지역에는 3,900만 명이 있으며, 2015년 수도권National Capital Region에는 거의 4,400만 명이 살고 있었다.

1950년에는 전 세계에 단 두 개(뉴욕, 도쿄)의 메가시티가 있었다. 이후 1975년이 되어서 멕시코시티가 추가됐고, 2000년에는 18개까지 늘어났다. 2016년까지 유엔의 목록에는 31개의 메가시티가 있었고, 그중 18개가 아시아에 있었다(UN 2016). 도쿄는 계속해서 선두를 이어가고 있는데, 거의 3,900만 명의 인구로 UN의 200개 국가들 중 캐나다를 살짝 앞서며 36번째로 큰 나라가 될 전망이다. 세계 순위에서 뉴델리, 상하이, 뭄바이, 상파울루, 베이징, 멕시코시티가 도쿄의 뒤를 잇고 있다. 모든 대도시의 세계적 분포가 동쪽으로 쏠리는 현상이 강해지고 있는데, 서양에서 가장 큰 도시인 뉴욕은 이제 겨우 10위를 차지하고 있으며, 유럽에서 가장 큰 도시인 모스크바는 22위를 차지하고 있다. 2050년에는 서양의 도시들 중 상위 20위권에 든 도시는 없을 것이다. 사하라 이남 아프리카 지역에서 거대 도시의 비중이 증가하는 한편, 도시화는 압도적으로 아시아적 현상이 될 전망이다. 2016년, 인구가 500~1,000만 명 사이인 도시가 45개나 되는 것을 보면 다른 도시도 메가시티의 대열에 합류할 가능성이 높아 보인다.

런던이나 도쿄 같은 오래된 대도시든 카라치Karachi 또는 라고스Lagos 같은 새로운 도시든, 모든 메가시티는 일반적인 도시의 문제를 겪는다. 단지 스케일이 다를 뿐이다. 메가시티의 규모가 큰 만큼, 지진, 허리케인(태풍), 홍수, 쓰나미, 화산 폭발 같은 자연재해나 테러 공격에 노출됐을 때 도시가 입게 될 피해의 규모 역시 엄청나다는 것을 의미한다. 보험사들이 그러한 재앙의 여파로 전례 없는 액수의 돈을 지급해야 하는 상황에 직면하는 것이다(Allianz 2015). 한 선두적인 재보험사는 많은 메가시티가 '궁극적으로 엄청난 자연적 재앙을 겪게 될 운명'이라고 평가했다(Munich Re 2004). 이에 더해, 장기화되는 폭염과 고층 빌딩의 화재에 대한 우려도 떠오르고 있다.

자연 재해로 인해 이들 메가시티가 크게 타격을 입거나 기능이 마비되면, 글로벌 경제에서 중요한 역할을 하고 있는 만큼 전 세계 경제성장에 심각한 영향을 끼칠 수 있다. 마찬가지로 새로운 전염병 감염의 위험을 최소화하기 위해 일부 메가시티를 방문하는 대규모 항공 여행을 막아야 할 필요성도 생기게 된다. 하지만 그런 걱정들은 큰 문제가 아닌 듯, 심지어 가임률이 대체출산율에 못 미치는 나라에서도 메가시티는 계속

성장하고 있다. 결국, 머지않은 미래에 세계 최초로 스페인보다 크고 한국의 인구와 비슷한 규모의 (5,000만 명이 넘는) 메가시티가 등장할 전망이다.

놀랍게도 도시화 찬성론자는 이런 추세를 두 팔 벌려 환영한다. 도시가 커지면서 더 건강해지고, 녹색으로 가득 차게 될 뿐 아니라 거주자들이 더 부유해지고, 똑똑해지며 행복해진다고 주장한다(Batty 2013; Glaeser 2011). 그런 주장은 실제 바람직한 변화가 일어났다는 증거[32]에 기반한다. 하지만 이런 주장은 완전히 잘못되었다. 대도시야말로 세계에서 가장 복잡하고, 가장 낭비가 심각한 구조를 갖고 있고, 엄청난 양의 식량, 물건, 에너지를 잡아먹으며, 전 세계의 엄청난 자원을 끌어들이는 곳이다(Bristow and Kennedy 2015). 이뿐만 아니라 도시화는 늘 광범위한 도시 기반 시설을 건설하고 유지하는 데 사용되는 에너지와 1인당 소비되는 식량과 물, 원자재 및 에너지도 증가시킨다.

전통적인 마을에서 현대적인 메가시티로 이주하면 1인당 지구 자원 소비량이 두 배에서 세 배 늘어난다. 1인당 에너지 사용량이 훨씬 더 많아지는 주된 이유는 전력 수요가 증가하기 때문이다. 전통적인 마을에는 방에 조명이 하나씩 있고, 마을에 작은 텔레비전 하나가 있을까 말까 하지만, 현대의 거주용 고층 건물에는 조명도 여러 개를 갖추고 있으며, 냉장고, 요리 기구, 대형 TV, 에어컨 등이 있다. 그리고 평균적으로 수세식 변기를 한 번 내릴 때 사용되는 물은 전통적인 마을에 살면서 하루에 먹

32 더 크고 부유한 도시일수록 대중교통을 개선하라는 압력을 받게 되는데, 그렇지 않으면 영원한 교통 체증을 감당해야 한다.

고 요리하는 데 쓰는 물의 양보다 더 많을지도 모른다(Smil 2014). 또 다른 예시로 인도 도시의 1인당 전력 사용량은 지방 사용량의 두 배에 가깝고(Yu et al. 2015) 중국의 수돗물 사용량도 비슷한 결과를 보여 준다(Woodbridge et al. 2016).

메가시티는 극단적인 도시 확장과 강력한 열섬 현상[33]을 만들기도 한다. 자연의 서식지를 난도질하고 식물이 만들어 내는 보호막을 파괴함으로써 생물 다양성이 감소되고 농지는 축소된다. 또한 물이 잘 흡수가 안 되는 땅(콘크리트 등)이 늘어나고 물줄기가 콘크리트 골을 따라 흘러가 버리는 바람에 수자원이 고갈되는 문제가 발생한다. 더욱이 사무실, 주거, 산업, 교통에서 많은 에너지 사용으로 열이 방출된다. 이런 모든 것들이 합쳐져서 열섬 현상을 만들어 내고, 도시는 주변 지역보다 최대 8℃까지 온도가 올라간다.

게다가 당연하게도 메가시티는 대규모의 혼잡하고 극단적인 사례를 보여 준다. 많은 전근대의 도시에서도 인구밀도는 이미 매우 높았기에 도시가 붐빈다는 사실은 새로울 것이 없지만, 메가시티는 그 정도가 훨씬 심각하다. 제곱킬로미터당 총인구를 나타내는 밀집도를 살펴보면, 파리는 2만 명, 뭄바이는 3만 명, 마닐라는 4만 명인데, 가장 밀집된 거주지에서는 5만 명이 넘는다. 그 정도의 밀집도는 제곱미터당 2kg이 넘는 살아 있는 인간 바이오매스[34]에 해당하며, 이는 그 어떤 포유동물보다 많고 믿기

....

33 인구 증가, 인공 시설물 증가, 자동차 통행 증가, 인공 열의 방출, 온실 효과 등의 영향으로 도시 중심부의 기온이 주변 지역보다 현저하게 높게 나타나는 현상을 말한다.

34 단위 면적당 생물체의 중량 또는 단위 시간당 단위 면적에 존재하는 생물체의 무게를 뜻한다.

어려울 정도로, 동아프리카 초원에서 우기에 방목하는 대형 우제류의 최대 바이오매스보다 최대 세 자릿수 이상 높다(Smil 2013a).

3

농업과 식량의 대전환

농업과 식량은 어떻게 변화시켰는가?

'중요한 게 우선이다!'라는 격언은 현대 농업에 적용되지 않는다. 가끔 간헐적 단식이 도움이 될 때도 있지만, 건강한 삶을 위해서는 지속적으로 적정량의 음식을 먹어야 한다. 이는 단순히 기본 에너지 섭취의 문제만은 아니다. 정상적인 성장과 활력 있는 삶을 위해서는 균형 잡힌 영양소(탄수화물, 단백질, 지방) 섭취는 물론 충분한 비타민과 무기질 공급이 필요하다. 풍요로운 현대 사회에서 사람들은 과다한 영양으로 인한 각종 문제(지속적인 다이어트, 비만 등)와 특정 식재료나 영양분 섭취(지방, 설탕, 비타민에 대한 우려들) 등에는 몰두해도 식량 생산에 대해서는 큰 걱정을 하지 않는다.

이러한 결론은 단순히 몇 가지 현상만 가지고 이야기하는 것은 아니다. 구글 엔그램 뷰어Google Ngram viewer[1]를 통해 대전환의 주제들과 관련

....

1 1500년 이후 8개 주요 언어(영어, 중국어, 프랑스어, 독일어, 히브리어, 이탈리아어, 러시아어, 스페인어)로 인쇄된 출전에서 발견되는 연간 엔그램(n-gram)의 수를 이용하여 일련의 검색 문자열의 주기를 도표화하는 온라인 검색 엔진이다.

있는 단어의 최대 빈도수를 살펴보았다. 인구와 에너지를 가리키는 단어는 최고 0.02%로 가장 자주 등장했으며 그다음은 환경과 경제로 겨우 그 절반(0.01%)이었고, 농업은 최고 0.004%로 뒤처졌으며, 영양은 훨씬 더 낮은 0.001%였다. 단어의 출현 빈도수의 최고점을 통해 알 수 있는 것이 또 있다. 환경은 현재 최고점을 찍었으며, 에너지 문제는 1980년대, 인구 문제는 1970년대 그리고 농업은 1950년대에 관심의 정점을 찍었다는 사실이다.

이어서 경제학자들은 '왜 우리가 농업 따위에 신경을 써야 하는가?'라며 비합리인 관점을 노골적으로 드러낸다. 결국 농업은 현대 사회 전체의 국내총생산GDP에서 아주 적은 부분을 차지하기 때문에 경제적 관심 밖으로 밀려나 있다. 실제로 2016년 미국 농장 생산은 국가의 국내총생산의 0.7%에 불과하다(BEA 2018). 하지만 이건 정말 말도 안 되는 주장이다. 필자는 그러한 주장을 하는 경제학자들에게 경제분석국BEA: Bureau of Economic Analysis이 '금융, 보험, 부동산, 임대'라고 이름 붙이고 GDP의 20% 이상을 차지하는 가장 중요한 부문에서 나온 생산물이나 뜯어먹고 살라고 하고 싶다. 맛있게 드시길!

사회 전체가 식량 생산에 무심하다는 그 자체가 한 세기 전 농업 전환이 가져온 생산성 향상이라는 엄청난 성과의 증거이다. 식물 육종[2]과 농경법, 기술, 관리 방법이 개선(순환 농법, 농기계, 합성 질소 비료나 기타 농약의 사용 등)되면서 토지(곡물 수확량 증가), 투입물, 노동의 생산량이 향상되었

....

2 다양한 방법으로 식물을 인간의 수요에 맞게 개량하는 일로, 품종 개량과 유전자 변형 농작물 등이 이에 포함된다.

다(Bindraban and Rabbinge 2012).

현재 주요 작물의 일반적 수확량은 과거와 비교하면 몇 곱절에 이른다. 예를 들어 미국산 옥수수의 수확량은 몇십 배 늘었다. 관개와 비료 사용으로 효율성이 개선되고, 수확 전에 발생하는 소실이 줄어들었다(제초제와 살충제의 역할이 컸다). 또한 농사가 거의 완벽하게 기계화되면서 노동생산성이 놀라울 정도로 향상되었는데, 그 결과 식량은 전례 없이 풍족해졌다(Federico 2008; Olmstead and Rhode 2008). 이는 미국산 밀을 생산하는 데 들어가는 평균 시간을 살펴보면 생산성 추이를 확실하게 알 수 있다(Smil 2017a). 1800년 뉴잉글랜드에서 농부는 두 마리의 황소, 나무 쟁기, 써레 등을 이용해 일했다. 손으로 씨를 뿌리고, 낫으로 농작물을 베고, 도리깨를 이용해 탈곡했다. 이러한 작업을 통해 밀 1kg(작은 통밀빵 두 덩어리를 만들 때 필요한 양)을 생산하기 위해서는 농부의 노동력이 7분씩 사용된다.

1900년 대초원 그레이트플레인스의 농부는 쇠로 만든 쟁기를 몰기 위해 거구의 말을 이용하고, 쇠로 만들어진 써레를 사용했다. 씨를 뿌리는 데에는 파종기가 사용되며, 말이 모는 콤바인을 사용해서 곡식을 베고 탈곡하는 방식이 처음 도입되었다. 이러한 발전으로 1kg의 밀을 생산하는 시간이 약 25초로 단축됐는데, 이는 1800년에 비해 95%의 시간이 단축되고 생산성은 18배 향상된 것이다. 2000년에는 대형 트랙터(500마력), 용적이 큰 콤바인 등의 기계를 사용하여 밀 생산에 필요한 인간의 노동력을 6초 미만으로 줄였으며, 이는 20세기 일반적인 노동생산성의 4배 이상이었다. 20세기 후반에는 미국 농작 생산성의 평균 성장률이 제조 생산성의 성장률을 넘어섰다(Dimitri et al. 2005).

규모의 경제로 인해 농장의 규모는 더 커지고 전문화되었으며 수는 줄어들었다. 1900~2000년 사이 미국 농장의 수는 3분의 2로 줄었고 평균 면적은 거의 3배(약 175ha)가 늘어났다. 1900년에는 보통의 농장에서 5가지 종류의 상품을 생산했지만, 2000년에는 평균적으로 1종류가 조금 넘었다(Dimitri et al. 2005). 미국 농장에서 기르는 가축의 비중을 살펴봐도 집중화와 전문화 현상이 뚜렷하게 보인다. 1900년 농장의 90%가 닭을 기르고 80%가 소, 젖소, 돼지를 길렀다. 하지만 한 세기가 지나면서 농장의 약 50%가 소를 기르지만, 그 외의 동물을 기르는 농장은 10%가 채 안 된다(USCO 1902; USDA 2018).

농업 생산성 향상으로 노동력은 대부분 불필요해졌다. 그 결과 많은 노동력이 산업 도시로 흘러 들어가게 되었다. 생산성의 증가는 농업 노동력이 감소[3]하는 반면 인구가 증가하고 있음에도 1인당 식물성 식품의 가용량이 증가하는 것을 의미했다. 무엇보다 중요한 점은 현대 품종들과 농경법 덕분에 수확량의 변동이 줄어들고, 국제무역의 지원이 증가함으로써 식량 부족과 극심한 기근의 장기화에 대한 위험이 제거되었다는 사실이다.

필자는 우선 밭농사의 획기적 전환을 구성하는 근본적인 변화를 검토할 것이다. 인공적인 에너지 투입의 증가는 농작물 번식, 농업 발전, 기계화, 수정, 관개 등에 의한 발전의 공통 요소가 됐다. 그리고 화석연료와 전기가 광합성과 더불어 동물의 신진대사 과정에 도움을 주지 않았다면 동물 사육에서의 혁신은 불가능했을 것이다. 하워드 오덤은 태양 에너지

3 농업 노동력의 감소는 1800년 74%에서 1900년에 40% 그리고 2000년에는 1.7%로 줄어들었다(Lebergott, 1966, FRED, 2018).

를 높은 효율로 사용해서 더 많은 생산이 이루어진다는 생각을 다음과 같이 비판했다.

> '슬픈 눈속임이다. 왜냐하면 산업 사회의 인간은 태양 에너지로 만들어지는 감자를 먹는 것이 아니라 부분적으로 석유로 만든 감자를 먹기 때문이다(Odum 1971, 116).

축산물 생산 역시 사료 품질이 개선되고 사육 방식이 최적화되었을 뿐만 아니라 품종도 개량되면서 혜택을 누렸다. 동물의 질병을 사전에 예방하면서 집약된 대량 사육 방식이 가능해졌고, 규모의 경제가 실현되었다.

다음에는 소매 단계의 식량 공급에서 일어난 변화를 살펴보고, 영양학적 전환 중에서도 눈에 띄는 몇 가지를 짚어 보려 한다. 인구통계학적 전환과 마찬가지로, 식생활의 전환은 보편적인 변화(주로 곡물 및 콩류 섭취 감소, 지방 및 동물성 단백질 섭취 증가)가 나타나지만, 여전히 국가적으로 차이를 보인다. 예를 들면 다른 모든 부유한 국가에서와는 달리, 일본의 식생활 전환에서는 설탕의 소비가 크게 증가하지 않았으며, 터키의 식생활 전환에서는 1인당 육류 소비가 늘지 않았다.

마지막에는 이러한 변화가 가져온 결과를 살펴보고 다른 대전환에 미치는 영향을 요약할 것이다. 심혈관계 사망률, 당뇨, 비만의 비율이 높아지면서 영양학에 대해서도 새롭게 관심이 집중되고 있다. 음식이 훨씬 더 다양해지고 저렴해진 것은 생산성의 향상 때문만이 아니라, 대량 생산과 더불어 현재는 식품과 동물 사료 분야에서 무역을 통한 진정한 세계화가 이루어지고 있기 때문이며, 이로써 인간의 입맛이 국제화되고 다채로워졌다. 다만, 환경에 좋지 못한 영향을 끼치게 된 불편한 사실도 있다.

• • • •

폭발적인 식량 생산성의 증가

현대의 식량 생산에서 가장 중요한 발전은 태양 에너지를 이용한 광합성에서 화석연료와 전기의 투입에 의존하는 혼합 형태로 변화한 것이다(Odum 1971 and 1983; Fluck 1992; Ramírez 2005; Smil 2008b). 전통적인 농업에서는 작물(일년생과 다년생)의 광합성이 모든 식량과 모든 가축의 사료를 생산하였다. 그리고 밭일, 농장 설비, 집, 사육 시설을 짓는 데 사용되는 인간과 가축의 노동이 있어야 했다. 식물과 동물 그리고 인간의 분뇨는 비료로 사용됐으며, 손으로 잡초를 뽑거나 괭이질을 통해 식물의 성장을 조절했다.

농기구는 나무 재질을 주로 사용했는데, 낫이나 쟁기에 붙은 철기는 목탄 불에 금속을 녹여 만들었다. 반추동물[4]은 목초지의 풀과 수확한 건초를 먹고 살았으며, 우리에서 기르는 가축에게는 음식물 쓰레기나 가끔 소량의 곡물을 주었다. 그리고 돼지와 가금류는 알아서 먹이를 찾아 먹도록 풀어 두었다. 전통적으로는 바다나 민물에 사는 무척추동물이나 물고기를 잡았고, 일부 아시아 지역에서는 연못에 유기농 물질의 사료를 투입해서 생산성을 향상했다.

4 먹은 것을 게워 내어 다시 씹어 먹는 소화 형태를 가진 동물. 위는 네 개의 실로 나누어져 있다. 소, 양, 염소,기린, 사슴, 낙타 따위가 있다.

비非태양 에너지의 투입

태양 복사는 식물이 광합성을 하기 위해서 필요한 대체 불가능한 에너지원이다. 하지만 인위적인 에너지 투입이 없었다면 곡물의 생산율이 높아질 수 없었을 것이다. 인위적인 에너지의 대부분은 화석연료를 의미하지만, 1차 전력[5]도 상당한 비중을 차지한다. 이러한 인위적인 투입은 자연적 광합성 과정을 돕고 강화하는 에너지 보조에 해당한다. 직접적인 에너지 보조에는 밭에서 사용하는 기계 및 가공 기계의 가동에 사용되는 모든 연료와 전기를 말한다. 농기계, 트럭, 관개가 대부분의 액체 연료를 사용하고, 곡식 가공(제분이나 추출)이나 축산업(사료를 잘게 썰거나 기계를 이용해서 젖을 짜내는 일, 에어컨을 통한 온도 조절 등)에는 전기가 필수다.

간접적인 보조 에너지는 농기계, 농사 시설, 화학 재료 등을 생산하는 데 들어가는 화석연료 투입을 말한다. 철을 제련하기 위한 석탄 연료, 철과 알루미늄 생산에 들어가는 전기, (질소 비료 생산의 첫 단계인) 암모니아 제조에 사용되는 탄화수소, 살충제, 제초제, 플라스틱 제조 등에 에너지가 들어간다. 다른 사료(인산염, 칼륨 복합체)를 만들고 농기계를 수선하며, 곡식을 말려서 가공하고 저장하는 데에도 연료와 전기가 필요하다. 새로운 곡식 품종, 새로운 가축 육종, 새로운 축산 방식 등에도 에너지가 필요하지만, 이는 상대적으로 작은 규모로 진행된다. 하지만 이들 역시 없어서는 안 될 인위적인 에너지의 투입이다.

현대의 곡식 농사에 쓰이는 에너지의 양은 다음과 같다. 밭에서 생산되

5 화석이 아닌 다른 곳에서 얻은 전력, 태양열이나 풍력, 수력 등이 해당한다.

는 곡류나 콩류에는 8~15GJ[6]/ha의 에너지가 사용되지만, 관개 시설을 통해 대량생산되는 옥수수의 경우에는 최대 40GJ/ha의 에너지가 필요하다. 이는 곧 수확한 곡물 단위당 들어간 에너지가 1.5~4GJ/t임을 의미한다(Piringer and Steinberg 2006; Smil 2008b; Sørensen et al. 2014; Achten and Van Acker 2015; Degerli et al. 2015). 미국에서 가장 많이 생산되는 작물인 옥수수는 평균 15~20GJ/ha가 필요하며, 풍작(10~11t/ha)인 경우에 에너지 소비량은 1.4~2 GJ/t이다. 깊은 대수층에서 물을 끌어다 쓰는 관개 시설을 사용하는 경우에는 에너지의 양이 두 배로 늘어난다. 무경간 농법[7]과 질소를 고정하는 알팔파alfalfa[8]를 이용한 순환 농법은 이를 거의 반으로 줄일 수 있다(Sørensen et al. 2014). 집중적으로 재배되는 채소는 훨씬 더 높은 에너지가 있어야 한다. 독일이나 영국의 토마토 재배는 온실을 이용하는데, 그 경우에는 100GJ/t 이상이 필요하다(Neira et al. 2018).

다음은 현대 농작에서 에너지 보조가 얼마나 크고 광범위하게 일어나는지 실감하기 위한 비교다. 미국산 밀을 농작하기 위해 들어가는 에너지 투입량은 3.1~4.9GJ/t으로 평균 3.9GJ/t이다. 통밀빵 한 덩어리를 굽는 데 필요한 700g 정도의 밀가루를 생산하기 위해, 캔자스주의 한 농부는 약 2.8MJ의 연료와 전기를 써야 한다. 비교 편의를 위해 이 모든 투입 에너지를 디젤 연료라고 단순화한다면, 에너지의 총투입량은 80mL이다.

....

6 기가 줄(Giga Joule)을 말한다. 줄은 1N(뉴턴)의 힘으로 물체를 힘의 방향으로 1m만큼 움직이는 동안 하는 일 또는 그렇게 움직이는 데 필요한 에너지이다. 열과 일에 대해 업적을 남긴 영국의 물리학자 J. P. 줄의 이름을 땄다. GJ/ha는 1헥타르당 GJ, GJ/t는 1톤당 GJ을 의미한다.

7 밭을 갈지 않고 도랑에 씨를 심어 농사를 짓는 농법.

8 다년생 식물로 반추동물의 가장 기본적인 사료이다. 가축 사료로 적합한 높은 단백질 함유량과 필수 비타민, 미네랄이 들어 있고, 뼈와 근육 생성에 필요한 칼슘 또한 함유하고 있다

이는 미국 주방에서 사용하는 계량컵의 3분의 1 정도이고 디젤 에너지의 에너지 밀도는 37MJ/L가 될 것이다. 집에서 일주일에 한 덩어리의 빵을 만들어 먹기 위해 필요한 밀을 재배하는 데는 매년 4L 이상의 디젤 연료가 필요하고, 가게에서 빵을 사 먹을 경우(제분, 제빵, 유통에 들어가는 에너지 비용을 포함)에는 필요한 양이 갑절로 늘어날 것이다.

농업 에너지의 전환을 국가 (혹은 지역) 단위로 연구한 결과가 있다(Gingrich et al. 2018). 농업의 생태계에 따라, 외부 에너지 보조량은 19세기 중반 이후 1GJ/ha 미만에서 20세기 말 10~100GJ/ha로 두 자릿수나 증가했다. 프랑스 북부에서 '재생 불가능한 에너지[9]'의 투입량은 1860년 0에 가까웠던 것에서 2010년 거의 13GJ/ha로 성장했고(Kim et al. 2018), 퀘백(Parcerisas and Dupras 2018)에서는 1871~2011년 사이에 60배가 증가했으며, 스페인에서는 1900~2008년 사이 20배가 증가했다(Guzmán et al. 2018).

현대 육류 생산에 드는 에너지 비용은 동물 사료에 드는 비용에 따라 달라진다. 179g의 닭가슴살을 생산하는 데는 대략 8.7MJ이 소요되는 600g의 사료가 필요했다. 부피로 환산하면 거의 디젤 연료 한 컵과 같은 양이다. 거기에서 고기를 만드는 총에너지 비용은 10~30%까지 늘어나게 되는데, 그것은 축사를 따뜻하게 하고, 공기 상태와 청결을 유지하기 위해서 전기와 액체 및 가스 연료가 필요하기 때문이다. 그리고 판매를 위해 식량과 사료를 옮기는 일에도 추가로 에너지가 들어간다. 오늘날에

9 자원을 재생 가능성에 따라 구분할 때, 화석연료와 같이 인간의 이용 정도에 따라 점차 고갈되며 재생이 거의 불가능하거나 생성 속도가 매우 느린 자원을 사용한 에너지.

는 세계화가 이루어지며 이 무역의 범위가 확장되었는데, 아시아의 돼지와 가금류를 먹이는 데 필요한 미국산 대두와 옥수수의 대량 수송부터, 신선 식품과 냉동 해산물을 비롯해 치즈와 초콜릿 같은 고부가가치 식품 및 음료수의 수출에까지 이른다.

씨앗류나 냉장 또는 냉동이 필요한 가공식품을 위한 컨테이너 운송은 대규모로 이루어진다. 선박과 항만 시설 건설에 필요한 간접 에너지 투입을 모두 제외하더라도 운송에 드는 비용은 상당하다. 예를 들어 브라질의 서부 및 남부 중심의 대두 재배에 각각 4.8GJ/t과 3.9GJ/t의 에너지가 들지만, 운송 비용은 같거나 한층 높아질 수 있는데, 내륙에서 해안까지 트럭을 이용할 경우 3GJ/t, 로테르담까지 운송하려면 1.5GJ/t이 소비된다(da Silva et al. 2010).

전 세계의 식량 사용에 필요한 총에너지를 대략적으로 수량화한다면 다음과 같다. 20세기 동안 전 세계 인구는 3.7배 증가했고 수확된 농경지의 전체 면적은 약 40% 증가했지만, 현대 농업에 대한 에너지 투입을 재구성한 결과, 인위 개변적 에너지 보조는(전 세계적 식품과 사료 무역에서 사용된 에너지를 제외하고) 겨우 0.1에서 약 12EJ로 90배 증가했음을 보여 준다(Smil 2017a). 2015년까지 운송 비용을 포함한 총비용은 15EJ 정도이다. 그러나 전 세계 어업 선단이 해산물을 포획할 때 크게 의존하는 디젤 연료에 드는 에너지양까지 추가할 필요는 없다.

구체적으로 살펴보면 작게는 멸치, 고등어, 정어리와 같은 원양성 종류를 잡는 데 드는 10L/t부터 새우나 랍스터 같은 갑각류를 잡는 데 드는 1만L/t까지 1,000배의 차이가 있으며, 전 세계 평균은 대략 700L/t이다(Parker and Tyedmers 2015). 에너지로 따지면 그 평균은 26GJ/t에 맞먹는데, 열 마리에 100g인 새우 꼬치 두 개를 만들려면 미국 단위 4.2컵 정도에 해당하는 1L의 디젤 연료가 들어간다. 세계 수경재배 생산은 포획 어업에 근접해지고 있는데(2016년 수경재배는 80Mt, 포획어업은 91Mt), 여기에는 연못 또는 탱크 등을 운영하기 위한 직접적인 에너지와 먹이를 공급하기 위한 간접적 에너지 투입이 포함된다(Hornborg and Ziegler 2014).

육식성 어류를 위한 사료를 생산하기 위해서는 단백질이 풍부한 어분魚粉과 생선 기름이 있어야 하는데, 이를 위해서는 야생종(멸치, 열빙어, 청어, 정어리, 크릴)을 포획해야 한다(Cashion 2015). 현대 양식업에서의 에너지 사용에 대한 자료를 살펴보면, 잉어를 연못에서 기르는 것에는 11GJ/t, 농성어 양식에는 100GJ/t에 가까운 에너지 비용이 들며 이는 포획 어업의 에너지 강도 범위와 비슷하다(Muir 2015). 식이성 해산물 단백질 생산에는 양식 홍합의 경우 100GJ/t, 농성어의 경우 1TJ/t 정도가 필요하다. 무어Muir의 자료(Muir 2015)를 기반으로 부피를 비교해 보면, 150g 무게의 양식 소형 농성어 한 토막을 생산하는 데 22MJ의 에너지가 들어가며, 이는 2.5컵의 디젤 연료와 비슷한 양이다.

모든 해산물에 대한 평균 에너지 보조량이 25GJ/t으로 비교적 낮다고 가정해도, 200Mt의 2015년 생산량에는 5EJ이 필요했으며, 이는 식품 생산에 투입되는 재생 불가능한 에너지의 총량을 연간 약 20EJ로 상승시켰다. 참고로 2015년 전 세계 모든 주요 상업 에너지 사용량은 485EJ이었기 때문에 식량 생산은 에너지 사용량의 약 4%만 차지했다. 미국 농업에 직접적으로 사용된 양은 약 850PJ이었으며 이는 전체의 약 0.8%에 해당한다(Hicks 2014). 이는 복잡한 시스템에서 상대적으로 작은 변수의 투입으로 극단적으로 큰 효과를 얻게 되는 현상을 보여 주는 좋은 사례다.

영양과 관련된 사례를 통해 이러한 불균형적인 효과를 알 수 있다. 18세기 대항해시대에 바다를 떠돌던 유럽의 범선들은 풍부한 식량(건빵과 소금에 절인 고기)은 실을 수 있었지만, 상대적으로 적은 양의 괴혈병을 막아 주는 식품(레몬이나 라임, 없으면 양배추 절임이라도)을 싣지 않는 한 선원들은 괴혈병으로 고통받고 죽어갔다(Lind 1753; Lamb 2016). 탄수화물과 단백질의 경우 살짝 부족해도 버틸 수 있지만, 하루에 20mg의 비타민 C를 섭취하지 않으면 그들의 항해와 삶을 동시에 끝낼 수 있다는 말이다.

비슷하게, 교통수단에 사용되는 에너지(산업용, 주거용, 상업용)를 식량 생산에 투입되는 에너지 보조량을 훨씬 능가하는 양만큼 줄인 뒤에도 현대 문명은 계속해서 번영할 수 있었다. 하지만 현대 식품 생산에 투입되는 4%가 없다면, 75억 명이 넘는 전 세계 인구를 먹여 살리는 것은 불가능할 것이다. 그렇다면 인류는 어떻게 인공적인 에너지 투입에 의존하게 되었을까? 첫 번째 중요한 혁신은 어떠한 화석 에너지와도 관련이 없는데, 그것은 단지 질소를 함유한 콩과 작물 재배를 포함한 순환 농법을 널리 보급해서 시행하는 것으로, 효과를 인정받은 전통 방식을 강화한 것이었다.

이러한 순환 농법은 고대부터 전해졌지만 최적화된 방식(4년간 밀, 순무, 보리, 클로버를 돌아가며 재배하는)이 일반적으로 사용된 것은 18세기부터였다. 이후 이러한 재배법이 널리 채택되면서 비非콩과 작물에 사용할 수 있는 질소가 최소 3배 이상 증가했고, 오랫동안 정체되어 있던 주요 곡물 수확량이 증가하기 시작했다(Campbell and Overton 1993). 촐리Chorley는 이 '콩과 작물의 일반화와 그에 따른 질소 공급의 증가는… 산업화 시대의 유럽 경제 발전에서 증기력의 역할만큼 의미를 가진다.'라며, 농업혁명이라는 이름을 붙일 법하다고 결론 내렸다(Chorley. 1981, 92).

그러나 이런 태양 에너지를 사용한 농업의 강화만으로는 증가하는 인구를 충분히 지탱할 수 없었을 것이다. 따라서 콩과 간작이나 재활용된 유기 폐기물 이외에 질소 비료가 최초로 동시에 적용되었다. 구아노Guano[10]는 재활용된 유기 폐기물[11]보다 훨씬 더 많은 질소를 함유한 최초의 질소 비료였다. 미국은 1824년부터 몇몇 건조한 기후의 섬에 축적된 바닷새의 배설물을 수입하기 시작했다. 페루의 구아노는 1870년까지 세계에서 가장 중요한 상업 질소 비료였으며, 질소 16%를 함유한 세계 최초의 무기 질소 공급원이었던 칠레의 질산염 출하량을 넘어섰다(Smil 2001). 1830년에 시작된 수출은 1895년 연 1Mt에 도달했으며, 1920년대에는 연 3Mt 가까이에서 정점을 찍었다.

두 번째 중요한 혁신은 밭을 더욱 비옥한 상태로 만드는 방법들과 단순한 낫에서 최초의 콤바인으로 작물을 수확하는 새로운 방식의 도입 등이 있다. 중세 시대에 최고의 쟁기는 연철[12]이 달린 나무 쟁기였다(Andersen et al. 2016). 최초의 무쇠cast-iron 쟁기는 18세기가 끝나기 전에 등장했으며 1843년 존 디어John Deere가 만든 연철 거푸집 쟁기를 도입했지만, 강철 쟁기는 베세머Bessemer의 공정 덕분에 금속이 저렴해진 1860년대가 되어서야 일반적으로 사용됐다(Magee 2005; Smil 2017a). 미국의 대초원 그레이트플레인스와 캐나다 프레리의 경작은 말에 씌우는 쟁기

....

10 건조한 해안 지방에서 바닷새의 배설물이 응고·퇴적된 것. 주로 인산질 비료로 이용된다.

11 버려지는 폐기물 중에 유기성 물질, 즉 음식 쓰레기, 식품 부산물 등.

12 탄소를 0~0.2% 함유한 쇠. 단철. 연철의 역사 기원전 2000년 이전에는 청동(靑銅)을 많이 사용하였으나 기원전 2000년 무렵부터 청동을 대신하여 연철이 사용되기 시작한다.

와, 이후에 등장한 말 6~10마리가 끌어야 하는 복식 쟁기gang plow가 없었다면 불가능했을 것이다.

미국에서 최초로 기계식 낫이 사용된 1830년대까지 전통적인 곡물 수확은 낫으로 이루어졌다(Casson 2017). 최초의 수확기는 1850년대 후반에 등장했으며, 완전히 기계화된 수확기는 20년 뒤에 나왔다. 말이 끄는 콤바인은 1880년대에 캘리포니아에 도입됐다. 자동 크림 분리기가 배치된 것을 포함해 낙농업에도 중요한 발전이 있었다(Lampe and Sharp 2018). 그다음 세 가지의 발전은 하버-보슈Haber-Bosch의 암모니아 합성, 현장 작업 및 운송에서 필요한 동물의 점진적 사용 감소 그리고 더 나은 품종의 확산이었다.

농약과 기계

19세기 후반 10년에는, 인구 증가와 도시화 그리고 더 나은 영양 섭취에 대한 수요가 결합되면서 질소의 투입을 늘리지 않고서는 충분한 수확량을 확보할 수 없다는 사실이 명백해졌다. 일반적으로 질소 함량이 1%를 밑도는 유기 폐기물을 최대한 재활용해도 식물성 다량영양소[13]의 적절한 양을 확보할 수 없었다(Mikkelsen and Hartz 2008). 전통적 농업에서 질소의 투입량을 높이기 위해서는 유기 분뇨가 엄청나게 많이 필요하며, 그 양은 종종 연간 10t/ha에 이르렀다(Smil 2001). 이런 거름을 모아서 운반하고 퍼뜨리는 과정이 전통적인 집중 농업에서 가장 힘든 일이었다.

카를스루에 대학Karlsruhe University의 프리츠 하버Fritz Haber는 낮은 온도에서도 높은 압력을 가해 암모니아를 합성할 수 있는 방법을 개발한 최초

13 생물이나 조직의 구성 물질에서 비교적 많은 양이 들어 있는 양분 요소.

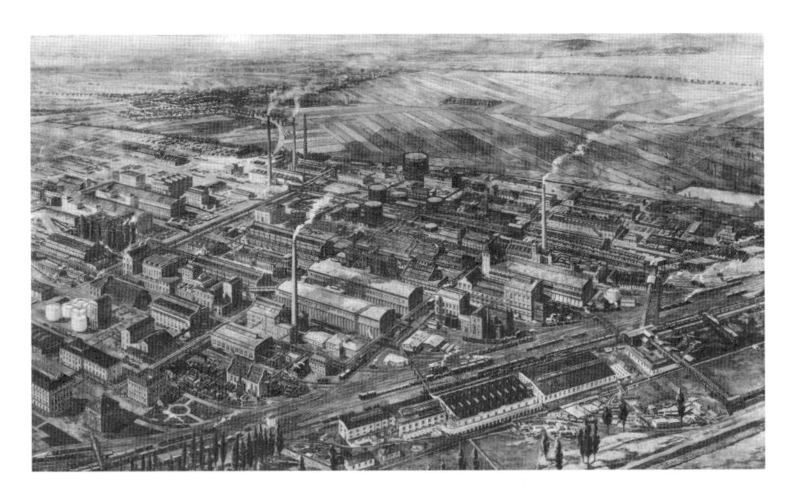

[그림 3.1] 독일 오파우(Oppau)에 있는 바스프사의 암모늄 공장 건물. 1912년 5월에 문을 열었으며 16개월이 지나지 않아 최초로 제품 운송이 가능해졌다.

의 화학자였다(Smil 2001). 이후 1909년 이 발명은 독일의 화학공업 기업인 바스프BASF 사와 계약을 맺고 카를 보슈Carl Bosch와 함께 이를 실용화할 수 있는 공정 개발에 착수하여, 하버-보슈법[14]이라고 불리는 대량생산 공정의 개발에 성공하였다(그림 3.1). 이후 제1차 세계대전을 거치는 동안 암모니아의 용처用處는 폭발물의 생산으로 전환됐으며, 비료 산업의 성장은 1920년 동안에만 독일과 몇몇 유럽 국가 그리고 미국에서 시작됐다. 질소 비료의 대량 생산은 경제 위기와 제2차 세계대전 시기에 추가적으로 생산이 중단됐다가 1950년이 지나고 나서야 재개됐다.

암모니아는 주로 질산염(질산 암모니아에는 질소 34%) 또는 황산염(황산

14 질소와 수소로부터 암모니아를 대량으로 생산하는 공업적 방법으로, 고온 고압의 반응 조건과 철을 기반으로 한 촉매를 사용한다는 특징을 갖는다.

암모니아에는 질소 21%)으로 전환되었다. 지금의 현대에는 요소(질소 46%)가 고체 비료의 대부분을 차지한다. 전 세계적으로 암모니아 합성에 들어가는 질소의 양은 1950년 약 4Mt에서 1970년 30Mt, 2000년 85Mt, 2017년에는 150Mt으로, 총생산량의 80%가 비료로 사용된다(USGS 2018). 1970년대까지 유럽, 미국, 소련이 생산을 주도했으며 현재는 중국이 세계 최대 제조국이 되어 전 세계 총생산량의 30%를 생산하고 있다. 영향력이라는 단어가 많은 이들에게 가장 큰 차이를 만들어 낸 것이라고 정의한다면, 필자는 하버-보슈법이 여태까지 가장 영향력 있는 기술적 발명일 것이라고 주장해 왔다. 왜냐하면 일반적인 식생활을 고려할 때 암모니아 합성이 없이는 오늘날 전 세계 인구의 약 45%를 위한 식량을 생산하는 일이 불가능했을 것이기 때문이다(smil 2011). 그러나 질소만으로는 작물 생산성의 현대화를 이끌 수 없었다.

1840년 유스투스 폰 리비히Justus von Liebig가 영양소 제한에 관한 연구를 발표한 덕분에 우리는 광합성 생산량을 극대화하기 위해 세 가지 핵심 요소(질소, 인, 칼륨)가 적절한 비율로 공급되어야 한다는 사실을 알게 되었다(Liebig 1840). 인과 칼륨 비료의 생산은 암모니아를 합성하는 것보다 에너지 집약도[15]가 훨씬 낮다. 초기에 암모니아를 생산할 때는 수소와 결합한 석탄hydrogenation of coal을 기본으로 사용했으며 암모니아 생산에 드는 에너지가 50GJ/t은 족히 필요했으나, 최신 암모니아 공장은 30GJ/t보다 적은 양의 에너지로도 충분하다(Smil 2014). 질소의 사용 범위는 다양하고 넓다.

....

15 국내총생산(GDP) 1,000달러 생산을 위해 투입되는 에너지의 양(Tonnes of Oil Equivalent)으로 '에너지원단위'라고도 한다. 에너지 집약도는 에너지 효율성이 높아질수록, 국민경제에서 에너지 다소비 산업의 비중이 낮을수록, 동일 산업 내에서도 고부가가치 제품을 생산할수록 낮아진다.

미국에서 옥수수를 기르는 데는 적어도 질소 100kg/ha가 필요했는데 이는 3~5GJ/ha에 해당한다. 인Phosphorus은 대부분 과인산염superphosphate에서 얻어지는데, 과인산염은 인산 광석의 채굴을 통해 생산되며 그것들을 산으로 처리하는 데는 18~33GJ/t이 든다. 칼륨Potassium은 대부분 탄산칼륨potash에서 얻는다. 탄산칼륨을 채굴하고 부수는 데는 2GJ/t보다 약간 못 미치는 에너지가 필요하다. 중국, 모로코, 미국은 인산염의 최대 생산국이며, 캐나다, 러시아 그리고 중국은 탄산칼륨의 최대 생산국이다.

비료 덕분에 생산량이 높아지면 해충에게도 더 많은 먹이를 제공하며, 흙 속에 영양분이 늘어나면 잡초에도 더 많은 영양분이 전달된다. 이 때문에 살충제, 살진균제, 제초제 등이 근대 농업에서 중요한 역할을 하게 된 것이다. 이런 것들이 처음 사용된 것은 1940년대 중반 미국에서였다. 농약은 상대적으로 에너지 소비 집약도가 높았으며(대부분 100~200MJ/Kg), 제조와 포장, 배포까지 마쳤을 때 최종적으로 300MJ/kg이 들었다(Unger 1996). 하지만 이런 농약들은 적은 비율로 사용됐고(보통 1~2kg/ha 정도), 상대적인 에너지 에너지(1GJ/ha 정도)는 적게 들었다.

노동용 가축에서 더 강력한 무생물 에너지 전환기로 획기적인 변화가 일어나며, 작물 생산에 대한 부담이 상당히 줄어들었다. 제1차 세계대전 이전에 미국에서 말과 노새에게 먹이는 귀리, 옥수수, 건초 등과 같은 사료를 생산하기 위해서는 국가 경작지의 4분의 1 정도가 필요했으며(Smil 1994) 식량 작물이나 육류 및 유제품을 생산하는 동물의 사료보다 우선했다(Smil 1994). 1910년 미국은 작은 트랙터가 1,000대 정도 있었는데,

1918년 역축[16]의 수가 대략 2,700만 마리로 정점을 찍었을 때 트랙터의 수는 8만 5,000대까지 늘어났다. 제1차 세계대전과 제2차 세계대전 사이의 몇 년 동안 동력은 다양한 장비들과 대형 고무 타이어, 효율적인 디젤엔진 등과 함께 향상되었고, 이는 1950년 이후 엄청난 성장을 예고했으며, 결국 1960년 미국 농무부는 역축의 수를 집계하는 것을 중단했다.

1900년에 힘이 센 말 한 마리는 장정 6~7명과 맞먹었으며, 초기 휘발유를 사용한 트랙터는 말 15~20마리 정도가 낼 수 있는 힘이 있었다. 1950년 이후 기계는 100마력 이상을 냈으며 가장 강력한 북아메리카의 트랙터는 600마력을 내며 12m 넓이의 장비들을 끌 수 있었고, 가장 강력한 옥수수 수확기는 23열의 옥수수를 벨 수 있다. 상대적으로 열악한 유럽 지역에서는 역축에 의한 농업이 미국보다 몇십 년 더 지속됐으며 아시아와 아프리카 들판에서는 여전히 농업에 역축을 활용하고 있다.

들판에서 씨를 뿌리고, 써레질을 하고, 경작을 하고, 농약을 뿌리고 추수하는 등의 과정에 들어가는 에너지는 작물과 기후 그리고 토양에 따라 다르다. 하지만 씨 뿌리기를 하는 데 사용되는 에너지(600~1,200MJ/ha)를 제외하면 거의 150~500MJ/ha로, 모든 에너지의 총합계는 1.5~2.5GJ/ha가 된다(Smil 2008b). 디젤엔진과 전기모터로 적절한 관개가 가능해지면서 물을 댈 수 있는 지역은 1900년 5,000만ha에서 2015년 3억 3,000만ha로 늘어났다(FAO 2019). 강철과 다른 원자재 및 최종 조립 등 농업 기계에 들어가는 에너지는 상당하다. 하지만 긴 사용 기간을 고려하면 기계에 배분한 에너지 비용은 비료에 비해 낮다. 반면에 관

....

16 농사나 수레에 짐을 실어 나르는 사역에 이용하는 소, 말, 당나귀 따위의 가축을 통틀어 이르는 말.

개를 위해 사용되는 에너지는 비료 생산과 맞먹으며, 깊은 대수층에서 물을 끌어 올리는 경우 그 비용을 능가할 수 있다.

노동력의 대규모 절감은 농업의 기계화가 미친 가장 영향력 있는 경제적 효과일 것이다. 앞에서 언급했듯이 이런 절감은 20세기 동안 미국의 평균적인 농장의 규모를 세 배로 불렸으며, 브라질에 있는 가장 큰 농장은 수십만 헥타르에 달한다. 채소, 과일, 견과류의 경작은 아직까지 좀 더 노동 집약적이지만, 수확 단계는 점점 기계화되고 있다. 새로운 기계들은 매우 놀라울 정도인데, 카메라가 달린 자동 딸기 수확 기계에는 잘 익은 과실을 인식하고 정확히 절삭 날을 작동시키기 위해 형태와 색깔을 확인하는 시각 시스템이 사용된다(Pepperl and Fuchs 2018). 포도 수확에서도 비슷한 발전이 이루어졌는데, 구형 수확기가 포도, 이파리, 과실에 달린 줄기를 마구 섞어서 수확하던 것과 다르게 최신 수확기는 레이저와 위치 센서를 통해 포도를 제외한 물질을 구분하고 선택적으로 수확과 분류를 할 수 있다(Pellenc 2019). 기계화는 또한 동물 사육도 변화시켰다. 사료 공급과 외양간 청소, 배설물 처리 등이 자동으로 이루어지며, 위생적인 착유搾乳 시스템도 이제 흔하다.

품종 개량

주요 작물의 품종 개량은 1908년 옥수수 잡종부터 시작됐다. 전통적인 방임 수분open-pollinated[17] 품종의 생산량은 1.3~1.8t/ha였다. 새로운 복

17 사람의 개입 없이 바람 등 자연 현상이나 곤충과 새 등 꽃가루 매개자에 의해 이루어지는 수분.

교잡종double-crossed[18]들은 1920년에 도입됐고 1939년에는 미국 옥수수 생산의 90%를 차지하면서 1960년에는 미국의 평균 생산량을 3.4t/ha로 높였다(Hoegemeyer 2014). 병충해에 강한 최초의 유전자 조작 옥수수는 몬산토Monsanto 사에 의해 판매되었고, 식품용 제초제인 글리포세이트glyphosate에 내성을 가진 유전자 조작 옥수수는 1998년에 데칼브 제네틱스Dekalb Genetics가 소개한 이후 빠르게 도입되어 2016년에는 재배의 89%를 점유하게 되었다. 이를 통해 2015년 평균 생산량을 10.6t/ha로 끌어올리게 되었다(Crow 1998; USDA 2017).

밀의 생산량 증가는 광합성으로 인한 생산물의 재분배를 통해 성취됐다. 전통적인 품종들은 키가 컸으며 수확 지수harvest index[19]는 0.2 정도로 낮았으나 0.3보다 높지 않았고, 밀짚이 낱알의 3~5배 정도의 비율로 생산됐다(Donald and Hamblin 1976) (그림 3.2). 결과적으로, 전형적인 밀 생산은 건조지에서 비료를 거의 쓰지 않은 상태라면 고작 1t/ha 정도였다. 최초의 단모 교배종short-stalked cross, 노린10Norin10[20]은 1935년 일본에서 등장했으며 미국과 멕시코의 국제옥수수밀연구소CIMMYT: Centro International de Mejoramiento de Maizy Trigo에서 제2차 세계대전 이후 밀의 품종을 개량을 하는 일의 토대가 되었다(Lumpkin 2015).

....

18 복교잡에 의해서 생산된 잡종종자.

19 작물의 총건물 생산량 중 경제적으로 이용 가치가 있는 양의 비율을 나타낸 것. 거의 모든 작물에서 뿌리를 제외한 지상부 총건물 중 경제 수량의 비율. 즉 1에 가까울수록 수확량이 높다.

20 일본에서 육종된 매우 큰 이삭을 가진 밀 품종이다. 일반적인 밀의 높이인 150cm 대신 60~100cm로 키가 작다. 이를 통해 더 나은 영양 섭취와 경운을 가능하게 했다.

[그림 3.2] 피터 반 데르 하이덴(Pieter van der Heyden)의 판화 〈여름(Aestas), 1568〉에는 남자의 신장 높이만 한 전통 밀 품종이 등장한다. 짚대에 비해 알곡의 비율이 낮다. 반대로 현대의 단모종은 무릎 높이다.

1962년에 등장한 국제옥수수밀연구소의 두 가지 반왜성半矮性[21] 품종은 녹색 혁명Green Revolution[22]을 일으켰다. 그들의 수확량 지수는 낟알과 밀짚의 비율이 같은 0.5였으며 현재 평균 세계 생산량은 3t/ha보다 높고, 중국이 5t/ha를 넘고, 국가 최대 평균치는 7t/ha가 넘는다(FAO 2019). 또한 단모 품종들도 세계적인 쌀 수확량에 혁명을 일으켰다. 1966년 국

....

21 식물 육종에서 보통의 품종보다 줄기의 길이가 짧거나 키가 작지만 왜성처럼 극단적이지 않은 상태를 말함.

22 개발도상국의 식량 생산력의 급속한 증대 또는 이를 위한 농업상의 여러 개혁을 일컫는 말.

제미작연구소International Rice Research Institute가 내놓은 품종인 IR8의 수확량 지수는 0.6(Smil 1987)이었고, 전통 품종의 최대 2~3t/ha가 생산됐지만, 현재 일본 평균은 5t/ha를 넘고 중국의 경우 7t/ha에 근접했다.

분명 최고의 품종이라고 해도 모종당 수확할 수 있는 낱알은 제한되어 있기 때문에 생산량을 늘리는 가장 핵심적인 방책은 평균 파종 비율을 늘리는 것이었다. 2015년 미국의 옥수수 식재는 헥타르당 7만 8,000개 종자가 사용됐으며, 가장 많이 사용된 경우 9만 개에 달했다. 과거와 비교하자면 1985년에는 5만 5,000개, 전통적인 방임 수분의 경우 밀도는 헥타르당 3만 7,000개에서 4만 5,000개 사이였다(Pioneer 2017). 이렇게 밀집하여 심은 작물에 물과 영양을 공급하려면 최적의 비료 사용과 관개 시설 사용이 보장되어야 한다. 1970년 이래로 미국에서 옥수수를 기르는 데 사용된 질소는 거의 두 배 증가했으며 비록 20%의 옥수수밭만이 관개되고 있지만, 헥타르당 물의 사용량은 다른 어떤 작물이 필요로 하는 양보다 훨씬 많다(USDA 2013). 생산량이 늘어나면 생산 단위당 필요한 토지의 면적은 감소하고, 일부를 동물 사료 용도로 전환하는 것이 가능하다. 더욱이 이전에 농지였던 땅을 다시 숲으로 되돌릴 수 있는데, 이런 경향은 유럽의 일부 지역과 동북 아메리카에서 나타나고 있다(Ausubel et al. 2013).

동물 사료

말과 노새는 전통 농업에서 들일을 하는 데 꼭 필요한 존재였기에 전통적인 농업에서 집중적으로 사료를 먹는 유일한 동물이었다. 이미 언급했듯이, 미국에서 이 동물들의 수가 가장 많았을 때는 경작지의 4분의 1 정도에 해당하는 곡물을 소비했다. 이와 대조적으로, 동아시아 지역의 인구 밀집도가 높은 지역에서는 인간의 식량 작물 생산에 집중해야 하기 때문에 역축의 이용이 최대한 제한되었다. 반추동물들은 방목지의 풀이나 건초에 의존했고, 소고기와 양고기의 생산은 한정됐으며, 돼지는 잡식성이므로 곡물 또는 가정에서 나온 폐기물을 먹이거나 풀을 뜯도록 숲에서 키웠다. 가금류는 약간의 곡식을 주며 방목형으로 키웠다.

과학적인 사료 배급은 19세기에 발전했다. 혼합 사료가 처음 만들어진 것은 1870년대였고, 다루기 쉽고 소화가 용이한 알갱이 형태[23]의 사료는 미국 회사에서 1920년대에 도입하였다(Coffey et al. 2016). 제2차 세계대전이 지나고 미국에서 고기와 알의 생산은 새로운 사육 방식으로 전환됐는데, 그 결과 혼합농업[24]은 거의 사라지고 작물 생산과는 분리돼서 운영되었으며 경작지 없이 사육하는 대규모의 공장식 사육 시설CAFOs: concentrated animal feeding operations이 대부분을 차지하는 결과를 낳았다. 유럽이 곧 뒤를 따르고 중국도 1990년대 이후에 겨우 이런 추세에 합류했다.

1900년의 전통적인 미국의 혼합 농장과 2000년에 현대식 시설에서 사육되는 동물들의 평균 개체 수 차이는 50배 가까이 되었다. 1900년에 농장에서 기른 가축의 수를 구체적으로 살펴보면, 말은 3.5마리(남쪽에서는 노새 2.2마리), 소는 12마리, 돼지는 13마리로 보고되었다(USCO 1902). 한 세기가 지나 말과 노새는 사라졌지만, 소를 사육하는 시설의 75%에는 소가 100마리 이상 있었고, 40% 가까이 되는 시설에는 500마

....

23 알갱이 형 사료는 합성 비타민과 항생제를 다량 함유하고 있었다.

24 곡물을 재배함과 동시에 사료 작물도 재배하여 소 · 돼지 등의 가축을 사육하는 농업 형태.

리 이상의 동물이 있었다. 돼지 농장의 경우 평균적으로 600마리가 있었다(USDA 2000). 현대 시설에서는 거대한 공장식 사육 시설을 도입하여 그 크기가 집약되어 한 지붕 아래에 각각 소고기 생산을 위한 소는 수만(최대 약 15만) 마리, 돼지는 새끼 돼지와 암퇘지를 포함해 1,000마리, 닭이나 칠면조는 1만 마리 이상이 한꺼번에 사육됐다(Smil 2013b; Imhoff 2004). 공장식 사육 시설은 영양소가 최적화된 혼합 사료에 의존하고 있으며, 많은 나라에서 식물과 동물성 원료를 수입하여 혼합 사료의 생산량을 늘리고 있다.

탄수화물은 전통적으로 귀리와 밀에서 얻던 것에서 생산량이 더 높은 옥수수로 전환되었고, 단백질은 대두를 통해 얻었다. 제2차 세계대전 이후까지 콩과 작물의 재배는 동아시아에 국한됐으나, 나중에 미국이 최대 생산국이자 수출국이 되었고, 브라질과 아르헨티나, 중국이 그 뒤를 이었다(Prodöhl 2009). 단백질 사료의 다른 주요 공급원으로는 오일시드oilseed[25]의 가루, 건조 알팔파, 가공 처리된 동물 조직의 폐기물, 어분 등이 있다(Sapkota et al. 2007). 전 세계의 배합 사료의 양은 1975년 290Mt에서 증가해, 2000년에 591Mt, 2016년에는 10억Mt(1.017Gt) 이상이었으며, 중국, 미국, 유럽연합 그리고 브라질이 전체에서 60%를 차지했다(IFIF 2017). 1980년에 중국은 겨우 사료 산업의 초기 단계로 1Mt의 복합 사료를 생산했지만, 2016년에는 총생산량이 세계에서 가장 많은 187Mt에 달했다.

동물 사료는 다섯 개의 큰 전환을 이끌었다. 우선 전통적인 경작은 식

....

25 기름을 짤 수 있는 씨를 통틀어 이르는 말. 저장 물질로서 많은 기름을 갖고 있는 씨로 콩, 깨, 해바라기 씨 등이 있다.

물성 식량의 생산에 좌우됐으나, 이제 전체 생산량의 반 이상이 동물 사료 재배에 영향을 받게 되었다. 그리고 고기, 알, 우유 생산을 위한 전체 동물의 개체 수는 증가하고 있다. 도축에 소요되는 일반적인 사료 공급 기간은 훨씬 단축됐으며, 평균 도축 중량은 증가했고, 마지막으로 생산 가격의 큰 감소로 1인당 육류 소비가 증가했다.

인구 밀집도가 높은 아시아 국가의 농부들은 사료 작물을 생산하지 않지만, 유럽과 북아메리카에서는 (거의) 오로지 소와 말 같은 역축 사료를 위한 작물을 길렀다. 인도에서는 이런 비율이 여전한데, 인도는 주요 작물의 약 90%가 식량으로 사용되며 오직 6%만이 사료로 사용된다. 중국의 경우 이 비율은 각각 58%와 33%이며, 오늘날 식량을 위한 재배는 전 세계 수확량의 겨우 반 정도(55%)만 차지하며 사료를 위한 양은 최대 36%를 이룬다(Cassidy et al. 2013). 미국에서는 사료가 수십 년 동안 지배적이었다. 에탄올을 얻기 위한 옥수수의 대규모 발효가 도입되기 전에는 미국 내 농작물 소비의 3분의 2(수확량의 4분의 3가량)가 사료로 사용되었지만, 최근에는 거의 40%가 에탄올로 전환되고 있다(USDA 2018; Schnepf 2011).

자료에 따르면 1900년의 대형 포유류 가축의 전 세계 총 개체 수는 약 15억 마리로 추정된다(HYDE 2018). 한 세기가 지나 말의 개체 수는 반으로 줄어들었고, 소는 3배가 되었으며, 물소는 거의 4배, 양은 5배, 대형 포유류를 전부 합치면 43억 마리에 달했다(FAO 2019). 열대우림의 파괴 그리고 엄니와 뿔, 가죽을 얻기 위해 대형 야생동물을 대량으로 학살하는 현상이 결합된 이런 성장은 동물 집합체 내의 근본적인 구성이 달라지는 결과를 초래했다. 1800년 야생 동물의 숫자는 가축량보다 많았다. 그러나 필자가 추정해 본 결과 1900년에는 소(가축용)가 야생 동물의 두 배나 많았으며, 2000년에 가축의 마릿수가 야생 동물보다 20배 더 많아졌다. 소는 살아 있는 모든 코끼리의 250배나 되는 질량을 가지고 있었다(Smil 2013a). 21세기에 이런 암울한 추세가 시작되고 20년 동안 지속되면서 아프리카코끼리는 대륙의 넓은 지역에 걸쳐 멸종 위기에 처했으며(WWF 2018a), 소의 개체 수는 계속 늘어나고 있다.

사료를 먹이는 기간이 단축되는 양상은 전형적으로 돼지와 닭의 사료 소비 기간을 비교해 보면 가장 잘 알 수 있다(Smil 2013b). 전통적인 돼지 사육은 12~15달이 지나고 무게가 49~60kg이 됐을 때 도축되었는데, 현대에는 젖을 떼고 대규모의 공장식 사육 시설에서 단 6개월이 지나면 90kg의 무게로 시장에 나오게 된다. 자연 방목형 닭은 3~4개월이 지나 1kg 정도가 되었을 때 도축했지만, 현재 미국의 구이용 닭은 단 6주 동안 사료를 먹고 평균 2.5kg의 무게가 된다.

이런 모든 추세는 한계가 있어서 일부 가축의 성장은 새로운 안정권에 접어들거나 점진적으로 감소하며 끝나가고 있다. 모든 선진국에서는 소와 돼지가 줄어드는 추세로, 프랑스의 소는 1975년 2,400만 마리에서 2016년 1,930만 마리로, 미국에서는 소가 1억 3,200만 마리에서 9,200만 마리로 줄었다. 같은 기간 폴란드의 돼지는 2,100만 마리에서 1,100만 마리보다 적은 수로 줄어들었다(FAO 2019). 소와 돼지의 평균 도축 중량은 더 이상 늘어날 여지가 없으며 닭의 평균 무게는 과도한 수준이 되었다. 큰 가슴은 닭의 무게 중심을 앞으로 이동시키고, 움직임을 제한하며, 다리와 심장에 부담을 주고 있다(Turner et al. 2005; AWI 2010).

미국 농무부 자료를 통해 투입량과 산출량에 대한 먹이 공급 효율성을 확인할 수 있다(Smil 2000a; USDA 2018) (그림 3.3). 이 자료는 한 단위unit의 생물이 생체중(살아 있는 생물의 무게)을 만드는 데 들어가는 먹이 단위(옥수수 사료 단위)를 나타낸다. 소의 경우에는 몸무게, 임신과 수유 기간 그리고 높은 기초대사율을 고려하면 효율성과 이득이 매우 낮다. 소의 생체중 1kg당 9~10kg의 먹이가 필요한데 20세기 초반부터 뚜렷한 효율 증가를 보이지 않았다(USDA 2018) .

돼지는 신진대사율이 낮기에(체질량이 기대되는 것보다 약 40% 낮다) 포유류 중에서 비교적 사료 요구량이 가장 낮지만, 사실 현대의 번식은 최적화된 사료 배급 방식으로 얻은 이득을 소용없게 만드는 방식으로 이루어진다. 사료를 지방으로 전환하는 것이 사료를 살코기로 전환하는 것보다 약 60% 더 효율적이지만, 소비자들이 지방이 적은 부위를 원하면서

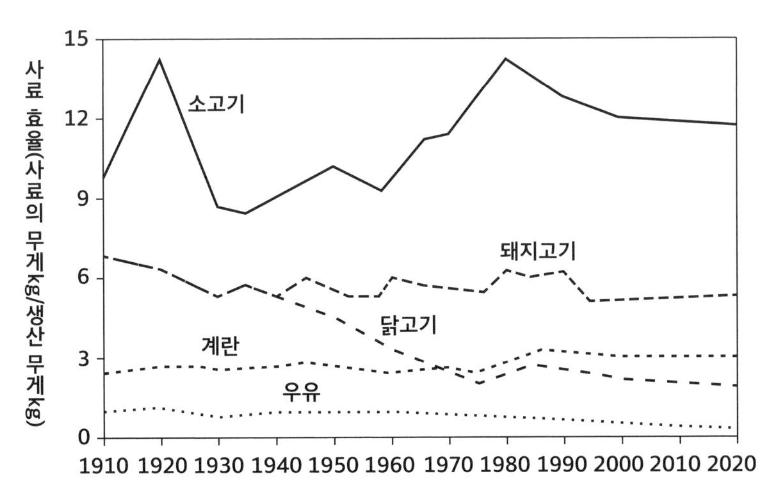

[그림 3.3] 미국 농무부가 발표한 1909~2019년 가축 사료 비율. 소고기는 불가피하게 늘 효율성이 가장 낮고 돼지고기의 경우는 두 배 효율적이지만, 장기적으로 변화가 없다. 닭고기는 가장 효율적인 고기 생산물로 현재는 산란용 닭보다 효율이 높다.

돼지 사육에 더 많은 사료가 들어간다. 1910~1930년 동안 약간의 감소가 일어나고(1910년 생체중 단위당 사료 단위 6.7) 20세기의 남은 기간 동안 성과가 침체되었지만, 2015년에는 체중 1kg당 4.9~5.1 사료 단위에 도달하면서 최근 새로운 기록을 달성했다(USDA 2018).

빠른 성장 속도, 짧은 생존 주기 그리고 감금된 상태의 사육은 닭고기 생산의 효율을 눈에 띄게 향상시켰다. 일련의 사육 효율성이 나타나기 시작한 것은 1930년대부터였는데, 그 당시에는 닭의 생체중 단위당 5 사료 단위가 필요했고, 1960년대 중반에는 그 비율이 3 사료 단위 밑으로 떨어졌으며 2008년부터 생체중 1kg당 1.6~1.8kg 사이의 사료가 필요해졌다. 이러한 결과는 닭고기 가격을 안정시키며 소비자들의 소비를 증가하게 만들었다. 반면에 달갈과 우유 생산의 장기적 효율의 향상은 미미했으며, 양고기의 사육 효율성 향상은 거의 없었다. 예상대로, 양식 어종의 관련 자료들은 대부분 생체중 단위당 1~2 사료 단위로 생체중 단위 대 사료의 전환 차이가 상대적으로 크지 않다(Fry et al. 2018).

육류 생산에서 있어서 에너지 비용을 더욱 정확하게 평가하기 위해서는 전체 무게가 아닌 실제 식용이 가능한 무게로 바꿀 필요가 있다. 닭고기 생산에는 먹을 수 있는 부위의 무게당 약 3 사료 단위가 들고, 돼지고기에는 9배가 들어가며, 소고기를 위해서는 적어도 25배의 단위가 필요하다(Smil 2013b). 양식 어종에 대해서도 비슷하게 조정할 경우 평균 약 3단위 전후[26]인데, 대부분 바다 양식의 경우도 사료 집약도가 닭고기보다 덜하지 않다.

....

26 대서양 연어의 경우 대략 1.8, 틸라피아(tilapia)의 경우 4, 대형 새우의 경우 4단위 이상(Fry et al. 2018).

••••

식량 공급과 식생활의 전환

식단은 식량 수급의 방식을 반영하는데, 농경을 하기 전에는 척박한 환경에서 해양 생물을 사냥하고 수확하는 수렵 채집 활동을 하였다. 첫 번째 생존 방식은 영양이 풍부한 수생동물에 비교적 쉽게 접근할 수 있게 해 주었고 덕분에 매우 높은 단백질과 지방의 섭취가 가능했다. 이런 방식은 선사시대 사회에서 최고의 식량 공급 방식이었다. 반면에 육지에서의 식량은 덩이줄기와 열매의 채집을 기본으로, 사냥한 우제류[27]의 고기가 추가됐다. 결과적으로 정형화된 식단은 없었지만, 해양 사냥꾼과 채집꾼을 제외하면 다음과 같이 결론지을 수 있다. 식물성 식량은 모든 식량 에너지의 65~70%를 제공한다. 단백질 섭취는 대개 적당했으며, 전체 식량으로부터 얻는 에너지의 약 20%는 지질에서 나왔다. 비타민과 미네랄 같은 미량의 영양소는 현재 일일 권장량보다 대개 높았으며 소규모의 수렵 집단 안에서 식량의 배분은 매우 평등했다(Cummings et al. 2014).

반면에 도시나 중심지의 가장 풍요로운 소수의 정착민들은 더 다양하고 질 좋은 음식을 구할 수 있었다. 역사가들이 남긴 독특한 사례 중 한 가지를 살펴보자. 크리스토포로 메시스부고Cristoforo Messisbugo는 이탈리아 북부 페라라에 있는 에스테 가Casa d'Este in Ferrara에서 식품 조달을 담당했는데, 그가 사후에 남긴 르네상스 요리책에 따르면 14종류의 연회를 위한 코스 요리가 있었다. 코스에는 140가지의 요리와 30종류의 생선이 포함되는데, 어떤 것은 한 사람당 8가지의 요리가 17차례에 걸쳐 제공됐으

....

27 척추동물 포유강의 한 목을 이루는 동물군. 소류 · 소목 · 우제목이라고도 한다.

며 치즈와 설탕으로 윤을 내고 소스를 바른 신선한 과일로 마무리됐다(Messisbugo 1549).

평민들의 식단을 살펴보자면, 전근대 농경의 천 년 동안 지속해서 식량 공급이 향상됐는지를 보여 주는 뚜렷한 증거는 없다. 풍작과 기근이 들쭉날쭉하여 평균적인 음식 섭취는 변동이 심하였고 식량이 부족한 상황이 반복됐다. 사실 가장 부유했던 유럽 국가들의 일반적인 식생활도 18세기 후반과 19세기 초까지 불안정했다. 프레더릭 모턴 에덴Frederick Morton Eden이 18세기 후반 마지막 십 년 동안의 영국을 조사한 바에 따르면, 대부분 탄수화물 위주의 단조로운 식단은 작업장이나 밭에서 강도 높은 노동을 하는 사람들에게 적절한 영양분을 제공하기에는 충분하지 못했다. 셰필드Sheffield 북부의 한 지역에서 '노동자 계급'이 먹었던 음식에 대한 묘사는 다음과 같다.

그들은 오트(귀리)로 만든 빵을 매우 자주 먹었으며… 오트밀과 양파를 넣고 끓인 묽은 수프는 하루에 두 번에서 세 번 정도 먹었고, 가끔은 약간의 버터가 추가됐다. 상품의 가격이 오르면 식사에 사용된 오트밀과 버터의 양은 훨씬 줄어들었다(Eden 1797, 814).

직접 빵을 구워본 적이 없거나 제빵을 모르는 사람을 위해 덧붙이자면, 가난한 사람들이 자주 먹는 빵에는 귀리, 보리, 호밀이 들어가는데, 이런 빵들은 밀의 글루텐이 부족하여 대부분 묵직하다(Myhrvold and Migoya 2017).

아시아의 식단도 20세기의 기준으로는 대부분 부실했다. 메이지 유신

(1868년) 이후 국가의 현대화가 시작되고 청일전쟁(1895년)에서 승리한 일본(1900년대 초반) 역시 마찬가지였다. 도정된 쌀은 매우 드물었고, 동물성 단백질은 거의 전무했다. 다음 자료는 1904년 일본의 수도에서 북동쪽으로 60km, 태평양 해안에서 서쪽으로 40km 떨어진 지역(이바라키현 가스미가우라 호수 근처)에서 태어난 한 남성이 평소 먹던식단을 묘사한 것이다.

> *우리 마을에서는 쌀과 보리를 4 대 6으로 섞은 밥을 먹는다… 내가 살던 산촌에서는 민물고기를 먹어본 적이 거의 없다… 한 해 넘게 신선한 바닷고기를 전혀 보지 못했다. 그래도 새해가 되면 대부분의 가정에서 호들갑을 떨며 소금에 절인 연어를 한 마리 정도는 샀다(Saga 1987, 187).*

식생활의 전환으로 이루어진 변화를 살펴보려면 1인당 주요 음식의 연평균을 대조해 보면 가장 잘 드러난다. 19세기 유럽과 북아메리카에서 인구 전체에 걸쳐 새로운 패턴이 나타났는데, 그러한 변화는 20세기 동안 계속됐으며 제2차 세계대전 이후에는 동아시아 국가들과 일부 라틴아메리카에서도 빠르게 진행됐다. 세기가 끝날 무렵 이들 지역에는 식생활 전환이 완료됐거나 전통적인 식습관에서 많이 멀어진 모습이 나타났다(Caballero and Popkin 2002; Smil 2004; Weng and Caballero 2007).

식단은 고기와 지방이 풍부한 서양식으로 바뀌어 왔다. 그러나 구매력 증가와는 별개로 모든 근대화된 국가들이 그렇게 바뀌었다는 뜻은 아니다. 세클러Seckler와 록Rock은 식단 전환 과정에서 음식을 섭취할 때 나타나는 두 가지 두드러진 식습관을 대안적 유인책이라고 상정했다. 먼저 첫 번째는 서양의 방식인데, 1인당 하루 평균 열량을 3,200kcal 이상으로 높이고 음식을 통해 섭취 가능한 에너지의 30% 이상을 동물성 식품으로 얻는 것이다. 두 번째는 아시아-지중해식 방식으로, 1인당 하루 평균 열량을 3,200kcal 이하로 하고, 동물성 식품은 전체 섭취 에너지의 20~25%를 넘지 않게 먹는 것이다(Seckler and Rock. 1995). 일본은 이제까지 전반적인 식생활이 확실하게 첫 번째 유인책으로 전환된 가장 좋은 사례이다. 그러나 전형적인 전환 비율에 도달하기 전에 새롭고 적당한 수준의 식사로 정착되었다. 현재 일본의 1인당 하루 평균 식사 공급량은 약 2,700kcal이고, 평균 섭취량은 단 1,900kcal이며, 연간 고기 소비는 겨우 1인당 33kg, 해산물은 25kg이다(SB 2017). 고령화되고 있는 국가의 인구 구성을 생각하면 평균 식사량이 줄어들 가능성이 높다.

그런데 1인당 식량 공급량이 실제 섭취 비율이라고 오해해서는 안 된다. 공급률은 곡물에 대한 제분 비율과 기름의 추출 비율, 고기의 경우 내장을 제외한 도체 무게를 반영해 순재고와 무역, 처리 과정에서 생기는 손실을 조정한 연간 작물 및 가축 생산에 대한 자료를 통해 계산된다. 부유한 국가의 식량 대차대조표는 신뢰도가 높지만, 많은 저소득 국가의 경우 국제연합식량농업기구FAO: Food and Agriculture Organization of the United Nations의 로마 본부에서 재구성한 최대 생산량에 기초하고 있다(FAO 2019). 식량 대차대조표에서 도출된 공급의 평균은 언제나 실제 식품 섭취량보다 매우 높다. 식량 대차대조표는 수확과 도축 사이에 발생하는 손실과 소매에서의 식량 가용성을 고려하지 않는다. 추가로 가정에서 비축하는 양이나 남겨서 버려지는 구입 후 제외분도 있다.

섭취 비율은 영양사가 표본 가정을 방문하고 실제 섭취량을 세세하게 측정하고 기록하는 영양학적 조사의 시행으로 알 수 있다. 단, 이런 조사는 비용이 많이 들어서 널리 적용되기 어렵다. 이 때문에 일본이 수십 년 동안 의존하고 있는 국민영양조사National Health and Nutrition Survey조차 시행을 포기했다(Ikeda et al. 2015). 보편적으로 식이 섭취량에 대한 자료는 타당성이 부족한 구술과 문자 보고를 통해 얻어지기 때문에 '응답자의 과거 회상이나 응답자가 조사자에게 바람직해 보이려고 윤색한 답변을 통한 단순한 추측'일 뿐이다(Archer et al. 2018).

1인당 식량 공급량과 섭취량 사이의 차이는 폐기되는 음식물 양의 범위를 보여 준다. 전통적인 사회에서 식량은 벌레나 설치류 때문에 헛되이 버려지는 경우가 많았으며, 바이러스와 곰팡이성 병충해로 수확 이전에도 심각한 손실이 있었다. 그리고 열악한 보관 상태, 냉장 시설의 부재, 비싸거나 전무한 운송 수단은 물론 부패하기 쉬운 식료품의 판매 제한 등으로 인한 수확 후 손실도 상당했다. 이후 재배 관리와 보관 방법이 발전하면서 그런 손실은 줄어들었지만, 소매와 가정에서 이루어지는 낭비의 정도에는 큰 차이가 없었다. 또한 잦은 외식은 음식물 폐기의 또 다른 주요 원인이 되었다.

주요 곡물

가장 중요한 식생활의 변화는 식품 에너지와 식이 단백질의 주요 공급원이 현저히 감소한 것이다. 이는 전통적인 주식으로 사용되었던 곡물, 덩이줄기(감자와 같은 식물) 작물 그리고 콩과 작물들의 1인당 평균 소비량의 감소를 말한다. 주식은 지역마다 차이가 있지만(유럽과 북아메리카에서는 밀, 아시아에서는 쌀, 유럽에서는 완두콩peas과 콩류beans, 동아시아에서는 대두soybeans) 감소하고 있는 추세는 비슷했다. 전통적인 식단에서 주요 탄수화물은 식이 에너지의 80% 정도로, 거의 3분의 2 밑으로 내려가는 경우가 없었던 반면, 현대 사회에서 그 비율은 3분의 1 밑으로 떨어지거나 심지어 4분의 1이 안 될 때도 있다(Smil 2000a).

선호되는 주류 곡물의 섭취가 더 거친 품종을 통해 보충되거나, 동등한 양을 먹거나 심지어 초과되는 사회에서는 수입량이 늘어남에 따라, 전통적으로 선호되던 도정률이 높은 밀(전제 곡물의 70% 미만)과 쌀(전체의 70% 미만)을 더 많이 소비하게 만들면서 거친 품종은 더 빨리 감소했다. 밀가루를 예를 들자면 도정을 통해 겨, 배젖, 배아를 제거하면 식이섬유소, 비타민 B군, 몇몇 미네랄(철, 망간, 아연)도 함께 제거되어 통곡물보다 오히려 더 건강하지 못한 결과를 낳았다(Mozaffarian et al. 2013; Wu et al. 2015). 하지만 이런 사고방식은 매우 최근에 바뀐 것이며, 전통적으로는 도정률이 높은 곡물이 언제나 더 많이 소비됐다. 유럽에서는 이러한 변화가 보리, 귀리, 호밀의 섭취를 감소시켰고, 동아시아에서는 보리, 메밀, 기장의 소비를 감소시켰다.

일본의 역사적인 통계에 따르면, 쌀 소비는 1870년 전체 식품 에너지의 53%를 차지했으며, 1886년에는 52%, 여기에 보리가 추가로 27~28%를 차지했다. 주요 곡물이 차지하는 비율은 쇠퇴기 이전까지 소득이 높아질 때 일시적으로 상승하곤 했다. 1950년에 쌀은 일본 식품 에너지의 59% 정도를 차지했으며, 10년이 지나 47%로 떨어졌지만 식단이 다양해지면서 반으로 줄며 2000년에는 23%가 되었고, 최근에는 22% 정도가 되었다(Ricepedia 2018). 이는 1950년대 후반 1인당 하루 350g 이상의 쌀을 섭취했던 것으로 해석할 수 있는데, 30년 뒤에는 하루 200g, 20세기 말에는 160g, 2015년에는 두 세대 전 최고치의 약 3분의 1에 불과한 하루 120g밖에 되지 않는다.

주목할 만한 점은 일본이 1945년 패전하여 미국에 점령당하기 전에는 전혀 없었던 유제품(우유, 요구르트, 아이스크림, 치즈)보다 일본의 연간 쌀 소비량이 적다는 사실이다(Smil and Kobayashi 2011). 현재 1인당 쌀 소비량은 일 년에 45kg보다 적은데, 현재 생산되고 수입하는 유제품을 우유로 환산하면 연간 70kg을 넘는다.[28] 비슷하게 미국도 1910~1970년 사이 주로 빵을 굽는 데 사용되는 1인당 평균 밀가루 공급량이 97kg에서 50kg으로 절반 정도 줄었다(USBC 1975). 감소세는 1990년 후반에 부분적으로 회복하여 66kg까지 증가했다. 이러한 일시적 현상은 패스트푸드 음식점이 늘어나고 피자에 사용되는 밀과 햄버거, 샌드위치, 핫도그에 사용되는 빵의 소비가 증가한 데서 비롯되었다.

콩과 작물 소비의 감소는 몇 가지 눈에 띄는 예외를 제외하면 보편적인 현상이었다. 채식을 주로 하는 전통 사회에서 콩과 작물의 연간 섭취량은 25kg(인도) 정도였는데, 라틴아메리카에서는 1인당 10kg를 넘었고, 식이 단백질의 15~25%를 제공했다. 완두콩을 포함한 콩류의 섭취는 유럽의 전근대 사회에서는 이 정도로 높지 않았으며 육류의 가격이 합리적으로 변하여 그 양은 제2차 세계대전 이전에 이미 훨씬 더 줄어들었다. 최근 식량 대차대조표를 보면 콩과 작물의 연평균 공급량은 1인당 1~1.5kg으로 전체 식이 에너지의 1%보다 낮으며 식이 단백질의 2% 정도다(FAO 2019).

미국에서 콩과 작물의 연평균 공급량은 1인당 4kg으로 유럽보다 훨

28 물론 식이 열량의 측면에서는 제분된 곡물의 에너지 밀도가 우유의 5배로 쌀이 여전히 우세하다.

씬 높다. 이는 라틴아메리카에서 온 엄청난 이민 인구와 일부 패스트푸드 식당의 콩이 풍부하게 들어간 멕시코 스타일의 메뉴가 주를 이룬 덕분이다. 인도는 1960~2000년 사이 1인당 콩과 작물의 공급량이 반으로 감소해 11kg가 됐다가 14kg으로 회복되었으며 생산량이 현재 연간 16kg를 기록한 브라질의 뒤로 처지면서 반세기 전보다 25% 적게 공급하고 있다.

흥미롭게도 주로 간장과 두부에 사용되는 대두의 경우 일본의 1인당 평균 공급량은 1970년대 이래로 거의 변화가 없는 상태로 1인당 7~8kg 사이를 유지하였다. 실제 두부 섭취량은 1960년 연간 7kg 미만에서 1970년대 후반에는 약 16kg으로 두 배 이상 증가했다가 이후에는 연 10kg 정도로 감소했다. 콩과 작물의 세계적인 감소세를 설명하는 세 가지 원인이 있다. 우선 고기가 저렴해지면서 엄격한 채식주의자를 제외한 모든 사람에게 우수한 단백질 공급원이 되었다는 것이다. 또한 마른 콩과 작물은 제분된 곡물과 달리 조리가 쉽지 않은 데다가 올리고당 때문에 소화도 쉽게 되지 않는다.[29] 이처럼 고기와 유제품, 감미료, 식이 지방 소비는 주요 곡물 소비를 쇠퇴시키는 것 이상의 결과를 낳았다.

고기와 우유

고기 중에서도 특히 에너지 밀도가 높은 기름진 고기는 먹성 좋은 인간이 가장 애호하는 음식이지만, 실제 섭취량은 큰 차이가 있었다. 신석기시

....

29 콩에는 라피노스(raffinose), 스타키오스(stachyose)라고 하는 올리고당이 함유되어 있다. 이들 올리고당은 인체의 소화 효소에 의해서는 분해되지 않기 때문에 소화되지 않고 대장까지 바로 도달한다.

대 거대 동물을 사냥했던 사냥꾼들이나 비교적 최근의 북아메리카 들소 사냥꾼들은 신선하거나 보존된 고기를 많이 먹었지만, 열대우림 지역에서는 나무 위에 사는 작은 동물을 사냥해서 얻는 양이 적었기 때문에 육식은 제한적이었다. 거의 모든 농경 사회에서 육식의 비중이 낮은 편이었던 이유는 사람들의 자발적인 선택 때문이 아니라, 인구 밀집 지역에 살았기에 목초지가 제한되어 있었고, 식량 작물의 수확량이 적었기 때문이다.

그러나 중세와 근대 초 유럽에서는 많은 종류의 고기와 내장을 구할 수 있었고, 상류층은 호화로운 만찬을 즐기며 고기를 먹을 수 있었다. 플란드린Flandrin은 1466년 조지 네빌이 요크 대성당의 대주교로 임명된 것을 기리기 위해 죽인 동물의 수를 조사했는데, 야생 소 6마리, 황소와 공작 104마리, 두루미 204마리, 돼지 304마리, 백조, 왜가리, 물떼새 각각 400마리, 새끼 돼지 200마리 그리고 엄청난 양의 닭, 거위, 오리, 꿩 등이었다. 이러한 동물들은 2,500명의 초대 손님에게 제공되었다 (Flandrin1989).

농민들과 도시 노동자들이 먹은 고기의 양은 산업화 초기 몇십 년 동안에도 여전히 낮았다. 앞에서 언급한 에덴의 기록에 따르면 1787~1796년 사이 잉글랜드와 웨일스의 가난한 도시 노동자들은 연간 겨우 8.3kg의 고기를 먹었으며(Clark et al. 1995), 3세대가 지난 뒤에도 저소득층의 고기 섭취량은 10kg를 갓 넘었다(Fogel 2004). 일본에서 육류 섭취를 금지한 것은 메이지 유신(1868년) 때까지 이어졌다. 메이지 일왕이 백성들에게 고기를 먹도록 장려한 뒤에도 고기 섭취는 1900년 1인당 800g에서 1938년에 겨우 2kg으로 증가했다(Smil and Kobayashi 2011).

비록 고기가 중국, 베트남, 한국의 전통 식단에서 가치가 있었다고 해도 20세기 후반이 되기 전까지 농민들 사이에서 그 소비량은 미미했다. 1920년대 가난한 북부 지역의 연간 고기 섭취량은 가족당 겨우 몇 킬로그램 혹은 1인당 몇백 그램에 불과한 양으로 일 년에 두세 번밖에 먹을 기회가 없었다(Buck 1930). 상하이를 둘러싸고 있는 장쑤성 지역에서는 그 양이 1인당 약 5kg로 훨씬 높았지만, 1930년대 전국 평균은 3kg보다 낮았다(Buck 1937). 따라서 고기는 단백질 공급원으로서 가치가 거의 없었다.

산업화와 더불어 국내 생산이 증가하고 뉴질랜드, 호주, 북아메리카로부터 냉동육의 수입이 증가하면서 영국의 고기 공급량은 1850년 1인당 약 35kg만큼 올랐고 1900년에는 60kg에 육박했다(Perren 1985). 전쟁 중의 공급량 감소를 제외하면, 1970년에는 연 70kg이 넘었고, 2000년에 거의 80kg까지 증가하기 전까지 반세기 동안 그 수준에서 오르내렸다(모두 내장을 제외한 도체 무게). 프랑스의 고기 공급량은 비슷한 모습을 보인다. 19세기 동안 1인당 40kg으로 두 배가 되었고 1950년에 55kg에 달했으며, 1960년 60kg, 2000년에는 100kg에 근접했다(Monceau et al. 2002; Duchène et al. 2017).

덴마크는 현재 돼지의 수가 사람의 다섯 배에 달하며 사육과 식품 안전성 그리고 동물 복지 분야에서 세계를 이끌고 있다. 현재 살아 있는 동물뿐만 아니라, 돼지고기 생산량의 90%를 수출하고 있다. 유럽의 고기 공급에서 가장 인상적인 증가는 1950년대까지 섭취량이 적었던 지중해 지역(그리스와 스페인, 포르투갈에서 1인당 20kg이 안 됐던)에서 있었다. 이 지역의 국가들은 1980년대 유럽연합에 가입한 이래로 공급 속도가 점점 빨라졌다. 1960~2000년 사이 스페인의 공급량은 5배 이상 증가하면서

1인당 112kg으로 전통적인 육류 섭취 국가인 독일, 프랑스, 네덜란드를 넘어섰다.

광활한 방목지와 풍부한 동물 사료는 미국을 18세기 동안 세계 최고의 육식 국가로 만들었는데, 이러한 지위는 19세기의 서부 개척과 함께 강화되었다. 미국의 영양학자 윌버 애트워터Wilbur Atwater가 1888년 미국인은 '에너지 수요를 초과해서 고기를 엄청나게 먹는데, 특히 지방 부위를 즐겨 먹는다(Atwater 1888, 259).'라고 기록한 내용은 오늘날과 크게 다르지 않다. 현재는 기름기가 적은 돼지고기와 가금류를 훨씬 더 많이 먹지만, 전체 식이 에너지의 52%는 지방에서 얻는다(McDonald's 2019). 1910년 미국의 공급량은 내장을 제외하고 1인당 평균 약 75kg이었는데, 대공황으로 일시적인 침체가 있었지만, 제2차 세계대전의 배급량조차 1인당 59kg으로 유지되었고(Bentley 1998), 붉은 고기의 경우 육군 배급량은 106kg이었으며, 해군은 165kg이었다. 전쟁 이후 공급량은 1971년에 도체 무게 90kg로 정점을 찍었다. 2015년까지 줄어든 30%는 그 이상의 가금류 소비 증가로 채워졌다.

식이를 비롯해 다양한 건강 문제가 널리 퍼지면서 전 세계적으로 육류 소비의 불균형이 나타났다. 최근 실제 섭취를 나타내는 프랑스 자료는 이런 경향을 보여 주고 있다(Duchène et al. 2017). 프랑스의 고기 섭취는 수십 년 동안 감소해 왔으며 2013년에는 프랑스 성인의 37%가 평균적으로 고기를 하루 80g, 일 년에 29kg 정도로 적게 섭취했고, 하루 217g, 일 년에 79kg을 섭취하는 28%보다 많은 비중을 차지했다. 일본의 육류 공급은 1960년대에는 1인당 5kg으로 낮은 상태였지만, 1980년에 4배 증가하여 22kg이 되고 2010년에는 30kg에 육박하며 정점을 찍었다

(Smil and Kobayashi 2011). 그 이후 10% 이상 감소했으며 인구가 고령화되면서 추가적인 감소가 있을 것으로 예상된다. 중국의 식생활 전환은 중국이 겨우 먹고 살 정도의 식생활로부터 벗어남에 따라 훨씬 더 빠르게 이루어졌다. 1인당 평균 공급량이 1900년 중반 이래로 일본의 평균을 넘어서는 수준으로 바뀌었으며 육류와 생선의 양도 상대적으로 증가했다.

중국의 2018년 통계 연감에 따르면 전국 고기 생산량은 내장을 제외하고 86.24Mt이고 연평균 생산량은 1인당 61.8kg, 가계 소비량은 1인당 38.5kg(1인당 붉은 고기 29.5kg과 뼈를 제외한 가금류의 살코기 9kg)(NBSC 2019)이다. 돼지고기는 중국에서 주로 소비되는 육류로 붉은 고기 섭취의 83% 가까이 되고 가금류는 그다음을 차지하며, 소고기와 양고기 섭취는 매우 미미하다. 2018년 1인당 38kg의 붉은 고기와 가금류 섭취는 마오쩌둥의 말년이었던 1975년에 비해 3배 이상 증가한 양이며 전국 평균 16.6kg이었던 1995년보다 2.3배 높은 수준이다. 그 이유는 1995년 이후 지방과 도시의 소비 격차 비율이 줄어들면서 두 배로 양이 늘어난 것이다

프랑스, 스페인, 미국과 같은 많은 부유한 국가에서 1인당 섭취량은 포화 수준에 도달하거나 한 세대 이전에 정점을 찍은 이래로 눈에 띄게 감소하는 추세를 보인다. 한 가지 근본적인 변화는 모든 지역에서 제2차 세계대전 이후 소비가 증가한 것인데, 붉은 고기(특히 소고기)에 대한 섭취는 점진적으로 감소하고 대량 사육으로 생산되는 가금류의 섭취는 빠르게 증가하고 있다. 프랑스 사람들이 '지방과의 전쟁la guerre aux matières grasses'이라고 부르는 이런 변화는 동물성 지방이 높은 혈중 콜레스테롤과 그에 따른 심장 질환의 주요 원인으로 알려졌을 때(완벽하게 확실하진 않지만) 시

작되었다고 추정된다.

브라질은 중위 소득 국가 중에서 두드러진 예외로, 이미 상당히 높았던 육류 공급량[30]은 1975년 이래로 3배가 되었으며 현재는 연간 100kg 가까이 된다. 반면에 동남아시아와 남아시아의 공급량은 여전히 낮고 인도네시아와 파키스탄은 1인당 15kg 이하이다. 인도는 인구밀도가 높은 나라 중에 유일하게 육류 섭취 식단으로 바뀌지 않은 국가로 여전히 1인당 평균은 4kg 미만이다. 에티오피아는 현재 7kg 정도이며, 아프리카에서 가장 인구가 많은 국가인 나이지리아는 1인당 평균 10kg에 못 미친다.

우유는 완전식품으로 단백질, 지방, 당, 칼슘, 비타민 D를 충족하는 공급원이다. 그러나 우유는 구세계(아시아, 아프리카)에서 보편적으로 소비되는 식품은 아니었으며, 미국과 호주에는 우유를 생산하는 동물들이 없었다. 유당불내증(혹은 유당분해효소 결핍증)[31]으로도 알려져 있는 유당 흡수장애는 글루코스와 갈락토스로 구성된 우유 속 당을 소화하는 능력에 문제가 있는 증상이다. 이런 상태는 유아들 사이에서는 흔하지 않지만, 세계 인구 대부분의 장내 유당분해효소는 유아기 이후 감소한다. 따라서 우유를 마실 경우 위장이 불편할 수 있으며 메스꺼움, 경련, 구토 증상을 경험하는 사람들도 많다(Suarez and Savaiano 1997).

유당분해효소 패턴은 복잡한 진화적 선택에 의해 만들어진다. 아프리카와 중앙아시아의 많은 집단이 속해 있는 목축 사회의 사람들과 유럽과

....

30 대부분 세라도 초원 지역과 아마존 숲의 개간된 땅에 소를 방목해 생산한 소고기를 말한다.

31 우유 내에 유당(lactose)을 분해, 소화하지 못하는 증상이다.

인도 그리고 아대륙[32]에서 젖을 얻기 위해 동물을 기르던 농경민들은 성인이 되어서도 유당을 소화시킬 수 있는 능력을 갖추고 있는 반면, 젖을 먹는 문화가 없는 일부 아프리카와 동아시아 지역에 사는 대부분 사람들은 대부분 유당 소화 장애를 가지고 있다. 그러나 식단의 전환은 전통적으로 소비를 이끌던 구매자들의 직접적인 우유 섭취는 감소하고, 젖을 먹는 문화가 없고 압도적으로 유당불내증이 많은 국가들에서 유제품의 섭취가 증가하는 두 가지 놀라운 결과를 보여 준다.

1909년 미국에서 신선한 우유와 크림의 공급량은 1인당 거의 140kg에 달했으며 1945년 171kg으로 정점을 찍은 뒤 2000년 97kg, 2015년 79kg으로 감소하면서 한 세기 동안 40% 이상 감소했다(USDA 2018). 신선한 우유와 유제품을 만드는 일에 사용되는 우유의 전체 공급량은 더 느린 속도로 감소했다. 1인당 공급량이 가장 많은 국가(네덜란드 연간 300kg 이상, 프랑스 연간 250kg)에서도 전체 우유 소비의 정체나 감소와 비슷한 패턴을 볼 수 있다. 젖을 먹지 않던 문화권에 우유가 보급될 수 있었던 것은 훌륭한 영양 공급원으로서 그 편의성과 대부분 성인이 적은 양의 우유를 일정하게 마실 수 있기 때문에 유당불내증이 완전한 걸림돌이 되지는 않는다는 사실 덕분이었다. 요시다Yoshida와 동료들이 밝혀낸 사실은 우유를 최대 200mL까지 섭취한 일본 성인이 유당불내증을 보이는 비율은 겨우 약 19%였으며, 그 정도의 하루 섭취량은 일 년에 73L로, 평균 비율은 일부 유럽 국가와 비슷하다(Yoshida Y. et al. 1975).

게다가 발효된 유제품의 섭취에서는 문제가 더 적거나 나타나지 않았

....

32 대륙으로 보기에는 작지만 섬으로 분류하기에는 큰 것을 아우른다.

다. 리코타나 코티지 치즈처럼 숙성되지 되지 않은 치즈는 30%가 조금 못 되는 유당을 함유하고 있으나 숙성된 치즈에는 아주 극소량의 유당이 들어 있다. 요구르트에는 우유에 있는 대부분의 유당이 들어 있지만, 다양한 세균성 효소도 함께 있어서 소화를 돕는다(Suarez and Savaiano 1997). 우유를 먹지 않는 문화권의 국가 중에 우유가 일본만큼 빠르고 널리 퍼진 국가는 없다. 1906년 일본은 연간 1인당 평균 공급량이 하루 1L가 안 되었는데, 1941년에는 5.4L로, 대도시의 소비가 집중된 곳에서 하루에 15mL 정도씩 증가했다. 미군이 일본을 점령했던 1945년 9월에는 일본 인구의 극소수만이 우유나 치즈를 먹어본 적이 있었다.

1950년대에는 연간 우유 공급량이 1인당 25L로 학교 급식 프로그램National School Lunch Program에 의해 규칙적으로 제공되면서 이전까지 도시와 지방 사이에서 뚜렷하게 나타났던 유년기 아동의 성장 차이를 없애는 데 기여했다. 2000년까지 전체 우유 공급량은 1인당 평균 82L였으나, 2015년에는 1인당 약 70L로 떨어졌다(FAO 2019). 중국은 전통적으로 우유를 잘 먹지 않는 국가인데, 1인당 평균 공급량이 1970년대 중반부터 한 자릿수가 증가하여 3L였던 것에서 2015년 35L가 되면서 한국의 우유 소비량을 넘어섰다. 고대부터 우유를 먹어온 인도가 인구 증가와 더불어 구매력 상승이 일어나면서 우유 공급량이 증가한 것은 당연한 현상이다. 최근 그 양은 반세기 전보다 두 배 이상 증가해 연간 90kg이 됐다.

감미료, 기름(지방), 과일

감미료와 기름은 일반적으로 현대인의 식생활에서 바람직하지 못한 요소로 보이곤 하는데, 이는 특히 패스트푸드에 과도하게 사용된 데서 비롯된 것이다. 반면에 과일은 현대의 건강한 식단의 전형이 되었다. 두 가지 예시 모두 현실적으로는 더 복잡한 면이 있다. 과거에 일부 금지되었던 기름조차 요즘에는 적어도 부분적으로 그 지위가 회복된 반면, 현대에 미세 영양소를 공급하기 위한 과일의 생산과 무역 면에서는 종종 예외적으로 높은 환경 비용을 요구하는 것들도 있다.

정제 설탕과 고과당 시럽은 전 세계적으로 특히 미국에서 셰이크와 도넛뿐만 아니라 다양한 간식에도 어마어마하게 사용되면서 디저트와 간식의 총 질량의 상당 부분을 차지해왔다. 크리스피 크림 도넛Krispy Kreme donut(40g)의 25%는 설탕이고, 스무디 킹smoothie King의 헐크 스트로베리Hulk Strawberry에는 253g이 설탕이 들어 있다(Smoothie King 2018). 유럽에서 설탕은 처음에 약으로 쓰였다. 무슬림의 침략으로 시칠리아Sicily와 알안달루스al-Andalus에서 규칙적인 사탕수수 경작이 시작됐다. 그러나 중세 시대 내내 설탕은 고가의 수입품으로써 최상류층 사이에서만 제한적으로 소비가 증가했다.

세련된 르네상스 요리에서는 설탕을 '그 달콤함으로 우리에게 본능적인 기쁨과 즐거움을 만끽하게 해 주는… 모든 음식에 어울리는 완벽한 조미료(Felici 1572, 136)'로 여기며 사용했다. 일단 식민 세력이 브라질과 카리브해 지역에 사탕수수 농장을 세우고 난 뒤 수입이 증가했고, 18세기 후반에는 설탕 소비가 서유럽에서 더 보편화됐으며, 1811년 이후 사탕무에서 설탕을 정제할 수 있는 공정의 보급화를 통해 유럽 대륙에서 자체적으로 설탕을 공급하기 시작했다(Mintz 1986). 영국은 연간 공급량이 1700년 2kg 미만에서 한 세기 후에는 8kg으로 증가했으며, 1900년에는 인도와 아프리카산 설탕의 수입으로 1인당 설탕 소비량이 40kg을 육박하며, 유럽을 선도했다. 한 세기가 지난 뒤에도 영국의 연간 설탕 공급량은 36kg정도를 유지했다(FAO 2019).

미국의 설탕 공급은 1875~1900년 사이 거의 3분의 2만큼 오르면서 1인당 30kg이 됐다. 2000년에는 미국 감미료의 전체 공급량이 2배 이상으로 뛰어 1인당 69kg이 됐고, 2015년에는 15% 줄며 58kg 정도가 되었다. 미국 농무부가 '열량이 있는 감미료'라고 부르는 혼합물에서 고과당콘 시럽이 차지하는 비중이 상당히 늘면서 정제 설탕이 차지하는 비중은 1900년 90%에서 현재 54%로 떨어지고 콘 시럽이 들어간 감미료는 전체의 45%를 차지하고 있다. 반면에 동아시아에 있는 어떤 국가도 과도하게 당을 섭취하는 국가로 바뀌지 않았다. 중국과 일본 모두 차를 달게 마신 적이 없으며, 두 나라 모두 요리를 할 때 설탕은 전통 과자 등에 제한적으로 사용했다. 일본의 연간 설탕 섭취율은 1900년 1인당 1kg이었으며 대만에서의 수입으로 제2차 세계대전 이전 16kg까지 올랐다. 이후 1950년 5kg이었던 것이 1973년 30kg 가까이 늘어나지만, 이어지는 수요의 감소로 2015년의 평균은 17kg 이하로 내려가면서 일본은 여전히 어떤 고소득 국가보다 설탕에서 얻는 식량 에너지가 적다(FAO 2019). 1950년까지 중국의 1인당 설탕 공급량은 1900년 일본의 공급량보다 높지 않았지만, 1980년 이후 식생활의 향상으로 모든 범주의 식품 섭취는 증가했다. 그러나 설탕 공급량은 여전히 1인당 7kg이 못 된다.

지방을 많이 섭취하는 경향은 식생활 전환의 보편적인 속성이다. 전통적으로 가난한 중국 가정에서는 조리용 기름을 확보하기 위해 애써야 했다. 기름이 있는 돼지고기는 어쩌다 먹을 수 있었기 때문에 식물성 기름이 식이 지방의 유일한 공급원이었다. 마오쩌둥의 사망(1976년) 이후 평균적인 월평균 배급량은 수도인 베이징에서조차 1인당 500g뿐이었으며, 지방 도시들은 100~200g 사이였고 가난한 농민들의 경우 1인당 50g밖에 되지 않았다.[33] 기름 배급표는 10g과 20g의 작은 단위로 발행됐다(Smil 2004).

최근 일 년간 1인당 연간 기름 공급량은 15kg인 일본(1950년대 후반 이후 4배가 된)과 20kg인 프랑스(50년 동안 두 배)에 비해 아직도 겨우 7~8kg 정도이다. 게다가 대부분 라드유lard(돼지에서 얻은 기름)가 차지하는 중국의 동물성 지방 공급량도 1인당 단 2kg으로 낮으며, 특히 대부분 버터로 15kg인 프랑스와 18kg인 독일 유럽과 비교하면 훨씬 낮다. 유럽과 달리 한 세기 동안 미국의 공급량을 보면 동물성 지방에서 식물성 기름으로 큰 전환이 일어난 것을 알 수 있다. 평균 버터 공급량은 1900년에 6kg에서 2015년 겨우 2.5kg으로 떨어지고 동시에 라드유는 9kg에서 0.7kg으로 떨어졌지만, 조리용 기름의 공급량은 1950년대부터 1인당 30kg으로 1950년대 이래로 거의 3배가 뛰었는데, 패스트푸드 식당에서의 튀김 요리가 주요 원인이다. 다채로운 고기 요리에는 지방이 함유되어 있는데, 빅맥의 전체 식이 에너지 중 52%는 지방이다. 이는 대부분은 포화지방이며(McDonald's 2019), 일부 핫도그에 들어 있는 프랑크푸르트 소시지의 포화지방 비율은 75%이다.

전통적인 농경 사회에서는 늘 재배한 채소를 다양하게 소비했으며 사람들은 언제나 많은 종류의 과일을 즐겨 먹었다. 이런 섭취의 전환은 다

....

33 요리 경험이 없거나 미국식 부피 단위에 익숙한 사람을 위해 설명을 덧붙이자면, 25g은 2 테이블스푼이 조금 못 되는 양이고 야채를 제대로 볶으려면 3 테이블스푼이 필요하며 그런 요리를 적어도 두세 접시 만들어야 제대로 된 한 끼 식사가 될 수 있다.

양성과 공급량에서 이루어졌다. 먼저 운송과 저장이 향상됐기 때문에 신선한 농산물의 양과 다양성이 증가했다. 그리고 질적인 측면에서도 마찬가지이다. 추운 기후의 국가들은 대륙 안팎에서 이루어지는 수입으로 인해 과거 계절 농산물이던 식품들을 일 년 내내 구할 수 있게 되었다. 또한 전에는 몰랐던 채소와 과일이 들어오면서 다양해진 접근성의 가장 큰 수혜자가 되었다. 새로운 식품은 아보카도와 망고에서부터 스타프루트, 리치 등에 이르며 북아메리카의 대형 슈퍼마켓에서는 30종류 이상의 과일을 판매한다.

국제연합식량농업기구의 전 세계적 현황을 요약한 자료에 따르면 1960년 이후 과일 공급량이 두 배 이상 증가한 것으로 나타났다(FAO 2019). 동아시아의 신흥 산업 국가에서는 신선한 야채의 공급량이 훨씬 빠른 속도로 증가하고 있는데, 중국의 경우 1961년 4kg에서 2015년 75kg이 되었다. 1970년 이후부터 매우 구체적으로 기록된 미국 자료에 따르면 신선 상품 판매의 비율이 41%에서 53%로 증가하면서 신선 상품의 판매와 가공 상품의 판매(통조림이나 냉동식품) 사이의 전환이 이루어지고 있음을 알 수 있다(USDA 2018). 또 이 자료에 따르면 사과를 제외한 배, 자두, 감귤류와 같이 전통적으로 선호되는 과일의 판매가 감소한 반면(오렌지의 경우 절반 수준까지) 열대 과일들은 급격히 상승하고 있으며 요즘에는 딸기도 언제나 구할 수 있다. 유럽연합과 일본에서도 비슷한 전환의 양상이 나타나고 있다.

영양의 변화

1900년 이전부터 사람들은 음식물의 화학적 구성과 영양분의 소화

기제를 꽤 잘 이해하고 있었다(Atwater and Woods 1896). 러셀 헨리 치텐든Russell Henry Chittenden은 1인당 하루 단백질 권장 섭취량이 35~50g 사이라고 결론 내린 최초의 과학자였으며(Chittenden 1907), 1913년 펑크Funk는 각기병을 예방할 수 있는 음식 속에 활력vital 아민amine이 있을 것이라고 가정했다(Semba 2012). 이 비타민(티아민)은 1926년에 발견되었으며 1941년에는 모든 미량영양소[34]를 식별할 수 있게 되었다. 영국와 미국에서 전문가로 구성된 위원회를 통해 다량영양소와 미량영양소의 하루 요구량이 정해졌으며, 이후에는 유럽연합의 국제연합식량농업기구에 의해 정해졌다. 따라서 우리는 현재 영양소 섭취의 최적화된 범위뿐만 아니라 건강하고 활동적인 삶을 위해 필요한 최소량에 대해 잘 알고 있다.

미국 국립 과학아카데미US National Academy of Sciences가 설정한 허용 가능한 다량영양소 배분율은 성인의 경우 탄수화물은 전체 에너지 섭취의 45~65% 사이, 지방은 20~35% 사이이다(Institute of Medicine 2005). 최적의 탄수화물 범위는 탄수화물과 사망률에서 비롯된 에너지 비율 사이의 U자형 연관성을 발견한 연구에 의해 확인됐는데, 연구에 따르면 탄수화물에서 50~55% 사이의 에너지를 얻은 경우가 가장 사망 위험률이 낮으며(40% 미만), 높은(70% 이상) 탄수화물 섭취는 사망 위험률을 높인다(Seidelmann et al. 2018)는 것이다. 식이 지방의 범위는 각각 1~3세 사이의 아동은 30~40%, 18세까지는 25~35%이다. 단백질의 경우 3세까지는 5~20%, 나이가 더 있는 아이들은 10~35%이며 성인도 마찬가지로 10~35%이다.

....

34 생물의 성장에 매우 적은 양이 요구되지만, 성장에 꼭 필요한 영양소를 말한다.

전통적인 농경 사회에서는 단백질 공급이 제대로 이루어진 적이 거의 없으며 지방은 심각하게 결핍되었다. 마오쩌둥이 사망한 1976년까지도 중국의 식이 에너지의 단백질이 차지하는 비율은 전체 에너지에서 겨우 10%였으며 지방 공급은 겨우 12%에 불과했고, 이는 1960년대 초 인도의 경우와 매우 흡사했다(Smil 2004). 중국의 빠른 경제성장은 단백질 비율을 13%까지 끌어올렸고 지질은 거의 30%로 만들면서 80% 가까이 차지했던 탄수화물의 비율을 60%가 못 되는 양으로 감소시켰다. 그러나 인도의 평균은 여전히 낮으며, 단백질은 10%, 지방은 19%로 탄수화물의 공급량이 전체 음식 에너지의 70%를 웃돌며 최대 권장량을 훌쩍 넘기고 있다. 부유한 사회의 평균 단백질 섭취율은 수 세대에 걸쳐 적당한 수준을 유지하고 있으며 가장 두드러진 전환은 지질 비율의 상승에서 나타난다. 미국의 식량 공급에서 단백질이 차지하는 비중은 1920년대 중반에 상승하며 11%였던 것이 1920년대 말에는 12%로 소폭 상승한 것을 알 수 있으며, 같은 기간 지방은 32~40%로 바람직한 수준의 최대치를 훨씬 넘는다(Gerrior et al. 2004). 비슷하게 프랑스에서는 제2차 세계대전 이후 지방은 전체 에너지의 25% 정도에서 21세기의 두 번째 십 년에 40%를 막 넘었다.

지방 비중의 증가는 식물성 원료와 동물성 원료 사이의 전환을 동반했다. 식물성 지방의 경우 종자 기름(대두, 해바라기 씨, 오메가6 지방산)에서 다불포화지방산으로 얻을 수 있고, 또한 생선(오메가3 지방산), 올리브, 유채씨, 땅콩, 아보카도에서도 단일불포화지방산으로 얻을 수 있다. 동물성 지방의 경우 대부분 포화지방산으로 이루어져 있으며 버터나 라드 같은 순수한 고체 형태나 고기와 유제품을 통해 섭취된다. 20세기 동안 미국인 1인당 평균 지방 공급량은 40% 이상 올랐으며, 포화지방은 겨우 10% 정도 오르고 단일불포화지방은 60% 이상 오른 반면, 다가불포화지방의 공급량은 거의 세 배가 됐다(Gerrior et al. 2004). 동물성 지방에서 옥수수와 대두 기름으로의 전환은 심혈관계 사망률을 줄이기 위한 변화이다. 버터는 1900년대 전체 식이 지방 공급량의 14%를 차지했으며 라드는 약 12%를 차지했다. 한 세기가 지나 1인당 버터 공급량이 1909년 8kg에서 2015년 2.5kg으로 떨어지고, 미국인들이 대부분 지방을 줄인 식품과 탈지유를 섭취하게 되면서 버터와 라드 둘 다 3%로 떨어졌다(USDA 2018).

비타민 공급의 두드러진 증가세를 구체적으로 살펴보면 비타민 E가 세 배 증가하고 티아민, 리보플래빈riboflavin 그리고 전체 폴산염folate이 대략 두 배 증가했으며 비타민 C는 아주 미세하게 상승했다. 미네랄 중 칼슘은 유제품을 더 섭취하며 약 30% 올랐고, 철은 고기를 통해 3분의 2가 상승했으며, 나트륨은 더 많은 가공식품 섭취로 3분의 1이 증가했다. 식이섬유의 경우 곡물 섭취가 줄어들고 채소와 과일 섭취의 비중이 늘어나는 등 공급원의 변화가 있었지만, 1인당 하루 평균 공급량에는 전반적으로 큰 변화가 없었다.

····

기근의 종식 그리고 환경 문제

영양학적 전환은 기근을 해결하고 영양 부족을 감소시켜서 모든 인구가 저렴한 가격으로 식품을 섭취할 수 있는 중요한 역할을 했다. 가계 소득에서 음식에 지출하는 비중은 줄어들고 있지만 신선 식품, 음료수, 가공식품의 다양성은 과도한 수준까지 성장했다. 복합적인 식단과 영향 그리고 식단의 다문화 현상은 인도 음식이나 일본 음식 같은 것이 그 나라에만 국한될 필요는 없다는 생각이 들게 만들 것이다. 하지만 입맛의 세계화는 나름의 문제점[35]을 안고 있다. 동시에 가장 안타까운 현상은 농업과 영양학적 전환의 엄청난 성과가 오히려 건강에 좋지 않은(과식과 비만) 새로운 식단을 널리 보급하고 있으며, 음식 쓰레기를 증가시켰다는 사실이다. 그러나 중요한 점은 일부 영양소가 안 좋은 역할을 한 것은 사실이지만, 부당한 비난을 받아온 것들이 있으며 현재는 새롭게 재평가되고 있다는 사실이다.

기근의 종식

근대의 진보를 이야기할 때는 기술적인 발명이나 전자 장치 개발 같은 것만 명시하고, 오랜 기근의 역사를 끝낸 것에 대한 중요함은 간과하고 있다. 러시아를 제외한 유럽에서 반복적인 기근과 심각한 만성 영양 결핍은 이미 농업 전환의 초기 단계에서 사라졌다(Alfani and Ó Gráda 2017). 결과적으로, 1845~1849년 사이에 있었던 아일랜드의 기근은 수확 실패를 원인으로 볼 수 있는 최후의 사건이 되었다(Woodham-Smith 1992). 러시아는 1891~1892년 사이에 마지막 기근을 겪었지만, 이후 러시아 제국은 주요 밀 수출국이 됐다.

....

35 세계적으로 초밥이 인기를 끌면서 어류의 남획과 양식의 문제가 불거지는 것만 보아도 알 수 있다.

구소련에서 발생했던 주요 기근[36]은 스탈린이 우크라이나 국민을 굴복시키려고 의도적으로 굶기려 했던 시도를 포함해, 폭력적 갈등이나 파괴적인 정책 결정의 결과에서 비롯된 것이지 충분한 식량을 생산하는 능력이 부족해서가 아니었다(Klid and Motyl 2012). 네덜란드 일부 지역에서 있었던 심각한 영양실조와 기근 역시 나치가 식량 운송을 막아서 생긴 일이었다(Stein 1975; Hart 1993).

1959~1961년 사이 중국에서 발생한 세계에서 가장 끔찍한 기근은 자연재해 때문이 아닌 마오주의에서 비롯된 정신 나간 정책들 때문이었다(Dikötter 2010; Yang 2012). 이후 수천만 명이 죽은 뒤 즉각적인 농업의 전환은 피할 수 없다는 점이 명백해졌다. 그것은 필자가 (닉슨의 1972년 베이징 방문을 시작으로) 중국이 서양에 문호를 개방한 가장 그럴듯한 원인을 암모니아 합성의 가장 진보된 공정을 통해 비료 사용을 늘리고 기근의 위협을 막기 위해서였다고 생각하는 이유다(Smil 2004). 닉슨의 방문 후 첫 번째 상업적 거래는 텍사스의 M. W. 켈로그사로부터 세계에서 가장 크고 최신의 암모니아 및 요소 생산 복합 설비 13개 동의 건설을 발주한 것이다. 그렇지 않으면 이 나라는 곧 또 다른 기근에 직면할 상황이었지만 '중국이 질소 장벽을 돌파할 수단을 얻었기에 중국 인구는 그 긴 역사 중에서 어느 때보다 잘 먹고 있다(Smil 2004, 116).' 실제로 현재 중국의 1인당 평균 식품 공급량은 일본보다 높다.

인도의 가장 마지막 기근은 1943년 벵갈 지역에서 있었는데, 이때는 산

....

36 1921~1923년 볼가(Volga)강변, 1932~1933년 우크라이나 홀로도모르(Holodomor), 1947년 여름에 있었던 단기간의 기근.

출량이 높은 단모종 밀과 쌀의 보급으로 적절한 수확이 안정적으로 이루어져서 국가가 큰 인명 피해 없이 지역적인 가뭄[37]들을 잘 관리할 수 있게 되기 전이었다. 실제로 기근은 국가적 대응과 의사소통 방식의 향상, 운송수단의 발달로 사라졌으며, 센Sen이 강조한 것처럼 민주적 기관이 적절한 식량 생산을 위해 책임을 다할 때 주요 공급 침체 시 필요한 완충장치를 지속해서 제공할 수 있었다(Sen. 1981). 기근이 재발할 위험이 남아 있는 유일한 지역은 사하라 이남 아프리카로, 이 지역은 농업 전환 초기 단계에 있으며 폭력적인 충돌로 농업 생산 역시 반복적인 위험에 처해 있다.

영양 부족을 해결하는 일은 기근의 종식과 비교해 몇 가지 더 어려운 측면이 있다. 미량영양소의 부족은 질병의 원인이 되는 결핍된 비타민과 미네랄을 식별한 뒤에 해결될 수 있었다(Mozaffarian et al. 2018). 안구건조증과 야맹증(비타민 A), 각기병(비타민 B1), 니코틴산 결핍 증후군(비타민 B3), 악성 빈혈(비타민 B12), 괴혈병(비타민 C), 구루병(비타민 D), 갑상샘종(요오드), 골다공증(칼슘 및 인), 빈혈(철)은 특정 미량영양소로 주요 작물을 강화함으로써 치료될 수 있었다. 거의 모든 흰 밀가루는 현재 철과 B군 비타민 네 가지(티아민, 니아신, 리보플래빈, 폴산folic acid)를 보강한 것이다. 하지만 부유한 국가에서도 저소득층 인구에서는 미량영양소 결핍이 흔히 발견된다. 미국 인구의 30% 정도는 적어도 한 가지 비타민 결핍이나 빈혈을 보이며, 이는 흑인 중 55%, 저소득 가구 중 40%, 비만 인구 중 39%, 여성 인구 중 37%를 차지한다(Bird et al. 2017).

....

37 1966~1967년 사이 비하르(Bihar), 1972년 마하라시트라(Maharashtra), 1979~1980년 사이 서부 벵갈.

저소득 국가에서 영양 부족은 공급량이 충분하지 않아서가 아니라, 접근성이 일정하지 않고 기본적인 교육과 영양학적 지식의 부족에서 기인한다. 세계적인 추세는 바람직한 방향으로 향하고 있다. 국제연합식량농업기구의 로마 지부에서 영양이 풍부한 사람들의 식품 에너지 요구량과 영양실조 인구의 몫을 크게 과대평가할 수 있는 가정과 모형화를 사용해 영양 부족에 시달리는 인구수를 계산했지만(Piers and Shetty 1993; Smil 2000a), 실제 총계를 과소평가할지 모른다는 우려도 있다.

국제연합식량농업기구의 영양 결핍에 처한 사람들에 대한 전 세계적 추정치는 1950년 65%에서 시작해 1970년 25%, 2000년에는 15%로 감소했다. 지속적인 개선을 통해 2015년에는 10.4%(7억 7,900만 명)로 낮아졌지만, 2016년에는 소폭 상승하면서 11%(8억 1,500만 명)가 됐다(FAO 2017a). 이렇게 영양 결핍을 겪는 인구가 전 세계 인구의 3분의 2에서 10분의 1로 감소된 성과는 충분히 인정을 받지 못하지만, 또 하나의 인상적인 변화를 보여 준다. 특히 그 변화가 중국 제품을 미국에서 다시 포장하여 아마존에서 판매하는 파괴적 혁신disruptive innovations[38]처럼, 수명이 짧은 전자 장난감을 위한 끊임없는 찬사와 경외를 받는 일과 비교하면 뚜렷한 변화를 보인다.

동물성 음식물의 1인당 섭취량이 증가함에 따라 아동기와 청소년기의 단백질 섭취량도 증가하면서 북아메리카를 필두로 유럽, 일본을 비롯해 이후에는 라틴아메리카와 아시아의 많은 나라 사람들의 체격이 더 커졌

....

38 미국 경영학자 클레이튼 크리스텐슨 교수가 주창한 개념으로, 단순하고 저렴한 제품 또는 서비스로 시장 밑바닥을 공략해 기존 시장을 파괴하고 시장을 장악하는 전략을 말한다.

다. 영양 부족과 발육 부진이 사라지면서 전 연령 집단에서 평균 신장이 계속 올라가고 있다(NCD Risk Factor Collaboration 2016). 앞서 언급했듯이 아시아에서 가장 큰 변화를 보였으며, 일본의 자료 역시 열악한 식량 공급이 인체 성장에 얼마나 큰 영향을 미치는지 보여 준다. 10살 소년의 평균 신장은 1900년 123.9cm였으나, 일 년에 0.15cm 정도씩 증가하여 1940년 129.7cm가 됐지만, 전쟁 기간의 식량 부족으로 인해 일 년에 0.6cm씩 줄면서 1946년에는 126.1cm가 되었다. 전쟁이 끝나고 한동안 식량 부족과 제한적인 배급으로 인해 1948년이 되어서야 다시 연간 0.25cm씩 증가했고 반세기가 지나고 나서야 2000년 10살 소년의 평균 신장이 139.1cm가 되었다(SB 2006).

저렴하고 다양한 음식

유럽, 북아메리카, 호주에서는 이미 한 세기 전 농업의 전환으로 최악의 영양 부족 현상이 해소됐다. 과학적인 식량 배급 덕분에 영국은 6년 가까이 되는 제2차 세계대전 경제 동원령 기간에도 질서를 유지할 수 있었다(Zweiniger Bargielowska 2000). 영국과 몇몇 다른 유럽 국가에서는 1954년까지 식량 배급이 이어졌지만, 전후 경제가 번영하기 시작하면서 농업 분야에서 전환이 이루어짐에 따라 더 저렴하고 다양한 종류의 음식을 훨씬 편리하게 구매하고 저장하며 손질할 수 있게 됐다. 이런 경향은 시기만 다를 뿐 전 세계적인 추세가 되었다.

식품의 가격이 얼마나 저렴해졌는지는 음식에 들어가는 평균적인 가계 소득을 통해 쉽게 파악할 수 있다. 음식에 대한 소득과 가계 지출 사이의 관계는 한 세기 반 전에 독일의 경제학자이자 통계학자인 에른스트 엥

겔Ernst Engel이 '가난한 가정일수록 식량 조달에 들어가는 지출이 더 많아진다.'라고 정의하였다(Engel 1857, 28). 이런 관계는 모든 현대화된 사회에 적용된다. 하지만 엥겔의 법칙[39]은 가처분소득의 비율에만 적용되기 때문에 전체 지출에서 차지하는 비율이 낮아지는 것일 뿐 실제로 음식에 들어가는 절대적인 금액은 가정과 국가가 부유해질수록 증가한다.

19세기 후반에는 많은 가난한 도시 노동자 계급의 가정에서 적절한 식단을 위해 1인당 가처분소득의 60%를 쓰는 일이 드물지 않았다. 1900년 미국 대도시에서는 그 비율이 43%였으며, 1950년에는 감소해서 20%, 2000년 이후에는 10%로 떨어졌다(BLS 2006; USDA 2018). 오직 소수의 국가만이 비슷한 수준으로 지출이 낮아지긴 했지만, 감소 추세는 세계적인 현상이 되었다. 유럽연합의 상대적으로 부유한 국가들은 10~15%로 떨어지고, 라틴아메리카에서는 대부분 30% 정도이다. 중국은 1970년대 60%(도시에서 배급된 모든 식량) 이상 차지하던 것에서 2015년 33%로 떨어졌으며 인도의 평균은 현재 35%이다.

이런 전환 안에 존재하는 하나의 변화는 외식에 쓰이는 소득의 비중이 증가하는 현상이다. 1900년 미국에서 외식의 비중은 10%보다 한참 밑이었으나 1950년에 20% 정도가 되고 2015년에는 40%로 상승했으며 현재 대다수의 도시 사람들은 집밥보다는 외식에 지출을 더 많이 하고 있다. 음식 배달은 도시의 점심과 저녁을 책임지는 수익성이 매우 높은 시장이다(일본에서의 초밥과 미국에서의 피자가 흔한 사례다). 이는 모바일 기반 배달 서비스와 함께 성장하고 있다. 그리고 플래티드Plated, 블루 에이프런

....

39 소득 수준이 낮을수록 전체 생계비에서 차지하는 식료품 소비의 비율이 높아진다는 경제 법칙.

Blue Apron, 선바스켓Sun Basket, 그린 셰프Green Chef 같은 업체들의 사례처럼, 집에서 완성할 수 있도록 손질된 재료와 조리법이 함께 제공되는 밀키트를 배달하는 새로운 분야도 생겼다(Leonhardt 2017).

저렴해진 가격과 함께 음식물의 다양성도 증가했다. 충분한 에너지와 필수 영양성분을 함유하고 있다고 해도 많은 선진국의 전형적인 식단은 단조롭다. 지중해 유럽이 아닌 곳에서는 빵과 귀리나 보리 같은 거친 곡물이 대부분을 차지하며 16세기부터는 주로 수프나 스튜에 감자를 넣어 먹었는데, 세 끼나 두 끼의 식사 구성에는 두드러진 차이가 없었다. 아시아의 식단은 비교적 다양한 편이었지만, 채소에 비해 고기의 비중이 적고, 낙농 식품을 먹지 않는 동아시아의 경우 상대적으로 식물성 음식 에너지를 많이 섭취하고 있었다. 앞서 오늘날 모든 대륙의 슈퍼마켓에서 다양한 과일과 채소를 볼 수 있다고 언급했다. 그것과 비슷한 선택의 확장이 곡물류(퀴노아와 테프tef)와 가공육(이베리코 하몽과 프로슈토)처럼, 다른 식품 범주에서도 일어나고 있다.

비서구권 음식들은 처음에는 비프 앤 브로콜리, 오렌지 치킨, 포춘 쿠키와 같은 중국과 미국의 퓨전식에서 볼 수 있듯, 현지 음식과는 많이 달라진 형태로 선보이다(Fullerton 2017), 결국에는 주류 시장에 진입했다. 미국에서 비유럽권 음식은 멕시칸의 조리법, 중국 요리의 보편화 그리고 최근 늘고 있는 인도, 일본, 한국, 태국의 음식들처럼 미국 사회에 흡수되며 다양한 방식으로 변화하면서 주류로 자리 잡았다. 영국에서 나타난 가장 큰 영향은 인도, 방글라데시, 파키스탄 요리에서 시작됐고, 유럽 대륙에서는 터키, 레바논, 인도, 중국, 타이 요리가 대거 유입됐다. 이런 식단의 유입과 토착화는 급속한 세계화를 경험하는 사회가 '다른 사람들'과

타협하는 데 중요한 역할을 하게 됐고, 특히 최근까지 매우 고립된 사회에서 두드러진 양상을 보였다.

음식 폐기물, 비만 그리고 문명병文明病

모든 부유한 국가들은 실질적으로 많은 음식을 생산하고 있는데, 그 양은 대식가조차 다 먹을 수 없을 정도로 많다. 일본만 제외하면 전 세계의 1인당 평균 생산량은 하루 3,000kcal로, 전체 식품 에너지의 30% 이상을 지방을 통해 얻으며, 식이 단백질은 하루 권장량을 훨씬 초과하고, 연간 고기 소비량은 보통 평균 체중(70kg)을 넘으며 도체 무게로 따지면 1인당 100kg도 넘는다(FAO 2019).

식량 생산은 생물권의 서식지에서 다른 종과 목숨을 건 생존 경쟁을 벌일 정도로 가장 큰 활동이다. 따라서 낭비될 식량을 생산하는 일은 특히 파렴치한 행위다. 식량의 대차대조표에 따르면 최근 미국 식량 공급량은 1인당 4,000~4,200kcal 정도다(USDA 2018). 체격이 크고 근육질의 성인 남성이 고강도의 노동을 할 경우 섭취해야 하는 양이다. 미국 농무부의 '부패와 다른 원인으로 인한 낭비'에 대한 조정을 거치면 1인당 하루 평균 공급은 약 2,600kcal로 감소한다. 그러나 이런 비율도 총공급량보다 35% 낮으며 인구 전체의 실제 소비 평균으로서는 여전히 과도하며 아주 어리거나 아주 나이가 많은 사람에게는 지나치게 높다.[40]

최근 회고적 방법을 사용한 연구에 따르면 2세 이상의 전 인구를 통틀어 1인당 하루 평균 약 2,100kcal를 섭취하는 것으로 밝혀졌다

40 75세 이상의 많은 여성은 하루 1,500kcal보다 더 적은 양으로도 충분할 수 있다.

(NHANES 2014). 결과적으로 평균 3,600kcal의 공급은 하루에 적어도 1,500kcal의 음식 폐기물을 만들어 낸다. 이는 지나치게 많은 양을 낭비하고 있음을 반증하지만, 회고 연구의 부정확함을 고려하면 크게 문제 되지 않는다. 하지만 그 양을 확인할 수 있는 또 다른 방법이 있는데, 실제로 먹는 음식의 양과 체중을 연관 지어 설명하는 생리적 모델을 사용해 구체적인 신진대사 요구율을 계산함으로써 가능하다(Hall et al. 2009). 이런 모델을 미국 인구에 적용한 결과 1974년 하루 2,100kcal였던 것이 2005년 2,300kcal로 실제 섭취량이 살짝 증가했다는 사실을 알 수 있다.

하지만 30년 동안 1인당 식량 공급량은 3,000kcal에서 3,700kcal로 증가했으며, 1974년 소매 공급량의 28%였던 음식 폐기물의 평균도 30년 사이 하루 평균 1,400kcal 이상이 되며 40% 증가했다. 이렇게 버려지는 식량 에너지의 양은 세계에서 다섯 번째로 인구가 많은 브라질 전체 인구와 맞먹는 2억 명 이상의 인구에게 영양(하루 2,200kcal로 가정했을 때) 공급을 해 줄 수 있는 양이다.

영국의 조사 결과 가계에서 음식 폐기물은, 구매하는 모든 식품의 21% 정도까지 차지하는 것으로 밝혀졌으며 그중 40%는 채소, 20%는 육류와 생선이 차지했다(WRAP 2018). 소시지와 베이컨, 고기를 기본으로 한 레토르트식품과 테이크아웃 식사는 종종 포장이 뜯기지도 않은 채로 버려졌다. 캐나다의 한 연구는 가장 높은 손실과 낭비 추정치를 보여 주었는데, 그 수치는 전체 식품 생산량(총 35.5Mt/연)의 58%로 전체의 34%는 공정 과정에서, 24%는 생산 중에 손실됐다(Nikkel et al. 2019). 해당 연구에서 눈에 띄는 점은 손실물과 폐기물 중 32%는 소비 과정에서 해소될 수 있다는 사실이다. 일본은 부유한 국가 중 가장 검소한 식품 소비를 하고 있으며 1인당 실제 평균 섭취율은 나이가 들면서 하루 2,000kcal 밑으로 떨어졌다(Smil and Kobayashi 2011). 그렇다고 해도 1인당 2,500kcal에 해당하는 식품 공급량은 여전히 최소 25%의 가정 내 음식물 쓰레기를 만들어 낸다.

국제연합식량농업기구의 한 연구는 유럽과 북아메리카의 연간 손실이 1인당 약 100kg의 분량을 차지한다고 결론 내렸다(Gustavsson et al. 2011). 2018년 유럽연합과 미국, 캐나다의 8억 6천만 명의 인구를 합칠 경우 그 양은 거의 연간 90Mt 가까이 된다. 주요 식품군에 대한 구체적인 식량 낭비의 비율은 고기에서 10%가 넘고, 채소의 경우 20~30%, 곡식은 25%다. 게다가 앞선 설명을 통해 밝혔듯이 버려진 닭고기나 돼지고기에는 적어도 3~5단위의 식물성 사료가 추가로 낭비된다. 그리고 폐기된 음식물 때문에 생기는 질산염 침출, 과도한 토양 침식, 항생제 내성으로 인한 환경적 피해는 물론 종이, 금속, 유리 및 여러 종류의 플라스틱과 섞여 있어서 쉽게 재활용될 수 없는 많은 양의 물질을 처리해야 하는 일과 더불어 복잡한 문제를 야기한다.

반면, 저소득 국가의 식량 폐기물의 대부분은 여전히 보관이 제대로 되지 않아서 발생한다. 따라서 전반적으로 공급률이 낮고 고기와 유제품의 섭취가 부족함에도 불구하고 저소득 국가에서 일반적으로 발생하는 식량 손실은 부유한 국가와 같은 규모다. 전체 푸드 시스템의 규모와 복잡함을 생각하면, 식품 손실이 낮은 한 자릿수의 비율로 줄어들 수 있을 거라는 믿음은 꽤 비현실적이긴 하지만, 동시에 20%나 25%를 초과하는 손실을 그냥 두고 봐야 하는 정당한 근거 역시 없다.

대규모의 손실이 발생한 후에도 음식 소비량과 최근 비만 인구의 증가에

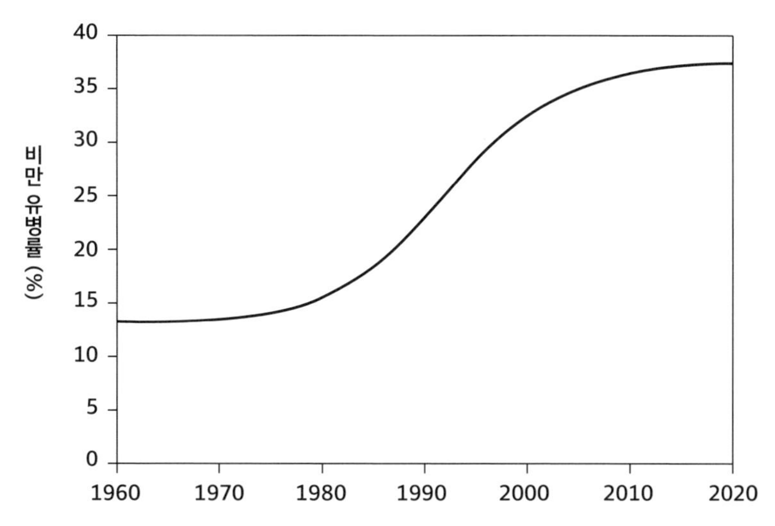

[그림 3.4] 미국에서 체질량 지수 30~35 사이에 해당하는 비만의 유병률은 1970년대까지 안정적이었다. 이후 로지스틱 적합점은 전체 인구의 약 38%에 해당하는 점근값을 보인다.

영향을 주는 양은 여전히 너무 많다. 요즘 아동기부터 증가하기 시작하는 비만 상태는 신진대사의 자연스러운 결과가 아니다. 건강한 식습관을 무시하며 벌어지는 폭식과 주로 앉아서 생활하는 습관 등이 직접적인 원인이 될 수 있다. 모든 인구 분포는 정규 곡선을 나타내기 때문에 언제나 평균보다 몸무게가 많이 나가는 사람들이 존재한다. 그렇다고 평균 무게 자체가 올라가야 할 정당한 이유는 없다. 미국의 자료를 통해 비만의 증가가 단순히 식량 공급이 상승했기 때문이 아니라, 선택의 차원에서 과식을 하며 몸을 충분히 움직이지 않기 때문이라는 점을 알 수 있다(그림 3.4).

이를 이해하려면 정상 체중의 범위의 BMI(체질량지수)[41]는 19~25(NIH

....

41 미터 단위 신장의 제곱당 킬로그램 단위의 체중을 나타낸 것(BMI=kg/㎡).

2019) 사이라는 사실부터 알아야 한다. BMI가 25~30 사이인 사람들은 과체중이며 30이 넘으면 비만을 뜻한다. 제2차 세계대전 이후 BMI가 25를 초과하는 미국 인구는 1970년대 후반까지 일정했는데 그중 과체중은 인구의 3분의 1, 비만은 8분의 1을 차지했다. 세기말이 되자 과도한 하루 섭취량과 감소하는 일일 활동량으로 인한 비만이 만연했다. 성인의 비만율은 2010년 36% 가까이 증가했고, 여기에는 고도 비만 5%가 포함됐다(Ogden et al. 2012). 거의 같은 비율의 성인들이 과체중으로 현재 미국 성인 4명 중 3명은 BMI가 비정상이며 명백히 비만으로 보이는 사람들은 어디에서나 볼 수 있다. 게다가 요즘 비만은 더 이른 연령에서 시작되는데 과체중과 비만의 비율은 현재 6~11세 사이 연령의 아동층과 12~19세 사이의 청소년층 모두에서 50%가 넘는데, 저소득 집단에서는 그 비중이 훨씬 높아진다. 이런 증가가 특히 우려스러운 이유는 아동기 비만은 대개 평생 이어지기 때문이다.

그런데 불명예스럽게도 비만 1등을 차지한 미국을 바짝 추격하는 몇몇 국가가 있다. 성인 남성의 과체중과 비만율은 현재 작은 국가인 쿠웨이트와 카타르뿐만 아니라 호주, 멕시코, 영국, 독일, 체코 공화국, 포르투갈에서도 60%를 넘으며 성인 여성들 사이의 비만율은 언급한 모든 나라뿐 아니라 남아프리카와 모로코에서도 50%보다 높다(World Obesity 2018). 세계적인 경향도 잘못된 방향으로 흐르고 있다. 1980~2008년 사이 성인의 BMI는 세계 200개 국가 중 8개 국가를 제외한 모든 나라에서 증가했으며 전 세계 BMI 평균은 남성과 여성 모두 24로 상승했다. 전체 비만 아동 및 청소년은 40년 동안 10배 증가해서 2016년에는 1억 2,400만 명이었으며, 여기에 2억 1,300만 명의 과체중 인구가 더해졌다(WHO

2017). 이런 세계적 추세가 계속된다면 2022년에 비만 아동은 영양 부족을 겪는 아동의 수를 능가할 것으로 보인다.

사망의 주요 원인인 심혈관계 질환과 당뇨병의 유병률에서 영양의 역할에 대한 연구들을 간략히 살펴보자. 아처와 동료들은 1960년 이래 회고적 방법으로 식이와 질병의 관계를 살펴본 모든 연구를 검토한 결과, 모두 허구적인 담화를 포함한다고 강하게 주장하고 있다. 기억에 의존한 평가는 신뢰할 수도 없으며, 명백히 과학적 탐구 방법에 반하는 방식이다. 그러나 무수히 많은 연구가 그러한 방식으로 수백만 명의 개인에게서 자료를 수집했으며, 따라서 '현재의 추측과는 달리 식이 자체가 비만 및 비전염성 질병과 대사질환으로 인한 사망률의 증가와 인과적 관계가 있다고 보여 주는 타당한 자료는 없다(Archer et al. 2018, 105).' 이는 과도한 일축일 수 있지만 식이와 질병 사이의 연관성을 다룬 연구 결과가 의심스럽다는 점은 분명해 보인다.

프레이밍햄 심장병역학 연구The Framingham Heart Disease Epidemiological Study는 고기, 달걀, 유제품에 들어 있는 포화지방의 섭취가 서양에서 심장질환으로 인한 사망률의 결정적인 요인으로 꼽힌다는 것을 증명했다(Kannel et al. 1961; Keys 1980; Castelli 1984). 리스Rees는 '식단 단독이나 식단이 포함된 조건이 서양 사회에서 모든 관상 심장 질환의 발생에 큰 역할을 한다는 사실에는 의심의 여지가 없다.'라고 결론 내렸다(Rees 1983, 23). 1957년 미국심장협회American Heart Association는 지방 섭취를 줄이는 것이 관상 심장 질환[42]을 줄이는 최고의 방법이라고 조언했다. 이후 앤셀 키스Ancel Keys는

42 관상동맥이 좁아져서 심장근육의 일부에 혈액 공급이 부족하여 발생하며 대표적으로 협심증, 심근경색증을 말한다.

앞장서서 저지방 지중해 식단을 소개하였다(Keys and Keys 1975).

이런 발견으로 모든 미국인을 위해 저지방 식단의 지지가 널리 확산했다. 1968~1987년 사이, 식단과 관상동맥 질환을 위한 모든 주요 권고 사항은 그런 식단의 전환을 지지했다(Truswell 1987). 미국과 캐나다, 유럽의 식단 가이드라인은 20세가 넘는 성인들에게 지방과 포화지방의 섭취를 각각 30%와 10% 이하로 유지해야 하며, 콜레스테롤의 섭취는 250~300mg을 넘어서는 안 된다고 권고했다. 반면에 라 베르주La Berge는 지방을 적게 섭취하는 식단이 어떻게 이데올로기를 지배하며 의사들과 연방 정부, 식품 산업, 대중적 헬스 미디어에 의해 홍보되었는지 자세히 기록했다.

> *…아이러니하게도 저지방 식단이 지배적인 위치를 점유하고 있던 시기에 미국인들은 점점 살이 찌고 있었으며, 많은 이들이 비만의 유행이라고 부르는 상황이 되었다. 그런데도 미국은 저지방을 옹호하는 사상에 사로잡혀 있었으며, 회의론자들의 주장은 무시되었다. 겨우 최근에 와서야 패러다임 전환의 증거가 수면 위로 떠올랐다(La Berge 2008, 139~140).*

아무리 저지방/무지방을 옹호하는 입장이 우위를 점하고 있다고 해도, '이런 개입이 단독으로 심장혈관 질환에 의한 사망률을 크게 낮춘다.'라고 단정하는 것은 불가능하다는 역학적이고 인구통계학적 증거가 무수히 많으며(Smil 1989, 400), 그러한 식단이 전체 인구에 확실하고 안전한 효과를 발휘할 수 있을지에 대한 심각한 의구심이 남아 있다. 우리가 보아 온 것처럼 지방 섭취는 양적인 측면(모든 동물성 지질의 감소)과 질적인 측면(포화지방에서 다불포화지방과 단불포화지방으로 전환) 모두에서 매우 의미 있는 변화를 겪어왔지만, 이 복합적 연관성에 대한 최근 연구들은 식이와 심장질환 사이에 강하고 보편적인 인과관계가 없다는 점을 증명한다. 더 구체적으로는 포화지방의 섭취가 심혈관계 질환, 만성 심장질환, 허혈성 뇌졸중, 제2형 당뇨병[43] 등의 모든 사망률과 관련 없다는(de Souza et al. 2015) 점을 보여 준다.

포화지방 섭취와 심장 질환 사이의 관계를 가장 폭넓게 다룬 메타 연구는 '다포화지방산을 높게 섭취하고 포화지방의 섭취를 줄이라는 심혈관계 지침을 명확하게 지지하는 증거는 발견되지 않았다.'라는 결론을 내렸다(Chowdhury et al. 2014). 게다가 거의 3천 명의 나이 든 성인에게서 유지방과 총사망률 및 원인별 사망률의 생물 지표를 측정한 한 연구는 인지질 펜타데칸산pentadecanoic, 헵타데칸산heptadecanoic, 트랜스-팔미톨레산trans-palmitoleic acids에 장기간 노출되는 것이 유의미하게 총사망률이나 심혈관계 질환을 발생시키는 것과 연관이 없었지만 '높은 헵타데칸산의 높은 순환은 심혈관계 질환과 뇌졸중 사망과 반비례의 관계가 있었으며 더 높은 비非심혈관계 사망과 관련이 있다.'라는 것을 밝혔다(Otto et al. 2018).

다시 말하면, 헵타데칸산은 심혈관계 질환과 뇌졸중을 예방하는 것처럼 보이지만 장기적으로 섭취할 경우 잠재적으로 비심혈관계 사망률을 높인다는 결론으로, 기존의 주장을 뒤집는 동시에 특정 성분에 대한 노출 결과가 단순하지 않다는 점을 확인시켰다. 그리고 또 하나, 지방산과 심혈관계 질환 사이의 더 구체적인 관련성은 명확하지 않다. 생선 기름과

....

43 췌장에서 인슐린이 전혀 분비되지 않아서 발생한 당뇨병을 제1형 당뇨병이라고 하고, 인슐린 분비 기능은 일부 남아 있지만 여러 가지 원인에 의해 상대적으로 인슐린 저항성이 증가하여 발생하는 경우를 제2형 당뇨병이라 한다.

식물성 알파 리놀렌산의 오메가3 다불포화지방산을 많이 섭취할수록 심혈관계 문제를 일으킬 위험을 낮춘다는 주장은 지지를 받았다. 하지만 관련 연구를 다룬 가장 큰 규모의 메타 분석은 이런 지방산들의 섭취가 높아져도 전반적인 사망률과 심혈관계 질환에 미치는 효과는 거의 없거나 미미하다는 점, 아마도 심혈관계 질환에 의한 사망, 관상동맥 질환으로 인한 사망, 뇌졸중 혹은 불규칙한 심장 박동에도 차이가 없거나 미미할 것이라고 자신 있게 결론지었다(Abdelhamid et al. 2018).

당뇨의 유병률과 설탕 소비 증가의 상관관계는 그나마 명확한 편이다. 제1형 당뇨의 원인은 알려져 있지 않지만, 질병으로 발전될 위험성은 몇몇 유전자 변형의 존재로 인해 증가한다(Chatterjee et al. 2017). 제2형 당뇨 역시 가족적 유전 요소 및 노화와의 관련성이 있지만, 질병의 발현과 진행 및 심각성은 식단과 생활 방식에 매우 큰 영향을 받을 수 있는데, 무엇보다 당이 든 음료수의 잦은 섭취 그리고 비만으로 이어지는 과식 및 비활동성을 들 수 있다. 적은 지방과 복합 탄수화물 위주의 전통 식단을 버리고 더 많은 가공식품이 포함된 높은 칼로리와 당을 선호하는 식습관은 주로 앉아 있는 생활방식과 결합하여 제2형 당뇨 유병률을 높이는 비非유전적 기여 인자이다(Soto-Estrada et al. 2018).

2015년 당뇨를 앓고 있는 사람은 대략 4억 1,500만 명이었는데, 제2형 당뇨의 경우는 전체 사례의 90% 이상을 차지했으며 2040년까지의 당뇨 인구 추정치는 6억 4,000만 명이었다(Chatterjee et al. 2017). 같은 해 전체 인구의 10%에 가까운 3,000만 명의 미국인들이 당뇨를 앓고 있었으며 제2형 당뇨의 경우 발병률의 95%를 차지했다(CDC 2017). 아시아, 유럽, 미국에서 이루어진 무작위 대조 연구는 당뇨병 전조 증상이 있는 환자에게 식단 및 행동적 개입(가당 음료를 제한해서 전체 칼로리 섭취를 줄이고 운동을 더 하도록 하는 일.)이 이루어질 경우 질병의 발현을 30~60% 정도 낮출 수 있다는 결과를 보여 주었다(Pan et al. 1997; Tuomilehto et al. 2001; Alouki et al. 2016). 그러나 안타깝게도 시걸Siegel과 동료들이 얼마나 많은 사람이 제2형 당뇨의 위험을 줄이는 생활 방식을 실천하고 있는지 알아보기 위해 제2형 당뇨에 걸리지 않은 미국 성인을 대상으로 연구를 수행한 결과 3%만이 제2형 당뇨병의 위험 감소 목표를 충족했다는 사실을 발견했다(Siegel et al. 2018).

환경 악화

농업 생산이 확대되고 있지만, 전 세계적으로 농업의 집중화가 완료되기까지는 아직도 멀었기 때문에 건조 지역의 토양 침식, 질산염의 침출과 같은 오랜 문제들은 더 악화되었다. 게다가 대규모의 단일 작물 문화의 영향에서부터 중금속으로 인한 토양 오염의 위험성에 이르는 새로운 환경 문제가 계속 생기고 있다. 작물과 동물 사육도 생물 다양성의 손실과 온실가스 배출의 주요 원인이었다. 이런 영향은 환경 전환에서 다루게 될 것이다. 지금까지 농업 전환의 가장 중요한 환경적 표식은 농경지의 어마어마한 확대였다.

과거의 자료를 보면 전 세계 농경지는 1700년에 2억 6,000만ha 정도였던 것에서 2000년에 15억ha로, 그 사이 6배가 되었다(FAO 2019). 첫 번째 주요 확대가 이루어진 시기는 19세기 후반이었다(주로 북아메리카, 아르헨티나, 러시아에서 초원의 전환). 두 번째 시기는 1950년이었다(주로 아시아, 아프리카, 라틴아메리카에서 있었던 열대우림의 벌채를 통해). 목초지로 쓰이는 땅은 훨씬 빠르게 늘어나면서 1700년 이래로 7배가 되어 32억ha에 달했으며 최근 대규모 열대우림 벌채로 다시 늘어났다(FAO 2019). 경작지와 목초지에 쓰이는 땅은 현재 48억ha에 달하며 이는 얼지 않은 땅의 40% 가까이 되는 면적으로, 북아메리카와 아프리카를 합친 면적에 조금 못 미치는 정도이다.

전체를 따져 보면 식량을 생산하는 토지의 아주 작은 부분에 발생하는 특정 환경 문제도 그 영향이 광범위하게 확대됐다는 사실을 알 수 있다. 이런 현실은 단일 경작이나 토양 침식에 대한 자료를 통해 쉽게 알 수 있다. 단일 경작은 모든 경작지에서 점점 더 많은 비중을 차지하고 있으며 가장 큰 곡물 생산지에서 그 총면적은 여러 작은 주뿐만 아니라 세계에서 가장 인구가 많은 국가의 면적과 같거나 능가한다. 앞서 캐나다의 프레리에서 대부분을 차지했던 밀은 유채 씨(카놀라canola)로 대체되었고, 서유럽의 몇몇 지역에서도 비슷한 변화가 일어났다(FAO 2019). 옥수수를 재배하는 미국의 3,500만ha의 지역은 거의 독일 면적에 맞먹으며 미국과 브라질의 대두 재배지는 각각 3,300만ha로 말레이시아나 베트남의 크기와 같은데, 인접한 넓은 들판은 1,000ha(10km^2)가 넘는다. 게다가 브라질에서 이런 들판의 상당수는 숲을 파괴한 지역으로 거대 규모의 단일 재배를 통해 세계에서 가장 다양한 식물 공동체를 대체했다.

토양 침식은 농업이 안고 있는 만성적인 어려움이다(Follett and Stewart 1985; Wicherek 1993; Godone and Stanchi 2011). 만연한 토양의 침식은 줄뿌림 작물[44] 재배가 증가하면서 문제가 더욱 심각해졌다. 식

....

44 밭에 고랑을 내어 줄이 지게 씨를 뿌리는 방법으로 재배하는 작물.

물의 잎이 자라 땅을 덮기 전에, 식물을 심은 토양은 비에 직접적인 침식 작용에 노출된다. 물의 침투와 보존 및 뿌리 발달에 영향을 주고, 침식률의 증가와 수확량을 낮추는 농지의 답압compaction[45] 현상은 더 무거운 농기계를 사용하고 비료와 농약을 뿌리기 위해 씨를 뿌린 뒤 밭 위를 지나다님에 따라 더 흔해졌다. 동물성 거름 사용이 줄어들거나 규칙적인 콩과 작물의 순환 농법(두세 달 자란 뒤에 땅을 가는)이 사라지고 종종 합성 비료의 사용이 증가하면서 유기물의 손실이 생겼는데, 유기물의 높은 함량은 토양 동물군, 특히 지렁이가 먹는 탄소 공급에 필수적이다.

농경지 토양과 작물의 중금속 오염은 중국의 인구밀도가 높은 몇몇 지역, 특히 후난성, 쓰촨성, 광시성 등에서 중요한 문제가 되었다(Zhao et al. 2015; Liu et al. 2016). 이런 문제는 많은 땅의 산성도가 높아짐에 따라 심화되었다. 게다가 주로 석탄 연소로 인한 막대한 이산화탄소 배출에 영향을 받은 토양의 산성화는 계속 진행 중이며, pH 농도의 추가적 감소는 산성화가 심한 지역에서 자란 쌀을 소비하는 사람들의 건강을 크게 위협한다. 무엇보다 중금속의 농축이 허용치 밑으로 유지되고 있을 때도 카드뮴 오염은 쌀의 수확량과 알곡의 질을 낮춘다(Li et al. 2017).

새롭고 고질적인 문제는 최근 몇 십 년 사이에 등장했는데, 얇은(20μm 미만의) 폴리에틸렌 필름(비닐) 밑에서 경작을 하기 시작하고부터였다. 이런 필름은 마르고 더 추운 지역에서 국지성 기후를 조성하고, 수분의 손실을 줄이며(보통 20~30% 정도), 잡초와 해충을 막아 생산량을 증가시키기 위해 널리 사용된다. 하지만 이 얇은 필름은 잘 찢어지고 미생물에 의

....

45 토양에 외부 압력이 가해져 조직이 치밀해지는 현상.

해 분해되지 않으며 대개 재활용되지 않는데, 잘린 조각들을 합치면 토심 30cm까지의 표토층에서 헥타르당 수십~수백 킬로그램(60~260kg/ha)이 된다. 토양에 잔여 물질들이 축적되고 필름 조각들이 토양의 구조를 바꿔서 토양 속 동물군을 손상하며 식물의 발아를 방해하면서 밀과 목화의 생산량은 점진적으로 낮아지고 있다. 필름의 재활용이 힘든 이유는 잘 찢어지고 쉽게 더러워지기 때문이다. 확실히 더 두꺼운 필름이 더 오래가고 재활용이 용이할 것이다.

폴리에틸렌 필름으로 인한 오염은 현재 다수의 국가에서 흔하게 나타난다. 필름으로 덮인 들판의 면적이 제일 넓은 나라는 중국으로, 2011년에는 1.2Mt 무게의 폴리에틸렌이 국가 재배 지역의 약 15%를 차지하는 거의 2,000만ha의 면적을 덮는 데 사용되었다(Yan et al. 2014). 이런 플라스틱 필름은 흔히 가소성 물질로 알려진 프탈레이트phthalate[46]까지 방출하는데, 중국 토양에 존재하는 양의 수준은 현재 세계 범위에서 가장 높은 수준으로 대부분 허용 농도보다 높다(Lü et al. 2018; Li et al. 2016). 중국 경작지의 약 20%는 이미 다양한 종류의 독성 물질로 오염되어 있으며 그 농도는 국가 기준을 초과한다.

폴리에틸렌 필름은 지표면을 덮는 데만 사용되는 것이 아니다. 더 두꺼운 필름은 채소의 수경 재배를 위한 비닐하우스를 만드는 데 사용되기도 한다. 위성으로 봤을 때 이런 임시 보호막이 가장 많이 모여 있는 곳은 스페인의 알메리아 지방(그림 3.5)으로, 도로와 몇몇 소규모의 거주지를 제

46 플라스틱을 부드럽게 하기 위해 사용하는 화학 첨가제, 폴리염화비닐(PVC)을 부드럽게 하기 위해 사용하는 화학 성분으로 사용되어 왔다. 현재는 환경호르몬 추정 물질로 구분하여 사용이 금지되었다.

[그림 3.5] 비닐하우스는 사실상 스페인 안달루시아 지방의 A7 고속도로의 남쪽에 위치한 모든 토지를 덮고 있다. 위성사진에서 나타나는 고속도로(서남서에서 동북동 방향으로 이어지는)의 길이는 대략 35km이다.

외하면 알메리아의 최남단의 가장자리 부분은 값싼 이주 노동력을 이용해 유럽연합의 겨울 채소 대부분을 생산하기 위한 450km^{2}의 비닐 아래 덮여 있다(NEPIM 2019). 이 두꺼운 필름 덮개는 그 지역의 알베도$_{albedo}$[47]를 증가시킨다.

토양 오염은 점진적이거나 빠른 속도로 수질 오염으로 이어지고 농업 전환은 오래 지속하던 문제를 다시 또 전례 없는 수준으로 높여 놓았다. 질산염의 용해(동물 우리와 거름 더미, 액체 형태의 유기 비료에서 비롯된)와 우물, 연못, 하천의 오염은 전통적인 집중 농업에서 흔한 문제였지만 지역적

....

47 알베도는 라틴어로 백색도(whiteness)를 의미한다. 이는 반사율 또는 광학적 밝기를 나타내며, 0에서 1 사이의 값을 가진다. 0은 입사한 복사조도의 '완벽한 흡수'를 의미하며, 1은 입사한 복사조도의 '완벽한 반사'를 의미한다. 침엽수림의 경우 보통 0.1 이하이고, 건조한 불모지의 경우 0.3이다.

으로 제한된 영향력을 미쳤다. 비료 사용의 규모와 집중도가 증가함에 따라 질산염의 용해는 비료를 많이 사용하는 지역의 문제만이 아니라 멀리 있는 하천의 문제가 되었으며 결국 해안 지역에 광범위한 데드존dead zone이 형성되었다.

질소와 인의 투입은 부영양화eutrophication[48]를 일으키는데, 이 때문에 조류가 증식해서 물 밑에 분해 가능한 생물체인 바이오매스 생산량이 증가한다. 그러면 수중 바닥층에서 부패가 일어나 산소가 소비되면서 수중 산소가 감소하거나 수중 생물이 살 수 없는 무산소 지역으로 변한다 (Breitburg et al. 2018). 현재 주요 데드존은 미국 대서양 해안을 따라 있는 멕시코만Gulf of Mexico(북미에서 가장 크고 계속 유지되고 있는 데드존), 북서 유럽에는 프랑스에서 발트해에 이르는 지역, 일본 남부 그리고 동중국해에 존재한다. 다른 수질 오염은 농약 잔여물과 가축 배설물에 남아 있는 항생제에서 비롯된다(Van Epps and Blane 2016). 공장식 사육시설에 존재하는 엄청난 수의 소, 돼지 또는 가금류의 집중화로 인해 발생하는 폐수를 처리하는 문제가 매우 심각한 상황이다.

냉장 및 냉동 음식물의 장거리 운송은 온실가스 배출량에 상당히 기여해 오고 있다. 대륙 간 과일, 채소, 고기와 유제품의 수송은 차치하더라도 일반적으로 북아메리카와 유럽연합 내의 수송 거리는 상당하다. 채소를 캘리포니아에서 뉴잉글랜드로 운반하려면 4,500km 거리를 이동해야 하며 멕시코의 망고와 아보카도를 미초아칸Michoacán에서 매니토바

....

48 하천과 호수에 유기물과 영양소가 들어와 물속의 영양분이 많아지는 것을 말한다. 자연적인 부영양화가 일어날 수 있지만, 대부분 인간 활동에 의한 인위적인 부영양화이다.

Manitoba까지 운반할 경우 4,000km를 이동하고, 유럽의 후추와 딸기가 알메리아에서 스톡홀름으로 이동하는 거리는 3,500km이며, 칼라브리안Calabrian의 토마토가 스코틀랜드에 도착하려면 3,000km를 이동해야 한다.

농업은 세계적인 온실가스 발생에 엄청난 기여를 했다(CCAFS 2019). 이산화탄소는 작물을 경작하는 동안이나 작물 잔여물이 부패할 때와 같은 토지 이용의 변화(들과 목초지로의 자연 생태계 전환) 또는 토양 속 유기물 때문에 배출된다. 메테인CH_4은 주로 반추동물의 장내 발효 과정과 무산소 침수 토양에서 이루어지는 쌀농사 과정 그리고 유기물의 무산소 부패 등에서 비롯된다. 아산화질소N_2O는 주로 도포된 합성 비료, 거름과 작물 잔여물에서 나온다.

가축에서 방출되는 메테인과 흙에서 배출되는 아산화질소는 특히 가변적이기 때문에 이런 가스들의 방출량을 정확하게 측정할 방법은 없다. 따라서 농업을 통해 배출되는 온실가스의 양은 범위로 제시하게 된다. 그 범위는 20~30% 사이일 가능성이 높은데, 이는 두 가지 주요 가스인 메테인과 아산화질소가 방사선을 훨씬 효과적으로 흡수하기 때문이다. 한편, 목초지와 경작지의 적절한 관리를 통해 토양 유기 탄소 안에 상당한 양의 이산화탄소를 스며들게 만들 수 있다.

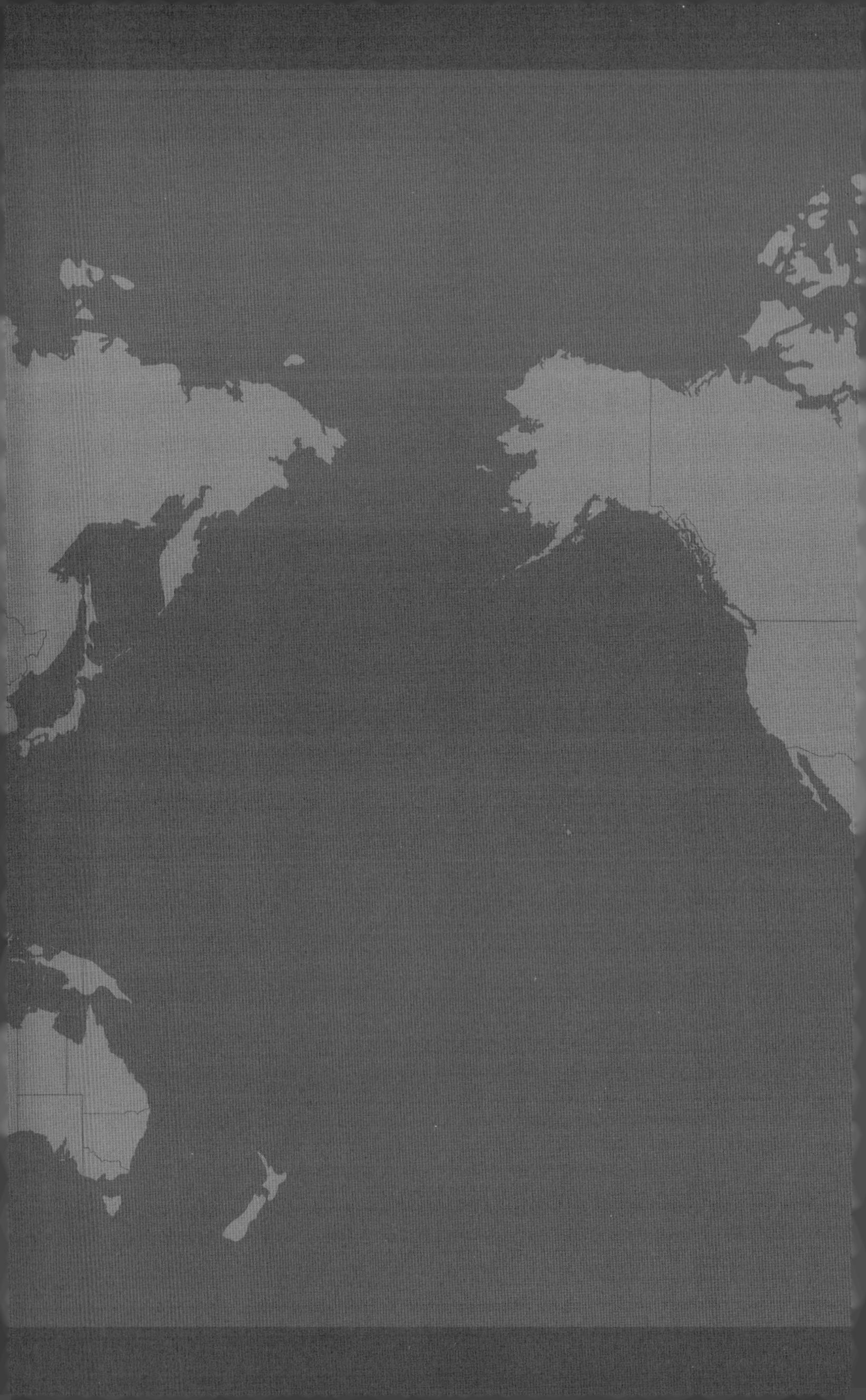

4

에너지의 대전환

에너지 전환을 일으킨 세 가지 요소

화석 에너지나 1차 전력의 직간접적인 사용량이 늘지 않았다면, 작물과 가축의 생산성, 가격, 영양의 다양성 등이 크게 향상되지 못했을 것이다. 또한 농업 이외에도 화석연료와 전력은 다양한 인간 활동에 영향을 미쳤다. 이는 산업 과정의 생산성, 새롭게 등장한 교통수단의 속도와 편안함 혹은 사람들의 여가 방식에까지 이르는 광범위한 변화였다. 이것의 경제학적 의미[1]는 5장에서 자세하게 논의할 것이다. 4장에서는 에너지 전환의 세 가지 주요 요소인 피토매스phytomass(식물 연료)에서 화석연료로의 빠른 전환과 동물에 의한 운반에서 비동물적 운반으로의 전환, 화석연료의 연소보다 큰 변화를 불러온 근대 사회의 전력화 그리고 점점 늘어나는 에너지 소비량에 초점을 맞출 것이다. 이러한 전환이 효율성을 개선

1 노동 시장의 근본적인 변화, 제조 생산성의 인상적인 향상, 1, 2차 경제 활동에서 서비스업으로의 전환, 국가 경제 생산과 1인당 소득의 증가.

함은 물론 에너지 집약도를 감소시켰지만, 여전히 많은 에너지가 낭비되고 있다.

• • • •

짧은 시간에 이루어진 에너지 전환

다시 한번 언급하자면, 산업화를 비롯해 19세기 후반부터 시작된 빠른 변화와 이전의 침체된 천 년 동안의 더딘 발전 속도는 상당히 대조된다. 바이오매스 연료[2]를 유일한 땔감으로 의존한 것이 이 침체기에 나타난 가장 보편적인 특징이었다. 바이오매스는 난로나 단순 요리용 화로와 같이 개방적이며 비효율적인 도구를 이용해 연소되었기 때문에, 대개 90%의 에너지가 낭비되고 실내 공기를 매우 심각하게 오염시켰다. 아직도 이런 생활 방식을 유지하고 있는 저소득 국가의 20억 명이 넘는 사람들은 여전히 오염에 노출돼 있다(WHO 2018b). 목탄(숯)은 이런 단점들을 크게 줄이면서 실내 사용에 더 적합해졌지만, 비용이 더 높아졌기 때문에 사용이 제한적이었다.

영국은 피토매스에서 석탄으로의 전환이 예외적으로 빠르게 일어난 국가로, 16세기부터 변화가 시작됐다. 다른 유럽 국가들과 미국은 200~250년 뒤에 전환이 이루어졌고, 훗날 천연가스나 원유의 시장 점유율이 높아지기 전까지는 석탄이 주요 1차 에너지원의 지위를 차지했다. 일부 국가

....

2 생물 연료를 말하며 나무, 목탄, 짚, 말린 거름 등이 있다.

들 중에는 나무에서 석탄으로, 석탄에서 탄화수소[3]와 1차 전력, 전통 생물체 연료에서 탄화수소로의 지배적인 전환의 궤적을 보이지 않은 경우도 있었으며, 대부분을 수력발전에 의존하는 국가들도 있었다.

그래도 여전히 나무, 석탄, 석유, 천연가스 순서로의 전환이 지배적이었다. 그러나 역학적 에너지 공급에서는 주목할 만한 차이가 있었다. 진화의 초기 단계에서는 인간의 노동력이 유일한 자원이었지만, 일부 사회에서는 7000년 전에 동물의 가축화가 이루어지면서 그런 상황에 변화가 나타나기 시작했다. 향상된 마구와 사료 공급으로 역축은 결국 일부 농경 사회에 상당한 운동 에너지를 공급했다. 그리고 많은 구세계 사회가 흐르는 물과 바람을 운동 에너지로 만들어 사용했다.

나무에서 석탄까지

식물은 수만 년 동안 이어진 수렵 채집 사회와 1만 년 가까이 되는 농경 사회에서 유일한 난방 연료였다. 그중에서도 목질 바이오매스가 가장 많이 사용되었다. 목재로 만들어진 목탄과 다양한 곡물 잔여물로 목질 바이오매스의 공급량을 보충했는데, 그나마도 탈삼림 지역에서는 유일한 공급원이면서도 생활을 유지하기에는 충분하지 않았다. 다만, 네덜란드 공화국의 황금기Golden Age(1608~1672년)에는 목재에서 석탄으로 전환되는 일반적인 변화의 예외를 찾을 수 있다. 당시 네덜란드에서는 토탄土炭

....

3 탄화수소는 탄소(C)와 수소(H)만으로 이루어진 유기 화합물을 말한다. 대표적인 탄화수소로 석유와 천연가스가 있고, 휘발유, 파라핀, 항공유, 윤활유 등도 모두 탄화수소 혼합물이다.

peat[4]과 풍력의 조합에 의한 에너지 공급이 조금 더 널리 쓰였다.

이런 1차 에너지 전환의 성취는 전통 사회의 1인당 나무 사용량을 통해 가장 잘 알 수 있다. 1800년까지 1인당 평균 장작 공급량은 독일에서는 겨우 7GJ(500kg에 못 미치는 목재)이었고, 프랑스에서는 9GJ이었지만, 스웨덴에서는 35GJ 정도였다. 대도시에서 더 많이 소비되었으며, 지역 간 큰 차이를 보인다. 1818년 파리에서는 1인당 평균적으로 목재 1.43m^3, 목탄 226L, 석탄 57L가 사용됐다. 이는 연간 20GJ이며, 목재는 대략 연간 16GJ을 공급됐는데, 이는 당시 전국 평균의 두 배였다. 1t의 철을 생산하려면 최대 8t의 목탄이 필요했고, 1kg의 유리를 생산하기 위해서는 최대 2.4t 또는 90MJ의 목재가 필요했다(Smil 2016a; Sieferle 2001; 그림 4.1). 유럽과 비교하면 북미의 목재 생산량은 훨씬 높았다. 1850년 미국의 1인당 평균 공급량은 95GJ로, 같은 기간 독일이나 프랑스보다 한 자릿수가 더 높았다(Schurr and Netschert 1960).

석탄은 고대 중국 북부에서 철광석 제련에 사용됐으며, 고대 로마제국 시대의 영국과 이후 중세 유럽의 일부 지역에서는 지역적으로 난방에 사용됐다. 하지만 주로 금속 제련, 비누 제작, 양조 그리고 가난한 가정의 난방을 위한 채취량의 증가는 16세기 영국에서만 이루어졌다. 그리고 새로운 반사로反射爐[5]가 유리 제작에 적합한 고온을 내기 시작하면서 석탄 채취가 가속화됐다. 18세기와 19세기에 영국을 세계 최대의 석탄 생산 국가로 만들게 되는 모든 탄전은 놀랍게도 이미 1640년이 되기도 전에 채

....

4 기간이 짧아서 완전히 산화되지 못한 석탄.

5 금속 제련 등에 사용되는 용광로의 한 종류.

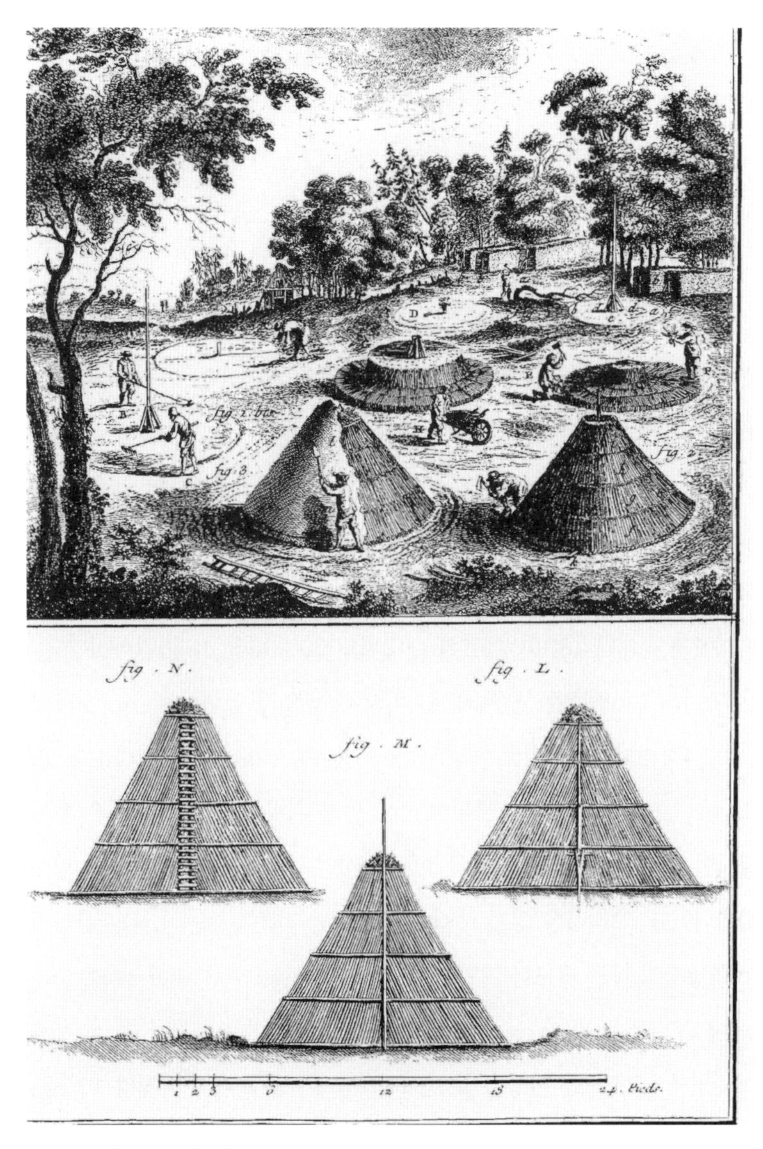

[그림 4.1] 목탄을 만드는 단계

굴됐다(Nef 1932; Flinn 1984). 1600년에 2만 5,000t이었던 생산량은 1700년에 3Mt, 1800년에 13Mt으로 증가했으며(Pollard 1980), 석탄은 1620년이 끝나기 전에 국가의 열에너지의 절반 이상을 공급하기 시작했고, 1650년까지는 3분의 2, 1700년에는 4분의 3, 한 세기 뒤에는 90%를 공급했다(Warde 2007).

벌채한 목재의 질량과 추출한 석탄의 질량을 에너지 등가물로 전환하면, 우리는 변화하는 공급량(건조 목재는 17GJ/t, 무연탄은 30GJ/t, 양질의 기관용 유연탄은 25GJ/t)을 추적할 수 있을 뿐만 아니라, 석탄이 모든 1차 에너지의 절반 이상을 공급하기 시작하는 티핑포인트[6]를 정확하게 짚어 낼 수 있다. 인구통계학적 전환에서와 마찬가지로 에너지 전환에서도 많은 국가적 특성이 드러난다. 넓은 영토와 국토의 대부분이 숲으로 덮인 프랑스에는 목재가 1800년대 1차 에너지의 90% 이상, 1850년까지 75%, 1870년대 중반까지는 50%에 못 미치는 양을 공급했다(Barjot 1991). 스위스 경제는 20세기 초반 10년까지 대부분 목재 기반이었다(Energy History 2015). 18세기 말엽에 미국은 동부 지방의 광활한 수림을 찾아냈지만, 19세기 중반에 뉴잉글랜드, 매사추세츠의 넓은 지역의 삼림이 벌채되었다. 그러나 이렇게 목재나 목탄에만 의존해서는 미국의 산업들이 확장되어 가는 규모를 지원할 수 없었다(Foster and Aber 2004; Smil 2016a).

미국의 석탄 채굴 현황을 보면, 1851년에 모든 1차 에너지의 10%를,

....

6 어떠한 현상이 서서히 진행되다가 작은 요인으로 한순간 폭발적으로 늘어나는 것을 말한다. 단어 그대로 풀이하면 '갑자기 뒤집히는 점'이라는 뜻.

1863년에는 20%, 1884년에는 목재 공급량보다 더 많은 양의 에너지를 공급했다(Schurr and Netschert 1960). 1900년에는 석탄의 비중이 최대 66%까지였으며 1910년에 77%로 정점을 찍었다. 완벽한 정점absolute peak은 2005년에 와서야 도달했지만, 1차 에너지에서 석탄이 차지하는 지분은 1976년 겨우 16%로 감소했다. 전기 생산에 석탄 공급이 사용되면서 석탄 에너지 사용량의 지분이 2000년까지 23% 가까이 올라왔지만, 탄화수소 추출의 증가로 2019년에는 겨우 12%로 떨어졌다(USEIA 2019).

일본의 석탄 생산은 이미 1901년에 전체 연료 공급의 절반을 웃돌았으며, 필자가 러시아와 소련의 에너지 균형을 재구성해 본 결과, 당시 러시아 1차 에너지의 75~80%를 여전히 목재가 공급하고 있었다. 여기서 전체 공급량 중에 차지하는 비율은 미국보다 반세기가 지난 1930년대 초반이 되어야 50% 밑으로 떨어졌다(Smil 2017b). 중국은 20세기 초 50년간 대부분 목재에 의존했으며 그 비율은 공산당이 집권한 1949년에도 98%였다. 전국적인 티핑포인트는 1960년대 중반에 찾아왔지만, 시골에서 나무와 짚에 의존하는 가정의 경우에는 1988년까지 늦춰졌다(Zheng 1998; Fridley et al. 2008).

나무에서 석탄으로의 전환은 석탄이 국가 전체 에너지 공급의 5%(대규모 석탄 채굴의 출발점을 나타내는 비율)를 차지하기 시작한 시점 이전부터 반 이상을 제공하기 시작한 시점까지 걸린 시간을 비교함으로써 식별할 수 있다(Smil 2017b). 그 시간은 프랑스에서 75년(1800~1875년), 스웨덴에서 55년(1855~1910년), 러시아와 소비에트 사회주의 공화국 연방에서 50년(1885~1935년), 미국에서 41년(1843~1884년), 일본에서 31년(1870~1901년), 중국에서는 단 14~15년(1950~1965년)이 걸렸다. 역시 영국을 제외하면 오늘날 모든 부유한 국가의 경제는 19세기 말까지 전환의 진보 단계에 있었고, 오늘날의 평균 수명보다 더 짧은 기간에 티핑포인트에 도달했다. 후발 주자들에게 유리했다는 사실 역시 다시 한번 분명해졌다.

티핑포인트의 시점을 추정하면 대개 19세기를 석탄의 시대로 명명하는 것은 잘못되었다. 필자가 19세기 동안의 세계 소비 추정치를 집성해 본 결과, 19세기는 바이오매스 연료가 전 세계 석탄 연소의 거의 다섯 배를 능가하며, 수천 년 목질 연료 시대의 마지막 시기라는 점이 확실하다(Smil 2008b). 전 세계 1차 에너지 공급량에서 석탄이 차지하는 비율의 상승이 제2차 세계대전 전으로 멈추긴 했지만, 석탄 연료는 20세기 전반에 지배적인 에너지원이었다.

목재에서 석탄으로의 전환은 가내수공업을 기반으로 한 소규모 원산업화Proto-industrialization에서 완전한 산업화로 전환하는 데에 기여했다. 제철은 목재에 의해서 산업 경제에 활력을 불어넣는 것이 왜 불가능했는지를 보여 주는 핵심적인 사례이다(Smil 2016a). 수천 년 동안 철의 생산은 목탄의 효율성 상승에 의존했다. 비록 1t의 목탄 생산에 3.5t의 나무가 필요하고, 현대 브라질의 목탄 연료 용광로와 마찬가지로 제련에 뜨거운 금속 1kg당 0.7t의 목탄만 사용한다고 하더라도 목탄에 의존하던 전 세계의 1.25Gt의 선철[7] 생산에는 약 3Gt 또는 47억m^3의 나무가 필요할 것이다. 비교를 하자면, 2016년 톱질 된 목재(시공용) 또는 목재 널빤지(합판) 및 펄프와 종이를 생산하는 데 사용하는 모든 산업용 통나무의 전 세

....

7 무쇠라고도 한다. 철광석에서 직접 제조되는 철의 일종으로서 철 속에 탄소 함유량이 1.7% 이상인 것으로 고로(高爐)·용광로에서 제철을 할 때 생기는 것이다.

계 수확량은 18억m³로 (FAO 2018a), 철광석을 녹이기 위해 필요한 전체 분량의 40% 미만이었다. 그리고 만약 목재들이 고수익종 열대 농장에서 생산된다면, 그 지역은 아마존 유역Amazon Basin의 절반을 쉽게 넘을 것이다. 따라서 현대의 목재 기반 철강 제련은 제한되어야 한다.

연료의 초기 확장을 일으킨 4개의 다른 시장인 가정용 난방, 산업용 난방과 온수, 철도, 해양 운송은 궁극적으로 더 저렴하고 더 편리한 화석연료로의 전환을 불러왔다. 일단 탄화수소로의 전환이 시작되면서 화석연료가 매우 빠르게 쇠퇴했다. 심지어 영국을 포함한 몇몇 국가는 화석연료를 거의 쓰지 않게 되었다. 영국의 석탄 생산은 1913년 287Mt으로, 1950년대까지 생산량이 정점에 올랐다가 북해의 탄화수소에 의해 대체되었다(Hicks and Allen 1999). 석탄 생산은 2000년까지 20Mt 밑으로

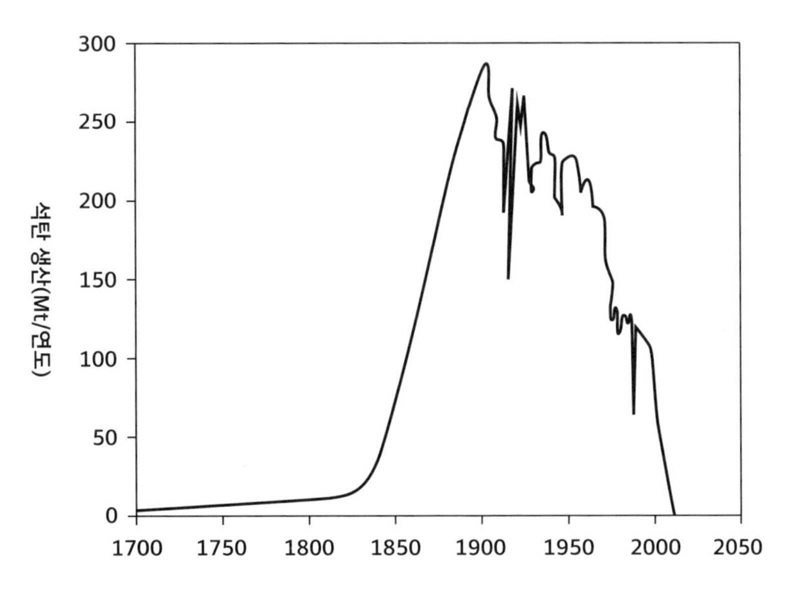

[그림 4.2] 1700~2015년 사이 영국 석탄 채굴의 전체 궤적.

떨어졌고, 2015년 12월에 노스요크셔North Yorkshire에 있는 영국의 마지막 깊은 광산이 문을 닫으며 500년 이상 지속했던 영국의 석탄 시대가 막을 내렸다(Moss 2015; 그림 4.2). 네덜란드와 프랑스에서는 각각 1974년과 2004년 이후로 석탄 채굴이 이루어지지 않았다.

반면에 피토매스는 부유한 국가들이 사용한 에너지 목록에서 사라진 적이 없었다. 역축, 증기기관차, 물레바퀴 등은 사라졌어도 피토매스는 주요 경제 부문에서 사라진 적이 없다. 2017년 미국 에너지 소비의 2% 정도가 목재와 산업용 목재 폐기물(나무껍질, 톱밥, 조각, 제지 잔여물)에서 비롯됐으며 거주용 소비[8]가 차지하는 비율도 2% 정도 되었다(USEIA 2019). 그리고 2016년 EU 국가들은 1차 에너지의 약 6% 정도를 목재와 목재를 원료로 한 제품(대부분 펠릿)에서 얻었으며, 핀란드에서는 24% 정도를 얻었다(Eurostat 2019).

석탄은 산업용과 가정용 그리고 증기기관 동력이라는 세 가지 용도로 사용되면서 최초로 사용량이 증가했다. 1882년 이후에는 전력 발전 분야에서 사용되는 석탄 연료가 증가했다. 그러나 이런 전환(가정, 교통, 산업용 석탄 사용)은 시장이 발전함에 따라 점차 사라졌다. 석탄 시장의 또 다른 확장으로는, 용광로 방식으로 철강을 생산하는 데 필요한 코크스(원료: 석탄) 정제가 있었지만, 그조차도 부유한 국가들이 전기로 방식의 철강 생산을 늘리면서 서양에서 수요는 점차 감소했다. 다만, 아시아에서는 아직 강철의 수요가 엄청나서 중국과 인도를 세계 최대 용광로 운영 국가로 만드는 데 석탄이 쓰였다.

....

8 미국 전체 가정의 약 11% 정도가 나뭇가지나 나무 펠릿을 태운다.

탄화수소의 부상

20세기에 들어오면서 석탄은 전 세계적으로 50년 동안 우위를 차지했다. 필자가 집성한 전 세계의 소비 자료를 살펴보면 20세기를 통틀어도 원유보다 약간 더 많은 에너지를 전달하며, 최소 액체 탄화수소만큼 중요하다는 사실을 알 수 있다(Smil 2008b). 하지만 두 종류의 연료가 차지하는 비율은 20세기 후반에 원유가 석탄보다 약 30% 많은 양을 생산하는 점과 질적으로도 우월해지면서 빠르게 전환되었다.

역청탄bituminous coal[9]은 22~25GJ/t을 함유하고 있으며 갈탄[10]이 20GJ/t에 못 미치는 반면, 원유와 정제된 연료의 에너지 밀도는 42GJ/t 정도로 매우 높아서 석탄의 밀도보다 대략 75% 높다. 좀 더 자세히 살펴보면 $1m^3$의 역청탄의 무게는 850kg이고 20GJ 정도 낼 수 있는 반면, 탱크 하나에 든 원유의 양은 대부분 900kg으로 38GJ이다. 이런 차이는 연료의 휴대성과 휴대기기에 적용되는지 여부를 통해 결정한다. 석탄을 동력으로 하는 자동차도 가능하고 시험용 모델도 만들어졌다. 1980년대 초 제너럴 모터스GM는 캐딜락 엘도라도Cadillac Eldorado와 올즈모빌 델타 88Oldsmobile Delta 88(Tracy 2017)을 개조해 석탄 가루를 사용하는 두 개의 터빈을 장착한 자동차를 선보였지만, 상업화되지는 못했다. 그리고 석탄을 사용하는 비행기는 대륙을 횡단할 수 없다. 대형 유조선이나 파이프

....

9 휘발성 물질이 14% 이상으로 높고, 탄화도는 갈탄보다 높고 무연탄보다 낮은 석탄의 한 종류. 유연탄 또는 흑탄이라고도 한다.

10 갈탄은 석탄의 한 종류로, 수분이 많아 가장 질이 낮은 석탄이다. 수분과 재가 많아 건조시키면 가루가 된다. 보통 갈색이나 흑갈색을 띄고 있으며 목질 구조를 잘 보존하고 있는 것이 대부분이다. 흔히 조개탄이라고도 불린다.

라인으로 장거리 운송을 할 때도 액체 연료는 구하기 쉽고 저렴하며, 지상 탱크에 보관할 경우에 비용이 많이 들지 않는다. 또한 지하 저장 공간에서도 품질을 유지하며 보관할 수 있다는 장점이 있다.

원유를 정제하면 승용차(휘발유)와 비행(등유)에 사용되는 가장 가벼운 제품부터, 거친 비포장도로에서 사용되는 중장비 기계, 기관차, 해운에 사용되는 상대적으로 무거운 디젤, 난방 및 해양 선박에 사용되는 가장 무거운 잔유殘油[11]에 이르기까지, 다양한 용도의 액체 연료를 생산할 수 있다. 게다가 나프타naphtha[12]는 석유 화학 산업의 주요 원료유이며, 가장 무거운 분류는 윤활유와 도로를 포장하는 아스팔트에 사용된다. 천연가스의 밀도는 원유의 겨우 1,000분의 1이지만, 압축이 용이하고 직경이 큰 파이프라인으로 운반하기도 간편하다. 그러나 압축하거나 액화되지 않은 경우 이동식 기기들에는 맞지 않으며 운반용 탱크를 사용한 장거리 운송에는 액화된 형태로만 가능하다. 보통 혼합물의 형태로 존재하는 더 무거운 가스들(에탄, 프로판, 부탄)은 가장 잘 알려진 석유화학 제품의 원료유이다(Smil 2015a).

상업용 원유의 추출은 러시아, 캐나다, 미국에서 1850년대에 시작됐으며, 주요 정제 제품은 등유였다. 초기에는 적합한 파이프라인의 부족, 정제 능력의 기술 부족, 상대적으로 더 무거운 연료를 가져갈 시장의 부재 등으로 발전에 제한이 있었다. 1908년에 시작된 대규모 자동차의 생산은 휘발유에 대한 새로운 수요를 창출했지만, 제1차 세계대전 이전에는 러시아

....

11 원유를 증류함에 있어 증류탑 밑에서 뽑아내는 중질유. 증류탑 잔유라고도 한다.

12 원유를 증류할 때, 35~220℃의 끓는점 범위(휘발유와 등유 사이의 분류)에서 유출되는 탄화수소의 혼합체이다.

만이 1차 에너지의 상당 부분을 원유에서 얻었다. 미국의 원유는 1930년대 후반 모든 상업적 에너지의 약 30%까지 차지했으며 1950년에는 50%를 넘었다. 나머지 국가들은 제2차 세계대전 이후 중동의 저렴한 수출 덕분에 원유에 의지할 수 있게 됐다. 중동 지역의 경우, 1908년 이란에서 최초로 중요한 발견이 있었다. 거대한 중동 지역에서의 대부분의 발견은 1920년대 후반과 1960년대 초반에 이루어졌고, 세계에서 가장 큰 사우디 가와르 유전은 1948년에 시추 되었다(Li 2011). 1950년대와 1960년대에 있었던 큰 규모의 원유 수출은 대형 유조선의 발전으로 이어졌다.

1950년 원유는 석탄 공급량의 절반 미만이었지만, 1960년에는 선적량이 전 세계 석탄 소비의 70%를 넘었다. 유엔의 통계에 따르면, 전 세계 원유 공급량이 석탄 공급량을 추월하기 시작한 1967년이 티핑포인트였다(UN 1976). 하지만 생산량의 합계와 석탄의 전환 비율이 모두 불확실하기 때문에 1963년이나 1964년(그림 4.3)에 이미 티핑포인트에 도달했을 수도 있다. 1973년과 1974년, 기름의 사용은 최고점에 도달하며 세계 주요 상업 에너지의 48%를 공급했다(다시 한번 말하지만, 상업적 에너지만 계산한 경우이다.).

1973년과 1974년 석유수출국기구OPEC: Organization of Petroleum Exporting Countriest의 주도로 석유 가격이 5배 상승하고 이어서 1979~1980년 사이 추가로 4배 상승하면서 최고점에서부터 빠르고 큰 쇠퇴가 이루어졌다. 1975년 절대 소비가 살짝 감소했지만, 이후 1978년에 새로운 수요 정점에 올랐다가 1988년이 지나서 그것을 넘어서게 됐다. 2010년까지 석유 수요가 계속 늘어나면서 소비는 1973년보다 거의 50% 더 높았지만, 동시에 석유의 점유율은 1990년까지 39% 아래로 계속 떨어졌으며 2019년에는 겨우 33% 정도가 됐다.

결과적으로 석유가 전 세계 1차 에너지의 48%라는 최고 점유율을 회복하게 될 가능성은 거의 없다. 재생 가능한 전력 발전 비율의 증가는 전 세계 언론의 관심을 받긴 했지만, 석유의 상대적인 성장을 억제하는 주요 원인이 아니었다. 그것은 천연가스가 세계적으로 널리 쓰이는 연료로 자리매김한 것이 진짜 이유였다(Smil 2015a). 천연가스는 1950년 이후 처음에는 북미에서, 이후에는 유럽에서 네덜란드와 북해의 가스를 수출하고 서유럽으로 시베리아 가스를 가져오기 위해 추출과 파이프라인 연장

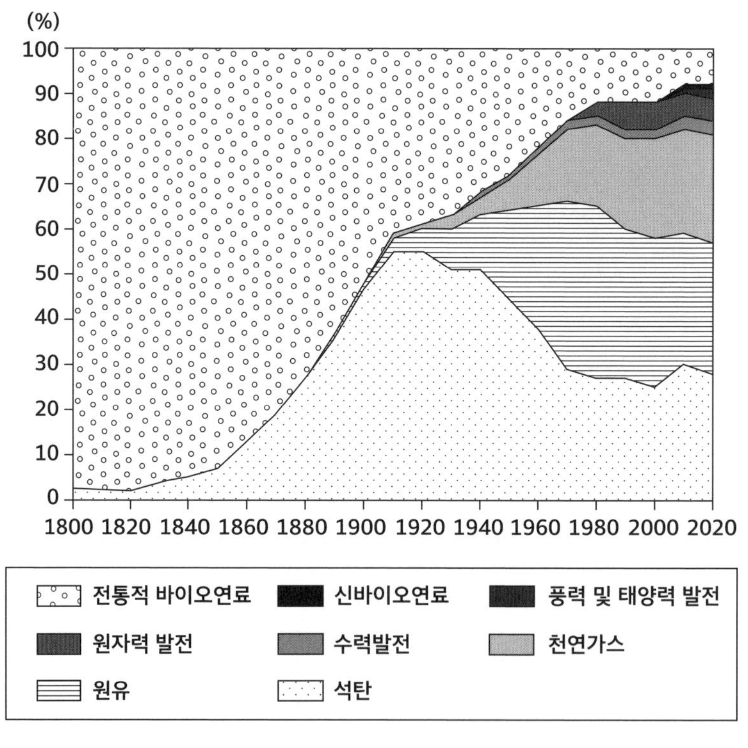

[그림 4.3] 1800~2015년 사이, 전 세계 에너지 전환

건설을 꾸준히 확대하면서 1970년 17%(상업용 에너지)에서 2000년에는 22%로, 2019년에는 24%를 약간 넘기며 천천히 그 점유율을 높였다(BP 2020).

추가 점유율의 상승은 액화 천연가스(LNG)가 이끌게 될 것이다. 1960년대부터 LNG는 운반선 용적 증가, 액화 시설 향상, 플랫폼을 통한 대륙간 운송이 가능해지면서 세계적으로 널리 쓰이게 되었다. 20개 이상의 국가들이 연료를 수출하고 30개 이상의 국가들이 연료를 수입하면서, 2019년 수출된 천연가스 거래량의 49%가 LNG 운반선에 의해 이루어졌다. 천연가스의 에너지 밀도는 LNG의 1000분의 1에 불과하다. 연료 효율은 천연가스 33~38MJ/m^2, LNG 35~36GJ/m^2이다. 이 때문에 LNG화 되지 않은 상태의 천연가스는 비행은 물론 육로 운송에서도 쓰일 수 없다. 하지만 파이프라인을 통해서 지속적이고 안정적으로 공급될 수 있기 때문에 일상적 사용이 가능하다.

석탄은 경제의 세계화에 데 활력을 불어넣었으며, 생산 활동과 교통의 형태를 모두 바꿔놓았지만, 탄화수소(hydrocarbon, 석유와 천연가스)는 높은 효율성과 편리함 뿐 아니라 친환경으로의 전환을 이끌었다. 석탄이나 천연가스 모두 유리 제작, 식품의 저온 살균, 난방 등에 사용할 수 있지만, 천연가스의 경우 더 높은 연소 효율, 향상된 편의성, 오염의 감소 등 뚜렷한 장점들이 많다.

석탄에서 천연가스로의 전환은 특히 난방 부문에서 환영받았다. 석탄 난로를 사용하기 위해서는 지하실이나 창고에 석탄을 비축해 두고, 석탄 통을 옮기고, 주기적으로 난로에 불을 붙이고, 재를 치워야 했다. (게다가 일산화탄소의 중독 위험도 무시할 수 없다.) 그러나 천연가스 난로는 파이프라인을 통해 공급되고, 온도 조절 장치를 맞추고 매년 정기 점검을 하는 것 말고는 조작이라고 할 것도 없으며, 현장에서는 물과 이산화탄소만 발생한다. 에너지 효율도 석탄 난로는 40%에도 못 미치는 데 비해 천연가스 난로는 95% 이상의 고효율을 보인다. 미국에서 석탄 난로의 전반적인 전환이 이루어진 것은 1970년대였고, 유럽의 대부분의 국가에서는 십 년이 지난 후부터 전환이 일어났다.

석탄을 사용하는 기관차와 증기선이 등장하면서 철도망은 물론 대규모 대륙 간의 여행이 빠르게 확대됐다. 1825~1900년 사이 영국 철도의 총길이는 겨우 25km였던 것에서 3만km로 늘어났으며, 세계적으로는 77만 5,000km에 달했다(Williams 2006; Mitchell 2007). 새로운 증기선의 용적은 유럽에서 미국으로의 대서양 횡단 이민의 10년 총계를 보면 가장 잘 알 수 있는데, 1840년대에 137만 명이었던 인구는 20세기 첫 10년 동안 1,370만 명으로 늘어났다(Bandiera et al. 2010). 석탄이 주도한 교통 혁명의 여세는 석탄에서 액체 연료로의 전환, 휘발유와 등유를 연소하는 새로운 엔진의 등장으로 점차 약화되었다. 모든 대규모 원자재와 완제품의 수상 수송에 고체 연료 대신 디젤엔진을 채택하면서 이루어진 전 세계적 경제 통합의 일등 공신은 최대 90MW의 용량을 가진 대형 디젤 엔진이었다. 이는 꼭 필요한 세계화의 원동력이었다(Smil 2010a).

이런 용적률 전환의 규모는 100TEU Twenty-Feet Equivalent Units[13]에 상당하는 양을 운반할 수 있었던 1956년부터 살펴보면 잘 알 수 있다. 10년 뒤 가장 큰 배의 용적은 1,300TEU였고, 1996년에는 6,000TEU였다.

....

13 표준 컨테이너(20ft) 하나를 1TEU라고 한다.

2019년에는 지중해 선박 회사에 의해 2만 3,756TEU를 운반할 수 있는 굴슨급 컨테이너선이 도입됐다. 전 세계 컨테이너 항구의 교통량은 1970년대에 1,000만TEU 미만이었으나, 2000년에는 2억 2,500만TEU, 2018년에는 7억 9,300만TEU에 달했다(World Bank 2019).

육지에서는 석탄에서 디젤로의 전환이 증기기관차를 사라지게 했으며, 더 강력한 디젤(혹은 전기) 기관차는 종종 2층으로 쌓아 올린 컨테이너 차량을 150개 이상 끌 수 있게 되었다. 서양에서는 이러한 전환이 1960년에 완료됐으며, 중국에서는 1980년대에 와서야 이루어졌다. 그러나 현대 경제에 가장 큰 영향을 끼친 것은 휘발유를 이용하는 내연기관의 발명과 이것의 점진적인 확산이다. 기술적인 설명은 다음 부분에서 논하고, 여기서는 자동차의 보급과 원유 소비의 결과를 살펴보고자 한다.

근대 석유 산업의 최초 십 년인 1860년대에 가장 중요한 정제 제품은 조명과 윤활유로 사용되는 등유(고래기름의 대체물)였으며, 왁스와 아스팔트는 유용한 비非에너지non-energy 부산물이었다. 1880년대 등유는 미국 정유 전체 생산량의 75%였으며, 휘발유는 10%밖에 되지 않았다(USBC 1975). 1882년 이후 전기는 등유를 사용한 도시의 조명을 대체하기 시작했지만, 포드사가 보급형 모델 T를 출시하고 대량 생산한 1908년에도 미국 등유 생산량은 여전히 휘발유의 세 배였다. 이후 미국 자동차의 성장은 매우 빠르게 이루어졌다. 연간 판매량은 1910년에 18만 대에서 1916년에는 150만 대로 증가했으며 차량 등록은 1913년 100만 건에서 1921년 1,000만 건으로 증가했다. 그리고 1929년에는 모든 가정의 거의 절반이 자동차를 소유했다(USBC 1975).

결과적으로 등유와 휘발유의 점유율은 빠르게 격차를 보이며 등유의 새로운 시장인 요리용 스토브와 휴대용 난방기가 등장했지만, 등유가 밀려나는 것을 막지 못했다. 평균적인 원유 배럴에서 더 많은 양의 휘발유를 얻기 위해 정유 회사들은 열분해[14]를 도입했고, 1923년부터 더 효과적인 촉매 분열[15]을 시작하며 추가적인 향상이 있었다. 이런 처리를 통해 미국 정유 회사의 최종 휘발유 산출량은 전체 생산량의 45~47%까지 증가했다(USEIA 2018a). 미국 자가용의 보급은 1930년대 경제 위기 동안 침체했다가 제2차 세계대전 이후 승객용 차량의 생산이 재개되고 나서야 50%에 도달했다. 1960년에는 다섯 가구 중 네 가구가 차를 소유했으며, 1990년대 초에는 90% 정도로 포화 상태였는데, 당시 집을 소유하고 있는 비율은 70% 이하였다. 서유럽에서 자동차가 빠르게 보급되기 시작한 것은 1950년대 후반이었고, 일본에서는 1960년대에 시작됐다. 일본의 휘발유 수요는 그 해부터 1972년 사이에 네 배가 되었다.

20세기 후반의 자동차 수요는 차를 여러 대 구입하는 가구 덕에 유지됐다. 1960년대에는 57% 정도의 미국 가구가 단 한 대의 차량을 소유하고 있었으며 2.5%는 3대 이상을 소유하고 있었지만, 2016년에는 그 비율이 각각 33%와 21%였고, 유럽의 고소득 가정에서도 비슷한 경향이 나타났다(Berri 2009; Governing 2018). 미국에서의 전국 평균은 현재 거의 정확하게 가구당 두 대(2016년 1.97대)이며, 캘리포니아의 더 작은 도시들에서 가장 높은 비율(2.25대)을 보였고, 가장의 나이가 45~55세 사이의 가구에서 제일 많은 수의 차량을 소유하고 있다(Berri 2009). 서양과 일

....

14 외부에서 열을 가하여 분자를 활성화시켰을 때 약한 결합이 끊어져서 두 가지 이상의 성질이 다른 새로운 물질을 만드는 반응을 말한다.

15 열 촉매를 사용하여 석유 증류분을 분해하고 고옥탄값 가솔린을 제조하는 것을 말한다.

본 시장이 거의 포화 상태에 이른 뒤, 전 세계에서 차량 소유권의 큰 변화는 중국의 급격한 자동차의 보급과 함께 나타났다.

덩샤오핑이 경제 개혁을 시작한 지 20년이 지난 2000년, 중국은 60만 7,000대의 차량을 만드는 데 그쳤지만, 2019년에는 2,600만 대에 차량을 생산했다(OICA 2019). 중국의 팽창 덕분에 2010년에 전 세계 도로 위 차량의 수는 10억 대 이상이 되었으며, 2015년에는 총 12억 8,000만 대에 도달했다. 승용차는 전체의 80%를 차지했는데, 유럽에는 거의 3억 9,000만 대의 차량이 있었으며, 미국에는 2억 6,400만 대의 차량이 있었다. 최근의 한 조사에 따르면, 전체 미국 가구의 88%가 자동차를 소유하고 있다고 한다. 다른 국가들을 살펴보면 독일은 85%, 브라질은 47%, 중국은 17%, 인도는 6%가 자동차를 소유하고 있다(Poushter 2015). 이런 추세는 전 세계 휘발유 수요의 정점이 아직 임박하지 않았다는 것을 의미하는 한편, 전기 차량의 판매의 완료(휘발유 수요 증가를 만료시킬 수 있다는 뜻)를 앞당길 수도 있다.

등유는 제2차 세계대전 이후 사용된 새로운 주요 동력인 가스터빈(제트엔진)의 우수한 항공 연료로서 1960년대 이후 다시 사용량이 치솟았다. 등유는 항공용 휘발유보다 13% 정도 더 높은 밀도를 가지고 있지만, 에너지는 아주 조금 낮다(1%보다 낮은 차이). 따라서 제트 여객기는 같은 양의 등유를 사용해 적어도 10% 더 멀리 비행할 수 있다. 게다가 등유는 더 저렴하고 휘발 손실과 발화 위험도 낮다. 전 세계 총 pkm(인킬로[16]) 자료는 비행의 증가를 잘 포착할 수 있는 지표이다. 프로펠러 시대 동

....

16 교통에서 수송한 인원에 수송한 거리(킬로미터)를 곱한 것을 말하며, 여객의 수송량을 나타내는 통계상의 복합 단위이다. 즉, 1인킬로는 한 사람의 여객을 1km 운송한 것을 나타낸다.

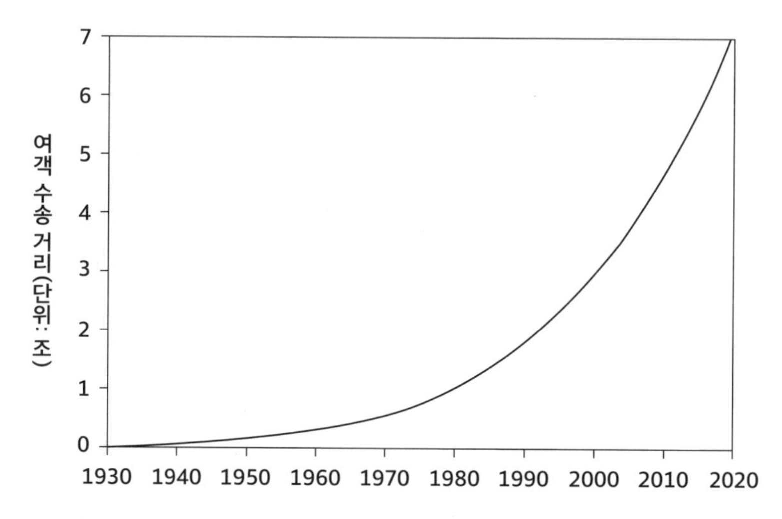

[그림 4.4] 1930~2020년 사이 세계 상업 비행의 성장. 국제항공운송협회는 2017년 40억 명이 수송된 것에 비해 2037년에는 82억 명으로 늘어나, 승객 수가 더욱 크게 성장할 것으로 예측했다.

안 연간 총 인킬로는 1929년 9,600만pkm에서 1950년까지 280억pkm로 증가했지만, 2000년에는 총계가 2조 8,000억pkm, 2015년에는 6조 6,000억 pkm에 달했고, 코로나19가 터지기 전에는 2020년대 이후 상당히 증가할 것으로 예상되었다(ICAO 2018; 그림 4.4).

동력의 전환

에너지 연구는 연료에 초점을 맞춘다. 하지만 이는 불완전한 시각이다. 화석연료로의 획기적인 변화는 발명과 주요 원동기의 보급 덕분에 가능했다. 동물의 가축화가 이루어지기 전에는 인간의 근육이 유일한 주요 원동기(역학적 에너지의 원천)였다. '건강한 성인이 지속적으로 낼 수 있는 노동력$_{\text{power rate}}$'은, 여성의 경우 50~70W, 남성의 경우 80~100W까지 가능했다. 전근대 사회에서 흔했던 아동의 노동력은 30~50W를 낼 수 있었다. 인간의 동력은 짧게는 몇백 와트watt까지 낼 수 있었으며, 대서양 유럽의 거대 구조물에서부터 기자Giza[17]에 있는 세 개의 커다란 피라미드와 같은 고대 건축물에 필요한 무거운 돌을 옮길 때는 집단 노동이 필요했다. 거대한 돌을 얹은 나무 썰매를 끄는 20명의 남자들은 종합적으로 8~12kW를 낼 수 있었다(Smil 2017a).

동물의 가축화는 인간의 통제하에 운동 에너지를 몇 배로 늘렸다. 용도는 세 가지로 나눌 수 있는데, 농사일에 마구를 채운 역축을 사용하고, 짐을 나르는 데 말, 당나귀, 낙타, 야크와 같은 짐승을 사용했으며, 말과 당나귀 그리고 낙타는 사람이 타는 데도 사용했다. 이러한 동물들의 능력은 종, 크기, 연령, 경험, 적절한 사료 공급에 따라 달라졌으며, 사람과 마찬가지로 힘의 지속 시간에 따라 낼 수 있는 힘에서 큰 차이를 보였다(Smil 1994). 지속적인 힘은 당나귀의 경우 100~150W, 소와 물소의 경우 200~400W, 대부분의 말의 경우 1마력(745W)이 채 안 되는 500~700W를 냈다. 두 필의 말이 쌍을 이룰 경우 1~1.5kW로 지속적인 힘을 낼 수 있으며, 14~32마리 정도의 큰 무리를 이루면 1980년대 미국 최초의 콤바인을 끌 수 있는 8~20kW의 힘을 낼 수 있었다.

인간과 말이 내는 힘의 관계는 말이 성인 남자 일곱 명과 동등한 일을 하는 반면 황소는 겨우 2.5명분의 역할밖에 하지 못했던 18세기를 살펴보면 잘 알 수 있다. 뒤팽Dupin은 등가물을 사용해 계산한 결과, 19세기

....

17 이집트의 북동부, 나일강의 서쪽 기슭에 있는 옛 도시다. 서쪽으로 약 8km 지점에 고대 이집트 왕국의 거대한 피라미드군과 스핑크스 등이 있어 가장 유명한 관광지다.

초 프랑스 농부들이 역축을 사용해서 노동력을 5배가량 증가시킨 반면 영국은 사료를 더 잘 먹인 많은 가축으로 노동력을 12배 증가시켰다는 사실을 알아냈다(Dupin 1827). 이는 1920년 미국의 농업에도 같은 전환비를 적용하면, 노동에 동원된 역축의 수가 2,100만 마리로 정점을 찍으면서 미국 농부들의 잠재 노동력이 15배 증가했다는 점을 알 수 있다.

완전히 기계화된 농업으로의 전환은 1889~1892년 사이 미국에서 최초로 휘발유를 연료로 하는 트랙터가 만들어지면서 천천히 시작되었다.[18] 이후 기계화는 빠르게 진행되면서 1933년 역축과 트랙터는 동일한 잠재력을 가지고 있었으며 1930년대에는 가솔린에서 디젤 동력 기계로의 전환이 나타났다. 1950년에는 트랙터가 농업의 전체 동력의 88%를 차지했고 전환은 본질적으로 1960년에 이루어졌는데, 그때는 가축의 동력이 겨우 전체의 3%에 불과했다. 사료를 생산하는 데 사용된 토지에는 식량이나 산업용 작물을 심을 수 있었는데, 이 변화로 농경지로 사용할 수 있는 공간이 30% 증가했다. 1910년, 전환의 확대가 빨라지기 전에는 역축의 잠재력을 종합하면 14.5GW였지만 1960년에 전체 농업 기계의 동력은 65GW였다. 이런 기계화는 1910~1960년 사이 전체 농장의 4분의 1(170만 명)의 농촌 노동력을 대체하였다(Olmstead and Rhode 2001).

유럽에서 트랙터를 이용한 농사가 시작된 것은 제2차 세계대전 이후였으며, 몇몇 국가들(폴란드, 루마니아)에서는 말이 1980년대까지도 널리 사

········

18 1920년에 전체 농장의 3.6%만이 최소 한 개의 트랙터를 소유하고 있던 반면, 90%는 말이나 노새를 소유하고 있었다.

용됐다. 중국에서는 1950년대 후반 작고 손으로 조작하는 트랙터가 쌀 농사에 사용됐지만, 국가적으로 농사의 기계화가 시작된 것은 1980년대였다. 남아프리카 공화국을 제외한 사하라 이남의 아프리카는 농업에 사용되는 동력이 생물에서 무생물로 전환되는 과정의 초기 단계에 있다. 21세기가 시작되었을 때, 대략 5억 마리의 역축이 여전히 농업에 사용되는 모든 동력의 5분의 1가량을 맡고 있었다(Smil 2017a).

최초의 무생물 원동기였던 물레바퀴는 곡식을 빻고, 기름을 짜고, 광석을 부수고, 나무를 자르는 것과 같은 이전의 고되고 지루한 노동을 대신해 주었고, 작업 속도를 높이는 데 도움이 되었다. 로마제국 후기에 흔하게 사용되었던 물레바퀴는 중세를 거치며 유럽뿐만 아니라 중동과 동아시아 일부 지역까지 훨씬 더 널리 퍼지게 됐다(Smil 2017a). 심지어 18세기 유럽에서 물레바퀴는 3~5kW의 힘을 낼 수 있었다. 19세기에는 50kW 정도의 힘을 내는 크고 효율적인 금속 바퀴를 많이 볼 수 있었지만, 그것들은 곧 수력터빈으로 대체되었다. 많은 곳에서는 증기기관보다 이런 기계들이 산업화를 이끈 원동기였으며, 1882년 이후 수력터빈(수력발전)으로의 전환은 일반적으로 설치된 단위 용량을 네 배에서 다섯 배까지 증가시키는 결과를 낳았다.

풍차는 작은 수평 물레방아horizontal waterwheel[19]가 도입되고 약 천 년 뒤에야 보급되기 시작했다(Holt 1988). 중세의 탑 형태 풍차는 나무로 된 무겁고 비효율적이며 동력이 약한 장치였지만, 이후 설계된 것들은 네덜

....

19 수평 물레방아는 물이 바퀴를 돌리면 그 위에 평행하게 붙어 있는 맷돌이 함께 움직이는 구조로 돼 있는데, 주로 곡물을 빻는 용도로 전 세계에서 쓰였다.

란드 저지대의 땅에서 물을 빼고 국가의 황금기에 최초 산업화에 힘을 실어 주는 역할을 하였다(Unger 1984). 서유럽에서 풍차는 미국과 마찬가지로 19세기 후반기에 정점에 도달했다. 이후 풍차의 시대는 저렴한 전기 공급과 함께 막을 내리게 되었다. 새로운 풍력발전은 캘리포니아에서 1980년대가 되어서야 시작됐는데, 이후 향상된 설계(강철 타워에 세 개의 커다란 날을 장착한) 덕분에 현재 새로운 재생 가능 에너지로 주목받고 있다.

18세기 초 최초의 증기기관은 매우 비효율적이어서 오직 탄광에서만 사용되었다. 1776년 와트Watt의 특허가 만료된 뒤에야 이동식 기구에 적합한 새로운 고압 디자인이 가능해졌다(Rosen 2010). 다시 한번 말하지만, 영국은 1829년 달링턴Darlington과 스톡턴Stockton 사이에 최초의 철로를 놓고 철도 운영을 선도했지만 이후 주요 대륙의 경제와 미국의 영향력도 빠르게 성장했다. 말이 끄는 운송 수단은 여전히 도시와 철도망이 없는 지역 내에서 사람과 상품을 나르는 데 필요했다. 이것을 바꾸기 위한 최초의 발전이 노면전차street car의 도입이었다. 일부 부정확한 역사 연구의 결론과는 다르게, 도시의 교통수단으로써의 말은 내연기관이 아니라 전기모터, 즉 전차에 의해 대체되었다. 대부분의 도시 말들은 개인 소유가 아니라 말이 끄는 구식 버스(뉴욕에서 1827년 처음 등장한)와 노면 마차(영국에서 1831년 최초로 등장한)를 위해 계속 존재했다.

최초의 전차 노선은 1881년 5월 베를린의 남부 외곽 지역인 리히테르펠데Lichterfelde에서 에른스트 베르너 폰 지멘스Werner von Siemens에 의해 완공되었다. 이후 많은 유럽 도시가 얼마 지나지 않아 자체 노선을 도입했다(그

[그림 4.5] 프랑크푸르트(Frankfurt-am-Main)의 전차. 철 와이어가 전신주와 연결되어 있다.

림 4.5). 짧은 미국 노선들도 뒤를 이어 개통되었다.[20] 대도시의 철도망도 1890년대에 생기기 시작했는데, 뉴욕은 1890년, 피닉스는 1893년, 보스턴은 1899년에 노선을 개통했다. 20세기의 첫 십 년 동안 추가로 개통된 노선은 1901년 개통된 로스앤젤레스와 1907년 개통된 샌디에이고의 노선이다. 전차는 도시 외곽까지 확장되면서 교외화郊外化를 도운 최초의 기계적 조력자가 되었다. 대중교통이 말에서 전기모터로 바뀌는 티핑포인트는 대부분 1895~1910년 사이 유럽과 북아메리카의 도시에서 나타났다. 그래도 여전히 말이 끄는 전차는 뉴욕은 1917년까지, 피츠버그에서는 1923년까지 볼 수 있었다(Roess and Sansone 2013).

두 번째 새로운 원동기는 1860년 등장한 내연기관이다. 작은 트럭을

....

20 1886년의 앨라배마의 몽고메리 및 펜실베이니아의 스크랜턴, 1887년의 오마하, 1888년 버지니아의 리치몬드(Sullivan and Winkowski 1995)

사용할 수 있게 되자 짐마차를 끌기 위한 말이 더는 필요하지 않게 되었고, 결국 도시에 남아 있는 역축은 모두 사라지게 되었다. 내연기관의 활약은 여객 차량 분야에서 가장 돋보인다. 1886년 고틀리프 다임러Gottlieb Daimler와 빌헬름 마이바흐Wilhelm Maybach 그리고 이들과는 별도로 칼 벤츠Karl Benz가 만든 선구적인 모델들의 시험이 있고 난 뒤 20년 동안에는 보급이 제한적이었다(Walz and Niemann 1997). 개선된 디자인은 새롭게 인기를 얻은 레이스[21]를 통해 경쟁했지만, 여전히 너무 비쌌다.

그러한 상황은 1908년 10월 1일 포드의 모델 T가 출시되면서 달라졌다(McCalley 1994). 모델 T의 엔진은 거의 15kW(약 20마력) 가까이 향상되었으며, 디자인의 수정과 제조의 발달(특히 움직이는 조립 라인)로 자동차를 여러 측면에서 저렴하게 만들었다. 1927년 생산이 종료될 때까지 모델 T는 총 1,500만 대가 팔렸다. 디젤엔진이 모든 수륙 교통과 건설 및 오프로드 기계의 원동기 역할을 하게 되자, 트럭의 발전도 동시에 빠르게 진행됐다(Smil 2010a).[22]

디젤엔진은 다른 내연기관보다 더 효율적이었지만, 비행을 하기에는 너무 무거웠다. 휘발유 엔진의 경우 1904년(라이트 형제가 만든, 공기보다 무거운 최초의 유인 비행기)과 1944년 사이에 급격히 발전했는데, 당시 제2차 세계대전의 전투기는 거의 시속 800km에 근접했다(슈퍼마린 스핏파이어Supermarine Spitfire가 시속 759km였다). 속도는 더욱 빨라지고 저렴한 대륙

....

21 1894년 7월 파리에서 루앙(126km)까지 경기를 시작으로, 이듬해에는 파리에서 보르도까지 왕복 1,200km에 이르는 구간에서 이루어졌다(Beaumont 1902).

22 최초로 트럭에 장착된 것은 1924년 독일에서였다.

간 비행이 가능해진 것은 가스터빈 덕분이었다. 가스터빈은 1940년대 독일, 영국, 미국, 소련의 제트 전투기에 처음 장착됐고, 이후 1950년대 상업적 제트 여객기에 사용됐으며, 크기 조정을 거친 뒤 1960년대에 터보팬 엔진의 도입이 이어졌다.

1960년대 가스터빈은 전력을 생성하는 가장 효율적인 수단을 제공하며 고정 원동기로서 상업적으로도 큰 성공을 거두었다. 복합 사이클combined-cycle 기계[23]는 60% 이상의 효율을 보이며 어떤 원동기와도 비교할 수 없는 성능을 자랑한다. 하지만 오늘날 대부분의 전기는 여전히 증기터빈에 의해 생산된다. 1882년 찰스 파슨스Charles. Parsons에 의해 발명된 가장 큰 증기터빈은 1900년 1MW를 냈으며 제1차 세계대전 직전에는 25MW를 냈다(Smil 2005). 그리고 침체기를 지나 제2차 세계대전 이후 전력 수요는 1960년까지 거의 600MW, 1965년에는 1,000MW까지 기록했다. 이후 크기는 보편적으로 1GW 밑에 머물렀지만 커다란 핵발전소에 장착된 것들은 1.75GW를 기록하기도 했다.

동물에 의한 에너지에서 무생물에 의한 에너지로의 전환이 이루어지는 티핑포인트는 미국의 경우 1880년대였다. 전 세계 평균적으로는 20세기 초에 있었고 인구가 많은 아시아 국가들에서는 20세기 말에 있었다. 1900년까지 증기기관과 증기터빈은 미국 기계 동력의 60%를 차지했는데, 역축의 경우는 3분의 1이 조금 넘었으며, 물레바퀴와 풍차는 4%가 안 됐고, 새로 보급된 내연기관은 2% 이하였다(Daugherty 1928 and 1933). 1929년까지 자동차를 소유한 사람들이 많아지면서 내연기관은

....

23 스팀 터빈을 가스터빈에 장착하여 뜨거운 배출 가스에 의해 동력을 얻는 기계.

미국 동력의 대략 88%를 차지했으며 증기터빈은 약 10%, 역축의 동력은 겨우 1% 정도를 차지하는 수준으로 줄어들었다.

에너지 전환의 전후, 전 세계적 차원에서 개별적인 요소의 비율은 추정만 가능하다. 필자의 추정에 의하면 1850년 세계 경제는 모든 운동에너지의 거의 절반은 가축에 의해, 5분의 2는 인간의 근육으로, 나머지 10~15%는 3개의 무생물 원동기인 수레바퀴, 풍차, 새로운 증기기관의 결합에 의해 이루어졌다(Smil 2017a). 이후 50년 안에 무생물 원동기는 전체의 50% 이상을 차지하게 되는데, 1900년까지 그 힘은 모든 유용한 운동 퍼텐셜kinetic potential의 절반 가까이 된 반면, 역축은 3분의 1을 차지하고 인간 근육의 기여도는 20% 밑으로 떨어졌다.

1950년, 인간과 동물의 힘의 총합이 연료 및 수력을 이용한 기계적 설치 전력에 의해 축소되면서 생물 원동기에서 무생물 원동기로의 전환이 대체로 완료되었다. 전체 가능한 동력에서 인간이 내는 힘은 5%를 넘지 않았고, 역축의 경우 15%를 넘지 않았다. 2000년에는 모든 생물이 내는 힘의 크기가 전체의 5%로 줄어들고, 승용차의 비중이 증가하였는데(2018년 약 12억 대), 현재 설치된 원동기의 전 세계 점유율은 내연기관이 지배적이다.

물론 원동기마다 실제로 소비되는 에너지와 생산 능력이 다르기 때문에 실제 에너지 지분 또한 차이가 있다. 노동에 대한 수요가 주기적으로 크게 변동하기 때문에 연간 농부의 총노동 시간은 종종 초기 산업 노동자의 노동 시간(토요일을 포함하여 12시간 교대)보다 짧았고, 오늘날의 일반적인 비율(7~8시간 동안 200~225일 일하는 것)보다 높지 않았다. 아시아에서 쌀 경작에 투입된 소는 130~140일 정도 일했으며, 여름에만 작물이 자라는 북유럽에서 말의 노동 시간은 60~80일 사이였다. 이런 설비 이용률capacity factor[24]을 연간 최댓값으로 표현하면 사람은 15~20%, 역축은 5~15%라는 낮은 평균을 보인다. 반면에 핵발전소의 증기터빈은 90%에 가까운 설비 이용률을 나타내며 석탄과 천연가스 발전소는 45~55%, 수력터빈은 35~55%, 공장 및 증기기관차에서의 고정 증기 엔진은 30~50%를 보이지만, 승용차의 내연기관은 설비 이용률이 매우 낮다. 연간 평균 주행 거리가 22,000km에 달하는 미국에서도 이 비율은 단지 4%(평균 60km/h로 가정했을 때)에 불과하다.

에너지 전환의 결과를 제대로 살피기 위해서는 아마 전형적 동력 순위, 동력/질량power/mass비比, 효율성, 신뢰도, 내구성을 비교하는 것이 가장 좋은 방법이다. 생물 원동기는 태생적으로 체구, 대사율, 근육 효율 등의 제한을 받는다(Smil 2008b). 단위 용량은 고강도의 노동을 하는 성인의 경우 100W가 안 되며, 대부분 역축은 500W, 잘 먹인 말이나 체구가 큰 역축들은 700~800W 정도이다. 집단을 이룰 경우 인간의 노동력은 대개 최대 10~50배(대략 4kW)까지 올라갈 수 있다. 캘리포니아, 워싱턴과 오리건의 팰루즈Palouse의 밀밭 같은 곳에서 초기 콤바인을 끌기 위해 마구를 채운 말이나 노새가 30~40마리 정도의 거대한 무리를 이룰 경우에는 25kW까지 낼 수 있었다.

비록 1930년에 있었던 작은 크기의 트랙터들은 10~15kW의 힘을 냈지만, 현재 세계에서 가장 큰 트랙터 제조사(인도의 마힌드라Mahindra사)는 19~78kW 사이의 힘을 낼 수 있는 기계들을 판매하고 있으며 미국의 선

....

24 기계 또는 장치의 정격(보통 명판 정격)에 대한 기간 중 평균 부하의 비를 이른다.

두 업체인 디어Deer사는 100~300kW(140~400마력)를 내는 제품을 제공하고 있다. 생물에서 무생물 원동기로 전환되기 전에도 운용 동력은 농부 한 사람의 힘(80W)에서 말 두 필로 밭을 가는 힘(1.2kW)으로 15배가량 상승했다. 이후 생물에서 무생물로 동력이 변화하자마자 10배 증가했는데, 현재까지 일반적으로 무리를 지은 말이 1.2kW를 냈던 것에서 흔히 사용되는 트랙터가 보통 100kW 이상의 힘을 내게 되면서 두 자릿수나 증가했다.

흥미롭게도 일반적으로 사용되는 동력이 두 자릿수 증가하면 작물 재배를 위해 고용된 미국 노동력의 비율도 두 자릿수 감소하였다. 전력 증가의 호혜적 가치는 궁극적으로 농업 노동력 감소와 일치한다는 점을 보여 준다. 농업 노동력은 19세기 초 미국 전체 노동력의 80%를 차지했다(Lebergott 1966). 무생물 동력으로의 전환이 실질적으로 완료됐던 1960년에는 농장 노동력이 한 자릿수 감소해서 8.1%로 떨어졌으며 21세기의 두 번째 십 년 동안(농작물, 축산업, 양식업의 총 고용이 1.5% 미만이던)은 더 강력한 기계를 사용함으로써 농사일에서 인간의 노동력이 차지한 비율이 한 자릿수 더 감소해 1% 밑으로 떨어졌다(BLS 2014).

원동기는 고정 산업 기기와 교통에서 인상적인 성장세를 보였다. 전통적으로 가장 강력한 고정 원동기는 풍차였다. 네덜란드에서 물을 빼내는 데 사용한 풍차들은 20~30kW, 즉 10^4W의 힘을 냈던(Stockhuyzen 1963) 데 비해, 큰 현대 디젤 동력 양수기의 경우 10^6W까지 낼 수 있다. 용광로에 설치된 대형 풀무(공기를 불어 넣기 위한)에 동력을 공급하는 물레바퀴는 10^3W밖에 힘을 낼 수 없었으나(그림 4.6), 가스터빈에 의해 작동되는 현대 압축기의 용량은 최대 10^7W이다. 도로 교통수단의 경우 4인승

마차가 2.5kW를 냈던 데 비해 소형 승용차는 100kW의 용량을 보이며 약 30~50배 증가했다. 19세기 중반 증기기관의 동력은 300~600kW를 발생시킨 반면, 오늘날 디젤 기관차는 3~5MW를 낼 수 있다.

휴대성과 응용성은 동력/질량비를 통해 가장 잘 알 수 있다. 생물 원동기들은 수작업이든 역축에 의한 작업이든 약 1W/kg 정도의 낮은 효율을 보인다. 반면에 현대의 무생물 원동기들을 살펴보면 고성능 증기기관은 15W/kg, 현대 내연기관은 500W/kg, 터보팬은 15,000W/kg을 낼 수 있다. 즉 네 자릿수까지 차이가 나는 근육과 터보팬의 동력/질량비는 왜 근육을 동력으로 하는 비행이 실패로 끝나고 종종 인명 피해까지 생겼는지 그리고 보잉 787기가 어떻게 300명의 사람을 싣고 12시간 동안 대륙을 횡단할 수 있는지를 설명해 준다.

현대의 원동기는 훨씬 더 큰 힘을 낼 수 있을 뿐만 아니라 더 효율적

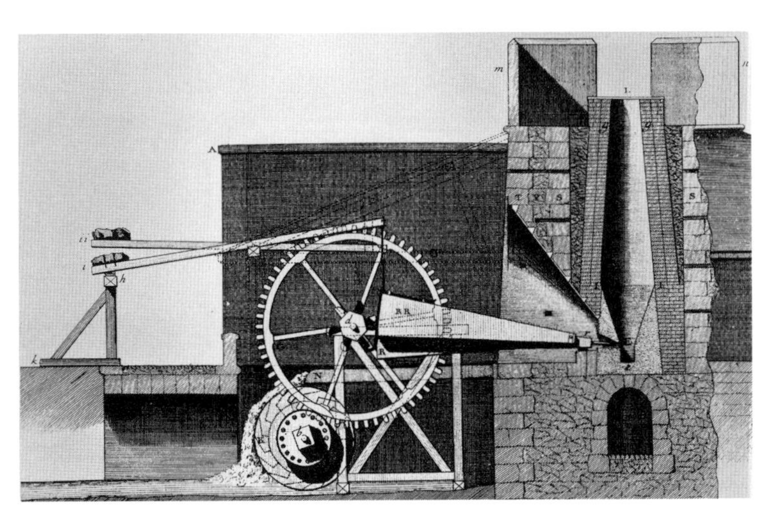

[그림 4.6] 상사식(上射式)의 물레바퀴로 작동하는 풀무를 사용한 18세기 후반의 용광로.

이고 신뢰도가 높으며, 내구성이 좋다. 포유동물의 에너지 전환 효율은 15~20%를 넘지 않았다. 증기기관의 에너지 효율도 비슷하며, 증기기관차에 동력을 공급하는 소형 기계는 효율이 10% 이하다. 현대의 휘발유 엔진(30% 효율)은 디젤엔진의 성능(40% 효율)에 근접해 가고 있고, 해양 선박을 위해 설계된 가장 큰 디젤엔진의 효율은 50%를 넘는다. 그리고 이미 언급했던 복합 사이클 가스터빈의 경우 60%를 살짝 넘으며 임계치에 도달했다. 신뢰도를 보자면 가스터빈으로 움직이는 제트기는 10만 시간의 작동 중 단 1회의 고장이 예상된다. 이는 11.5년 가까이 멈추지 않고 비행하는 것과 같고, 규칙적으로 정비한다면 20년 넘게 운행이 가능하다.

근본적인 변화

에너지 전환은 네 가지 변화를 가져왔다. 첫 번째 변화는 세계의 시스템을 식물성 피토매스[25]에 대한 의존에서 화석연료[26]로 대체시킨 것이다. 두 번째 변화는 동력 밀도가 낮은 연료에서 동력 밀도가 높은 연료로 대체된 것이다.[27] 세 번째 변화는 보관이 어려운 연료가 편리하고 저렴하게 보관이 가능한 연료로 대체된 것이다. 건조하고 안전한 장소에 쌓인 1m³의 건조된 나무토막(수분 함유량 15%)들은 300~450kg의 무게 안에 8GJ 이하의 에너지를 가지고 있는 반면, 같은 부피의 역청탄과 원유는 각각 2.5배

....

25 작물 잔여물의 경우에는 3~5개월, 관목 및 빠르게 자라는 나무의 경우 3~15년, 다 자란 나무는 대개 10~80년이 걸린다.

26 대부분 매장된 원유는 1억~1억 5천만 년 전에 형성됐으며, 많은 석탄이 3억 년도 더 되는 기간 동안 매장되어 있다.

27 짚(15GJ/t)과 건조 목재(17GJ/t)에서 역청탄(20~25GJ/t)으로 그리고 원유(42GJ/t)로의 변화.

(20GJ)와 거의 5배(38GJ)의 에너지를 함유하고 있다. 이런 차이는 휴대성을 높여 교통수단에 사용할 수 있게 한다. 목재 연료로도 기관차를 움직일 수 있겠지만, 증기기관의 경우 빈번하게 연료를 재보급해야 했다. 또한 자동차 역시 목재 연료를 한 번만 충전해서는 500km를 주행할 수 없으며, 대륙 간 비행은 상상도 할 수 없다. 네 번째 변화는 지구 표면 단위당 측정된 동력 밀도의 증가이다(Smil 2015b; 그림 4.7). 모든 피토매스 연료는 내재적으로 동력 밀도가 낮아서 대부분 1W/㎡ 이하의 연간 생산량을 내고, 목재가 숯으로 바뀌면 상당히 감소한다(단, 숯은 건조 목재에 비해 동력 밀도는 거의 두 배). 결과적으로 피토매스로 현대의 고에너지 문명을 운영하려면 엄청나게 넓은 지역의 나무들이 희생될 것이다.

반면에 화석연료는 적어도 10^1W/㎡의 밀도를 가진 석탄 탄광과 탄화수

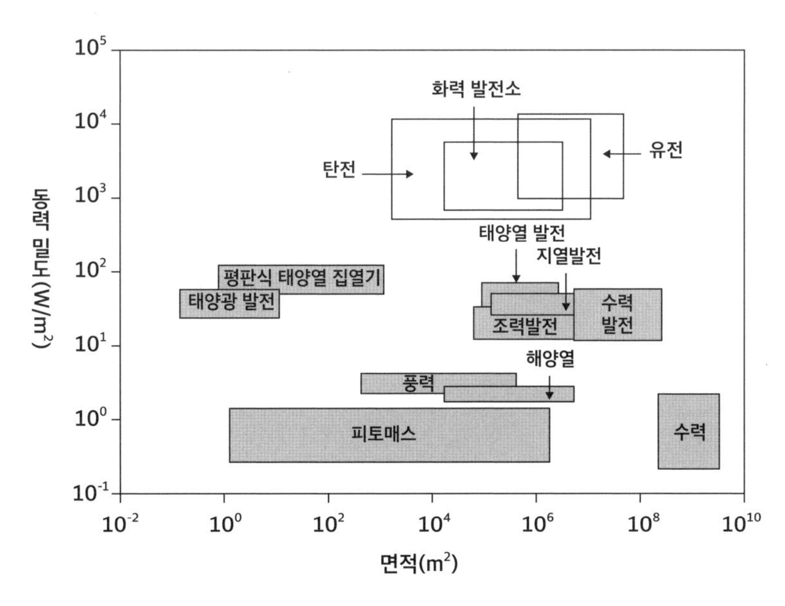

[그림 4.7] 재생 에너지와 화석연료 추출 및 변환.

소가 있는 지역에서 추출될 수 있는데, 대개 10^2~10^3W/m^2의 밀도를 가지거나, 생산성이 높은 석유와 가스가 매장된 지역은 상대적으로 매우 좁은 지역에 생산을 집중시킬 수 있다. 거대 탄화수소 매장지는 특히 동력 밀도가 높다. 그러나 엄청난 양의 탄화수소는 매우 농축된 방식으로 생산되고 대륙 간 파이프라인과 유조선에 의해 운송되기 때문에, '높다'라는 뜻은 공간적인 규모를 말하는 것이 아니라 자원이 막대하다는 의미다.

물론 이런 것들은 고갈될 수 있는 자원이지만 거대 매장지들에서는 수십 년 동안 풍부하게 생산이 이루어지고 있으며 일부 지역의 양은 줄어들지언정 한 세기 이상 생산이 계속되고 있다. 궁극적으로 산출량은 새롭게 확대되는 바람과 태양 에너지를 포함한 재생 가능한 에너지원의 조합으로 대체되어야 할 것이다. 태양과 바람의 경우 동력 밀도는 낮지만 높은 효율성을 가진 태양광 전지(PV셀)[28]는 궁극적으로 50W/㎡를 초과할 수 있다. 우리 에너지의 미래가 전기를 더 많이 사용하게 될 거라는 사실은 1882년 이후 에너지 전환의 궤적을 생각하면 당연한 수순이다.

• • • •

전환의 가속도를 붙인 전기화

최초의 기초 전기 실험과 최초의 전기 동력 기구의 실용적인 설계는 19세기 전반에 이루어졌다(Smil 2005). 전기와 관련된 이정표들을 나열하면 최초의 배터리 발명(알렉산드로 볼타Alessandro Volta 1800년), 전류의 자기

....

28 광전 효과를 이용해서 빛을 쪼이면, 전류가 흐르면서 전력을 생산하는 반도체 장치.

효과의 발견(한스 크리스티안 외르스테드Hans Christian Ørsted 1819년) 그리고 움직이는 자기장의 전류 유도(마이클 패러데이Michael Faraday 1831년) 등이 있다. 패러데이의 발견은 낮은 에너지 밀도의 배터리에 의해서 제공되는 방식에서 중앙 발전소에 의한 대규모 전력 생산방식으로 이끌었고, 토머스 에디슨이 이 획기적인 진보 과정에서 핵심적인 역할을 했다. 에디슨의 공헌은 내구성 있는 전구의 발명부터 전기를 발전해서 분배하는 시스템을 완성하는 것까지 걸쳐 있다. 런던과 뉴욕에 있는 그의 첫 시설들은 1882년에 가동되기 시작했고 금세 새로운 사업들이 이어졌다(그림 4.8).

이후 30년 동안 전기 시스템은 빠르게 발전했는데, 새로운 전기 시대를 여는 데 기여한 12명의 이름은 다음과 같다. 찰스 커티스Charles Curtis, 미하일. 돌리보-도브로월스키Mikhail. Dolivo-Dobrowolsky, 세바스찬 페란티Sebastian. Ferranti, 갈릴레오 페라리스Galileo Ferraris, 존 깁스John Gibbs, 찰스 파슨스Charles Parsons, 윌리엄 지멘스William Siemens, 윌리엄 스탠리William Stanley, 찰스 스타인메츠Charles Steinmetz, 조셉 스완Joseph Swan, 니콜라 테슬라Nikola Tesla, 조지 웨스팅하우스George Westinghouse이다. 1910년 이전에 있었던 그들의 성취는 현대 전기 시스템의 토대로 남아 현재까지 사용되고 있다. 제2차 세계대전 이후, 이런 기술의 발전 덕분에 단위 용량은 훨씬 더 높아지고 효율성은 크게 향상됐으며, 안정성은 증가했다. 새로운 발명품으로는 분쇄 석탄을 태우는 보일러(1920년대), 태양광 전지PV cell(1960년대), 점점 강력해지는 풍력터빈 그리고 21세기 초부터 이루어진 풍력터빈과 더 효율적인 태양광 전지의 설치와 보급 등이 있다.

전 세계 전기는 대부분 중앙식 화력 발전과 수력발전을 통해 생산된다. 전력은 땅속 케이블이나 지상의 전선을 통해 개인에게 전달된다. 증기터빈은 화력 발전소 내에 가압 증기를 팽창시켜 회전한다. 수력터빈은 큰 수력발전소에 전력을 공급한다. 변압기는 전송이나 특정한 사용 전에 전압을 올리거나 내린다. 그리고 전기모터는 수많은 산업과 가정 그리고 운송 업무에 힘을 불어넣을 수 있는 가장 유연하고, 가장 저렴하며, 가장 믿을 수 있는 방식을 제공한다.

[그림 4.8] 1902년 뉴욕에 완공된 에디슨의 93MW 전기 발전소는 증기기관을 사용한 마지막 대형 발전소 중 하나다(그림의 왼쪽에 있는 홀 안에 있는 것은 보일러다).

전기의 중요성

에너지의 대전환이 화석연료에 의한 피토매스 치환에만 국한됐다고 하더라도, 우리는 여전히 더 편리하고 효율적인 공간 난방, 많은 산업 부문에 사용할 더 효율적인 에너지 자원, 내연기관과 증기 및 가스터빈을 사용한 더 빠른 여행이 가능했을 것이다. 하지만 전기 없이 화석연료를 기반으로 사회를 운영하기 위해서는 지금보다 더 많은 수정을 거치고 엄청난 창의력을 발휘해야 했을 것이다.

차에 시동을 거는 일은 전기가 없던 시기에 겪었던 불편함을 가장 잘 보여 준다(Smil 2005). 초기의 모든 휘발유 차량은 핸드 크랭크hand crank로 시동을 걸어야 했는데, 이런 방식은 인간 근육의 폭발적인 힘을 필요로 했으며, 다칠 위험까지 있었다. 이후로도 계속해서 개선되었는데, 1911년에 찰스 케터링Charles Kettering이 만든 전기 시동기가 등장하고 나서야 문제는 해결됐다. 1927년 포드의 마지막 모델 T가 등장했을 때 모든 신차에는 전기 시동기가 장착되어 있었다. 자동차 분야와 마찬가지로 비행기도 처음에는 수동으로 프로펠러를 돌려서 시동을 걸었지만, 1930년에는 전기 시동기로 대체됐다. 제트엔진(가스터빈)은 이제 보조 동력 장치에 의한 압축가스를 사용해 작동을 시작하지만, 엔진 자체는 배터리로 시동을 건다.

시동을 거는 일은 전기가 없는 세상에서 화석연료를 다루는 일의 어려움 중에서 아주 작은 부분이다. 비행기를 예로 들면 조금 더 피부에 와닿게 느낄 수 있다. 통신 및 항법[29] 장치, 날씨 레이더, 선실 조명등, 객실 내 온도 조절뿐만 아니라 비행기 내의 오락거리를 제공하는 개별 스크린은

29 항공기나 선박을 어느 한 지점부터 다른 지점으로 소정의 시간에 도달할 수 있게 유도하는 방법.

말할 것도 없고, 식사와 음료의 준비 등은 어떻게 할지 생각해 보라. 더욱이 자동차는 압축가스로 전면 와이퍼와 경적을 작동할 수 있지만, 야간 주행과 신호를 위한 전기등이 없다면 상당히 난감할 것이다. 자동으로 열고 닫을 수 있는 창문과 사이드미러 조절, 잠금장치도 마찬가지다. 다시 수동으로 창문과 잠금장치를 조작하는 것 정도는 할 수 있을 것이다. 하지만 신호등, 지하철, 고속열차, 공항, 병원, 냉장고, 에어컨과 같이 세상 곳곳에서 전기 공급에 의존하는 온갖 시스템을 포기하는 것은 다른 문제다.

그리고 즉각적인 의사소통과 연간 제타바이트zettabyte[30] 수준으로 정보의 흐름이 이루어지는 전자 세계는 두말할 것도 없다.(Seagate 2017). 기계적인 계산으로 돌아간다면, 오늘날의 데스크톱이나 노트북과는 비교가 안 될 정도로 거대하고, 성능은 저조한 기구들에 의존할 수밖에 없으며 우리의 수행 능력은 상당히 후퇴할 것이다. 전기가 사라진다면 휴대폰 중독이 근본적으로 치료될 수 있겠지만, 우리의 의료 서비스는 제 기능을 발휘하지 못하고 기대 수명도 낮아질 것이다. 오늘날 아기는 대부분 병원에서 태어나며 미숙아는 얼마간 인큐베이터에서 지내게 된다. 백신은 냉장시설이 필요하며, 식품도 마찬가지다. 비침습적 진단(초음파, 엑스레이 등)을 할 때도 전기가 사용된다. 인공 심폐 장치나 혈액 투석기도 마찬가지다. 많은 노인들이 일정 기간 인공호흡기나 심장 모니터를 부착한 채 삶을 연명하고 있다.

....

30 데이터 정보량을 나타내는 단위로, SI 단위계에서 10의 21제곱을 의미하는 SI 접두어 '제타(zetta)'와 컴퓨터 데이터양을 표시하는 단위인 '바이트(byte)'의 합성어다.

현대 사회의 전기화

세상 전기의 대부분(2018년 약 3분의 2)은 화석연료의 연소를 통해 생산되지만 1882년에 상업적으로 수력발전도 사용됐으며, 이후 지열 발전소(1904년)와 원자로(1956년), 태양광 전지, 현대식 풍력터빈(1980년대부터 시작)이 추가됐다. 따라서 전기화는 과도기 속 전환인 것이며, 근본적 공익성과 어디에나 존재하는 사회·경제적 영향력 등은 전기를 기술적 혁신 과정에서 가장 중요한 요소로 만들 것이다. 어쩌면 '전기의electric'라는 형용사는 현대 사회가 작동하는 방식을 묘사하는 가장 중요한 단어일지도 모른다.

전기 변환 장치의 보편성은 불필요한 노동력을 줄여 주고 전달이 안정적일 뿐만 아니라 가격도 저렴하며[31] 유연한 적용(빛, 화학, 열, 물리적으로 변환)이 가능하기 때문에 다른 에너지와 비교할 수 없을 정도로 효율적이다. 전기는 수작업으로 곡물을 타작하고 관개수를 끌어 올리는 일부터 곡식 갈기, 손빨래 등을 포함하는 피곤하고 힘든 육체노동을 완화하거나 사라지게 만들면서 획기적으로 소비자의 불편을 덜어 주었다. 전기는 하루를 길게 늘이는 데도 큰 영향력을 행사했는데, 모든 전통적인 조명은 백열등이나 형광등과 비교하면 매우 열악했다. 현재는 백열등과 형광등보다 더 효율적인 조명이 등장하였다.

필자는 전기화의 진행 과정에서 있었던 세 가지 전환과 그 전환의 상호효과에 초점을 맞춰서 살펴보고자 한다. 먼저 어둠의 제거인데, 전 세계

31 부유한 국가의 평균적인 가정의 2016년 한 달 전기 사용료는 가처분소득의 2% 정도이다(Electric Choice 2018).

많은 지역에서 현재 도를 넘어선 부분이다. 다음은 공장 및 산업 생산 체제에 미친 영향이다. 마지막은 가사 노동과 여가 활동의 변화이다. 많은 가사 노동이 수월해지거나 사라짐으로써 여가 시간이 늘어났는데, 이 역시 점점 더 많이 전기에 의존하고 있다.

어둠을 사라지게 만든 것은 참으로 마법 같다고 할 수 있다. 이것은 특히 전기 시대가 막을 열기 바로 직전 조명의 방식들이 수천 년 전과 크게 다르지 않았기 때문이다. 한 가지 중요한 예외가 있었다면 주요 도시에만 한정된 가스등이었다. 가스등은 석탄으로 가스를 만들고 가스 배관을 통해 건물에 공급할 수 있게 되면서 가능했는데, 그것은 1812년 런던에서 처음 도입됐으며 이후 북아메리카와 유럽의 주요 도시 지역에서 수십 년 동안 존재했다.

전구는 획기적인 출발을 대표한다(Smil 2005). 미국에서 전국적으로 전기화가 시작된 것은 1907년으로 기록되어 있는데, 이때는 모든 거주 지역의 겨우 8%에만 전기가 공급됐으며 모두 도시였다. 1912년 미국 전기 산업이 30년에 접어들고 모든 거주지의 16%가 배전망에 연결되어 있었던 당시, 미국정치사회과학 아카데미 연보The Annals of the American Academy of Political and Social Science가 발행한 특별호에는 전화와 우편 배달이 시골 생활의 편의 시설 목록에 포함됐지만, 농장의 전기화에 대해서는 언급이 없었다(Van Norman 1912).

1920년, 전기를 사용할 수 있는 거주지의 비율은 거의 35%까지 상승했지만, 농장의 경우는 1.6%에 머물러 있었다. 근본적인 변화는 1936년 지방전기화감리국Rural Electrification Administration이 창설되면서 시작됐으며, 무수한 전기 협동조합이 생겨났다(Carmody 1939). 이어서 전기화가 이루어진 농장에는 생산성이 평균 40% 이상 증가했으며, 농촌의 가구들은 연간 소득의 28%를 할애해 가며 전기가 들어오는 집에서 살았다. 이는 시골에서 전기화를 통해 얻는 혜택(이익)이 연간 지출보다 더 컸기 때문이다(Lewis and Severnini 2014).

지방의 전기화는 1930년 약 10%였던 미국 농장의 전기화 비율을 1940년에는 거의 33%로 끌어올리고, 전쟁 이후 빠르게 성장하여 1950년에는 78%가 되었다. 마지막으로 확인할 수 있었던 1956년에는 그 비율이 95.9%에 달했으며, 도시와 지방의 비농장 지역은 99.2%를 차지했다. 전기화 과정에서 모든 주거지의 10%가 배전망에 연결되는 데는 26년(1882~1908년)이 걸렸으며, 50%에 도달하기까지는 43년(1925년), 90%까지 67년(1953년), 99%까지는 75년이 걸렸다. 따라서 미국에서 전기 조명으로의 전환이 완료되기까지는 4분의 3세기가 걸렸다고 보면 되는데, 이는 1880년대의 평균 수명보다 훨씬 긴 기간이었다(그 당시 남성의 평균 수명은 45년이었다). 유럽의 작은 국가들은 제2차 세계대전 이전에 전기화가 이루어졌고, 캐나다와 호주에서는 미국과 비슷한 시기에 전기화가 완료됐다. 일본은 본질적으로 제2차 세계대전 이전에 전기를 도입했으며 중국은 최근에 전기화되었다. 인도의 경우 지방의 전기화 비율은 77%로 아직 98% 이상 진행된 도시에 한참 못 미치고 있다.

아프리카의 도시와 지방의 비율을 살펴보면 나이지리아에서는 각각 90% 근처와 5% 미만이며, 차드Chad의 경우 3분의 1과 3% 정도이다(World Bank 2019). 지방의 전기화는 현재 '야간조명 데이터 세트Nighttime Lights data set'를 통해 위성으로 측정 가능한데, 마을 단위를 분석할 때도 놀라울 만큼 정확하다(Dugoua Qet al. 2018). 전 세계에서 전기화는 갈 길이 많이 남았는데, 2020년대 내에는 지구가 전부 전기화되지는 못할 것이다. 2016년에는 대략 11억 명의 사람들이 전기를 공급받지 못했는데, 2000년의 17억 명보다 35% 감소한 수치이며, 2030년까지 6억 7,400만 명으로 더 감소할 예정이다(IEA 2017a).

조명과 모터

전기화는 조명과 함께 시작됐다. 제일 주목할 만한 현상은 1880년대 초 발전이 시작된 백열전구가 75년이 지나서도 여전히 지배적인 전기 변환기였다는 점과 20세기 동안에도 그 영향력을 유지했다는 사실이다. 에디슨과 스완이 특허를 획득한 최초의 상업 조명과 비교하면 최신의 디자인들은 훨씬 향상됐다(Smil 2005). 최초의 카본 필라멘트는 오래전 금속들(오스뮴osmium, 탄탈룸tantalum, 1910년부터는 텅스텐)로 대체됐지만, 발광효율(와트watt당 루멘lume[32])은 여전히 형편없었다(15lm/W 미만).

더 효율적인 형광등은 1901년에 이미 특허를 획득했지만, 상업적으로 도입된 것은 1938년이었는데, 궁극적으로 100lm/W의 발광 효율을 가지고 있었다(Rea 2000). 태양광과 스펙트럼에서 큰 차이가 나면서 빛의 질은 떨어졌지만, 결국 사무실, 공장, 소매 시장과 공공기관에서 백열전구를 대체했으며 저소득 국가의 가정 내 사용 비율도 압도적으로 증가했다. 삼파장 전등CFL: Compact fluorescent lights은 1990년대 중에 도입됐으며 2018년에는 두 종류의 형광등이 전 세계에 설치된 450억 개 조명기기의

....

32 빛의 밝기를 나타내는 수치로 높을수록 밝은 빛을 낸다. 백열전구는 소비 전력으로 밝기를 알 수 있지만, LED 전구는 루멘(lm) 수치로 밝기를 판단할 수 있다.

약 55%를 차지했다(Smallwood 2018).

일부 국가들은 이미 새로운 백열등의 판매를 전면 또는 부분적으로 금지했지만, 미국의 경우 원래 2020년 1월에 시작하기로 했던 금지령을 철회했다. 최근 가장 빠른 전환은 할로겐과 LED$_{\text{Light Emitting Diode}}$ 조명으로의 전환이었다. 스펙트럼이 태양광에 훨씬 가까운 할로겐은 출하한 조명의 절반 정도를 차지했고, LED는 발광 효율이 100lm/W를 넘기면서 2020년에는 지배적인 위치를 차지할 것으로 예상된다(Smallwood 2018). 백열전구에서 LED 조명으로의 전환은 거의 150년이 걸리게 되는 셈인데, 이를 통해 우리는 현대의 인공물이 바뀌는 데 얼마나 오랜 시간이 걸리는지 알 수 있다.

전기 조명은 특히 다른 전기 및 전자 기구들과 결합하여 인간 행위의 여러 측면을 바꾸었는데, 노동, 교육, 여가, 운동 등이 가능한 시간을 연장하면서 긍정적인 영향을 미쳤다. 경제적인 측면에 끼친 영향은 매우 의미가 깊은데, 그 범위는 노동생산성의 향상과 더 나은 작업 환경, 교통안전부터 소매 분야의 영업시간 연장, 더 유연한 가사 관리에 이른다. 하지만 풍요로운 사회에서 실내외에 지나치게 많은 조명을 사용함으로써 부정적인 영향도 끼쳤다.

야간 위성 사진을 보면 어둠이 넓게 존재하는 지역은 사하라 이남 아프리카 지역과 티베트, 몽골, 아마존 서쪽 그리고 북극권에서만 볼 수 있으며, 많은 지역에서 인공조명이 밝힌 커다란 원이나 리본 형태의 빛이 연속적으로 이어지는 모습을 볼 수 있다. 야간조명이 가장 집중된 지역은 미국의 북동부, 플로리다, 캘리포니아, 유럽 북서부, 일본 등이다(NASA 2018). 실내 조명 역시 부정적인 영향을 미친다. 우리 사회에 만연한 수면 부족은 인간이 전자 기기의 화면에 중독된 탓이다.

두 번째로 가장 주목할 만한 전기적 전환은 전기모터가 산업 생산을 정복한 것이다(Schurr 1984). 무생물 동력은 생물 에너지를 대체하고 공장 기계를 작동시키는 데 필요한 기계적 에너지를 유지했다. 이전에 커다란 바퀴를 수동으로 작동시키거나 발로 페달을 밟아 얻었던 동력은 벨트에 의해 전달됐다. 왕복 움직임은 순환성 움직임으로 쉽게 변환될 수 있지만, 중앙에 위치한 거대 증기기관으로부터 동력을 전달하는 최고의 방법은 벨트 구동을 통한 것이었다.

긴 가죽 벨트는 판자에 난 구멍들을 통해서 각각의 바닥으로 향하고 천장 근처에 위치한 마스터 샤프트$_{shaft}$[33]를 회전시키면 더 짧은 벨트는 샤프트의 회전을 개별적인 작업대로 전달했다. 이런 시스템은 확실히 단점이 많았다. 모든 구동 벨트는 동시에 같은 속도를 내고 있었고, 개별 기계에 다른 속도를 전달하기 위해서는 까다로운 배열을 이용하는 방법뿐이었다. 하지만 벨트는 자주 미끄러지면서 빠졌고, 그렇게 될 경우 작업자들이 부상을 입을 수 있었다. 또 벨트가 작동할 때는 매우 시끄러웠는데, 상당한 마찰 때문에 비효율적이었다. 공장의 바닥은 벨트의 위치를 중심으로 설계되었고, 하나의 트랜스미션 벨트가 미끄러지거나 샤프트 축에 균열이 갈 경우 전체가 정지했다. 심지어 기계 중 일부만 사용 중이라고 해도 전체 변속 기기가 움직여야 했다. 반면에 전기모터는 이 모든 걸 바꿔 놨다.

....

33 동력을 전달하는 막대 모양의 기계 부품. 회전운동 또는 직선 왕복운동에 의해 동력을 떨어져 있는 곳에 전하는 막대 모양의 기계 부품이다.

크기가 다른 모터들은 기계에 개별적으로 동력을 줄 수 있었으며 부상의 위험도 줄여 주었다. 모터는 직접 기계의 축을 돌리기 때문에 소음과 마찰로 인한 손실은 사라졌다. 정확한 조작 덕분에 기계 작동은 개별화될 수 있으며 생산성은 극대화될 수 있다. 전기모터의 디자인은 가장 합리적인 작업 흐름이나 제조 융통성을 위해 최적화될 수 있다. 이뿐만 아니라, 천장에 매달린 샤프트가 제거됨으로써 더 우수한 조명을 설치할 수 있었고, 이후 냉방 시설이 설치되면서 노동생산성 증대에도 도움이 되었다.

미국은 단 30년(1899~1929년)만에 증기기관에서 전기모터로의 전환이라는 엄청난 성취를 이루어냈다. 전기모터의 최대 출력(생산 능력)은 60배 증가한 반면, 기계 동력은 4배밖에 증가하지 않았다(Daugherty 1928; Schurr 1984; Hunter and Bryant 1991). 1899년 증기기관은 전체 제조 생산 능력의 77%를 차지했고, 21%는 수력터빈이 차지했던 반면 국가 제조 설비에서 전기 동력이 차지했던 비율은 5%에 못 미쳤다. 1929년 전기모터가 차지하는 생산 능력은 전체의 82.3%였으며, 1969년 그 비율은 살짝 증가해 85%가 되었는데, 디젤엔진과 가스터빈이 나머지의 대부분을 공급했다. 증기기관에서 전기모토로의 전환은 1899~1929년 사이에 미국 제조 생산성이 거의 두 배 증가하고 1960년에는 두 배 추가로 증가하는 데 있어서 가장 중요한 역할을 했다(Schurr 1984).

가정의 전기화는 1882~1914년 사이 천천히 진행됐으며 대개 방마다(반드시 방마다 있었던 것은 아니었다) 중앙에 설치된 낮은 전력의 전구 전기조명(15~30W)을 사용하였다. 일부 부유한 가정에서는 천장에 설치하는 팬이나 가벼운 전기다리미, 최초의 토스터기(Smil 2005; 그림 4.9) 등과 같

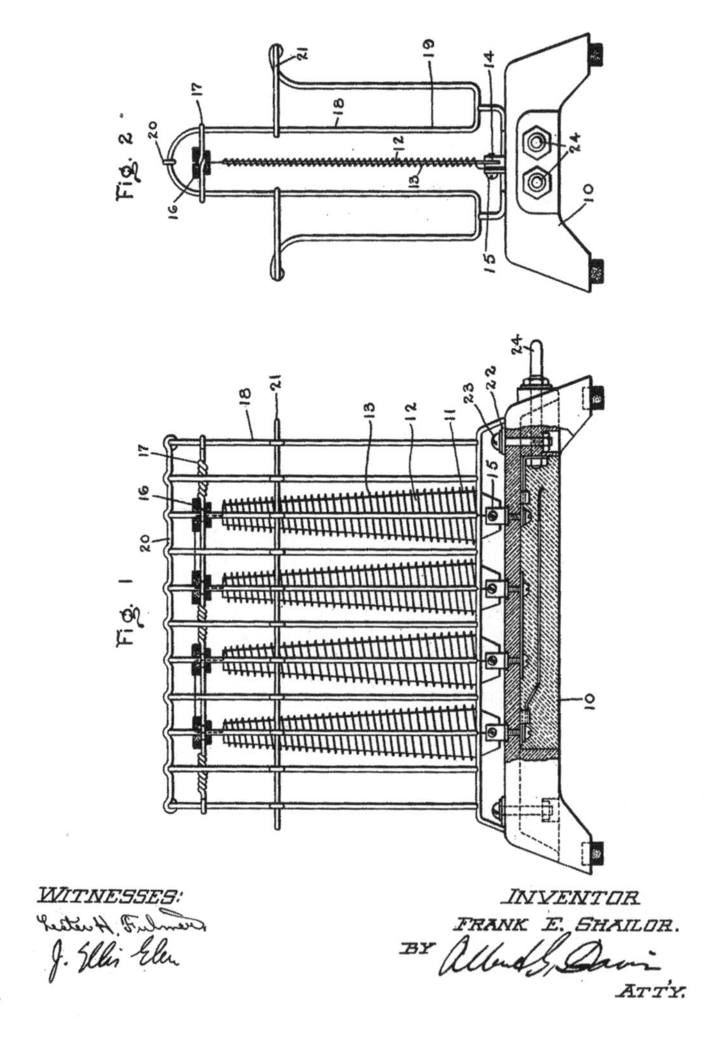

[그림 4.9] 프랭크 샤일러(Frank Shaylor)의 '전기 히터'는 1910년에 특허를 받았으며, 제너럴일렉트릭사는 이보다 일 년 앞서 최초로 널리 보급된 토스터를 생산하기 시작했다.

이 몇 가지 작은 전기 기구를 사용하였다. 이후 주요 전기 기기의 보급은 여러 요인(기술 발달, 비용, 전기료, 생활 환경, 생활 방식)들이 얽히며 진행됐다. 어떤 제품의 도입과 보급 사이에는 최대 수십 년까지의 격차가 발생했는데, 실소유자가 얼마나 증가했는지를 보여 주는 자료를 통해 제품마다 다른 시장 진입 속도를 알 수 있다.

요리용 레인지range는 전기화가 이루어진 최초의 주방 기기다. 1920년까지 모든 미국 가정 중 20%가 하나를 소유하고 있었고, 제2차 세계대전 바로 전(1940년)에는 절반이 소유하고 있었으며, 1955년에는 90%가 소유하고 있었다. 오늘날 전기 레인지는 결국 보편화됐지만, 일부 가정은 가스레인지를 선호한다. 세탁기는 1920년대 중반이 되어서야 보급되기 시작했는데, 제2차 세계대전 동안에는 소유한 가정이 줄어들었다가 1964년이 되고 나서야 50%가 소유하게 됐으며, 90%에 못 미치는 지점에서 보급률의 성장이 멈췄다. 반면에 냉장고를 소유하는 가정은 같은 시기에 늘어나기 시작했지만, 꾸준히 높은 증가세를 보이면서 1940년대 초에는 50%에 도달했으며, 1953년에는 90%가 되었다. 1960년에는 사실상 미국의 전 가정이 냉장고를 소유하고 있었다. 유럽과 일본에서 냉장고와 세탁기는 미국에서만큼 흔하지만, 전기 요금이 더 높은 까닭에 세탁물 건조기를 소유한 가정은 드물다.

세 가지의 주요 전기 컨버터는 제2차 세계대전이 지나고 나서야 보급되기 시작했다. 창문 에어컨은 1960년이 지나서 판매가 시작됐으며 1974년에는 중앙 냉방 장치가 점점 증가하면서 전체 가구의 절반이 에어컨을 사용하게 됐다(Nagengast 2002). 에어컨은 1960년대부터 남쪽으로 이주한 많은 북부 지방 출신의 사람들이 미국의 선벨트Sunbelt[34]지대에서 생활하는 것을 편안하게 만들어 주었다(Glaeser and Tobio 2007). 그리고 미네소타와 노스다코타에 있는 신축 주택에 중앙 냉방 장치가 설치되면서 에어컨이 북쪽 지역에 보급되었으며, 1990년에는 미국 가정의 95%가 에어컨을 소유하고 있었다.

부유한 국가들 중 오직 일본과 대만에서 에어컨을 소유한 가정의 비율이 비슷하게 높았으며, 상대적으로 비효율적인 창문형은 현재 중국에서 더운 지역에 있는 도시 아파트에 대부분 설치되어 있다. 전국적인 보급률은 60% 정도지만, 다시 한번 후발 주자로서 빠른 전환 속도를 보이며 보급률이 올라갔다. 1990년에는 일반적인 중국 가정에서 한두 대의 선풍기를 소유하고 있었고, 2000년 도시에서는 100가구 중 31가구가 에어컨을 소유했다. 2010년까지 도시 에어컨의 비율은 100%에 도달했으며, 많은 가정에서 작은방에도 추가 설치를 하면서 2018년에는 142%까지 올라갔다. 그리고 같은 해 지방에서도 100가구 중 65가구가 에어컨을 소유하고 있었다(NBSC 2019).

그러나 거주 공간의 냉방은 프랑스와 독일에서는 흔하지 않으며(냉방 장치를 소유한 가정은 5% 미만이다), 멕시코와 브라질에서는 겨우 20% 정도이고, 인도에서는 몇 퍼센트 되지 않으며, 사하라 이남 아프리카의 경우 부유한 지역 외에는 냉방 시설이 없다. 따라서 앞으로 확장될 가능성은 엄청난데, 전형적인 변환 효율에서 실질적인 진보가 이루어지지 않는다

....

34 태양이 비치는 지대라는 뜻으로, 미국의 노스캐롤라이나에서 태평양 연안의 남부 캘리포니아에 이르는 북위 37도 이남 지역을 총칭하여 일컫는 말이다.

면 에어컨은 전 세계에서 건물 내 전력 수요의 3분의 1에 해당하는 단일 최대 점유율을 차지할 수 있으며, 전체 에어컨의 수는 50억 대를 초과할 수 있다(IEA 2018a).

····

에너지 사용의 효율성과 집약도

에너지 전환 효율의 향상으로 에너지 집약도는 확연히 낮아졌다. 수십 년 전에 들어가던 에너지 투입량의 극히 일부만으로도 경제적, 산업적 결과물의 생산이 가능해졌다. 이 현상은 이미 예견된 세계적인 추세였다. (에너지 효율로 인해) 국가적 격차가 생기는 것 또한 그 예견 중 하나다. 효율 격차는 시장의 규모가 분명히 커지고 있음에도 불구하고 다른 성장과 수요를 강제할 만큼 강력해지고 있다.

에너지 사용의 개관

처음에는 나무 그다음에는 석탄을 연소하여 열에너지로 바꾼 뒤, 요리와 난방에 사용했다. 석탄을 코크스로 변환함으로써 숯을 대체했고 더 이상 제철이 목질 피토매스에 의존하지 않게 됐으며 금속 생산의 규모가 엄청나게 증가했다. 두 번째 중요한 다각화는 주요 산업화 도시에서 실내와 실외 조명을 위해 석탄가스[35]를 생산한 것이었다. 이런 전환으로 육지

....

35 석탄을 밀폐한 용기 속에서 고온으로 건류하여 얻는 가연성의 기체. 메테인·수소·일산화탄소·이산화탄소·유화수소 따위의 혼합 기체로 발열량이 많아 연료로 쓰이는데, 대부분이 해탄로에 의하여 생산된다.

와 수상 교통수단에서의 이동식 석탄 사용이 가속화됐다. 1850년대는 그런 경향이 지배적이었으며 정제된 연료가 부상하기 전까지 100년 동안 지속했다. 실내 난방과 산업용 연료 사용의 보급은 동시에 종료되었다. 석탄은 두 개의 주요 시장인 발전소와 코크스만을 남겨두고 있다. 특히 발전소용 석탄의 경우 미국과 유럽연합에서 활용도가 급속히 감소하고 있지만, 이후 수십 년 동안 중국과 인도에서는 계속 중요한 위치를 차지할 것이다.

연료 사용의 세 가지 주요 변화로는 전기로 변환되는 비율이 상승하는데 따르는 간접적인 소비의 증가[36], 교통에 사용되는 연료의 비율이 높아지는 방향으로의 전환 그리고 가정 내의 편의성을 위해서뿐만 아니라 잦아지는 외식과 여행과 같은 바깥 활동에 소비되는 에너지의 증가 등을 들 수 있다. 2015년에는 전체 채굴된 석탄의 약 54%가 전기 발전소에서 사용되었는데, 미국에서는 그 비율이 90%이고 중국에서는 46%이다(OECD 2018a). 지금까지 중국은 석탄 화력 전기의 최대 생산국이지만, 대부분 국내의 제조 산업에 사용하고 있다(2017년 해당 부문 에너지의 65%를 공급).

2015년 전 세계 연료 공급의 10%에 못 미치는 양이 철강 제련을 위해 사용됐으며, 15% 미만은 다른 산업적 용도로 소비됐다. 석탄과 달리 정제된 액체 연료는 조명(인도에서는 여전히 등유 램프가 널리 사용된다), 윤활유, 난방, 석유화학 제품의 원료 등으로 사용된다. 하지만 정제 기름이 가

....

36 1900년에는 화석연료의 2%에 못 미치는 비율이 전기로 전환됐으며, 2000년에는 그 비율이 약 25%에 도달했다.

장 많이 사용되는 곳은 엔진이 달린 차량(2015년 전 세계적으로 77%, 미국에서 87%)이며, 그 뒤를 항공기와 선박이 차지하면서 최근 전 세계 사용량의 3분의 2(미국에서 76%)라는 압도적으로 높은 비율이 교통수단에 사용되고 있다.

이런 현실은 빨리 바뀌지 않을 것이다. 상업적 장거리 비행과 대규모의 대륙 간 해운을 쉽게 대체할 만한 것이 없기 때문이다. 결과적으로 터보팬과 디젤엔진은 향후 수십 년 동안 우리와 함께할 전망이다(Smil 2010a). 두 번째로 중요하게 따져 봐야 할 사항은 운송 수요의 규모이다. 2.5Gt의 정제 상품은 비록 다양한 대체품이 있다고 해도 쉽게 교체되지는 않을 것이다. 게다가 모든 화석연료는 매우 중요한 비에너지non-energy의 용도로 사용되기도 한다. 전 세계 석탄 생산량 중 2% 이하가 비에너지 용도로 사용되지만, 정제 석유의 경우는 16%, 천연가스는 5% 정도가 비에너지 용도로 사용됐다(OECD 2018a).

화석연료에 의존하고 있는 현대 고에너지 사회의 전환 규모는 20세기 동안 몇 배수가 늘었는지와 2000년과 2020년의 상대적 증가를 비교해 보면 가장 잘 이해할 수 있을 것이다. 필자가 계산한 1900~2000년 사이에 최종적인 에너지 사용(과정 손실이 이루어진 후에)의 증가는 석탄의 경우 4.7배, 원유는 199배, 천연가스는 538배로, 결과적으로 화석연료 소비는 15배가량 증가했다(Smil 2017b). 21세기의 첫 20년 동안에는 석탄과 탄화수소의 사용에서 상당량이 추가적으로 증가했는데 석탄의 경우 70%, 원유는 25%, 천연가스는 60% 이상 늘었다(BP 2020).

이런 증가량을 통해 화석연료로의 전환이 아직 전 세계적 수준에서 완료되지 않았다는 사실을 알 수 있으며, 석탄 채굴이 장기적으로 감소할 것이라고 예측하는 전망들도, 21세기 중반까지는 탄화수소에 대한 수요가 상당히 늘어날 것이라고 말한다(Smil 2017a). 아시아와 아프리카에서는 전체적으로 조금씩 성장할 것으로 보이며 미국, 캐나다, 호주에서는 1차 에너지의 절대 공급량이 증가할 것으로 예측된다. 일본이나 거의 모든 유럽 국가들과는 달리 이 세 나라 경제는 여전히 에너지의 절대 공급량의 추가적인 증가로 이어질 대규모 이민으로 인한 인구 규모의 성장을 겪고 있기 때문으로 풀이된다. 그러나 이 상황은 상대적으로 다를 수 있는데, 앞서가는 서양의 경제는 1인당 에너지 소비량이 안정권에 진입했으며 많은 경우 약간의 수요 감소가 뒤따랐다.

19세기 전반 유럽에서 목재 연료를 사용하던 시기가 끝나갈 무렵, 1인당 에너지 사용은 지중해 국가에서는 연간 15~20GJ 정도로 낮았으며 숲이 울창한 스칸디나비아반도에서는 연간 150GJ로 높았다. 20세기 초가 되자 그 양은 프랑스의 경우 연간 50GJ 이상으로 증가했으며 영국과 미국 모두 연간 150GJ을 넘었다(Kander et al. 2013; Schurr and Netschert 1960). 그리고 최근 유럽연합의 경제 선진국의 평균은 1인당 150~160GJ이고, 미국과 캐나다의 평균은 연간 300GJ 이상이다(BP 2020; UN 2019a). 이러한 차이가 그리 놀랍지는 않은데, 부유한 수준(GDP 또는 1인당 가처분 소득)이 비슷해도 각 나라의 크기, 기후, 지배적인 생활 방식, 국가 경제의 구조에서의 차이 때문에 에너지 소비 수준에서 차이가 있을 수 있기 때문이다.

이런 차이들이 있기는 하지만, 모든 서양 국가에서 1인당 에너지 사용은 현재 정체되어 있거나 실질적 감소를 보이고 있다. 국가적 포화 수준은 저마다 다르다. 캐나다는 벌써 1980년에 1인당 330GJ의 높은 수준에 도달한 시기부터 수평화가 시작했으며, 미국, 독일 그리고 프랑스는 1990년대부터, 일본의 소비는 1990년대 중반 1인당 170GJ에 근접한 수준으로 정점을 찍었고, 호주의 1인당 에너지 공급량은 2000년 이래로 침체 상태이다(World Bank 2019). 이 모든 경우는 1인당 에너지 사용의 전환이 현시점에서 완료된 것으로 볼 수 있다.

전체 에너지 사용과 1인당 에너지 사용의 장기적 궤적은 실질적인 소비 증가와 이에 따라서 발생하는 경제와 삶의 질적 편익까지는 제대로 포착하지 못한다. 따라서 이를 확인하기 위해 우리는 에너지 변환의 효율성 향상을 살펴야 한다. 보통은 이 과정을 게을리하지만, 모든 종류의 에너지 전환 효율의 증가는 에너지 사용 감소에 반영이 되어 환경에 미치는 영향을 줄이는 데 도움을 주기 때문이다.

에너지 사용의 효율성

더 높은 효율로의 전환은 현대 에너지 발전에 가장 도움이 되는 요소이다. 높은 에너지 효율은 합리적인 비용으로 에너지를 사용할 수 있게 만들었으며 가격의 하락 덕분에 가처분소득 지출 부담이 줄어들었다. 1900년의 에너지 소비 행태가 지속되었다면 세상은 견디기 힘들 정도로 오염된 장소가 되었을 것이다. 효율성이 더 높아질 수 있었던 것은 기존의 전환 방식의 점진적인 개선과 함께 혁신적인 해법을 채택했기 때문이다.

두 가지 향상 모두 증기기관의 긴 역사를 통해 살펴볼 수 있다(Smil 2005). 18세기 초 최초의 증기기관(무복수기 기관[37]) 디자인은 효율이 1%

37 사용이 끝난 증기를 공장으로 송기(送氣)하거나 대기 속에 방출하는 등 복수기를 갖추지 않은 증기기관 또는 증기터빈을 가리킨다.

에도 못 미쳤다. 1800년까지 제임스 와트James Watt가 이루어낸 대단한 성과로 효율은 2%가 조금 안 되는 수준으로 올랐고, 이후 혁신을 통해 증기기관의 전형적인 효율성은 6~8% 사이로 향상됐으며, 큰 기계의 경우 15%를 능가했다. 그러나 효율적이지만 괴물처럼 큰 기계는 실용성이 크게 떨어졌고, 최대 효율이 각각 40%와 50%를 넘는 증기터빈과 디젤엔진으로 대체되었다.

실내 난방 부문에서 효율의 발전은 새로 등장한 컨버터를 통해 잘 알 수 있다. 전통 나무 스토브는 25%의 효율을 냈지만, 석탄 스토브로 바뀌면서 효율은 45%까지 올라갔으며, 기름 스토브의 경우 65%, 초창기 천연가스 난방로는 70%의 효율을 냈으며, 최신 디자인의 경우 95%를 능가하는 효율을 보여 준다(Smil 2017a). 그리고 최신 보잉기(787-9)는 pkm당 연료 소비가 최초의 상업 보잉기(1958년 707기)의 효율보다 약 70% 더 높은 효율을 보이고 있다.

국가 단위의 증가치나 전 세계적 발전 수준은 훨씬 더 계산하기 어렵다. 이런 계산은 최근 수십년에 한해서만 어느 정도 신뢰할 수 있다. 국제에너지 기구International Energy Agency의 평가에 따르면 현재 세계 1차 에너지 공급의 50%가 유효 에너지[38]로 변환되어 난방, 조명, 기계 작동 등에 사용되고 있다(OECD 2018a). 역사적으로 재구성해 본 결과 세계 에너지 사용의 1950년 평균 효율성은 35%를 넘지 않았으며 1900년에는 20%에 미치지 못했다(Smil 2017b). 이런 통계는 20세기 동안 주요 상업 에너

....

38 최종 소비자가 자신이 가지고 있는 장치를 통해 마지막 변환을 거친 다음 사용하는 에너지로 열, 동력, 빛 등이다.

지의 전 세계 생산은 16배 늘어났지만, 유효 에너지의 가용도는 40배 이상 증가했다는 사실을 보여 준다.

1900년 에너지 소비에서 석탄이 지배적인 위치를 차지하고 있는 선진국은 현재 1차 공급 단위에서 적어도 2배에서 최대 3배의 유효 에너지를 얻고 있는데, 반면에 1900년까지도 낮은 효율로 전환되는 피토매스 연료에 의존했던 국가의 차이는 그 이득이 일반적으로 5~8배라는 점이다. 그렇다고 해도 고에너지 효율 사회로의 전환까지는 여전히 갈 길이 멀다. 몇몇 컨버터들(대형 전기 모터, 복합 사이클 가스터빈)은 이미 얻을 수 있는 최대의 효율을 갖고 있는 반면, 다른 것들은 아직 개선될 여지가 남아있고, 그 중 상당수가 고성능 컨버터를 새로 도입하는 것보다 시스템 재설계를 통해 더 높은 효율을 달성할 수 있다.

디젤엔진처럼 작동하는 휘발유 차량의 엔진은 더 개선된 성능을 보여주는 훌륭한 사례이다. 전통적으로 자동차의 휘발유 엔진과 디젤엔진 사이에는 커다란 효율성의 차이(전형적으로 각각 20~25%와 35~50%)가 있었지만 현재 최고의 휘발유 엔진은 거의 그 차이를 좁혔다(Mazda 2018). 디자인을 다시 함으로써 효율성을 얻은 사례는 많다. 천연가스 난방로는 이미 효율성이 최대(95% 이상)지만 모든 것을 초강력 단열 처리(아르곤 가스가 채워진 3중창 등)를 한 수동형 태양열 주택에 설치할 경우 단위당 1차 에너지 소비량을 최소 10~20% 줄일 수 있다.

에너지 집약도

세 가지 전환은 서로 상호작용을 하며 에너지 집약도를 낮춰 왔다. 새로운 에너지원은 새로운 기계에 의해 훨씬 낮은 손실로 변환될 수 있었고, 새롭거나 크게 향상된 산업적 처리 과정을 거쳐 사용된 새로운 에너지원은 제품의 특정 에너지 요구량을 낮췄으며, 새로운 거시 경제의 질서는 전례가 없는 규모의 에너지 사용을 최적화하는 데 도움을 주었고, 따라서 전체 에너지 소비를 최대로 낮췄다. 다음은 각 범주에서 이루어진 주요 변환 세 가지의 대표적 사례들이다.

외부 연소[39]는 내연기관에서 디젤 연료를 태우는 효율성에 결코 근접하지 못했다. 석탄을 사용하는 해양 증기 여객선이 소비하는 에너지에서 10%가 살짝 넘는 정도가 유효 기계 에너지로 변환된 반면에 대형 컨테이너선에 동력을 공급하는 대형 디젤엔진은 그 효율이 약 50%에 이른다. 석탄 기반 암모니아 합성에서 천연가스 기반 암모니아 합성으로 전환하고 더 나은 압축기와 더 효과적인 촉매를 장착함으로써 암모니아 합성 에너지 비용을 70% 이상 절감했다(Smil 2014). 그리고 새롭게 디자인한 대형 선박과 새로운 세계 무역의 질서는 석탄으로 난방을 때던 먼 나라에 LNG를 보급할 수 있도록 했고(알래스카에서 일본으로의 수출이 1960년에 처음 이루어졌다), 환경적인 영향도 감소됐다(Smil 2015a).

고에너지에서 저에너지로 바뀌는 집약도를 양적으로 간단하게 확인할 방법은 없다. 재료 생산에는 명백하게 물리적으로 필요한 최소한의 에너지 요구량이 존재한다. 이때 실제 에너지 지출량이 최솟값에 가까워지면 전환이 완료된다. 예를 들어 하버-보슈법을 통한 암모니아 합성 기술로는 에너지가 100GJ/t 이상 필요했지만, 오늘날 효율적인 설비에서는 메테인 기반 암모니아 합성에 단 27GJ/t이면 충분하다.(IETA 2018; Smil 2001).

....

39 증기기관의 열을 발생시키기 위해 보일러에서 석탄을 태우는 것.

기술적으로는 열역학적 최솟값에 이보다 더 근접하는 것이 가능하다고 해도, 과도한 비용이 들 수 있다.

제강도 현재 비슷하게 발전하고 있다. 프루언Fruehan과 동료들은 25.5~27.9GJ/t이라는 최고 보고값과 비교해 제강의 전 과정(용광로, 염기성 산소법, 열간압연)에 실질적으로 들어가는 에너지의 최소 소비량을 19.5GJ/t으로 책정했다(Fruehan, R.J. et al. 2000). 늘어나는 강철의 비중은 고철을 용해해서 만드는 전기 아크로에서 이루어지고 있는데, 실질적으로 2.1~2.4GJ/t이 들어가는 것과 비교해서 실현 가능한 최솟값은 1.6GJ/t이다. 한편, 기본적인 소다 석회 유리를 만드는 데 들어가는 에너지의 최솟값은 2.8GJ/t이며 붕규산염과 크리스털 유리는 적어도 2.35GJ/t이 필요하며, 현대식 공장의 전형적인 에너지 요구량은 그보다 2~3배(5.8~5.9GJ/t) 더 높다(IETA2018).

전반적인 경제 생산의 에너지 집약도의 감소를 수량화하는 일은 훨씬 더 복잡하다. 우리 경제의 출력 단위당 에너지 요구량이 1870년대는 말할 것도 없고 1970년대와 마찬가지 수준에 머물러 있다면, 현재 우리가 누리고 있는 번영의 수준에는 도달하지 못했을 것이다. 에너지 집약도의 감소는 개별 국가의 궤적을 살펴봄으로써 가장 잘 측정할 수 있는데, 그런 경우에도 구체적인 상황을 깊이 이해해야 한다. 질적인 부분은 전반적인 에너지와 경제에 관한 과거 자료를 통해서 가장 잘 재구성할 수 있는데, 최장기 값은 아마 영국, 미국, 일본의 사례를 통해 알 수 있을 것이다. 필자는 절대 비율을 인용하기보다는 상대적인 관점에서 추이를 검토할 것이다(그림 4.10).

영국의 에너지 집약도는 산업화 초기 단계에서 적어도 40%까지 상승

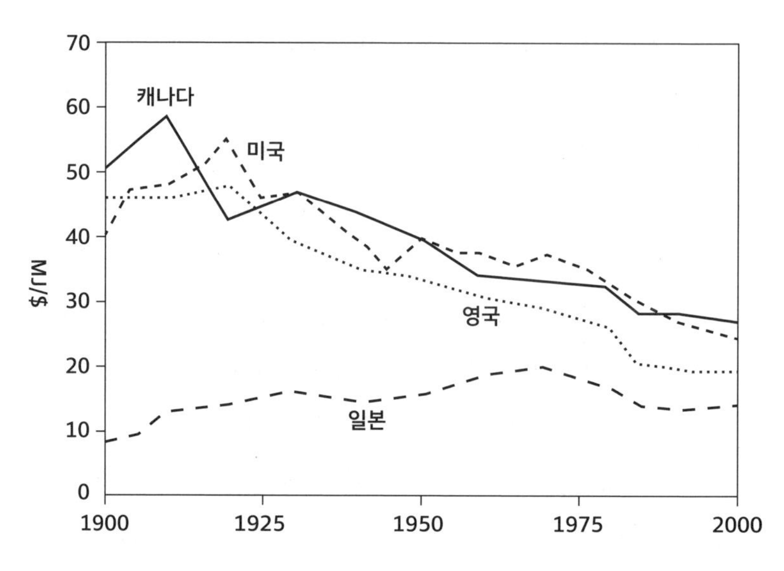

[그림 4.10] 국가 경제의 에너지 집약도 감소: 보편적으로 비슷한 결과를 보이는 경향이 있다.
(1990년 환율 기준)

했다. 1880년 즈음 석탄 채굴, 철강 제련, 중공업과 같이 에너지 집약적 성격을 띤 분야의 발전으로 절정에 올랐고, 이후 점진적인 감소를 보이기 시작해 21세기가 시작하는 시점에는 최곳값의 겨우 20% 정도가 됐다(Warde 2007). 주요 유럽 국가들의 집약도 차이는 장기적으로는 수렴한다. 1860년에는 최대 3배까지도 차이났는데, 당시 스웨덴이 가장 높고 이탈리아가 가장 낮은 에너지 집약도를 가지고 있었다. 2000년에 이 두 나라는 독일, 영국, 프랑스, 스페인, 네덜란드 그리고 포르투갈과 마찬가지로 비슷한 에너지 집약도를 보였는데, 20세기에 영국과 스웨덴은 70% 이상, 네덜란드의 경우 3분의 1 이하로 감소했다(Kander et al. 2013).

이러한 경향은 계속되어 1990~2015년 사이에 유럽연합 국가의 에너지 집약도는 35% 추가로 감소했고(영국에서 45%, 프랑스에서 24%, 이탈리아에서 14%), 대륙 전체의 변화로 유럽 환경청European Environmental Agency은 '유럽에서 경제성장과 에너지 소비가 완전히 분리됐는가?'라는 질문을 하게 됐다(EEA 2018). 비단 유럽만이 아니다. 같은 기간 러시아는 약 30% 감소했으며 미국은 35%, 중국은 3분의 2가 감소했다. 하지만 국가적 감소에 대한 상대적인 단순 비교(예를 들면, 중국이 미국이나 프랑스보다 훨씬 잘했다는 결론을 내리는 것과 같은)도 오해의 소지가 있다.

모든 국가적 집약도는 반드시 역사적인 맥락에서 살펴보아야 한다. 1990년 이후 중국의 인상적인 에너지 집약도의 감소는 일종의 따라잡기 효과였다고 할 수 있는데, 이런 빠른 경제적 현대화는 마오주의자들이 벌인 망상적 정책이 불러온 손실[40]을 보상했으며, 중공업에서 수출을 위한 소비재의 대량 생산으로 인한 뚜렷한 변화가 이를 보조했다. 절대적인 측면에서 중국의 국가 경제는 프랑스나 미국에 비해 여전히 상대적으로 더 에너지 집약적이다. 중국의 사례에서 가장 중요한 부분은 상대적인 에너지 집약도의 하락이 가져온 이득이 총 경제 생산의 급속한 성장(1990~2015년 사이 11배 가까운)에 압도됐다는 점인데, 이는 같은 기간 1차 에너지의 총공급량이 4.4배로 증가하는 추세에서 드러난다. 당연히 경제성장과 에너지 소비라는 두 현상을 분리할 수는 없다.

반면, 미국과 프랑스에서는 절대 에너지 소비율이 이미 매우 높은 수준이었던 1인당 사용량과 최근의 탈산업화 경향을 반영하며, 각각 15%와 10% 정도만 더 높았다. 이는 생산에 더 많은 에너지를 소비하는 산업

....

40 마오쩌둥과 그의 추종자들의 주도하에 일어난 고도 경제성장 정책으로 인한 피해. 마오주의는 대약진운동부터 문화대혁명까지 걸쳐 무리한 에너지 집약적 산업을 추진했고, 이는 중국 농촌 경제뿐만 아니라 사회 전체에 엄청난 피해를 입히는 결과를 낳았다.

이 아시아로 밀려났기 때문이기도 하다. 에너지 집약도의 감소는 세계적인 현상이 되었지만, 국가 경제 구조의 차이를 고려하면 이러한 하락률을 어떤 경향으로 보이게 하는 보편적 최소 비율은 존재하지 않는다. 따라서 전 세계 에너지 사용에 관한 에너지 집약도의 계산이 훨씬 명확하지 못하다는 사실은 전혀 놀랄 일이 아니다. 종종 재구성된 국가 GDP 값은 온전히 신뢰하기 어렵고 에너지 공급의 총합에 포함된 국가들은 경제 발전의 전 스펙트럼에 걸쳐있기 때문이다.

가장 자주 인용된 1900~2000년 사이 전 세계 경제 생산의 추산(Maddison 2007) 및 필자가 재구성한 20세기 에너지 공급량을 통해 1900~1970년 사이에 전 세계적 에너지 집약도가 20% 정도 상승했으며 2000년에는 1900년과 거의 같은 수준으로 하락했다는 사실을 알 수 있다. 1971~2010년까지 99개국의 자료와 더 오래된 몇몇 자료의 추가 분석으로 이전보다 부유해진 국가에는 에너지 집약도가 하락하는 경향이 있다는 점도 짐작할 수 있다(Csereklyei et al. 2016). 이에 더해, 19세기 초부터 1인당 에너지와 에너지의 질이 증가하고 에너지 비용은 줄어들면서 각국의 에너지 집약도 차이는 줄어들고 있다.

전 세계 에너지 집약도는 계속 감소할 것이며, 특정 국가의 경우 그 정도가 더하다는 사실은 분명하지만, 전 세계적인 차원에서 에너지 집약도의 성취라고 볼 수 있는 최소한의 수준을 제시할 수는 없다. 그리고 이미 언급했듯이 언제나 제한적인 환경에서 많은 주요 생산 활동은 이미 최소 에너지 요구량에 가까워지고 있다. 화석연료에서 재생 가능한 에너지로의 전환이 전개되는 과정에서 더 많은 전기적 변환이 이루어짐에 따라 전반적인 에너지 집약도를 더 줄이게 될 것이다. 그리고 연구자들은 대부분 그것이 비교적 빠른 시간 안에 달성될 거라고 예측하기도 한다. 그러나 이는 에너지 전환의 본질을 모르기 때문에 발생하는 오해이다. 에너지 전환이 완료되기까지는 최소 수십 년이 걸린다.

5

경제의 대전환

현대 시스템으로 향하는 경제의 전환

전환 이전 사회와 현대의 부유한 국가 간에 경제적으로 대비되는 수많은 요소를 이 장에 전부 담을 순 없지만, 근본적인 차이에 대해서 이전 장들에서 어느 정도 다루었다. 이를테면 현대의 부유한 국가에서 나타나는 넘치는 식량, 풍부한 연료와 전기는 몇몇 경제학자들도 인정할 만한 기능적인 특징일 것이다. 이런 핵심적 정의 외의 요소들은 세 가지 주요 범주인 경제성장, 경제 구조, 경제적 풍요(물질적, 이동성, 정보, 커뮤니케이션)로 설명할 수 있다. 이처럼 부유한 국가에 관한 자료들은 우리에게 몇백 년 전의 모습을 보여 줄 수 있다. 또한 그것과는 별개로 후발 국가의 가속화된 경제적 전환 역시 충분히 다룰 가치가 있다.

고대와 중세 그리고 초기 근대 사회의 처음 200년 동안(1500~1700년 사이)은 경제적 성장이 매우 느렸고, 변화 또한 적었다. 과거 전통적인 국가들 간의 경제 구조는 서로 매우 유사한 모습을 보이는데, 인구의 대부분은 생계형 식량 생산에 종사하고 나머지는 수공업, 건설, 운송업에 종사하며, 교육받은 지배 계층은 극소수였다. 이러한 경제 구조 속에서 풍요로움(식량, 자산, 소유물, 다채로운 경험)은 상대적으로 부유한 소수 특권층만을 위한 것이었다. 그러나 17~18세기에 전환이 시작되기 전에도 몇몇 사회에서는 이러한 풍조가 조금씩 변하기 시작했다. 예를 들면 황금기(1608~1672년)의 네덜란드와 일본 도쿠가와 시대(1603~1867년)의 수도였던 에도는 각각 물질적 풍요로움(초기 단계에 해당하는 물질적 풍요)과 여가의 다양성을 보여 주는 서양과 동양의 가장 좋은 사례이다(Schama 1997; Nishiyama 1997). 하지만 세 가지 경제 전환의 지표(생산량의 증가, 구조적 변화, 대규모 소비의 시작)는 인구, 식생활, 에너지 전환과 새로운 경제 발전을 시작하기 위한 더 나은 거버넌스가 결합되었을 때에야 비로소 분명하게 인식될 수 있다.

인구, 식량, 에너지의 전환이 완료되거나 막바지에 이르면 다음과 같은 모습이 나타나게 된다. 한 사회가 인구통계학적 전환을 완료하면 가임률은 대체 수준 출산율 밑으로 떨어진 채 그 흐름을 수십 년 동안 유지하게 된다. 식량을 통해 모든 영양학적 요소가 충족되면 식생활의 전환이 이루어지며 감당하기 어려울 정도의 낭비가 발생했다. 또한 기존의 피토매스 연료를 소비하지 않고, 1인당 높은 비율로 소비되는 화석연료와 1차 전력의 조합에 의존하면 에너지 전환을 달성했다고 할 수 있다.

반면에 경제적 전환은 완료되었다는 표식으로서, 인구당 경제 생산이나 가처분소득을 확실히 보여 주는 지표는 없다. 1인당 생산이나, 소득 유지 정도를 목표로 하는 국가 경제 정책은 없다. 그런 안정적인 성장을 요구하는 건 대부분 생태경제학 지지자들 밖에 없다.

이미 부유한 국가라 할지라도 높은 경제성장률을 유지하고 싶어한다.

높은 GDP 성장을 기대할 수 없는 단계에 이른 경제 국가에서도 1%가 안 되는 경제성장보다 2~3%의 성장을 훨씬 더 바람직하게 본다. 소비도 마찬가지다. 미국 주택의 평수가 계속 늘어나는 것(1950년에 비해 현재 2.5배나 늘어났다.) 그리고 아마존 프라임Amazon Prime은 사람들이 가지고 싶어 하는 품목의 수에 관해서 뚜렷한 제한이 없다는 점을 보여준다. 따라서 오직 경제 구조 요소의 변화만이 전환 단계를 정확하게 짚어 낼 수 있다. 그 결괏값은 국가마다 특수성에 따른 차이가 있겠지만, 정량적인 측면에서 볼 때 문턱은 명확하다(그림 5.1).

전통적인 국가에서는 인구의 80% 이상이 식량 생산에 종사했지만, 현재 부유한 국가에서의 비율은 5%를 넘지 않는다(World Bank 2019). 그런 구체적인 전환이 영국과 독일(전체 노동력의 1%만이 농업에 종사) 그리고 미국, 스웨덴, 네덜란드(2017년 2%) 또는 프랑스와 일본(3%)에서 이루어졌다는 사실은 분명하다. 이런 현상은 중국에서도 꽤 진행이 되었는

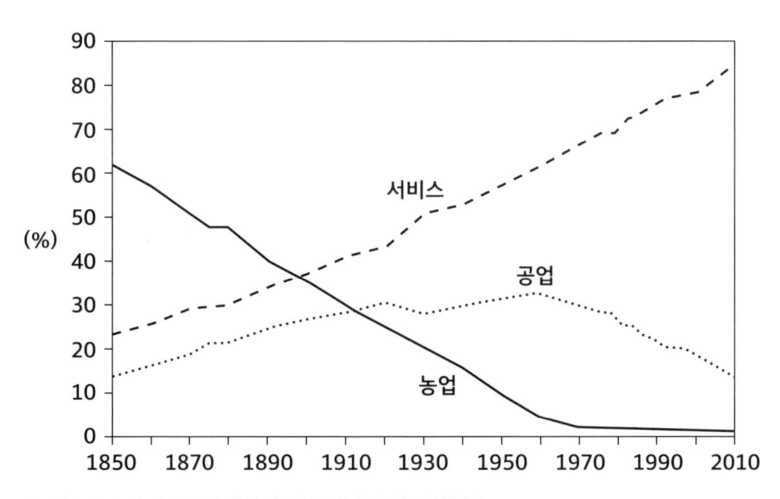

[그림 5.1] 1850~2020년 사이 미국의 고용 부문별 구성 변화

데(2017년 18%), 인도에서는 여전히 갈 길이 멀고, 우간다(69%)와 르완다(66%)는 초기 단계에 있다. 비슷하게 제조업에서 서비스업으로 대부분의 노동력이 옮겨 갔다는 사실에도 의심의 여지가 없다. 세계 최초로 산업화된 경제체제를 갖춘 영국에서조차 제조업은 현재 GDP의 10% 미만을 차지하고 있다.

경제 전환은 에너지 및 물질적 요인에 의해 좌우된다. 이러한 물리적 제약을 넘어 경제 전환의 속도와 그 혜택이 영향을 미치는 범위에는 큰 차이가 있었다. 성장, 구조, 풍요로움이라는 경제적 전환의 세 가지 구성 요인의 두드러진 국가별 특성을 살피다 보면 역사적이거나 문화적인 결정 요인이 드러난다.

1990년 이후 공산주의 경제체제에서 자유 시장 경제체제로 이동하는 과정을 보여 주는 구조의 전환을 다루는 경제 연구가 넘쳐났다(Weitzman 1993; Pistor 2013). 소련과 유럽의 1990년 이전 공산주의 경제는 이미 1차 구조 변환(농업 경제에서 산업 경제로)을 겪었기 때문에 이러한 시장 체제로의 2차 전환 과정이라고 할 수 있다. 비록 인구 전체가 고르게 풍요로워지기까지는 서구 진영에 뒤처졌지만, 분명 비슷한 궤적을 따라가고 있었다.

하지만 2차 전환은 5장의 관심사가 아니다. 필자는 이 장에서 낮은 성장, 침체된 경제 구조, 제한된 소비를 보이던 전통적인 모습에서 성장과 구조적 변화를 강조하고 대량 물질 소비, 높은 이동성, 정보와 소통의 과잉을 특징으로 하는 현대 시스템으로의 역사적 진행 과정을 다루고자 한다. 최근 중국의 변화는 1차 및 2차 경제 전환의 요소를 결합한 혼합적 사례를 보여 준다.

• • • •

세계 경제성장률의 전환

매우 느린 인구의 증가 속도, 생존이 겨우 가능한 수준의 식량 생산, 수천 년 동안 변하지 않은 생물 연료 사용, 제한된 용량의 원동기에 의존한 점 등을 감안하면 전통적인 경제체제가 보여 주는 장기적 불황이나 매우 낮은 경제성장은 놀라운 일이 아니다. 게다가 기술혁신의 속도도 느려서 노동생산성을 높이거나 새로운 경작법 혹은 제조 기술을 도입하는 것이 크게 도움이 되지 않았다. '이런 사실을 감안하면, 과연 더 높은, 오래 지속되는 경제성장은 어디서부터 오는 것일까?'라는 의문을 품게 된다.

주류 경제 분석은 가장 중요한 물리적 요소인 에너지 사용의 증가와 양적인 변화를 무시해 왔다. 에이레스Ayres는 에너지가 차지하는 비율은 작지만, 생산에 있어 훨씬 더 중요한 요소이며 현대의 경제성장은 더 저렴하고 에너지 밀도가 높은 화석연료를 사용하여 비용이 감소한 덕분에 시작되었다는 점을 설득력 있게 보여 주었다(Ayres et al. 2013; Ayres 2016 and 2017). 이런 과정의 역사는 이미 검토되었으므로 이 장에서 필자는 장기적 경제성장 과정을 재구성하고 그것을 해설하는 데 초점을 맞출 것이다.

하지만 이런 재구성은 근대 초에 대한 것들도 잠정적일 뿐이며, 그 이전 시대의 것들은 기본적인 특성 정도를 포착할 수 있는 근사치에 불과하다. 프랭크와 포메란츠, 다른 한편에서 매디슨 그리고 브로드베리와 동료들 사이에서 드러난 1750년 이전 중국과 유럽 경제의 상대적 성과에 관한 근본적인 의견 불일치가 이를 잘 보여 준다(Frank 1998, Pomeranz 2000, Maddison 2007, Broadberry et al. 2014). 하지만 모두 전근대 시대의 연 성장률이 1%를 훨씬 밑돌았다는 것에는 동의하였다.

1300~1913년 사이 중앙과 북부 이탈리아는 사실상 경제성장이라고 할 것이 없으며(Malanima 2011), 1270~1663년 사이 영국은 겨우 0.03%(Broadberry et al. 2015), 1270~1850년 사이 스페인은 0.1%(Broadberry et al. 2014), 1020~1850년 사이 네덜란드에서는 0.22%의 성장했다(van Leeuwen and van Zanden 2009). 즉 17세기 초까지는 경제성장이라고 할 것이 거의 없었으며, 잉글랜드와 이후 영연방에서 17세기 후반에 약 0.8%의 빠른 성장이 있었고 이후 1700~1760년대 사이에 0.3%로 감소한 뒤, 1760~1780년대 사이에는 단 0.1%의 경제성장을 보였다. 연 경제성장률은 다음 50년 동안 0.5%에 머물렀고, 1830~1860년대 사이 겨우 1.2% 정도 올랐다(Broadberry et al. 2014). 매디슨의 자료는 1820~1870년 사이 1.26%의 영국의 1인당 평균 성장률을 보여 준다(Maddison 2007). 당시 영국은 경제 규모가 근대 최고를 자랑하면서 전 세계 경제 생산의 거의 10%를 차지했는데, 인구는 전 세계 인구의 단 2.5%에 불과했다.

이런 눈에 띄는 불일치는 수많은 추측, 양적 연구, 모델과 이러한 현상을 설명하려는 노력이 반영된 과거 메커니즘의 논쟁적 비판들의 주제였다. 무엇이 영국을 경제성장의 도약을 경험한 최초의 초기 근대 경제 국가로 만들었을까? 그 시기를 결정한 것은 무엇이었을까? 어떤 요소들이 복합적으로 그것을 지탱했을까? 새로운 에너지원의 각 역할은 무엇이었을까? 그것은 정말로 산업혁명이라는 이름에 걸맞은 빠른 변화였을까? 이러한 의문들은 전환(영국의 산업혁명)의 시작과 기간에 대한 명확한 합의가 없었기에 확실한 결론을 제시하기가 어렵다. 릴리Lilley는 영국의 산업혁명 기간을 1660년에서 1918년으로 가장 넓게 잡았으며(Lilley 1966), 애슈턴Ashton은 1760년에서 1830년으로 제한했으며(Ashton 1948), 로스토우Rostow는 그 시작을 1783년에서 1802년으로 비교적 정확히 못 박았다(Rostow 1971).

빠른 성장의 원인

산업혁명을 증기기관의 발명과 향상의 결과로 보는 지나치게 단순한 결론에서 벗어나야 한다. 그런 관념은 오랫동안 의문의 대상이 되어 왔다. 산업화와 근대식 공장의 등장은 동의어로 쓰이지만, 무손Musson은 '19세기 중반 영국의 전형적인 노동자는 공장에서 기계를 작동시키는 역할을 하는 사람이 아니라, 여전히 전통적인 수공업자나 육체노동자 또는 가사를 돌보는 하인이었다.'라고 언급하였다(Musson 1978, 141). 이런 의견은 설리번Sullivan의 '영국 경제는 1760년 이후 90년 동안 대체로 전통적인 경제였다.'라는 결론을 통해서 지지된다(Sullivan 1990, 360). 심지어 캐머런Cameron은 산업혁명이라는 용어 자체가 잘못된 명명이라는 급진적인 주장(Cameron 1982)을 폈으며 포어스Fores는 영국의 산업혁명 개념 자체가 하나의 미신이라고 생각했다(Fores 1981).

니콜라스 폰 툰젤만Nicholas von Tunzelmann은 증기기관의 영향력이 이후에 일반적으로 생각하게 된 것보다 더 작다는 점을 보여 주었다(von Tunzelmann 1978; Bruland and Smith 2013.) 증기기관의 도입이 장기적으로 미치는 영향을 다룬 최근의 훌륭한 연구는 경제성장에 미치는 기여도가 1830년 이전에는 미미했고, 고압 디자인(증기기관)의 확산이 널리 이루어진 것은 1850년 이후였음을 보여 준다. 결과적으로 '증기기관이 생산성 성장에 미친 커다란 영향력은 산업혁명 기간이 아닌 19세기 하반기에 드러났다.' 그리고 '19세기 영국의 경제성장을 주로 증기기관이 가진 함의에서 찾는 것은 분명 잘못된 인식이다. 그것이 충분히 지배적인 영향력을 가진 시기는 없다(Crafts 2014, 349~350).'

또한 석탄 사용의 증가 역시 그 자체만으로 영국의 성장을 가속화할 수는 없었다. 석탄은 증기기관에 동력을 제공하기 훨씬 전부터 널리 사용됐다. 17세기에 석탄은 가정 내 난방과 요리에 사용됐으며 대장장이, 양조업자, 직물 염색업자, 석회와 비누 제작자도 사용했고, 열 반사를 이용한 반사로의 발명 덕분에 유리와 세라믹 제조에도 쓰였다. 1750년 이후 용광로에서 철광석을 녹이기 위한 코크스를 만드는 데도 점차 사용이 늘었고 와트의 엔진이 대량으로 팔리기 시작하기 전부터 영국 열에너지의 80% 이상을 공급했다.

테퍼Tepper와 보로비에츠키Borowiecki는 경제 생산이 토지 의존도에서 멀어지게 된 두 가지 원인이 '총요소생산성의 두 배 증가와 1780년부터 1860년까지 토지에 대한 경제 의존도의 더 큰 하락이었다.'라고 결론을 내렸다(Tepper and Borowiecki2015, 231). 총요소생산성TFP: Total factor productivity[1]은 영국의 경제 발전의 중요한 요소였다. 총요소생산은 노동력과 자본 투입으로는 설명할 수 없지만, 생산 기술에 있어서 발전과 혁신을 보여 주는 경제성장의 몫을 말한다. 1950년대 말과 1960년대 초에 연구를 위한 기반이 마련됐으며(Abramovitz 1956; Solow 1957; Kendrick 1961), 그것은 현대 경제성장을 평가할 때 중요한 개념이 되었

....

1 전체 생산성에서 노동과 자본 투입에 따른 생산성 증가분을 뺀 생산성을 말한다.

다(Pasinetti 1981; Arena and Porta 2016). 그리고 현대 경제의 팽창을 설명할 때 가장 중요한 단일 요소로 언급돼 왔다(Shackleton 2013).

토지에 대한 의존도 하락은 영국의 농업 혁명을 언급한 촐리Chorley의 연구를 통해서도 알 수 있다(Chorley 1981). 미국의 농업 인구 비율이 1760년에는 37%, 1841년에는 24%로 떨어지면서 농업 생산성의 상승으로 발생한 잉여 노동력은 도시와 산업 현장으로 유입되었다. 이런 두 가지 요소들에 비해 석탄 채굴 확대나 무역 확대는 둘 다 즉각적인 영향을 미치지 않았다. 빠르게 다각도에서 이루어진 발전에 대한 전통적인 시각과는 다르게 첫 번째 산업혁명은 경제성장의 점진적 가속화와 노동력의 산업화가 역설적으로 결합한 모습이었다. 그러나 이런 점진성은 '근본적인 변화의 부재로 혼동되어서는 안 된다. 산업혁명의 특징은 지속적인 기술 진보와 더 빠른 총요소생산성 성장이 가능한 사회의 출현이었다(Crafts 1995, 533).'

로버트 앨런Robert Allen과 조엘 모키르Joel Mokyr는 영국이 왜 산업혁명을 주도하게 되었는지 각각의 다른 사례를 제시했다. 로버트 앨런이 내린 결론은 그의 책 서문에 적힌 표현대로 '간단히 말하면 산업혁명은 18세기 영국에서 발명됐다. 왜냐하면 영국이 발명의 대가를 지불했기 때문이다.'라고 짧게 요약하였다(Allen 2009, 2). 앨런의 주장은 상대적인 조건에 관한 것이다. 대륙에 있는 유럽 국가와 달리 영국에서는 상대적으로 임금은 높았지만, 자본은 적게 들었으며 석탄은 더 저렴했다. 그리고 이 조합은 증기기관이나 코크스 기반의 선철 생산과 같이 상당히 획기적인 혁신의 발달과 연결되는 높은 고정 비용을 부담할 수 있게 만들었다.

반면, 현대 경제의 기원을 세 권의 책(Mokyr 2002, 2009, 2017)을 통해 추상화 증가[2]로 설명한 조엘 모키르는 문화를 결정적인 요소로 보고 있다. 2009년 그는 영국이 '유용한 지식과 더불어 더 나은 제도가 더 나은 동기 부여를 창출할 수 있다는 인식에서 나온 베이컨(계몽주의를 이끈 대표적인 철학자)에 영향을 받은 계몽운동의 엄청난 시너지 덕분에 물질적인 자산을 이용할 수 있었고, 결국 앞서 나갔다.'라고 결론 내렸다(Mokyr 2009, 122). 그는 계몽주의를 파편화된 유럽을 하나로 묶어 주는 발전의 촉발 요인으로 평가했다. 그리고 8년 후, 유럽에서는 새로운 과학적 발견을 전파하는 초국가적 지식인 공동체인 편지 공화국the Republic of Letters[3]에 의해 새로운 사상의 장이 유지되었다. '유럽과 세계의 다른 나라들의 가장 큰 차이는 계몽운동과 과학 및 기술 진보에 미치는 영향이었다(Mokyr 2017, 339).'

이런 거시적 설명들은 모두 명백한 약점을 가지고 있다. 계몽 과학이 그 시대의 모든 혁신과 발전 뒤에 있는 것은 아니며, 풍부한 에너지와 저렴한 자본이 없었다면 훨씬 우월한 사고를 일상의 현실에 적용하는 것도 어려웠을 것이다. 한편, 모든 혁신이 이윤 추구에 의해 추진되었다거나 영국의 상대적으로 높은 임금과 저렴한 석탄의 조합 때문이라고 주장하는 것은 불가능하다. 니콜라스 크래프트Nicholas Crafts는 앨런의 책과 모키르의 2009년 책에 대해 '그들은 자신들의 설명을 경쟁적으로 여기고 있다. 그러나 본질적으로 그것들은 상호 배타적이지 않으며 어쩌면 궁극적으로

....

2 모키르는 산업혁명이 문화와 사회제도의 결과였다고 주장한다. 그는 근대성의 근원은 진보의 유용성에 대한 믿음의 발상에 있으며, 지성들이 지식을 축적되는 것이라고 인식하기 시작하였을 때 전환점이 이뤄졌다고 주장한다. 이러한 지식 축적을 저자는 추상화 증가로 표현하였다.

3 16~18세기 근대 유럽에 존재했던 지식 공동체.

상호 보완적으로 보일 것이다.'라고 훌륭하게 표현했다(Crafts 2010, 166).

이러한 설명들은 혁신의 시작에 기여한 산업혁명에 불을 댕긴 핵심 요인들을 더 포함시켜서 보완해야 한다. 1710년 영국의 직업 통계에 초점을 맞춘 한 모델을 보면, 산업혁명의 최초 위치와 규모를 일치시켰고 경제 활동에 있어서 '공간적 집중spatial concentration'의 중요성과 산업 가속화를 앞당기는 데 정부가 비교적 제한된 역할을 했음을 분명히 밝혔다(Trew 2014). 새로운 에너지 공급의 양과 질은 진보에 핵심적인 역할을 했다. 또한 문맹률 감소, 특허 및 재산권 보호, 해외 시장 접근 그리고 항상 특정 역사적 상황이 경제 발전에 미치는 영향을 축소해서도 안 된다(Nunn 2009).

로스토우Rostow는 영국이 역사적으로 경험한 경제적 성장의 단계들을 그의 연구의 토대로 삼았는데(Rostow 1960), 그의 선택은 이해할 수 있는 동시에 논쟁의 여지가 있다. 이해가 가능한 이유는 선구적인 경험의 몇 가지 측면이 다른 국가에 의해서 불가피하게 반복될 수밖에 없었기 때문이다. 또한, 논쟁에 여지가 있는 이유는 국가적 특이성이 분명히 존재하고, 경제적 현대화로의 전환은 단일 모델로 설명할 수 없기 때문이다. 영국은 전환을 이끈 선구자이지만, 모든 국가가 경제적으로 똑같이 뒤를 밟은 것은 아니었다.

그것은 경제가 반드시 하나의 특정한 모습으로 보일 이유가 없으며, 특정한 자본의 양, 교육 수준, 산업의 형태 그리고 시작하기 위한 제도적인 질서를 갖출 필요가 없기 때문이다. 경제가 어디서 시작됐든 상관없이 현대의 성장은 오히려 생산성 향상이나 인구 성장에 의해 시작된다(Tepper and Borowiecki 2015, 231).

성장의 궤적

경제적 현대성을 추구했던 영국과 그에 합류한 다른 나라들은 지속적인 성장을 경험했다. 매디슨의 자료는 국가 GDP의 연평균 성장률이 1820~1870년 사이의 영국을 넘어섰거나 영국에 근접한 몇몇 국가들을 보여 주었다(Maddison 2007). 자료에 따르면 독일은 2.0%, 벨기에는 2.24%, 노르웨이는 2.25%, 미국은 4.2%이며 1870~1913년 사이에 영국은 평균 1.9%로, 평균 2%가 넘는 서양 유럽 국가들과 4%에 가까운 미국뿐만 아니라 1870년대(도쿠가와 막부의 250년 뒤 1868년 일왕 복귀 이후)가 되어서야 겨우 경제 전환이 시작된 일본(2.44%)을 포함한 약 스무 개의 국가들보다 뒤처졌다(Jansen 2000).

서양의 주요 국가와 일본을 영국과 비교했을 때 1인당 GDP 성장률은 같은 추세를 보인다. 미국을 제외하면 1820~1870년 사이 그들의 성장은 영국 평균보다 낮지만 1870~1913년 사이 영국의 평균이 1.10%였던 데 비해, 프랑스는 1.45%, 일본은 1.48%, 독일은 1.61%, 미국은 1.82% 순으로 나타났으며 주요 라틴아메리카 국가들의 경제 역시 상당한 성장세를 보였다(Maddison 2007). 그러나 1870~1913년 사이 중국의 1인당 GDP 성장률은 단 0.1%로 전근대 시대 상태에 머물러 있었는데, 1911년에 막을 내린 청나라의 마지막 40년 동안은 거의 계속해서 불안과 갈등이 이어졌다.

이어지는 1913~1950년 사이의 경제성장은 두 번의 세계대전과 세계 최악의 경제 위기에 의해 부정적인 영향을 받았다. 미국은 1인당 GDP 성장률을 1.6%, 프랑스는 1.1%, 영국과 일본은 약 0.9%로 유지했으나, 독일의 연평균은 0.2%에 못 미쳤으며 분쟁에 시달린 중국은 경제 하락을 겪었다. 석유수출국기구OPEC의 움직임으로 세계 원유 가격이 5배 상승했던 1950~1973년 사이에는 서양과 일본에서 기록적인 경제성장을 달성한 시기였다. 당시 1인당 연평균 성장률은 중국 약 2%, 미국과 영국 2.5%, 소련은 3.5%, 프랑스는 4%, 독일은 5%로 회복했으며 일본은 더 심각한 상황에서 회복하여 8%를 보였다. 그러나 20세기의 마지막 수십 년은 달랐다. 모든 선진국의 1인당 경제성장률은 하락했으며 독일(1.6%)과 일본(2.1%)에서 가장 크게 후퇴했다.

크래프트Crafts's는 20세기 경제성장에 대해 자본, 노동, 총요소생산성 가운데서 주요 경제의 원천을 분석하고자 했다(Crafts's 1999). 영국에서 자본은 늘 지배적인 요소였으며 일본에서는 20세기 전반부와 1973년 이후 그리고 독일에서는 제2차 세계대전 이전에 중요한 요소였다. 총요소생산성은 미국에서는 1973년까지 주요 요소였지만, 나중에 자본이 이를 능가했고, 독일에서는 1950년 이후 성장을 지배했다. 그러나 경제가 성숙한 국가의 성장이 1973년 이후 느려지고 총요소생산성의 기여도가 약해졌을 때도, 평균적인 생활수준의 중요한 발전은 일본이 인간개발지수Human Development Index[4]로 측정한 서구 수준의 평균에 필적하고 이를 뛰어넘으며 가장 큰 도약을 이루면서 지속됐다.

일부 아시아 국가는 일시적으로 빠른 성장률을 달성하기 위해 특정한 제조 부문에 집중하며 일본을 모방했다. 대만은 초창기에 값싼 소비재에 집중했지만 빠르게 고부가가치 전자 제품으로 눈을 돌렸다. 한국은 대규모

....

4 유엔개발계획(UNDP)이 매년 각국의 교육 수준과 국민소득, 평균 수명 등을 조사해 인간 개발 성취 정도를 평가하는 지수.

선박 건조와 자동차 제조 그리고 대기업(삼성, 현대, LG)을 통한 전기 전자 제품 생산에 집중하면서 일본이 간 길을 따라갔다. 일본 모델의 영향력은 싱가포르, 태국, 말레이시아는 물론 최근에는 인도네시아, 베트남뿐만 아니라 중국의 낙후 지역에서도 볼 수 있다.

중국의 현대화 모습은 한 국가에 역사와 정치가 왜 중요한지 완벽하게 보여 준다. 제국이 몰락한 뒤 일어난 혼란은 1949년 공산주의의 승리로 끝났고, 국가는 마오쩌둥의 교조주의[5] 정책으로 30년 동안 고통이 지속되었다. 당시 추진된 정책은 중공업을 촉진하는 스탈린주의 모델을 개인의 자유에 대한 심각한 억압 및 도시화의 억제와 결합한 형태였다. 그중 최악은 다른 나라가 수십 년에 걸쳐 달성한 것들을 수년 안에 단축하려는 시도였다. 대약진운동The Great Leap Forward[6]은 석탄과 강철의 생산량을 몇 배로 늘리는 데 초점을 맞췄으며 이는 세계 최악의 기근(1959~1961년)으로 이어졌고, 결국 중국의 현대화는 겨우 1980년대 초 덩샤오핑의 개혁과 함께 시작됐다(Smil 2004).

1980년 이후 중국의 빠른 경제성장 속도는 과장된 국가의 공식 통계 자료와 최신 혁신에 접근이 쉬운 후발주자의 위치를 감안하더라도 여전히 인상적이다. 덧붙여 지속적인 대규모 순 외국인 직접투자[7]에 의해 중국의 경제성장 속도는 더욱 촉진되었다(World Bank 2019). 1990년부터

········

5 과학적인 해명 없이 신앙 또는 신조에 입각하여 도그마를 고집하는 입장.

6 마오쩌둥의 주도하에 1958년부터 1960년 초 사이에 일어난 노동력 집중화 산업의 추진을 통한 경제성장 운동.

7 중국의 외국인 직접 투자는 2002년 이후에 꾸준히 연간 500달러를 상회하였으며, 2014년에 2,900억 달러로 최정점을 찍었다.

연간 1인당 GDP 성장은 5% 이상이었으며, 2018년 1인당 GDP 평균은 1만 5,500달러(현재 국제 달러 기준)로 브라질을 앞섰다. 인도는 아시아에서 두 번째로 현대화 경제 규모가 큰데, 중국보다 훨씬 더 느리게 성장하고 있다. 또한 대부분의 아프리카 국가 시민들은 3세대 전의 유럽보다 못한 평균 생활수준을 보인다.

1인당 경제성장 성과는 인플레이션을 감안한 안정적인 화폐와 정해진 수의 상품과 서비스를 구매할 수 있는 능력에 따라 통화를 관련짓는 '구매력 평가지수PPP: purchasing power parities[8]'를 사용해서 가장 잘 비교할 수 있다. 이것은 완벽하진 않지만 자주 바뀌는 공식 환율을 비교하는 것보다 나은 선택이다.

세계은행 GDP 구매력 평가지수 자료에 따르면, 1870년 기준 영국이 1인당 4,800달러, 미국이 평균 약 3,900달러, 프랑스는 약 3,100달러, 일본이 1,100달러로 나타난다. 1900년 미국은 영국보다 단 3% 뒤처졌지만, 프랑스는 여전히 30% 뒤처졌으며 일본은 거의 75% 뒤처졌다(World Bank 2019). 이후 2015년에 1인당 평균 GDP는 프랑스에서 8배 상승했고, 일본에서는 20배, 영국에서는 겨우 5.4배 증가했다. 곧 프랑스는 3만 7,500달러를 달성해 영국과의 격차가 겨우 2%에 불과했고 일본은 5% 뒤처져 있는 반면 미국은 1900년부터 8배 상승해 5만 2,000달러를 기록했다. 중국의 기록은 1인당 평균이 일본의 1900년 수준의 절반에 못 미치는 시기인 1950년부터 시작됐으며, 1990년에 2배가 올랐고 2015년까지

....

8 환율의 결정을 각국 화폐의 구매력 차이로 설명하는 이론으로 스웨덴 경제학자 구스파트 카셀에 의해 제기되었다. 한 나라의 통화 구매력과 다른 나라의 통화 구매력이 같은 수준을 유지하도록 국내 물가와 외국 물가의 변동을 환율에 반영시킨 것이다.

1인당 약 1만 3,000달러로 거의 9배 가까이 상승했다.

1990년 인도와 나이지리아의 1인당 GDP는 중국보다 앞섰고 나이지리아는 규모가 2배 이상이었지만, 2015년에 중국의 평균은 두 국가의 2배였으며 1960년대 후반의 일본 수준에 도달했다. 하지만 2015년 기준 인도의 평균은 프랑스의 1920년대 수준으로 상응했으며 사하라 이남 국가들은 19세기 후반 일부 유럽 평균보다 높지 않았다. 이런 큰 차이는 어떻게 설명할 수 있을까? 이에 대한 답은 문화적인 요소에서부터 지리적인 결정론, 역사적 유산(독립 국가인가, 식민주의와 노예무역의 영향을 받은 국가인가)에서 제도와 법적인 질서(정부의 형태, 재산권, 특허법의 형태)에 이르는 넓은 범위에 걸쳐 있다.

기술혁신technical innovation의 역할과 도입 그리고 지속해서 사용하는 경향은 상당히 주목받았다. 앨런Allen은 새로운 기술이 고임금 경제에서만 즉시 받아들여진다는 것을 발견하면서 노동생산성 증가가 상당 부분 자본 집중의 증가로 가능했다고 주장하며, 이런 추론의 흐름에 설득력 있는 추가 정보를 제공했다(Allen 2012). 앨런의 자료는 1850~1880년 사이 선진국에서 실질적으로 '자본 노동비capital-labor ratios[9]'가 노동자당 5,000~9,000달러가 되었으며, 1913년에는 9,000~1만 2,000달러로, 1939년에는 2만 달러로 상승했음을 보여 준다. 이런 추세는 제2차 세계대전 이후 지속되면서 1965년에는 4만 달러에 도달하고, 노동자당 생산량이 3만 8,000달러에 도달했던 1990년에는 7만 3,000달러가 되었으며, 20세기가 시작되었을 때는 대략 4배가 되었다. 가장 주목할 만한 결

9 경제 활동에 고용된 모든 노동 단위에 들어간 자본의 양을 측정한 것. 대표적으로 임금.

론은 20세기 말까지 자본 노동 비율이 낮은 국가의 근로자 1인당 생산량이 1820년까지 동일한 자본 노동 비율을 가진 국가보다 높지 않았다는 점이다.

이러한 사실은 지난 200년 동안 부유한 나라가 가난한 나라의 성장 가능성을 규정할 수 있는 생산함수[10]를 만들었다는 것을 의미한다(Allen 2011, 1). 1990년 이후 중국은 그 흐름을 따라 빠르게 발전했지만, 인구가 많은 다른 어떤 나라도 향후 몇십 년 안에 그런 변화를 보일 가능성은 없어 보인다. 2006~2016년 사이 중국의 GDP 성장률은 평균 9%인데 반해, 인도는 6%, 아프리카에서 가장 인구가 많은 국가인 나이지리아는 단 3%로 중국에 비해 뒤쳐졌다(World Bank 2019). 분명 인구가 많은 아시아와 아프리카 국가의 경제가 향상되긴 했지만, 현재 부유한 국가에서 지배적으로 나타나는 성장률에 근접하기까지는 수십 년이 걸릴 것이다.

경제성장의 전망

1870~2015년 사이의 국가 경제의 역사적 흐름은 모든 주요 선진 국가의 경제가 GDP 성장 감소 시대에 접어들었다는 사실을 보여 준다. 주요 선진국들은 경제 발전의 여러 개별적 특성을 반영한 로지스틱 곡선을 형성하고 있는데, 이미 점근선에 그리 멀지 않은 쪽으로 향하는 추세를 보이며 변곡점을 지났다(Smil 2019a). 이탈리아는 1974년에 이미 변곡점

....

10 일정한 기간 동안 생산요소의 투입량과 생산물의 산출량 사이에 존재하는 기술적 관계를 나타내는 함수를 말한다.

에 도달했으며, 일본은 1979년, 프랑스는 1981년, 네덜란드는 1994년, 미국은 1996년, 캐나다는 1997년에 도달했다. 로지스틱 곡선을 사용해 2050년을 예측하면 성장의 범위가 한곗값(프랑스와 일본의 경우)에서 30%(미국)에 이른다. 반면에 1950년부터 시작한 중국의 궤적은 2016년이 되어서야 변곡점에 도달했으며, 2050년이 되면 국가 GDP는 2015년의 두 배가 될 것으로 예상된다(그림 5.2a-d).

부유한 국가의 1인 소득도 역시 비슷한 시기에 변곡점을 나타내며(Japan in 1982, the United States in 1995), 21세기 중반 성장이 한계에 도달하는 로지스틱 곡선을 따라간다. 중국은 상대적인 관점에서 아직 부유한 국가라고 할 수 없지만, 같은 그룹에 합류했다. 중국은 2012년 1인당 평균 소득이 변곡점에 다다랐으며, 로지스틱 곡선은 국가의 1인당 경제 생산이 미국의 예상 비율의 3분의 1밖에 안 되는 시점인 2050년에 추가적인 60%의 증가를 보였다. 이에 따라 중국의 많은 경제학자가 '경제 전환 신드롬[11]'에 관해 우려를 표하고 있다(Zhang 2015).

세계 경제의 성장은 제품과 서비스의 세계 3대 생산국인 미국, 중국, 일본의 성장 둔화를 반영한다. 세계은행의 자료에 따르면 1960년과 2010년 사이의 50년 동안 전 세계 GDP 성장률의 10년간 최대치는 연 6.7%에서 연 4.4%로 감소했고, 이에 상응하여 GDP 성장률 최소치 또한 연 4.4%에서 연 -1.7%로 감소했다(World Bank 2019). 이러한 사실은 현재 인류의 5분의 2가 이미 매우 낮은 성장률에서 일시적으로 높은 경제적

....

11 과도한 경기 부양, 부채 증가, 추가적인 지출에 대한 부담이 이어지며 경제성장이 빠르게 감소하는 것을 말한다.

[그림 5.2-a] 프랑스의 GDP(2011년 환율 기준)

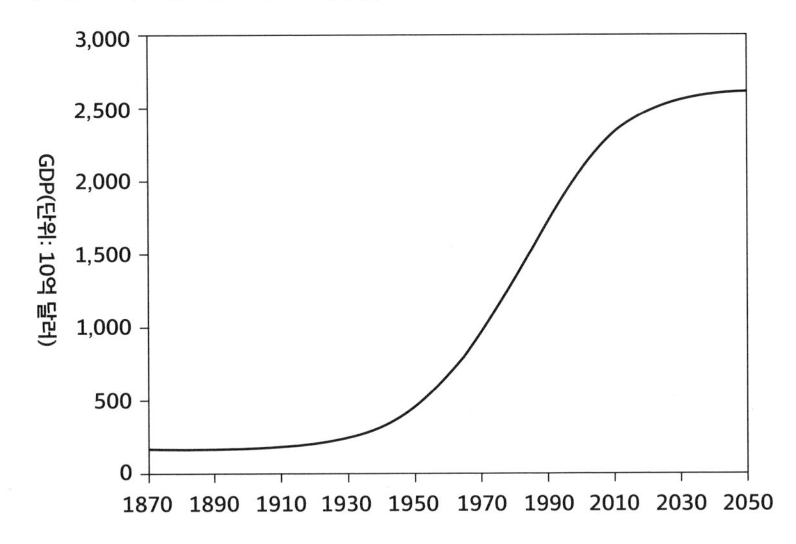

[그림 5.2-b] 일본의 GDP(2011년 환율 기준)

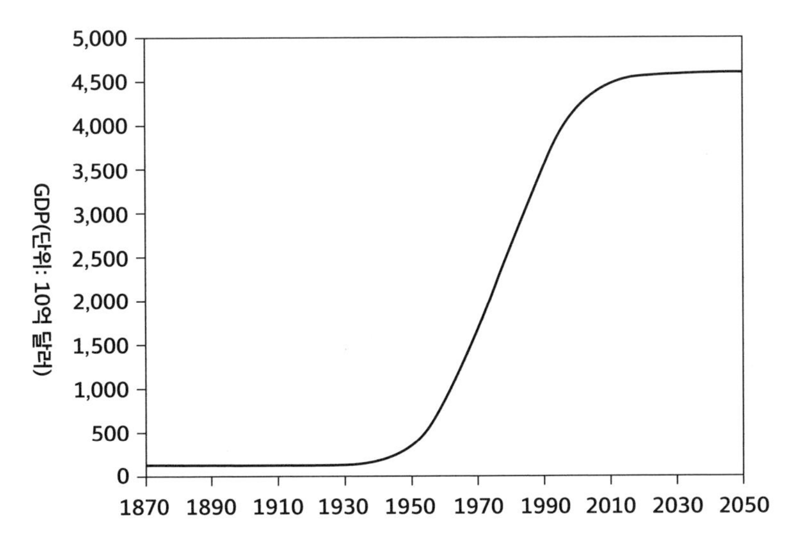

[그림 5.2-c] 미국의 GDP(2011년 환율 기준)

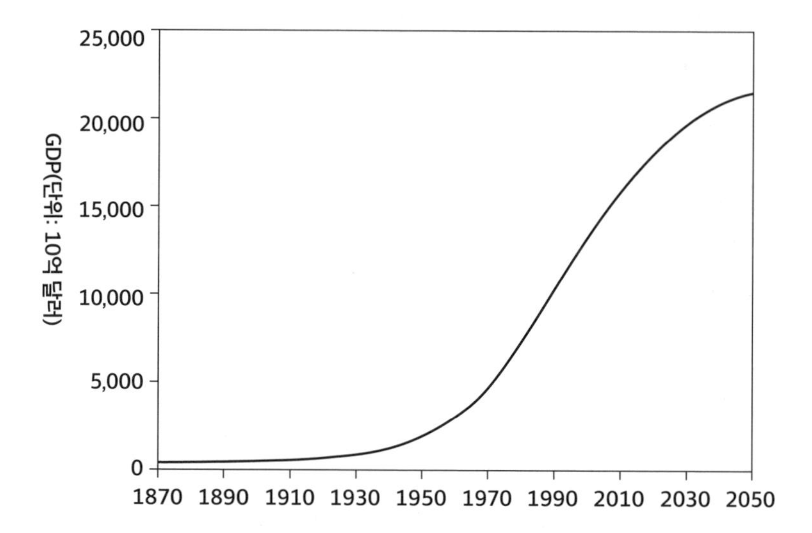

[그림 5.2-d] 중국의 GDP(2011년 환율 기준)

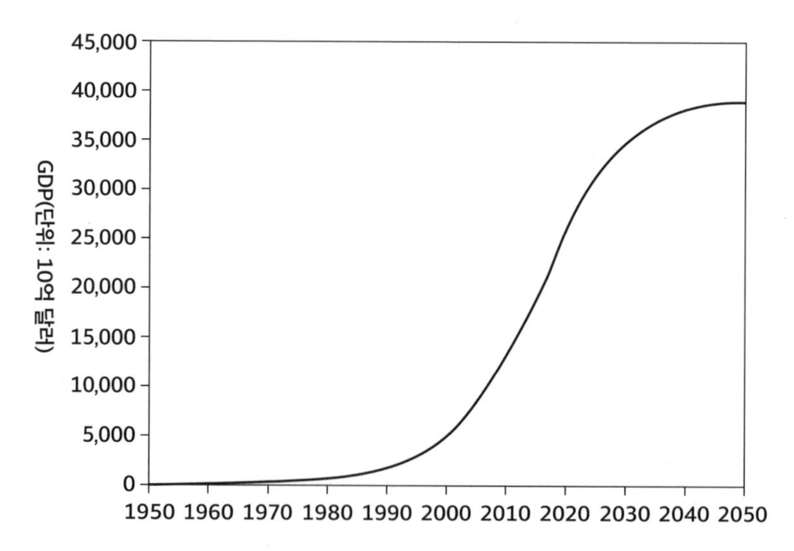

[그림 5.2 a-d] 1870~2015년 사이, 로지스틱 곡선을 보이는 프랑스, 일본, 미국, 중국의 장기적 GDP 발달 궤적

전환을 달성한 후보다 완만하게 발전하거나 그런 궤적을 따라 크게 발전된 나라에 살고 있다는 사실을 확증한다. 그리고 인도나 인구가 많은 아프리카 국가 중에서 1990년대의 중국만큼 빠른 성장은 아니더라도 다음 두 세대 동안 현재 지구상 인구의 3분의 1 정도를 차지하는 국가들이 상당한 성장을 보일 것이다.

그렇다면 성숙기에 이른 풍요로운 국가 앞에 놓인 과제는 무엇인가? 남은 21세기와 그 이후에도 (완만하지만) 여전히 실질적인 성장을 유지할 수 있을까? 느린 성장에서 더 느린 성장으로 이어지는 기간이 길어지며 또 다른 전환이 시작될까? 아니면 인류의 악영향으로 망가진 지구 환경을 위해 성장이 감소하도록 인위적인 경제 시스템을 설계하여 드라마틱한 전환의 궤적을 보이게 될까? 이러한 의문에 대부분의 경제학자는 경제성장률이 반복되는 변화(경제 위기 속 일시적인 성장률 하락과 상승)를 겪으며 장기적으로는 계속 상승할 것으로 보고 있다. 예를 들어 OECD는 앞으로도 세계가 연간 2.5%의 성장을 보일 것으로 전망하였다. 또한 세계 경제 생산이 2018년 76조 달러에서 2060년 221조 달러로 증가할 것으로 보고 있다(OECD 2018b).

보레토스Boretos는 과거 두 세기의 경제성장을 그래프로 그려본 결과 로지스틱 곡선은 22세기의 초에 포화 상태에 도달하며 적어도 100년 더 성장할 거라고 예상했다(Boretos 2009). 과거 경제 생산의 다른 출발점과 다른 추정치를 사용할 경우 다른 결과가 나올 수 있다. 필자가 1800~2015년 사이의 전 세계 경제 생산을 바탕으로 예측한 결과, 로지스틱 곡선은 2066년 변곡점에 도달하고 생산은 2150년에 최근의 거의 8배 수준에서 포화 상태에 도달할 것으로 보인다. 하지만 500년의 기간

(1500~2015년)의 추정치와 자료를 사용해 그래프를 그려 보면 2500년 즈음에 2015년보다 다섯 자릿수 높은 수준에서 점근선에 도달하는 최적의 로지스틱 적합도가 도출된다.

곡선에 맞춘 결과는 예측하기 쉬운 반면 틀리기도 쉽다. 그래도 지금까지 우리가 알 수 있는 것은 장기간 성장 부재나 지속적 하락세만 보인 국가는 없었다는 사실이다. 일본 경제는 이런 전환의 가장 유력한 후보였을 것이다. 1960년대 두 자릿수의 연 성장률은 1970년대와 1980년대에 2~5% 범위로 하락했지만, 1990년 버블 경제가 무너지고 국가가 한 세대 이상 전례 없는 후퇴를 보일 때조차, GDP는 이어지는 27년 중 겨우 6년 동안 감소했고, 연평균 1%의 성장을 보여 주며, 2019년 총액(2010년 고정 달러 기준)은 약 4조 7,000억 달러에서 6조 2,100억 달러로 30% 증가했다(World Bank 2019).

확실히 경제적으로 기량을 발휘하지 못하는 일본은 새로운 정체 경제에 가까워지고 있다. 참고로, 같은 기간(1990~2017년) 독일과 프랑스의 GDP 총액은 50%, 미국은 90% 증가했다. 미국은 매우 크고 성장한 경제임에도 불구하고 강한 성과를 보이고 있으며 OECD는 2060년까지 미국의 가치가 약 39조 달러로 상승하며 2020년 총액의 두 배가 될 것으로 예상한다(OECD 2018b). 동시에 리처드 고든Richard Gordon은 필자가 주장한 것(Smil 2005, 2006)과 매우 비슷하게 최근 기술혁신이 제2차 산업혁명만큼 영향을 미치지 않았다고 결론을 내리고(Gordon 2012 and 2016), 경제성장을 저해할 수 있는 많은 요인을 밝혔다(물론 지속적인 고도성장을 주장하는 이들은 이런 결론을 무시한다.).

그러나 2017년 중국의 총 경제 생산이 1990년보다 12배 이상 커지며 성장의 중심이 아시아로 옮겨 갔고, 이로 인해 다른 부유한 국가에서는 성장 둔화가 나타났지만, 이것이 전 세계적으로 결정적인 영향을 미치지는 않을 것이다. 인도 또한 중국만큼 성장하기는 힘들겠지만 지속적으로 성장하고 있고, 남아시아와 아프리카 지역의 성장 또한 아직 진행 중이다. 즉 대규모 분쟁, 심각한 전염병, 전 지구적 규모의 자연재해를 제외하면, 세계 경제를 정체시키거나 저하시킬 잠재적 불안 요소는 없는 것이다.

이처럼 전 세계 경제가 미래에 보일 성장 궤적을 예측하는 것은 매우 불확실하다. 그러나 우리가 예측을 다음 두 세대(40~50년)까지로 제한한다면 큰 틀에서 제법 그럴듯한 시나리오는 얻을 수 있을 것이다. 여기에는 최근 이어지는 성장률(OECD 예측 인용), 성장률의 상당한 감소(고든의 결론과 일치), 장기적으로 성장이 나타나지 않는 등락(비록 휘청거리는 일본 경제도 그렇게 부진하지는 않지만), 느린 감소, 성공적인 회복 능력을 떨어트리는 급격한 하락(지금까지 어떤 주요 경제도 경험한 적은 없었지만, 현실적인 가정을 통해 이런 결과를 산출할 수 있다.), 급속한 후퇴와 급작스러운 붕괴가 포함된다. 그리고 심각한 지구온난화의 위협과 그에 대한 경제적 대응도 고려해야 한다.

• • • •

생계형 경제 구조에서 현대 경제 구조로

전통적인 경제체제의 국가에서는 인구의 대부분이 농업과 축산업, 어업에 종사하면서 총 경제 생산의 가장 많은 부분을 차지하는 생계형 식량 생산이 지배적이었다. 환경적인 차이는 이러한 보편적인 구성 안에서 다양한 차이를 만들어 냈다. 토양의 질이 좋고 강수량이 풍부한 인구 밀집 사회는 다작과 복합 윤작을 포함한 농업에 집중했다. 해산물 양식은 특수한 형태의 집약적 식량 생산이었다. 환경의 제약이 더 큰 곳에서는 일 년에 단일 작물을 재배했으며 종종 수렵과 채집 활동을 통해 부족한 생산량을 보충했다. 다른 전통 사회는 작물 재배, 순수 목축, 다양한 형태의 자급자족 등으로 변화를 시행했다.

이런 식량 수급에는 오늘날 건설업, 광업, 제조업, 운송업, 서비스업의 범주에 해당하는 다른 여러 활동이 수반됐지만, 이러한 활동의 대부분은 일 년 내내 또는 밭일이 없는 한가한 기간 동안 농민들에 의해 이루어졌기 때문에 이런 일에만 종사하는 노동력의 비율은 낮았다. 이런 공통적인 현실을 정확한 수치로 보여 주는 중국 전통 농업에 대한 기념비적인 연구가 있다(Buck 1937). 중국 전역의 152개 지역을 대상으로 한 조사에 따르면, 전체 노동력의 68%가 농장 일에만 종사하고 있으며, 12%에 가까운 인력은 보조적인 활동에만 종사하고 있다. 그리고 20%는 두 가지를 병행하고 있는 반면, 겨울 밀 수확 지역(계절적인 이유로 다른 작업에 더 많은 시간이 남는 지역)에서는 각 점유율이 54%, 23%, 23%로, 농사일 이외의 일에 종사하는 농촌 노동력의 유의미한 비율을 보여 준다.

대다수의 초기 근대인은 생계형 농업에서 경공업과 광물 자원의 채굴 및 중공업 분야로 이동했으며, 궁극적으로 현재에는 훨씬 덜 노동 집약적인 컴퓨터 기반의 제품 생산 활동으로 옮겨 왔다. 이런 진행이 이루어지는 동안, 처음에는 농업의 현대화에 의해, 나중에는 산업적 기계화에 의해 해방된 노동력은 계속 넓어지는 서비스 부문에서 일자리를 찾았다.

처음에는 소매와 교육, 대중교통이었고, 이후에는 건강, 금융, 국가 지원 과학 연구에서 대규모 관광 산업에 이르는 다양한 분야에서 활동하게 된다. 반면에 많은 후발 주자는 전통적인 농사나 목축 또는 유목 활동에서 자원을 채굴하는 활동(이란 또는 사우디아라비아)이나, 특정 부문에 집중하는 제조 생산물 공급 분야로 활동을 옮겼는데, 1950년대 이후 대만과 1970년대 이후 한국은 이러한 빠른 전환의 가장 성공적인 사례일 것이다.

구조적인 변화의 연구는 1930년대에 시작됐으며(Fisher 1939; Clark 1940), 제2차 세계대전 이후 지금은 고전으로 평가받는 장 푸르아스티에Jean Fourastié, 시어도어 슐츠Theodore Schultz, 월터 로스토우Walter Rostow, 사이먼 쿠즈네츠Simon Kuznets의 주요한 공헌 덕분에 더 큰 관심을 받았다(Jean Fourastié 1949, Theodore Schultz 1953, Walter Rostow 1960, Simon Kuznets 1966). 전통 경제에서 현대 사회로의 구조적 전환을 추적하기 어려운 이유는 고용과 GDP의 원천과 관련해서 믿을 수 있는 자료가 전부 최근의 것뿐이며, 많은 합계가 제대로 세분화되지 않았기 때문이다. 노동 관련 자료들이 1차, 2차, 3차 생산으로만 구분되어 있는 경우가 가장 흔하다.

세 가지 부문

경제 활동의 구분은 공식적으로 제2차 세계대전 이전 앨런 피셔Allan Fisher에 의해 도입됐다(Fisher 1939). 경제활동의 기능적 정의에 따른 구분으로 밝히면 밝힐수록 애매한 부분들도 있다. 1차 생산이라는 용어는 1891년 뉴질랜드의 국가 통계를 위해 농업과 목축 생산의 투박한 범주라고 부르던 것을 대체하기 위한 것이었다. 처음부터 이 용어는 '농업, 목축, 광물 및 다른 1차 생산자'가 추구하는 모든 수확 및 채굴 노력을 가리켰다(Fisher 1939, 26).

이 범주에는 모든 형태의 식품 생산(어업과 양식업도 당연히 포함된다)과 임업, 광업, 채석업, 수도사업, 1차 가공업(석탄 파쇄, 석재 파쇄 등)이 포함된다. 이 과정에서 얻은 일부 생산물은 소비자에게 바로 판매됐지만, 대부분은 2차 생산물[12]을 얻기 위한 재료로 쓰였다.

이러한 형태의 조합은 개별 요소가 현대화 진행 방향과 반대로 움직이는 다소 이질적인 경제 부문을 만들기도 한다. 농업 고용률은 꾸준히 감소하고 있고, 현대화된 경제는 더 많은 화석연료와 광물의 추출을 요구한다. 그러면서 임업은 또 줄어들었다. 풍부한 화석연료 자원을 가진 미국과 러시아(소련), 두 국가는 1차 생산 부문 안에서 발생하는 모순된 사례를 보여 준다. 이를 통해서 우리는 좁은 범위의 발전을 추적하면 왜 모순이 생길 수밖에 없는지 알 수 있고, 정보가 필요하다면 보다 포괄적으로 전체 식량 생산 부분의 발전을 추적하는 것이 바람직하다는 것을 알 수 있다.

1921년 2차 생산의 최초 정의는 '원자재의 가공과 모든 제조와 온갖 종류의 건설 그리고 가스와 물, 전기 공급'을 포함한다(Fisher 1939, 27). 이후 이러한 정의는 추가적으로 다듬어지고 조정되었다. 예를 들어 원래 정의에 있는 가스는 석탄에서 얻은 가스를 언급한 것이었으나 이 산업은 제2차 세계대전 이후 공장과 가정에서 1차 생산으로 추출한 천연가스를 사

12 밀가루, 정제를 위한 원유, 혹은 알루미늄 제련을 위한 보크사이트(bauxite) 등.

용하게 되면서 사라졌다. 그리고 1921년 부유한 국가에서 흔했던 제조 품목(말 목줄, 말굽, 타자기, 만년필, 세숫대야 등)은 더 이상 서양의 선진국에는 존재하지 않는다. 반대로 고체 소자(반도체, 마이크로프로세서, LED 등)의 전자 제품부터 향상된 건설 부품(비활성 가스가 채워진 3중 유리, 섬유 유리 단열재, 집성목 등)에 이르기까지, 한 세기 전에는 존재조차 하지 않았던 산업이 늘어나기 시작했다.

따라서 2차 활동도 여러 다른 종류들로 이루어진 범주이다. 그중 하나에 집중한다면 필자는 제조 부문에서의 변화를 살펴보는 것을 선택할 것이다. 그것이 경제가 현대화되는 첫 단계의 대표적인 특징이기 때문이다. 다시 말해서, 이것은 하나의 슈퍼섹터super-sector로, 그 범위는 노동 집약적인 수공예 작업부터 마이크로프로세서를 이용한 완전 자동화된 무수한 반도체 제조 공장 그리고 낮은 에너지 투입(돌이나 나무를 자르는 등)을 요구하는 품목과 고에너지 집약 상품(Al, super-pure Si, Ti, composite fibers)까지 모든 것을 아우른다. 그러나 근본적으로는 '인공적으로 가공된 구성품'이라는 기능적 통일성을 가진다.

피셔가 내린 3차 산업 부문의 정의를 가장 잘 보여 주는 표현(그래도 필자는 '1, 2차 활동을 뺀 나머지'라는 설명은 좀 야비하다고 생각한다.)은 '완전히 새롭거나 상대적으로 새로운 유형의 소비자 요구에 부합하는' 활동이다(Fisher 1939, 32). 그러나 이 범주는 우리가 현재 서비스 경제라고 부르는 것들을 위한 만능 용어가 되었다. 그래서 현재는 정부, 교육, 의료, 치안, 폐기물 처리뿐만 아니라, 모든 형태의 소매업, 금융(투자, 은행 업무, 보험)업, 법률, 부동산, 회계 서비스, 컨설팅(관리와 기술 자문), 매스미디어, 접객(호텔에서 크루즈까지) 부문이 포함되며, 그 목록은 계속해서 늘어나고 있다. 가장 최근 추가된 업종에는 모바일 기기에 적용된 마이크로프로세서의 끊임없이 개선되는 처리 능력을 바탕으로 한 다양한 서비스가 포함된다. 하지만 이 부분은 유형재有形財를 제외한 나머지 모든 것을 제공한다는 측면에서 근본적인 기능적 통일성을 가진다.

피셔가 세 부문에 관한 논문을 발표하고 1년이 지난 뒤 콜린 클락Colin Clark은 2차 산업 부문에서 고용 점유율이 상승함에 따라 1차 산업 활동에서 점진적인 고용 감소가 이루어지고 조금 지나 2차 산업 경제 활동이 꾸준히 증가하는 사이의 경제 전환 과정(클락-피셔 또는 피셔-클락 모델)을 가정했다(Clark 1940). 일부 국가에서는 2차 (제조) 산업 점유율은 1차 산업 고용 점유율이 하향하고 3차 산업 고용이 상향하는 궤적을 계속 이어가는 동안 점차 감소하기 시작하며, 결국 현대의 모든 경제는 서비스 분야가 크게 지배하게 된다.

1949년 프랑스의 경제학자 장 푸르아스티에는 20세기에 관한 큰 희망을 담은 책을 한 권 출간했는데, 저서에서 그는 문명화의 세 국면 동안에 벌어진 전형적인 노동력 분산을 수량화해서 보여 주었다. 그리고 3차 산업 부문은 필연적으로 규모가 무한하기 때문에 3차 산업 부문이 실업을 사라지게 할 것이라고 예측했다(Fourastié 1949). 푸르아스티에에 따르면 전통 사회(중세 유럽이나 혹은 그가 글을 썼던 시기의 아프리카와 아시아의 미개발 국가)는 1차 산업 부문의 고용이 노동력의 70%를, 2차 산업 부문은 20%, 3차 산업 부문은 단 10%를 차지하고 있고 밝혔다.

전환기에 1차 부문은 총노동력의 20%로 감소하며 2차 산업 부문(더 높은 에너지 사용과 기계화의 확대가 동력이 된)은 50%를 차지하고, 3차 산업 부문은 30%로 상승한다. 최종적으로 3차 산업 문명(현대 부유한 사회

들)에서는 1차 산업 부문의 고용은 총노동력의 10%를 넘지 않으며, 2차 산업 부문은 20%, 3차 산업 부문은 70%를 점유한다. 그리고 3차 산업 부문의 규모와 다양성은 계속 늘어나서 두 개의 부문, 즉 모든 정보를 관리하는 4차 산업 부문과 모든 지식 기반 활동을 포함하는 5차 산업 부문이라는 두 개의 범주가 추가되기에 이른다.

모든 일반화 모델이 그러하듯 푸르아스티에가 제시한 단계도 많은 구체적인 현실을 놓치고 있다. 주요 산업 부문의 고용 분포를 나타낸 미국의 자료는 1850년대부터 이용이 가능한데, 당시에는 1차 산업 부문이 지배적이고 2차와 3차 산업에 종사하는 노동력은 균등하게 분할되어 있었다. 가장 최근의 분포를 보면 1차 산업 부문이 단 2%, 2차는 13%를 밑돌고, 3차 부문이 80% 넘게 차지하고 있음을 알 수 있다(Urquhart 1984; BLS 2018). 이런 발견은 미국에서 1차 부문의 쇠퇴와 이후에 나타난 탈산업화가 푸르아스티에가 가정했던 것보다 훨씬 더 빠르게 진행되었고, 3차 부문도 그가 예측한 것보다 훨씬 더 지배적이라는 사실을 의미한다.

중국이 보이는 궤적은 공통 모델에서 훨씬 더 벗어나 있다. 중화민국 시기Republican China는 농업이 압도적으로 지배하던 시기(1차 부문의 총고용은 1915~1933년 사이 83%에서 79%로 감소했다.)였으며, 공산당이 권력을 쥐고 3년 뒤인 1952년에는 세 부문의 점유율이 각각 75%, 10%, 15%였다(Wu 2016). 비록 30년 가까이 되는 마오쩌둥 사상의 산업화에도 불구하고 중국의 부문별 고용은 1978년이 되어서야 푸르아스티에가 말한 첫 번째 단계에 도달했다(각각 71%, 17%, 12%를 차지하면서 70%, 20%, 10% 모델에 가까워짐). 그리고 빠른 경제성장과 제조 상품의 세계 최대 생산국이자 수출국으로서 중국이 부상하던 40년의 기간에도 불구하고, 2016년 세 부문의 점유율(28%, 29%, 44%)은 발전의 2단계나 3단계에 근접하지 못했고 여전히 너무 많은 사람들이 1차 부문에 종사했으며 나머지 2·3차 산업에 종사하는 사람들은 너무 적었다(NBSC 2018).

농장에서 공장으로

산업화는 두 가지의 커다란 물리적 조력 요소가 있다. 첫 번째는 도시로 향하는 수많은 이주민이었다. 전통 농업이 점차 현대화되면서 시골에서 올라온 많은 도시 이주자들이 노동 집약도가 높은 일들에 투입되었다. 왜냐하면 공정의 극히 일부만 기계화되었기 때문이다. 즉 산업혁명은 이전의 농업혁명이 없었다면 일어날 수 없었을 것이다. 노동력 추진 요인은 이미 언급했듯 지출에서 식비가 차지하는 비율이 감소한 만큼 제조 생산물 소비에 사용된다는 엥겔의 법칙을 더욱 더 강하게 밀어주었다. 두 번째 요소는 산업 생산의 새로운 기회다. 이는 기술 발달과 풍부한 에너지 공급으로 인해 강한 노동력 창출이 가능해지면서 생긴 기회다.

알바레즈-쿠아드라도Alvarez-Cuadrado와 포슈케Poschke는 미국의 1800년 시기의 자료를 비롯해 19세기 12개 국가들의 상대적인 가격과 농업 고용 관련 자료를 검토하면서 이러한 추진과 그 요인들에 대한 상대적 중요도를 조사했다(Alvarez-Cuadrado and Poschke 2009). 이들이 내린 결론은 유인 효과가 제2차 세계대전 때까지 지배적이었으며 이후에는 추진 요인이 더 중요해졌고, 이는 구조적인 변화의 초기 단계에 있는 경제에서 유인 효과가 더 두드러지는 경향을 보인다는 것을 의미한다. 예상했듯 이런 구조적인 변화는 다양한 국가와 지역에 영향을 받는다. 1865년 이후 미국 산업화의 유인 효과는 매우 강해서 유럽 국가로까지 확장되었으며 유럽 대륙의 가장 가난한 지역에만 국한되지 않았다. 석탄은 보통 맨 처음 구조적으로 활발하게 변화를 일으키는 주요 원인이었지만, 일부 지역에서 산업화의 초기 단계는 연료 목재나 수력발전에 크게 의존했다(Smil 2017a).

하지만 산업화를 단지 농촌에서 도시로의 노동 이동을 보여 주는 일회성 변화의 시기로만 본다면 진행 과정의 복잡한 역동성을 간과하게 될 것이다. 우리는 모든 부유한 국가의 산업화 과정이 언젠가 완료됐다는 것을 보여 주는 지표들을 인용하거나 그 부문이 경제 상황에 계속 적응하면서 지속한다는 것을 증명하기 위해 다른 지표들을 제시할 수 있다. 산업 생산의 구성 변화와 생산 기술 및 주요 상품의 공급 원료의 변화는 총 생산물의 변화만큼이나 중요하고 두드러졌다(Chenery 1960).

첫 번째는 구성적인 변화다. 그것은 섬유와 야금술[13]로 시작해서 소비재의 대량 생산으로 이어졌으며, 최근에는 새로운 전자 기기에 대한 전례 없는 글로벌 수요를 충족시키는 방향으로 가고 있다. 두 번째는 생산 기술과 원자재 확보의 변화다. 효율성, 신뢰성, 내구성 측면에서 보았을 때 이것은 더 높은 생산성과 낮은 비용, 더 향상된 기능을 가져다주었기 때문에 기술적 혁신의 가장 근본적인 동력이 되었을 것이다.

항공기의 생산은 이러한 변화들의 완벽한 예시다. 항공 부문은 19세기에는 존재하지도 않았으며 1903~1914년 사이에 만들어진 1세대 비행기는 피스톤식 엔진을 비롯해 부품들이 거의 금속이 아니었고, 나무와 천, 왁스를 처리한 실이 사용됐다(Mraz 2003). 최초로 합판을 사용하고 비행

....

13 철도 확장을 시작으로 새로운 인프라의 요구를 충족하기 위해 필수적이었다.

기 몸체와 내부에 알루미늄을 사용한 모노코크monocoque[14] 구조는 1920년대에 등장했다. 알루미늄 소재의 기체, 날개, 방향키는 21세기 초반까지 시장을 지배했다. 1950년대에는 더 가벼운 플라스틱이 비행기 내부에 사용됐다. 매트릭스 또는 강화 레진으로 구성되고 장력 처리 능력에 뛰어난 복합 소재는 동체 및 날개 제작에 선호되었다. 2011년 보잉 787기는 탄소섬유강화폴리머[15]가 사용된 최초의 제트기였다. 강철은 비행기의 단 10%에만(대부분 착륙 장치에 사용됨) 사용되었고 알루미늄은 20%가 사용된 반면, 복합 소재는 50%가 사용됐다(Hale 2006).

제조업은 가내수공업에서 시작해 소규모 작업장을 거쳐 대규모 공장으로 발전하는 경우가 많았다. 이런 과정은 자동차 제조뿐만 아니라 비행기를 만들 때도 나타났다. 1903년 오빌 라이트Orville Wright가 타고 비행한 만든 세계 최초의 성공적인 비행기의 엔진은 라이트 형제가 기술자로 고용한 찰스 테일러Charles Taylor가 도면 하나 그리지 않고 만든 수제품이었다(McDaniel 2018). 제1차 세계대전으로 인해 생산은 연속적으로 이루어져야 했고, 1917~1919년 사이 미국 공장은 2만 대가 넘는 리버티Liberty 엔진[16]을 제조했으며, 이 엔진은 1920년대에 널리 보급됐다. 제2차 세계대전 중 영국이 11만 7,479대, 독일이 11만 1,787대, 일본이 6만 8,057대의 비행기를 생산했지만, 당시 미국은 29만 5,959대를 생산하면서 (프로

....

14 골조와 외피를 완전히 일체로 만드는 응력 외피 구조의 한 형태.

15 수많은 탄소 원자가 결정 구조를 이루어 길게 늘어선 분자 사슬로 이루어진 섬유이다. 섬유의 직경이 10μm 내외로 극히 가늘지만 인장 강도와 강성도가 높다. 또한 고온과 화학물질에 대한 내성이 좋고, 열팽창이 적다. 항공기, 자동차, 담배 필터, 각종 스포츠 등에 널리 사용되는 재료다.

16 미국에서 개발된 12기통 V형 항공기용 엔진.

펠러 동력의 알루미늄 기체) 비행기 대량 생산의 인상적인 기록을 새로 달성했다(Smil 2013c).

전자조종fly-by-wire[17] 장치에 의존하는 더 크고 복잡한 제트기가 도입되면서 항공기 제조는 12개국 이상의 수많은 공급업체의 부품을 훌륭하게 조합해서 조립하는 과정이 되었다. 볼트와 리벳을 빼면, 보잉사의 가장 작은 비행기(737)에 들어가는 부품은 대략 40만 개이며, 최신의 가장 큰 보잉 787기는 230만 개의 부품이 사용된다(Boeing 2013). 이런 부품들을 워싱턴 렌턴Renton 공장에서 제때 배송받아 조립할 경우 보잉사에서 가장 많이 팔린 737기를 만드는 데는 단 9일이 걸린다. 이와 유사한 자동차나 전자 부품 제조에서도 나타난다. 변혁은 다시 장인이 작은 작업장에서 만들었던 차량에서 현재 전 세계 연간 생산량이 1억 대에 육박하는 고도로 자동화된 공장까지 이어진다(OICA 2019).

부피가 크고 신뢰하기 힘든 핫글라스 진공관에서 크고 작은 제품들을 작동시키는 데 필수적이며, 계속 작아지는 반도체에 이르기까지, 두 번째 제조 변화의 사례는 변화의 정도가 너무 심해서 '믿을 수 없을 정도'라는 표현이 이 발전을 묘사하는 가장 정확한 수식어일 것이다. 이러한 현실을 통해 우리는 산업화가 다양한 측면에서 다양한 단계의 진화 과정을 거쳐서 나타나고 그 성과를 단순히 총고용 수나 GDP 점유율과 같은 종합 지표들만으로 단순히 판단할 수 없다는 점을 상기하게 된다.

산업 부문은 기술적 관성과 지속적인 기술혁신의 몇 가지 눈에 띄는

....

17 전기 신호에 의한 비행 제어 체계. 컴퓨터가 부품으로 사용된 항공기 제어 체계(computer-configured controls)를 의미한다. 여기서 컴퓨터는 승무원(operator)과 실제 작동기(actuator) 사이에 위치하여 제어 · 통제 역할을 수행한다.

사례를 결합해 왔다. 거의 모든 소비자 범주(전 세계적으로 연간 1억 대에 육박하는 자동차에서 현재 연간 20억 대 가까운 휴대폰에 이르는)에서 대량 생산이 진행되는 동시에 기능과 내구성, 안정성이 향상되고 종종 미적으로도 더 매력 있는 품목(잘 관리된 제트기는 25년 동안 운항하며 5만 시간이 넘는 비행시간을 기록할 수 있다)들이 생산되면서 그 발전은 양적인 측면과 질적인 측면 모두에서 진행되고 있다.

많은 국가의 경우, 농업, 추출 산업, 제조업, 건설업, 상업 및 금융업, 교통과 통신 그리고 기타 서비스의 더 세분화된 범주에 관한 과거 자료와 현대 통계를 이용할 수 있다(Mitchell 2007; USBC 1975; NBSC 2018; SB 2017). 필자는 이러한 분류를 이용해 식품 생산의 쇠퇴와 주요 국가의 제조와 서비스업의 부상에 초점을 맞추고 마지막으로 최근 세계 동향에 주목하면서 부문별 경제 전환을 살펴볼 것이다.

잉글랜드(그리고 1707년 연합법Acts of Union 1707 이후 연합 왕국)의 경제는 선두에 있었다. 영국의 경제는 중세 후기에 이미 다른 국가에 비해 상대적으로 다양성을 띠었으며, GDP 부문의 기원에서만큼은 적어도 초기 근대가 시작되기 훨씬 전부터 비농업적인 특징이 우세했다. 브로드베리와 동료들에 따르면, 1381년 총 전체 경제 생산에서 농업이 차지하는 기여도는 약 42%였으며, 이어지는 200년 동안 약간의 변화를 거쳐 1700년에는 28%, 1841년에는 22%로 감소했다. 고용 면에서는 인구와 사회구조의 역사History of Population and Social Structure를 위한 케임브리지 그룹Cambridge Group에 따르면 농업에서 남성 노동력은 1400년 75%에서 1750년 40%로 감소하고 1875년에는 15%가 되었다. 1870년 미국, 독일, 프랑스에서 농업 노동력이 차지하는 비중은 약 50%였으며 일본은 60%를 넘어서는 등 다른 곳에서는 구조적 전환이 훨씬 덜 진행됐기 때문에, 영국의 이런 경향은 매우 예외적인 사례로 볼 수 있다(Cambridge Group 2019).

노동력의 분산에 관한 미국의 자료는 국가의 대부분이 농업 사회였던 19세기부터 확인이 가능하다. 1800년에는 전체 노동력의 약 83%가 농장에서 일을 했으며, 제조 무역과 운송, 국내 서비스 부문은 각각 전체의 약 3%를 차지하고 있었다(Lebergott 1966). 1850년에는 농장에서 일하는 노동력이 전체의 55%로 떨어졌지만, 19세기 하반기에는 이민자들이 대평원(그레이트플레인스)의 서쪽에 세운 농장이 대규모로 늘어나면서 하락의 속도가 느려졌다(Fite 1977). 뎀스터Dempster와 아이작스Isaacs는 남북 전쟁Civil War이 어떻게 산업 팽창의 원동력이 됐는지 보여 주었다(Dempster and Isaacs 2014). 전쟁은 노동과 고용 사이의 관계에서 구조적으로 근본적인 변화를 일으키게 만들었으며, 따라서 전쟁이 없었다면 구조적 변화는 더 느렸을 것이다.

1900년까지 국가 노동력의 41%는 농장에 있었지만, 농업이 미국 GDP의 거의 8%를 차지했던 1930년에는 반으로 줄어들었다(Dimitri et al. 2005). 제2차 세계대전 말에는 두 지분이 각각 16%와 7% 가까이 됐으며, 2000년에는 1.9%와 0.7%로 줄어들었다. 그러나 이 엄청난 쇠퇴와는 다르게 농업의 경제 규모는 상당히 커졌다. 이미 언급했듯이 미국 농장의 수는 20세기 동안 반 이상 감소했으며, 평균 규모와 생산은 두 배 이상 커졌고 농산물 수출량은 8배로 확대됐다. 전문성의 확대도 생산성 향상을 가능하게 한 또 다른 요인이었다. 20세기 동안 한 농장에서 생산되는 상품의 평균 품목 수는 약 3분의 2로 감소했다.

경제 현대화의 초기 단계에서 농촌사회에서 이주해 온 노동력은 제조업과 광업 그리고 다른 추출 산업 등으로 유입됐다. 다시 말하지만, 앞서갔던 영국은 초기에 주요 예외 사례였다. 1600년과 믿을 수 있는 고용 자료가 시작됐던 1841년 사이에 영국의 경제 생산에 대한 산업 부문의 기여는 약 36%를 기록하며 높고 안정적인 모습을 보여 주고 있었다(Broadberry et al. 2015). 일반적으로 생각하는 것과 달리, 영국 산업화의 속도는 1850년대에 한해서만 빨랐다. 1851년 인구 조사에 따르면, 영국에는 공장에서 기계를 돌리는 노동자보다 전통 수공업자가 여전히 더 많았으며, 제화공이 석탄 광부보다 많았고, 대장장이가 제철소 노동자보다 많았다(Cameron 1985).

영국의 제조업은 1880년 중반, 전 세계 제조 수출품의 43%를 생산하며, 6%인 미국, 16%인 독일과 비교해 세계 최고 수준이었다(Matthews et al. 1982). 기술자와 사업가가 지하철에서 자전거와 원양 여객선, 저렴한 강철에서 증기터빈과 공기 타이어에 이르는 혁신을 이뤄내면서 영국의 제조업은 국가의 경제 리더십을 보여 주는 상징이 되었다(Smil 2005). 20세기 들어 60년 동안 여전히 꽤 강세를 보였으며 두 번의 세계대전에서 영국의 승리에 기여했다. 또한 합성 물질, 제트 여객기, 전자 계산(컴퓨터)이 발전하는 데 도움을 주었다. 1901년 38%에서 900만 명에 달하는 기록적인 수의 노동자를 고용했던 1961년에도 37.4%로 수치가 약간 바뀌면서 제조업에서 영국 노동력의 비중은 여전히 안정적이고 거의 변함없는 모습을 보여 주었다. 당시는 최신 기술혁신의 상징과도 같은 콩코드 프로젝트Concorde project[18]

....

18 초음속여객기를 만들기 위해 영국과 프랑스가 추진했던 공동 개발 프로젝트.

가 공식적으로 시작되고 브리티시스틸British Steel과 롤스로이스가 세계적인 명성을 얻었던 시기이기도 했다.

1850년 이후 제조업의 성장은 명백히 현대의 고소득 국가들을 만들고 그것을 공고히 하는 핵심 요인이었으며, 많은 연구는 제조업 분야가 가져온 타의 추종을 불허하는 혜택들을 보여 준다(Duesterberg and Preeg 2003; Smil 2013c; Cantore et al. 2017). 가장 중요한 사실은 전체 연구 개발의 약 3분의 2가 제조업에서 발생하면서 현대 사회의 혁신에 가장 큰 기여를 했다는 점이다. 제조업 활동은 전통적인 직업(관리 및 회계)뿐만 아니라 새로운 고용(온라인 판매, 글로벌 마케팅) 기회를 만들고, 글로벌 시장에서 경쟁력을 유지하기 위해 필요한 교육과 훈련(숙련된 노동력을 제공하는 데 특히 중요한 수습 프로그램)을 이어지는 혁신과 운송 및 판매와 통합하는 등 전방과 후방의 연결 고리를 창출한다. 이 모든 것들은 제조업이 경제 전반에서 부가가치를 창출하는 데 서비스업을 능가한다는 것을 의미한다.

이처럼 제조업은 오랫동안 경제성장의 원천이었는데, 제조업의 고용 규모보다 구조적 변화가 더 중요한 이유였다(Cantore et al. 2017). 제조업 분야는 좋은 일자리를 제공하며, 교역의 주요한 원천인 제품을 제공한다. 제조업이 무역의 기반이 된다는 현실은 세계 경제에서 특히 중요한데, 무역 부문에서 강한 경쟁력을 갖춘 국가가 매우 유리하다(Atkinson et al. 2012; Smil 2013c). 상대적으로 수출 지향적 제조업이 높은 비중을 차지하는 국가들(독일, 체코 공화국, 한국, 일본)이 매우 높은 무역 수지 흑자를 내고 있을 뿐만 아니라 가장 낮은 실업률을 보인다는 사실은 우연이 아니다(World Bank 2019). 이런 조합은 1980년 이후 몇몇 부유한 나라를 제외한 모든 나라에서 뚜렷하게 나타난 제조업 일자리의 감소가 대중과 정치의 관심사였던 이유이다.

제조업의 쇠퇴는 세계 경제의 선구적 위치에 있던 나라들에서 특히 빠르게 나타났다. 영국은 기초 원자재에서 무역 수지 적자가 오랫동안 지속됐지만, 한 세기 이상 반제품[19]과 완제품에서는 상당한 흑자를 냈다. 하지만 1983년 흑자는 반대로 돌아섰고 영국의 탈산업화가 가속화되면서 적자는 더욱 심화되었다(Kitson and Mitchie 2014). 제조업에서 일자리는 2000년에 500만 개보다 줄었고, 노동력에서 차지하는 비중은 9% 미만으로 떨어졌으며, 제조업 부가가치는 1980년대 후반까지 20% 미만으로 하락해 2009년에는 8.7%로 사상 최저치를 기록하고, 2017년에 9.2%로 소폭 회복했다(World Bank 2019). 쇠퇴의 이유는 경쟁의 심화(처음에는 미국, 1970년부터는 아시아의 제조업체들), 강성 노조heavily unionized labor의 비타협적 태도, 잦은 파업, 주춤거리는 혁신, 높은 통화가치 등을 들 수 있다.

공장 기반 근대화의 선구자였던 영국은 제조업 부문에서 전체 노동력의 단 9%만 차지하며 세계에서 가장 탈공업화된 주요 경제체제를 갖추게 되었다. 스위스는 2017년 18%, 프랑스는 10%(유럽 연합의 평균은 14%임)로, 독일(21%)과 체코 공화국(24%), 한국(28%)의 예외적인 사례를 제외하면 다른 선진국도 제조업 부가가치 점유율이 20%를 밑돌면서 영국과 비슷한 궤적을 따르고 있다(World Bank 2019). 미국은 현재 12%에 못 미치고 있으며 캐나다는 영국과 거의 비슷하게 낮은 수준을 보인다. 실업 문제는 심각해졌다. 미국의 제조 부문 고용을 살펴보면 1979년 9월에는

19 제품이 여러 공정을 거쳐 완성되는 경우, 하나의 공정이 끝나서 다음 공정에 인도될 완성품 또는 부분품으로서 완전한 제품이 된 것은 아니지만 가공이 일단 완료됨으로써 저장 가능하거나 판매 가능한 상태에 있는 부품을 말한다.

일자리가 1,960만 개로 정점을 찍었고, 2000년 말에 1,700만 개로 줄어들었으며, 2010년 3월[20]에는 1,140만 개라는 기록적 최저치를 찍었지만, 2019년 말에는 1,280만 개로 부분적인 회복세가 뒤따랐다(FRED 2019).

회복 후에도 1979년 이후 700만 개에 가까운 제조업 일자리의 순손실은 아직도 경제적, 사회적으로 많은 영향을 미치고 있는데, 특히 펜실베이니아, 오하이오, 미시간, 위스콘신 등이 상대적으로 더 큰 영향을 받았다. 이러한 여파는 노동자들이 직물이나 의류, 가구, 가재도구, 가전 등을 만드는 공장에서 일하면서 오랫동안 쌓아 온 경제적 기반을 잃은 소규모 단일 산업 도시들에서 훨씬 더 불균형이 컸다. 동시에 제조업에서 감소하는 일자리나 줄어드는 GDP 지분은 공장 생산의 절대 감소로 해석되지 않았다.

생산성의 향상 덕분에 미국 제조업은 2000년까지 매년 실질 가치real-term value를 더했고, 잠깐의 완만한 하락 이후 2007년에는 새로운 기록을 세웠으나 2009년 중반, 제2차 세계대전 이후 최대의 경제 침체라 불리는 기간 동안 23% 정도까지 쇠퇴했다. 그러나 2018년 거의 꾸준하게 이어지는 상승으로 2007년의 기록에 근접했다(FRED 2018). 제조 부문은 특히 중등교육이 필요 없는 계열의 직종에서 가장 높은 임금을 받는 일자리 중 하나다. 제너럴 일렉트릭의 제트엔진이나 캐터필러Caterpillar의 중장비에서부터 인텔의 반도체, 화이자Pfizer의 제약에 이르기까지 다양한 미국 제품은 여전히 세계적 수준의 품질과 신뢰도, 내구성을 자랑하며 기술과 혁신을 이끄는 원천으로 남아 있다.

....

20 중국이 세계무역기구에 가입한 뒤 값싼 수입품이 미국을 뒤덮게 되었다.

추가적인 제조업의 쇠퇴 가능성은 있지만, 고소득 경제 국가 대부분은 가장 빠른 탈산업화의 기간 동안 그 과정을 거쳤다. 반면에 2017년 현재 가장 큰 제조 경제 국가인 중국은 GDP의 29%를 이 부문에서 얻고 있는데, 이는 2006년 32.5%에서 살짝 감소한 수치다(World Bank 2019). 그러나 이러한 표준적인 흐름 밖에 있는 것을 살펴보면, 제조업의 상승과 쇠퇴의 궤적을 살피는 일이 노동력이나 GDP의 원인을 통계적으로 비교하는 것처럼 단순하지만은 않다는 사실을 금세 깨닫게 된다. 정의의 기준을 명확히 세우는 것은 아직 풀리지 않은 숙제다.

미국 통계국US Census Bureau에 따르면 제조 부문은 '물질, 물체 또는 구성 요소를 기계적, 물리적 또는 화학적 변환을 거쳐 새로운 제품으로 만드는 데 종사하는 사업을 포함한다. 건설에 해당하는 경우를 제외하면 제조된 상품의 구성 요소를 조립하는 것은 제조로 간주된다(USCB 2018).' 라고 정의할 수 있으며, '재료 또는 물질을 수작업 또는 노동자의 집에서 신제품으로 변형하는 시설이나, 베이커리, 사탕 가게, 맞춤 양장점 등 판매처와 동일한 장소에서 만들어진 일반 공공제품을 판매하는 사업장도 이 부문에 포함될 수 있다.'

하지만 사람들은 제조업을 생각할 때 고도로 기계화된 자동차 조립이나 휴대폰의 대규모 생산을 생각하지, 지역 빵집이나 양장점을 떠올리지는 않는다. 프랑스 시사 평론가들이 제조업의 일자리를 걱정할 때도 빈번하게 문을 닫는 동네 빵집은 생각하지 않는다. 게다가 제조업 범주 안에서 '새로운 제품'은 명확하게 정의할 수 없다. 미국의 범주에 따르면 레미콘과 전기 도금은 제조업의 일부로 간주되지만 광석을 처리하는 과정은 채굴의 일부이며 '출판과 인쇄'는 정보 부문에 포함된다. 한 권의 책을 만드는 일에는 분명 제조 과정이 포함되지만, 소비자의 입장에서 그 가치는 '형식이 아니라 담겨 있는 정보(USCB 2018)'에 있기 때문에 제조업에서 제외되는 것이다.

그리고 훨씬 더 근본적인 문제는 현대 제조업의 속성이 바뀌는 것이다. 트럭, 배, 비행기를 통한 부품과 부속의 적시 운송, 효율적인 급료와 회계 처리, 무엇보다 세계 시장의 경쟁에서 살아남기 위해 기존의 디자인을 향상하고 완전히 새로운 제품을 도입해야 하는 R&D[21] 부문처럼 빈틈없는 관리가 필요한 경우가 여기에 해당한다. 국제적으로 비교하면 제조업 이외의 다른 회사의 부문에서 구입한 서비스는 미국에서 생산된 제품에 대한 부가가치의 30%를 차지하고, EU 주요 국가 상품의 23~29%까지 차지한다는 사실을 알 수 있다. 그리고 서비스 관련 업무는 미국 제조업 일자리를 53%까지 차지하고, EU 주요 국가에서는 비슷하게 44~55%, 일본에서는 약 32%의 점유율을 차지한다(Levinson 2012).

미국에서 그런 서비스들은 외부(지금은 급여에서 설계, 계약 조사부터 마케팅까지 일반적으로 행해지고 있다.)에 하청을 맡기지 않고 내부적으로 제공될 때만 제조업의 일부로 간주된다. 이런 상황들 때문에 회계와 분류 체계에 따라 현대 제조업 관련 일자리가 차지하는 비율이 매우 다르게 계산되며, 탈산업화의 정도는 아직 일반적으로 사용되는 지표에서 나타날 정도에 이르지 못했다. 동시에 농업 부문이 경작, 가축 사육, 수산물 양식에 의해 드러나는 것보다 훨씬 덜 감소했다는 계산도 가능하다.

....

21 기업에서 연구를 기초로 하여 상품을 개발하는 활동으로, 주로 재무 체질을 강화하기 위해 리스트럭처링을 실시하는 기업에서 많이 실시된다.

다시 말하면 달라지는 현대 농업의 속성에는 차이가 존재한다. 전통 농업은 외부 투입물이 거의 필요하지 않다. 수확된 씨앗의 일부는 다음 해의 파종을 위해 남겨졌고, 많은 단순한 도구들이 농부 본인과 마을 내 수공업자에 의해 만들어졌으며 생계를 위한 식량 생산물의 극히 일부만이 마을 밖 주변 도시에서 판매됐다. 그러나 현대 농업의 범위를 논밭이나 헛간으로 제한한다면 그것은 상당한 오해다. 왜냐하면 지금의 식량 생산은 종자, 원자재, 가공물, 기계 그리고 다른 지역과 해외에서 얻는 노하우 등 대규모의 외부 투입물에 의존하기 때문이다.

씨앗은 앞서 수확한 작물이 아니라 전문 종자 회사가 수십 년 동안 집중적으로 연구하고 상업화를 거쳐 만든 제품이다. 그리고 수확물이 수익을 내기 위해서는 비료, 제초제, 제충제, 살진균제와 같은 화학물질을 적절히 사용할 필요가 있으며, 논밭에서의 노동과 물을 대는 일은 현재 액체 연료와 전기로 동력을 얻는 효율적인 기계 없이는 상상도 할 수 없다. 또한 식량의 유통은 현재 많은 측면에서 세계화가 이루어졌다. 게다가 생계형 농업에서는 일부를 제외하곤 전부 시골의 가정에서 자급자족에 쓰이는 반면, 고도로 도시화된 현대 사회의 농부는 멀리 있는 시장을 대상으로 생산 활동을 하고 있다. 이런 상황은 결과적으로 식량의 보관, 처리, 유통의 복잡한 시스템이 필요하고, 이런 체계 없이는 소매점이나 식당 등과 같은 현대 소비자에게 식량 상품이 도달하는 일은 불가능할 것이다.

이러한 것들은 현재 식량 생산 시스템의 정의를 다시 내리기 위해 반드시 주목해야 하는 사례가 된다. 현대 식량 생산 시스템의 에너지 사용에 대한 직간접적 비교는 재정의 과정이 쇠퇴하는 농업 부문에 대한 우리의 인식을 얼마나 달라지게 할 수 있는지 보여 준다. 한 국가 내에서 식량 생산의 직접적인 에너지의 사용 비율은 1차 에너지 총공급량의 대략 2~4% 정도를 차지하며 푸드 시스템(보관, 처리, 분배 등을 포함한)의 차원에서는 총 1차 에너지의 약 15%를 차지하다(Smil 2008b). 수확과 수확물의 유통에 직접적으로 기여하는 서비스를 계산할 경우 더 작은 배수로 나타나겠지만, 식량 생산의 경계를 다시 정의할 경우 모든 일자리와 국가 GDP의 5~8%를 차지한다고 보는 것이 꽤 합당하다.

과거의 기록을 살펴보면 대부분의 농업사회에서 제조업 경제로 전환(제조업이 GDP에 상당 부분을 차지하는 형태)되는 것은 영국에 의해 개척된 거의 보편적인 패턴이 되었다는 점은 분명하다. 이후 19세기 후반에 처음으로 서유럽과 북아메리카 국가들이 그 뒤를 따랐으며, 그다음으로 일본과 소련, 1950년 이후 중남미와 아시아에서 산업화의 물결이 일었고 대만, 한국, 중국, 베트남이 후발 주자들 중에 가장 주목받고 있다.

영국에서는 이미 1830년대와 1880년대에 농업보다 제조업에서 일하는 사람들이 더 많았으며 그 차이는 2배였다(Mitchell 2007). 1910년에 미국에는 두 부문에 고용된 사람들의 수가 같았고, 1950년까지 상품을 생산하는 일은 식량을 확보하는 일보다 세 배 많은 일자리를 제공했다(Urquhart 1984). 그리고 현재 선진국의 두 가지 사례를 들자면, 네덜란드는 제1차 세계대전 시기가 되어서야 농업과 어업보다 제조업이 더 많은 일자리를 제공하게 되었으며, 프랑스에는 1950년대 초까지 농부와 어부의 수가 공장 근로자나 숙련공보다 더 많았다(Mitchell 2007). 반면에 중국은 2014년이 되어서야 1차 생산 활동과 2차 생산 활동이 총고용에서 차지하는 위치가 바뀌게 되었고, 인도에서는 상품보다 식량 생산에 종사하는 사람이 두 배나 더 많다.

동시에 제조업의 역할은 이미 많은 개발도상국에서 약화되고 있으며, 심지어 몇몇 국가에서는 시기상조의 탈산업화 과정이 일어나고 있다. 티머Timmer와 동료들은 1950년 이후에 아시아와 라틴아메리카 그리고 사하라 이남 아프리카를 아우르는 30개 이상 국가의 10개 부문에서 부가가치와 고용 인원의 자료를 검토하였다. 그 결과 제2차 세계대전 이후 제조업의 초기 확장은 1970년대 중반과 1980년대 동안 아프리카와 라틴아메리카 경제에서 정체되었다는 사실을 발견했다(Timmer et al.2014). 성장이 다시 회복되기 시작한 건 1990년대인데, 이조차도 노동력이 주로 서비스 분야로 옮겨 가면서 그 국가들을 세계 혁신의 영역에선 뒤처지게 만들었다. 이런 분석은 더 많은 개발도상국가와 함께 재검토함으로써 확인되었다. 1950~2005년 사이 해당 부분은 완만한 성장세를 보여 주었고 1990년 이후에는 이전 몇십 년보다 더 어려운 성장 과정을 보였다.

조기 탈산업화는 해당 부문의 발전 가능성에서 어떤 변화가 있었기 때문이 아니라, 의류와 전자 제품과 같은 특수한 산업에서 두드러진 중국, 한국, 베트남, 파키스탄, 인도네시아, 방글라데시 등의 국가들로 등의 국가로 제조업이 빠르게 옮겨 간 데서 비롯된 결과였다(Haraguchi et al. 2016). 또한 이러한 전환은 일반적인 생각과는 다르게 세계 고용에서 제조업의 지분이 1970~2010년 사이에 떨어지지 않았다는 점을 보여 준다. 선진국에서 일어나는 제조업 생산성의 빠른 성장은 필연적으로 국내 제조업 고용 점유율을 낮추는 원인이 되었지만, 상대적으로 제조업 생산성이 낮은 국가의 제조업 일자리 증가로 인해 상쇄되었다(Felipe and Mehta 2016).

공장에서 서비스로

앨런 피셔는 세 종류의 경제 부문을 다룬 자신의 논문에서 최신 범주에 교통과 통신 전반과 상업 및 금융 그룹, 전문 인력 그리고 공공 행정, 엔터테인먼트, 스포츠 또는 가정 및 개인별 서비스를 모두 포함시켰다(Fisher 1939, 36). 이렇게 광범위한 영역은 오랫동안 연구가 지속된다. 미국 노동 통계국은 '서비스 제공 산업'을 무역과 교통 그리고 편의 사업(도소매업과 창고업 등을 포함), 금융 활동(보험, 부동산, 임대 포함), 전문업, 사업 서비스(과학과 및 기술에서 폐기 관리에 이르는), 교육, 건강 서비스, 레저 및 접객업, 기타 서비스, 행정을 아우르는 슈퍼 섹터 그룹super-sector group으로 정의하고 있다(USDL 2019).

농업과 제조업의 생산성 향상을 보면 현대 사회의 대부분의 사람들이 식량 작물을 기르거나 물건을 만드는 일 외에 다른 일을 하게 될 것이라는 예측은 당연하다. 게다가 광범위하게 정의된 서비스 부문에는 몇 세대 동안 근본적으로 변하지 않은 활동(아동 교육, 수리 서비스, 프로 스포츠 등)뿐만 아니라 제조 혁신보다 더 심오하고 큰 변화를 겪은 활동까지 모두 포함된다. 그리고 한 세대 전에는 없었던 완전히 새로운 직업들도 있다.

이렇게 변화하고 완전히 새로워진 서비스들은 새로운 정보 부문으로 분류될 수 있으며, 뛰어난 통찰력을 얻고 매출을 증대하며 직간접적으로 기업과 정치 또는 치안의 관리(대립하는 당에 관한 연구, 산업 스파이, 전자 해킹에서부터 폐쇄회로 TV 카메라의 밀집 네트워크, 중국의 사회 신용 감시에 이르는)를 최적화(혹은 최대화)하기 위해 이루어지는 수집(텍스트, 데이터, 이미지, 멀티미디어), 분류, 집계, 분석, 평가(보편적이거나 맞춤형), 전송 및 저장 중 하나 이상의 활동으로 구성된 분야로서 전례 없는 고용 기회를 창출할 것이다.

일부 주요 국가에서 서비스 부문으로의 고용 전환은 19세기 중반, 네덜란드의 노동력의 27%가 서비스업에 종사했던 1849년이나 덴마크 노동력의 14%를 차지했던 1850년까지 거슬러 올라갈 수 있다. 그러나 대부분의 국가에서는 20세기부터 신뢰성 있는 자료를 찾아볼 수 있는데, 1900년 프랑스는 23%, 1915년 중국은 14%를 서비스 부문이 차지했다(Wu 2016). 이런 차이는 경제 전환의 각 단계가 반영된 것이지만 통계는 중요한 공통점을 보여 준다. 전통적으로 서비스 부문에서 여성이 차지하는 비율이 많았기에 여성이 제조업보다 서비스 분야에서 더 많이 일을 하기 시작한 시점과, 남성 또한 그렇게 변한 시점 사이에는 매우 긴 시간 차(수십 년에서 종종 한 세기 이상의 차이가 남)가 존재한다(그림 5.3).

영국에서 서비스업에 고용된 여성은 근대 초 대부분의 기간 동안 농업과 어업에서 일하는 여성의 수를 크게 앞질렀고, 1860년대부터 서비스업에서 일하는 여성이 제조업에서 일하는 여성보다 더 많아졌다. 하지만 서비스업에 종사하는 전체 영국 남성의 수는 20세기 초가 되어서야 20년 사이 농업에 종사하던 사람의 수를 넘었고, 21세기의 초반 10년 동안 서비스 분야 종사자의 수가 제조업 종사자 수를 상회했다(Mitchell 2007). 비슷하게 네덜란드에서는 농장에서 일하는 여성보다 서비스업에 종사하는 여성의 수가 많아진 것은 적어도 1850년대 초부터였지만, 남성의 경우는 1960년이 되어서야 시작됐으며 벨기에에서는 여성의 경우는 1961년, 남성의 경우는 2003년에 그러한 변화가 일어났다(Mitchell 2007).

1850년 미국에서 제품 생산과 서비스 부문은 17.7%와 17.8%로 거의

[그림 5.3] 1914년 초 아침. 파리의 한 철도역에 도착한 사무직 근로자들과 가게 점원들.

똑같았으며, 19세기 하반기 동안에는 나란히 성장해 1900년에는 각각 30.5%와 31.4%가 되었다. 이후 제조업 부문이 차지하는 비중은 아주 조금 늘어나 1952년 35%로 최고점에 도달했고, 서비스의 경우 전체의 53%를 차지했으며 2016년에는 80.3%를 달성했다(BLS 2018). 미래에 차지하게 될 비중 또한 거의 변화가 없을 전망이고, 노동통계국은 2026년 81%에 도달할 것으로 예측하고 있다. 이런 것들이 잡다하게 섞인 부채꼴 변화(산업 점유율의 변화)는 전체 변화만큼이나 주목할 만하고, 여기에는 예상된 동향과 예상치 못한 경향이 모두 드러난다.

안타깝지만, 서비스 부문에 있어서 장기적인 전환 비교는 불가능하다. 왜냐하면 그 정의와 일관성 없는 범주의 문제 때문이다. 예를 들어 국내 노동자에 관한 미국의 자료는 1800년 2.1%에서 거의 4배 증가해서 1870년 7.7%가 되고 1960년 3.4%로 감소한 것을 보여 주지만(Lebergott 1966), 2012년 미국에는 200만 명의 재택 근무자가 있었고, 90% 이상이 여성이었으며, 대다수가 이민자였음에도 불구하고 미국 노동 통계는 이 범주를 인정하지 않는다(Shierholz 2013). 그러면서 《월간 노동 분석Monthly Labor Review》의 개인 서비스 부문(2015년 약 140만이 종사하는)에서 '개인 및 세탁 서비스'라고 묘사되는, 의미 없는 범주를 제시하고 있다.

더 중요한 점은 20세기 초 미국의 자료가 건강 부문 일자리를 '기타 전문적 서비스'의 범주에 속하는 정보, 전문직, 사업 서비스 그리고 사회 원조와 결합하였다는 점이다. 1910년 이 잡다한 범주에는 비농업 고용에 겨우 3%만이 종사하고 있었지만, 2000년 건강 부문과 사회 원조 일자리는 1,100만 개에 달하고 2018년에는 전체 노동력의 12.2%를 차지하는

1,900만 개에 도달했으며, 건강-교육 슈퍼 섹터의 경우 미국 노동자의 거의 15%를 차지하는 2,400만 명을 고용했다(BLS 2018). 놀랍게도 미국인 10만 명당 의사의 비율 변화는 사람들이 생각하는 것보다 적다. 1850년 170명에서 2000년 258명으로, 150년 동안 50% 정도 증가했다(USBC 1975; World Bank 2019).

대부분 사람들은 정부가 제한 없이 비대해졌다고 생각하지만, 과거 자료를 비교해 보면 그렇게 심하게 늘어난 것은 아니다. 1900년 미국 비농장 노동력의 7.2%가 정부(연방 정부, 주 정부, 지방 정부 모두 포함) 일에 종사했는데, 1950년에 그 비율은 13.3%가 되었으며 2016년에는 소폭 상승해 14.2%가 되었다(BLS 2018). 복지 국가로서의 성장과 연방, 주, 지방의 개입과 잡다한 정부 규제의 확대를 떠올려 보면, 116년 동안 2배로 늘어난 것은 그리 과해 보이지 않는다. 아마 이보다 조금은 덜 직관적인 변화는 교통과 공공 설비에서 찾아볼 수 있을 것이다.

1910년은 포드사의 모델 T가 나오고 겨우 2년이 지난 시점이었지만, 2016년에 미국은 이미 자동차를 2억 7,000만 대 보유하고 있었다. 1910년에 전기화는 초기 단계였지만 현재 전기는 추운 지역의 천연가스 난방과 더불어 보편적으로 사용되고 있다. 하지만 1910년에 도시와 마을에는 여전히 100만 마리의 말이 다니고 있었고 철도는 거의 필수적이었으며, 석탄가스는 도시 조명에 널리 사용됐다. 이후 말과 기차를 자동차와 비행기가 대체하고, 중앙 발전소와 파이프로 공급하는 천연가스가 석탄가스를 대체하면서 교통과 공공 설비에 종사하는 총노동력은 크게 감소했다. 1910년에 비농업 고용의 12.6%였던 비율은 2015년에 겨우 3.8%가 되었다. 더 인상적인 사실은 비록 107년 동안 국가의 인구는 3배 이상 증가(9,220만~3억 930만 명)하고 개인 이동성은 몇 배나 증가했는데도 2015년 해당 부문에 있었던 540만 명의 노동력은 1910년보다 겨우 68% 더 많은 수준이었다.

규모의 경제로(동네 가게의 몰락과 슈퍼마켓 및 쇼핑몰의 부상 그리고 최근에는 온라인 주문의 확대에 이르기까지) 인해 거래(도매와 소매)에서의 고용 비중이 1900년 16.5%에서 2018년 13%로 줄어들었는데, 그사이 오히려 지출은 50배 정도 상승했다(USBL 2006; USDL 2019). 금융 서비스(보험과 부동산 포함)가 차지하는 비중은 1900년 비농업 고용non-farm labor의 단 2%를 차지하던 것에서 두 배 이상 증가하며 2016년에는 5.3%가 되었다. 1910년, 비농업 고용의 3.5%에 해당하는 90만 명의 사람들은 교육 분야에 종사하고 있었고, 2015년 그 수는 거의 1,400만 명 가까이 증가했으며 상대적으로 차지하는 비율도 9.7%로 3배 가까이 커졌다.

국가 간의 비교는 비교하기 힘든 범주들 사이에서 종종 꼬이곤 한다. 그러나 비교하기 쉬운 부문들을 살펴보면 비슷한 비율로 수렴하며 예상되는 추세와 국가적 특이성을 모두 보여 준다. 중국은 계속되는 건설 붐으로 2016년 도시 노동력의 약 15%가 해당 부문에 고용된 반면, 일본은 7.7% 그리고 미국에서는 겨우 4.3%의 고용 비율을 보였다. 교통 부문에서 노동력이 차지하는 점유율은 각각 4.7%, 5.2%, 3.2%로 수렴하는 양상을 보이지만, 중국의 보건 부분은 여전히 취약하다.[22]

국제노동기구International Labour Organization에 의해 모형화된 전 세계의 전

....

22 2016년 중국 도시 지역의 경우 4.8%, 일본과 미국은 각각 전체 노동력의 12.5%와 12.2%를 차지(World Bank 2019).

체 서비스 부문을 보여 주는 자료는 1991년부터 확인할 수 있다. 2017년의 경우에는 7%(말라위Malawi)에서 84%(싱가포르)에 이를 정도로 그 차이가 극단적이며, 사하라 이남 아프리카 지역의 평균은 31%, 유럽 연합은 평균 72%, 전 세계 평균은 51%를 보인다(World Bank 2019). 확실히 서비스 부문으로의 전환은 모든 선진국에서 완료되었으며, 주요 국가들의 2017년 극단 값은 여전히 제조 부문이 강세인 독일에서 71%, 이미 언급된 탈산업화가 반영된 영국에서 81%이다. 브라질은 2017년 69%로 비슷해지고 있으며, 중국은 56%로 여전히 추가적 구조 변화를 십 년 정도 남겨 두고 있고, 인도는 한참 뒤처져 33% 그리고 남수단이나 나이지리아에서 서비스 부문에 종사하는 사람의 비율은 19세기 서유럽 국가에서 나타난 비율보다도 낮은 모습을 보인다.

서비스 분야의 이질적인 속성(많은 직업이 뒤섞여 있는) 때문에 수입의 전망, 혜택, 일자리 수명, 개인의 만족도의 측면으로 평가되는 전환의 결과와 바람직성에 대해서 보편적 결론을 내리기는 어렵다. 예를 들어 어떤 사례에서는 구조적 변화가 성장의 동력이 아니었다. 소득 변화가 부문 내 노동생산성으로 나눠지고 고용 참여 강도가 변화한 것은 다른 분야 간 고용의 변화보다 노동생산성이 증가했기 때문이며, 이것이 대부분의 아시아 경제에서 1인당 GDP의 주요 이유임을 시사했다(FosterMcGregor and Verspagen 2016).

또한 서비스 부문으로의 전환은 고용과 소득 평등에 복잡한 영향을 미쳤다. 서비스 부문의 노동력 증가는 단순히 농업이나 다른 1차 산업 활동과 제조업 부문에서 이동한 것이 아니다. 그것은 상당 부분 여성의 참여 증가가 영향을 끼친 노동력의 확대에서 비롯됐다(Urquhart 1984). 새로운 고용 기회는 가사 분야에서의 전통적인 고용을 넘어서 교육, 건강, 접대 부문에 우선적으로 집중됐다가 이후 금융, 광고, 정보와 관리 분야로 확장됐다. 서비스 경제의 확장은 추가적인 제조업의 성장으로 이어져야 하지만, 이런 관계는 새로운 상품에 대한 수요를 저렴한 수입품으로 충당하는 많은 선진국에서는 크게 중요하지 않았다. 북아메리카와 많은 유럽 국가에서 서비스 부문으로의 대규모 전환은 종종 빠른 탈산업화를 수반했으며, 이런 조합은 더 높은 교육을 받지 않은 남성을 수용하는 일을 특히 더 어렵게 만들었다. 결과적으로 최근 실업률이 가장 높았던 두 기간(1982년과 2009년) 동안에 남성의 실업률은 여성보다 최대 22% 더 높았다(FRED 2018).

게다가 소매업과 접대업 부문에서 저임금과 많은 파트타임 일자리를 가진 서비스 부문으로의 전환과 수입이 좋은 제조업 일자리의 손실은 경제 불평등 상승의 원인이 되었다. 이런 변화의 원인과 결과는 널리 분석되고 토론이 되었지만(Milanovic 2012; Piketty 2014; Zucman 2014; Alvaredo et al. 2017) 기본적인 결론은 명백하다. 미국에서는 1930~1940년대 사이에 불평등이 감소[23]했으며, 1950년대 이후 경제 확장이 이루어지며 1970년대 후반에는 그 비율이 10% 밑으로 줄어들었다.

하지만 이런 상황은 새로운 기준이 되지 못했으며, 경향은 역전되어 2008년의 불평등 수준은 1920년대로 다시 돌아갔다. 불평등의 격차는 새로운 고점에 도달하면서 2016년 전체 가구의 상위 1%는 전체 소득의 39%를 차지하고 있으며 하위 90%는 4분의 1 미만을 차지했다(Stone et

....

23 1928년 전체 가구의 상위 1%가 전체 소득의 28%를 차지했으며 1950년에는 10%를 약간 웃돌았다.

al. 2017). 비슷한 역전 현상이 캐나다, 영국을 포함해 다른 여러 선진국에서 벌어졌다(WWID 2017). 결과적으로 1980년대 이래로 소득 불평등(보통 지니계수로 측정됨)은 모든 선진국과 전 세계적 차원에서 증가하고 있다. 이런 경향이 국가 단위에서 나타날 때 가장 눈에 띄는 현상은 국가 평균이 중산층 문턱을 넘지 못하는 수준으로 떨어지는 중간 계층의 공동화(중산층이 텅 비어 버리는 부의 양극화 현상) 현상이다(Milanovic 2012).

세계에서 가장 빠른 경제성장을 겪은 국가는 불평등의 변화도 가장 빠르게 겪었다. 마오쩌둥 사상이 지배했던 중국은 다 같이 비참한 상태였기 때문에 불평등의 정도는 낮았으며 1985년 지니계수는 0.24로 경제 현대화의 첫 해 동안 같은 수준을 유지했다. 결과적으로 중국은 가난이 빠르게 감소했을 뿐만 아니라 불평등도 매우 빠르게 상승했다. 2010년 중국의 지니계수는 0.53에서 0.55 사이에 도달했으며 미국의 0.45에 비교해서 상당히 높은 편으로, 특히 동등하거나 더 높은 생활수준을 가진 나라들과 비교해서 전 세계에서 가장 높은 불평등 순위를 보였다(Xie and Zhou 2014). '세계소득불평등 데이터베이스SWIID[24]'에 따르면 중국의 지니계수는 2013년 0.5였다(Solt 2018). 중국은 특정 금융 서비스와 실업보험에 대한 접근에 있어서 기회의 불평등과 지역 간 격차 역시 상당한 수준이며 지방과 도시의 격차는 계속 유지되고 있다.

마지막으로 주목할 점은 과거의 구조적 변화를 평가할 때 사용된 분류를 가지고 새로운 상황에 적용할 경우 오해를 만들어 낼 수 있다는 사실

....

24 세계 각국의 지니계수 추정치가 집적된 데이터베이스.

이다. 오늘날 새로운 형태의 제조업은 정부와 산업, 재단에서 자금을 조달하는 대학과 연구소에서 수행된 기초 및 응용 연구의 직접적인 결과물인 경우가 많다. 그렇다면 우리는 그 연구자들을 어떻게 분류해야 할까? 그들은 제조업 분야의 한 요소로 봐야 할까? 아니면 교육이나 정부 서비스 부문의 일부로 간주해야 할까? 컴퓨터 작업을 기초로 하는 3D 모형 프린팅은 많은 산업 디자이너가 사실상 제조업자이기도 하다는 사실을 의미하며, 일부 특별한 디자인(인공 기관 제작이나 예술품 복제 등)은 실제 판매로 이어질 것이다.

그리고 산업 조립 현장에서 (자동화된 작업의 복잡한 과정을 움직이는) 프로그램의 업그레이드는 이러한 형태의 제조가 소프트웨어의 개발 없이는 존재할 수 없다는 것을 의미한다. 게다가 이처럼 경제적 범주의 경계가 허물어진 사례들은 그것이 하이브리드 또는 유전자 변형 씨앗에 의해 가능해지고 원격 감지와 위성 기반 매핑 및 GPS 유도 비료 살포에 의해 도움을 받을 수 있는 고수확 작물 재배든, 또 복잡한 컴퓨터 모형에 의해서 보조되고 드릴링을 하는 동안 지속적인 전자 로깅을 이용해 높은 데이터 처리를 하는 능력 없이는 불가능한 탄화수소의 탐사 및 추출이든, 모두 1차 경제 활동으로 쉽게 확대될 수 있다는 점을 상기시킨다.

분명 이런 서비스 부문의 요소들 없이 기록적인 수확량이나 석유와 천연가스 점유율을 유지하는 것은 불가능하다고 결론 내릴 수 있다. 이전에는 1차, 2차, 3차 산업으로 단순하게 분류될 수 있었지만 지금은 상황이 다르다. 분리할 수 없는 새로운 시너지를 형성하고 있는 현대의 경제 생산을 보여 주는 현실은 구조적인 전환 끝 무렵에 나타날 수 있는 완벽한 사례이다. 그리고 인공지능이 맡게 될 역할에 관한 오늘날의 주장들

중 일부는 다소 과장되었지만, 높은 수준의 소프트웨어를 채택하는 일이 점점 더 일반화됨에 따라 더 많은 경제 활동이 이 융합된 구조의 새로운 범주로 들어올 것이라는 데는 의심의 여지가 없다.

• • • •

물질적 풍요, 이동성, 정보, 커뮤니케이션

물질적 소유물의 풍부함, 잦은 여행, 거대한 정보의 흐름은 전근대 사회와 극명한 대조를 이루고 있는데, 이는 현대 문명에서 가장 주목할 만한 업적이다. 경제 전환 이전에는 인구의 극히 일부를 제외하면 한정된 양의 단순한 물질적 소유물을 가지고 살았으며, 여행은 근처 마을이나 목초지, 시장으로 제한되어 있었다. 넓은 세상에 대한 정보는 가끔씩 접할 수 있었으며, 일상의 업무를 처리하고 전달하기 위해서 구두를 통한 소통에 의존했다. 물론 지배적인 현실 및 널리 사용되는 수단과 차이가 나는 중요하고 구체적인 사항들과 주목할 만한 일탈이 존재했다.

전근대 사회의 일부 사람들 그리고 일부 수렵 채집인 중에도 그다지 멀지 않은 곳에 사는 동시대인의 삶보다 상대적으로 물질적 풍요를 누리는 경우가 있었다. 북아메리카의 태평양 연안에 정착하고 튼튼한 나무집, 멋진 나무 공예품(마스크, 토템 폴totem pole[25], 카누), 말린 잎으로 직조해 만든 가재도구를 쓰면서 살아가는 사람들과 북쪽 숲에 사는 사람들 혹은 미국의 그레이트플레인스 끝 등에서 최소한의 물자로 살아가는 사람들의

....

25 북아메리카 인디언들 사이에 쓰이는 토템상(像)을 세우기 위한 기둥.

대비는 이를 제일 잘 보여 주는 사례이다. 고대 상업 사회는 물건을 거래하고 새로운 기회를 찾기 위해서 넓은 정보의 조직망을 유지할 필요가 있었다. 지중해 주변에 정착지를 두고, 대서양으로 대담한 항해를 감행했던 페니키아인Phoenician[26]은 일찍부터 풍부한 정보 전달의 선구적 역할을 수행했다(Quinn and Vella 2018).

그리고 근대 초, 상대적으로 부유한 사람들이 17세기 황금기의 델프트[27]나 암스테르담에 집을 장식하던 그림을 통해서 알 수 있는 초기 소비자 사회 수준에 도달할 때쯤, 앞서 언급한 생활수준의 차이가 더욱 크게 벌어졌다(Franits 2004; Shawe-Taylor and Buvelot 2015). 그들의 정보와 커뮤니케이션의 지평도 몇 세대 전 그들의 조상과 비교해서 훨씬 넓어져서 동인도 사회East India Society는 상품만이 아니라 뉴스와 먼 대륙의 사회에 관한 지식을 가지고 왔으며 출판의 확대를 통해 역사책에서 요리책에 이르는 다양한 책에 대한 새로운 수요를 충족하고 있었다.

하지만 초기의 물질적 풍요로움과 늘어난 정보 접근성은 도시 상류층에만 제한됐다. 평민들은 여전히 물자가 부족했고 문맹률이 높아 늘어나는 정보의 흐름에 접근할 수 없었다. 필자는 이미 풍요로운 경제로의 전환을 나타내는 두 가지 핵심 요소, 즉 식량 공급 증가와 1인당 1차 에너지의 높은 사용률에 대해 다뤘다. 따라서 여기에서는 먼저 현대 대중 소비의 다른

26 지중해 동안을 일컫는 고대 지명이다. 일반적으로 북쪽의 에리우세루스에서 남쪽의 카르멜산까지를 가리키나 시대에 따라 그 범위는 달라진다. 베리토스, 시돈, 티레, 비블로스 등의 항구도시를 중심으로 한 도시연맹의 형태를 취했으며, 거주민은 주로 해상무역에 종사했다.

27 델프트는 네덜란드 자위트홀란트주에 있는 도시이다. 16, 17세기 황금시대에 중요한 역할을 했다. 동인도회사 사무소가 있었으며, 델프트 블루 도자기는 인기 상품이었다.

지표로 눈을 돌리고자 한다. 그리고 이 작업은 물질과 물(소비 증가에서 무시된 요소)의 전반적인 증가를 추적할 것이다. 또한 자원이 생존에서 충분한 수준까지 이르고, 이후에는 사치와 낭비의 수준까지 가게 되는 전환의 전제 조건과 단계, 결과 조사를 통해 이루어질 것이다. 또한 마지막에는 이동성의 두드러진 지표들을 살펴보고, 통신 능력의 급격한 향상과 그보다 더 인상적인 정보의 생성, 캡처, 저장하는 방법의 성장을 설명하고 이 장을 마치도록 하겠다.

소비자 사회

소비자 사회로의 전환 과정을 살펴볼 수 있는 방법은 여러 가지다. 어떤 경제학자는 소비자가 비필수품에 지출하기 때문에 발생하는 생산물의 비중에 집중할 것이다. 기술적 발전에 관심을 가진 역사학자라면 자동차, 가재도구, 전자 기기를 추적할 것이다. 사회학자라면 집 밖에서 먹는 식사나 유명 사치품에 지출하는 돈의 비율 살펴보자고 제안할지도 모른다. 아마 전통 사회에서 현대 경제 국가로 전환이 이루어지는 동안 전체적인 물리적 소비 측면에서 이동한 거리를 평가하는 가장 좋은 방법은 1인당 자원의 이동(일정 시간 내 처리량)을 비교하는 것이다.

케스테몬트Kestemont와 케르코브Kerkhove는 1982년 한 인도 마을(구자라트Gujarat의 사로와르Sarowar)에서 생물 원료(식량 작물, 사료 작물, 연료, 건설 자재, 모두 건조된 형태)의 연간 소비가 1인당 4t 이상인 반면, 비생물 원료의 흐름은 매우 미미하다는 점을 발견했다(Kestemont and Kerkhove 2010). 1830년 오스트리아의 니더외스터라이히주Lower Austria의 한 작은 마을에서는 연간 약 1인당 5.5t을 소비해는데 전부 유기 물질이었다

(Haas and Krausmann 2015). 필자가 19세기 초 대부분 벽돌과 돌로 지어진 집들이 있는 독일과 프랑스의 작은 마을을 검토한 경우에도, 비슷하게 평균적으로 1인당 연간 1~2t의 생물 원료를 사용하고 4~5t 사이의 마른 유기물질을 사용해서 총 5~7t의 유기 물질을 사용했다는 사실을 발견했다.

근대 사회에서 자재의 이동 흐름을 비교하는 일은 분석의 범위를 어디까지 두느냐가 결정적인 영향을 미친다(Smil 2014). 이것은 직접적인 물질의 투입량으로 제한해서 설명할 수도 있다. 여기에는 모든 유기 자재, 화석연료, 무기물(물과 공기는 제외하고)이 포함된다. 좀 더 넓게 보자면 추출 과정 중에 이용되지만, 재화와 용역의 생산엔 사용되지 않는 간접재까지 포함한다. 이런 흐름의 대부분은 채석, 채광, 건설, 준설에 의해 옮겨지는 재료들이 차지하며, 폐기된 농작물 및 삼림 잔여물이 차지하는 비중은 상대적으로 적다. 여기까지만 듣고도 충분히 예상할 수 있겠지만 간접재는 직접 투입물보다 정량화하기가 훨씬 더 어렵다.

범위를 가장 넓게 잡아서 모든 숨겨진 물질의 흐름을 다 포함한다면(단, 물과 공기는 제외), 20세기 후반 십 년 동안 자재의 연간 흐름은 미국, 독일 그리고 네덜란드에서 1인당 평균 약 85t이고, 일본에서는 50t 가까이 된다(Adriaanse et al. 1997). 여기서 숨겨진 흐름은 전체의 55~75%를 차지하고 비생물질(건설 자재, 화석연료, 금속)이 대부분이다. 전통적인 농업 사회에서 필요로 하는 1인당 연간 총 자재 요구량 5~7t과 현대 국가에서 필요한 50~85t 사이의 10배 차이는 막대한 양의 간접재의 흐름을 수반하는 광물질이 대부분을 차지한다.

그 범위를 직접적인 자재 투입으로 제한하고 장기적으로 살펴보면 흐름이 엄청나게 늘었다는 사실을 확인할 수 있다. 우리는 미국의 자료를 통해 20세기 중에 기본적인 비연료와 비식량 자원이 증가했다는 사실을 알 수 있다(Matos and Wagner 1998; Matos 2017). 자재의 1인당 연평균 흐름은 1900년 1.9t에서 2000년 12.1t으로 상승하면서 한 세기 동안 6배 이상 증가했다. 그러나 1900년 미국은 산업화가 꽤 진행된 경제 국가였기 때문에 19세기 초(대부분 농촌이었던 미국)의 일반적인 평균 흐름과 함께 비교했을 때 10배 상승할 것이 뻔했다. 예상했듯, 유기 물질(나무, 섬유, 가죽)의 중요성은 1900년에 전체의 46% 정도에서 2000년에는 5%로 감소했으며, 대량 건설 자재가 차지하는 비율은 38%에서 약 75%로 상승했다.

1980년 이후 중국의 기록을 통해서도 이 전환에 대해 설명할 수 있다(Smil 2014; NBSC 2019). 시멘트의 생산량은 1980~2019년 사이 거의 28배 증가하며 전 세계 생산량의 54%를 차지했으며, 최근 수년 동안 중국은 3년마다 많은 콘크리트를 쏟아붓고 있는데, 그 양은 미국이 20세기 내내 사용한 것보다 많다. 같은 40년 동안 중국의 판유리 생산량은 38배 증가했고(전 세계 생산량의 70%), 선철의 생산량은 27배 이상 증가했다(전체의 53%). 중국의 자재 요구 증가는 속도에서는 전례 없는 수준이지만 메이지 유신 이후 일본의 증가 규모도 이전 대비 몇 배라는 면에서 비슷한 수준이었다(Krausmann et al. 2011). 소비된 물질의 총량은 1878~2005년 사이(대부분은 1950년부터)에 40배 증가했으며, 한 사람당 15배 증가한 것으로 환산할 수 있다.

엄청난 증가를 보여 주는 이 비교에서 물은 제외되었지만 사실 당장 음식보다 물이 없을 경우 생존에 즉각적인 위협을 받는다. 이 때문에 작물 생산을 위한 사용과는 별도로 물은 공공 및 개인의 위생을 위해 반드시 필요하며, 물의 공급은 철강 제련부터 식품 가공에 이르는 산업 분야까지 없어서는 안 되는 필수적인 조건이다. 산업혁명 이전에는 건조한 지역이나 가정에서 하루 10L가 안 되는 양의 물을 500m 이상 끌어와야 했는데, 보통은 평균 20L가 넘지 않았고, 아시아, 아프리카 및 중남미의 50개국에 실제 측정치를 포함하는 메타 연구의 단순 평균은 29L였으며 범위는 하루 2~113L였다(Tamason et al. 2016).

반면에, 선진국의 도시에서 파이프를 통해 공급되는 1인당 하루 물 사용량은 몇몇 유럽 도시에서는 100L에 못 미치며 일부 북아메리카의 대도시에서는 300L를 넘기도 한다(IWA 2016). 분석을 위해 물 사용량을 전통 농촌 환경에서 30L/일(약 11 m^3/연), 현대도시에서는 120L/일(약 44 m^3/연)로 가정한다. 전통적인 환경에서는 (지금까지도 여전히) 노천 화장실이나 구덩이를 파서 용변을 보는 경우가 일반적이기에 배설물 처리에 물이 사용되지 않는다는 점을 감안하면 하루 20~40L의 양은 음용, 조리, 위생을 위한 최소치로써 전자의 평균은 합리적인 가정이라고 볼 수 있다. 이렇게 4배까지 차이가 나는 물 수요는 현대 사회로의 전환이 만들어 낸 전반적인 차이에서 작은 부분이다.

전근대 국가의 연간 담수 취수량을 산업화 사회와 비교할 경우 가정용 사용량에만 제한했을 때보다 훨씬 큰 차이를 보여 준다. 앞서 제시된 양은 1인당 대략 15~20m^3인 반면, 적절한 강수량과 수자원을 가진 국가들을 살펴보면, 영국은 1인당 200m^3, 프랑스는 약 500m^3였고, 네덜란드와 일본의 경우는 더 높았다. 따라서 전근대 농촌 경제에서 산업화된 현대 사회로의 전환은 담수 취수의 한 자릿수 증가와 연관되어 있다.

주거 지역을 비교해 보면 거주의 질이 어느 정도 향상됐는지 알 수 있다. 작은 마을은 가구 당 50m²의 생활 공간을 제공하며 이것은 보통 1인당 8~10m²가 못 되는 면적인데, 가난한 도시의 아파트들은 흔히 이보다 더 작았다. 예를 들어 1972년 프랑스에서 방 두 개짜리 아파트의 경우 46m²로, 1922년 35m²보다 약 30% 증가했다. 미국에서도 1900년의 평균적인 집은 90m²보다 크지 않았다. 부유한 국가들도 제2차 세계대전이 지나고 나서야 주거 공간이 크게 넓어졌는데, 미국의 새로운 주택은 250m², 일본의 아파트의 경우 100m²가 됐다.

하지만 이렇게 공간적 크기의 증가만 살피다 보면 1900년대 이전뿐만 아니라, 1950년대의 표준 주거 공간보다 훨씬 우수한 오늘날의 주거 환경이 보여 주는 많은 질적인 향상을 놓치게 된다. 배수관을 통한 수도의 공급, 실내 화장실과 욕실, 중앙난방, 가전제품 등은 현재 보편적이지만, 1954년 인구 조사를 보면 프랑스 가구의 경우, 60% 미만이 수도를 사용했으며, 간신히 25%가 실내 화장실을 사용했으며, 겨우 10%가 목욕탕과 중앙난방 시설을 갖추고 있었다(Prost 1991). 좋은 위생 시설은 전기와 가스 난방이 보편화되고 수십 년 뒤, 생활 공간이 새로운 물건들로 채워지기 시작하고 수 세대에 걸쳐서 갖춰졌다. 보건과 위생 측면에서 현대 사회로의 전환은 현저하게 느렸다.

과거에는 사치품이었던 질 좋은 제품의 획득 범위가 넓어지는 것은 경제 전환의 아주 매력적인 측면 중 하나이다. 베르너 좀바르트Werner Sombart는 사치품에 대한 추구가 자본주의 발전을 이끄는 동력이라고 생각했다. 그는 저서 말미에 '따라서 사치품은 우리가 봐 왔듯, 불법적인 사랑으로 태어난 합법적인 아이였고, 우리를 자본주의로 이끌었다.'라고 적었는데, 이 언급은 대단한 지지를 받았다. 사치의 점진적 탈 도덕화(부패와 악습과의 인습적 연결고리가 점차 사라지는 것)는 비필수 제품의 생산과 거래가 늘어나는 길을 열었으며, 18세기의 많은 사상가들은 사치품의 추구와 상업 및 산업의 성장이 서로 연관이 있다며 이를 지지했다(Franchetti 2013).

포메란츠Pomeranz는 사치의 부상에 관한 논의의 성격을 두 종류로 나누었다. 첫 번째는, 사치의 대상화다. 좀바르트의 주장처럼 부유한 사람들이 사치스러움을 자랑하고, 높은 소비를 감당할 수 있는 도시 인구의 증가가 이들을 모방하는 것이다. 두 번째는 작고 상대적으로 덜 비싼 물품(옷, 작은 장신구)과 무엇보다 18세기 초 이국적인 사치품이었지만 200년이 지나 평범해진 고급 식품(설탕, 커피, 차, 코코아)의 중요한 역할을 다루는 논의다(Pomeranz 2000).

그러나 사치품에 집중하다 보면 일상에서 사용하는 제품들이 향상된, 근본적인 소비자 사회의 부상을 보지 못하게 된다. 이런 소비의 발전은 세 가지 단계로 이루어진다. 전근대 사회의 저소득층 집단에게는 없거나 부족한 기본적인 물품에서 먼저 시작한다. 바닥에 짚을 깔고 자던 것에서 침대를 사용하게 되며, 의복도 바뀌게 되었다. 그다음 단계에서는 푹신한 소파 같은 기본적인 가구부터 레인지와 금속 냄비를 포함한 주방 도구에 이르기까지 여러 범주에서 편리함이 나타난다. 마지막으로 많은 기존의 사치품들을 널리 접할 수 있게 되는 동시에 과시의 한계 수준은 계속 높아지는데, 최고급 주택의 가격, 요트, 미술품은 수억을 호가한다.

18세기 프랑스만큼 소비자 사회로의 경제 전환이 이루어지는 초기 단계를 연구하는 데 풍부한 자료를 제공하는 나라가 없다. 유명한 군사 기술자이자 이후 원수의 자리에 오른 세바스티앙 드 보방Sébastien de Vauban이 1707년 출간한 《왕궁의 십일조 세안La dîme royale》에서 가족의 생활비에 대한 연구가 처음 등장했으며, 이후 포티에 드 라 에스트로예Pottier de La Hestroye, 펠릭스 르 펠레티에Félix Le Pelletier, 앙리 드 불랭빌리에Henri de Boulainvilliers 등의 연구가 곧 뒤따르며 보통 4인 가족이 식료품을 사고 나면 남는 돈이 얼마나 적은지 보여 주었다(Roche 2000). 1720년대 초에 식료품을 살 때는 가족 소득의 80%가 들었으며, 40년 뒤 고소득자들 사이에서조차 여전히 75%였고 15% 미만이 의복을 구매하는 데 사용됐다.

19세기 동안 도시에서의 소득이 증가했지만, 소비자 사회로의 발전은 느렸다. 페럿Perrot과 게런드Guerrand는 혼잡, 빈민촌, 외각의 판잣집, 급속도로 쇠퇴하는 도시 등 도시 노동자의 동물과 다름없는 생활수준을 묘사했다(Perrot and Guerrand 1990). 많은 지역은 여전히 생활수준이 원시적인 상태에 머물러 있었는데, 초가지붕과 부실한 계단이 딸려 있는 집은 주택만 한 작업장과 창고가 있는 위층으로 연결되어 있었다. 그리고 앞서 프랑스 위생 수준의 변화와 마찬가지로 제대로 된 발전은 1960년대 동안에만 일어났다.

미국의 자료는 20세기에 있었던 소비자 사회로의 전환에 대해 훌륭하게 설명하며 구체적인 모습을 보여 주고 있다(USBC 1975; USDL 2019). 더 많은 소비가 가능해진 이유는 평균적인 가족 규모가 4.9명에서 2.5명으로 축소됐으며, 여성 고용이 20% 미만에서 50% 가까운 수준으로 확대되었고, 가정의 지출이 1901년 평균 769달러에서 2000년 4만 달러로 늘었기 때문이다. 동시에 생활필수품은 더 저렴해졌다. 1901년 평균적인 미국 가족은 음식, 각종 설비, 주택 등에 가처분소득의 85%를 사용했는데, 백 년이 지나 그 비율은 50%로 줄어들었다. 음식에 대한 지출은 43%에서 13%로 줄었고 의복에 대한 비율은 더 줄어들어 14%였던 것이 4%를 간신히 넘기게 되었다. 여기에는 주거지의 크기와 생활 편의를 위한 상당한 지출의 증가가 반영됐다.

대량 소비의 초기 단계에서는 높은 저축 비율[28]과 주요 가전제품 구매가 두드러지게 나타난다. 개인 소비는 점점 GDP 성장률의 주된 원인으로 자리 잡으며 현재 선진국에서 GDP의 70%를 차지하고 있다. 기본 욕구가 충족되면서 대량 소비는 상품과 무형자산에 대한 광범위한 선호를 충족시키는 시장의 다양화 단계에 진입하고, 저렴한 가족여행부터 테마파크 및 '이국적인' 장소로 떠나는 값비싼 크루즈 여행 등으로 다양한 체험을 선택할 수 있게 되었다.

소비자들은 유명 브랜드 제품과 더 비싼 수입품뿐만 아니라 소득이 적을 때는 적게 구입하던 품목에 더 많은 돈을 들이기 시작했다. 여기에는 장신구, 화장품, 고급술과 같은 기존의 사치품부터, 오늘날에는 어디서나 구입할 수 있는 광천수나 탄산수, 가향 음료, 수입 과일 등과 같은 새로운 식음료 그리고 반조리 제품, 기저귀를 포함한 편의용품, 휴대 전화, 운동화 같은 패션 아이템까지 포함됐다. 신용카드 사용이 더 쉬워지면서 GDP에서 가계 부채 비율도 증가했다. 2017년 인도의 가계 부채 비율은 단 11%에 불과했지만 중국에서는 80%였고, 캐나다에서는 100%,

....

28 1960년 미국은 25%, 1980년대 후반 일본은 40%, 2010년 중국은 50%로 예외적으로 높은 비율을 보임(CEIC 2017).

스위스에서는 128%를 기록했다(Bank for International Settlements 2019).

이 지점에서 지난 수십 년 동안 인기를 끌었던 행동 연구의 새로운 분야인 행복 또는 삶의 만족도를 언급하지 않을 수 없다. 가장 최근(2015~2017)의 세계 행복도 순위는 행복은 돈으로 살 수 없다는 옛말을 확인시켜 준다. 일본은 58위, 콜롬비아는 43위를 기록하며 온갖 물건을 갖추고 있는 일본의 가정보다 소득 수준이 일본의 3분의 1밖에 안 되는, 더 가난한 콜롬비아의 사람들이 훨씬 더 행복하다는 사실을 보여 준다(Helliwell et al. 2019). 그리고 각각 세계 행복도 27위와 54위를 차지한 과테말라와 한국은 그 차이가 훨씬 더 크다. 한국인의 평균 구매력은 과테말라 사람들의 5배나 되는데도 말이다.

그런데도 새로운 상품과 경험의 유혹은 여전히 부유한 국가에서 잠재되어 있다. 충분한 수준에 도달한 뒤에도 자발적인 조절 의지를 갖는 것이 현실적으로 어려운 이유는 광고의 부추김과 우리 인간종의 사교 성향으로 인해 만족과 충분함의 기준이 계속 높아지고 있기 때문이다. 그런 차원에서 생각하면 생존에서 과잉으로의 경제적 전환이 완전히 전개되려면 아직도 멀었다. 컬러텔레비전과 에어컨이 생겨난 후 미국인들은 그것들이 없는 삶을 상상할 수 없을 것이며, 불과 몇십 년 전만 해도 시장에 없었던 휴대폰과 소셜 네트워크 없이는 살 수 없다고 말하고 있다.

이동성

대규모로 이루어진 이동성의 확대는 대중교통 설비 및 개인의 자전거와 자동차 소유에 영향을 받았다. 다른 전환과 더불어 이동성의 전환은 구체적인 교통수단의 발달과 국가의 발전이라는 두 가지 측면에서 진행되었다. 최초의 실질적인 발전은 1830년대부터 철도와 선박에 설치된 증기 동력에서 비롯됐다. 대영제국은 그 과정의 선구자로, 이미 1840년대에 새로운 철도 노선이 최고 성장률에 도달하고, 전체 승객의 수가 1860년대 초 2억 명에서 1880년 6억 명으로 증가했으며 19세기 말에는 10억 명을 넘어서며 빠르게 발전했다(Bogart et al. 2018).

보통 전통 사회의 거주자가 이동하는 최대 거리는 대부분 인근 시장이 있는 마을까지 몇 킬로미터(2~8, 10^0km) 정도밖에 되지 않으며, 가까운 대도시나 수도로 여행을 갈 때는 여러 날에 걸쳐 몇십 킬로미터(10^1km) 이상 가는 경우가 드물었다. 말을 이용한 교통은 빠른 우편 마차의 경우 하루 평균 도달 거리를 100km(10^2km)까지 늘렸다. 철로는 통상적으로 최대 길이를 10^2km로 늘렸으며(런던에서 버밍햄까지 162km, 파리에서 브뤼셀까지 264km), 19세기가 끝나기 전부터 많은 부유한 사람들은 산이나 바다의 휴양지에서 휴가를 보내기 위해 수백 킬로미터를 이동했고, 수만 명의 러시아인들은 상트페테르부르크에서 파리(약 2,800km) 또는 모스크바에서 3,000km가 넘는 프랑스의 리비에라Riviera까지 반복적으로 여행을 떠났다. 3,000km라는 거리는 1869년에 완공된 미국 최초의 대륙횡단철도의 거리(3,077km)와 거의 일치한다.

증기선이 등장하고 몇십 년이 지나지 않아 1830년대에는 모든 대륙에서 정기 운항을 시작했으며 가장 긴 거리의 간격은 10^4km까지 이어졌다. 런던에서 수에즈 운하를 거쳐 시드니까지는 2만 5,000km, 샌프란시스코에서 홍콩까지는 1만 1,200km였으며, 보통 속도는 30km/h가 넘지 않았고, 두 여행은 각각 한 달과 15일 이상 걸렸다. 대규모 장거리 운송 일수는 비행이 상업화되면서 불가피하게 제한됐다. 네덜란드의 KLM 항공은 1920년 런던에서 암스테르담까지 358km 거리의 정기 비행을 최초로 시작했으며, 미국과 유럽에는 대략 10^2km의 거리에 이르는 많은 도시를 연결하는 노선이 있었다(Grant 2017).

알루미늄 모노코크 비행기의 도입으로 최대 도달 범위는 10^3km로 늘어났다. 1935년 DC-3은 최대 항속 거리가 2,400km였고, 제2차 세계대전 직전 수상기인 보잉 314 클리퍼는 그 거리가 5,900km에 달했다. 겨우 30년이 지난 1969년, 보잉 747기는 최대치를 거의 1만km(9,800km) 가까이 끌어올렸지만, 그다음 변형 모델(747-200)은 1만km(10^4km)까지 비행할 수 있었다. 그리고 시드니에서 런던까지 1만 6,983km를 거의 직항으로 연결할 수 있게 됐다. 현재 가장 긴 상업 노선은 싱가포르에서 뉴어크Newark까지 약 15,000km 거리의 연결하는 노선이다(Rosen 2019).

1800년대의 부유한 나라에서 한 사람당 일반적인 평균 여행 거리는 10^0~10^1km였다. 한 세기가 지나자 거의 모든 사람이 10^2km의 여행을 할 수 있었고, 수천만 명이 기차나 배로 10^3km의 여행을 할 수 있게 됐다. 항공기는 제트여객기가 도입된 후에야 많은 승객을 수송하기 시작했고, 대륙 간 항공편은 넓은 기체가 도입된 후(1969년에 시작)에 가능해졌다. 1970년에 세계 최대 항공사는 3억 1,040만 명의 승객을 날랐고, 2000년에는 총 승객 수가 16억 7천만 명으로 5배 이상 증가했으며, 2005~2019년 사이에 약 42억 명으로 두 배가 되었다(World Bank 2019). 현재 매년 수십억 명의 사람들이 10^3km의 비행을 하고 있으며 수천만 명이 편도 10^4km의 거리를 비행한다. 이런 통계는 1970년에는 전 세계적으로 한 사람당 평균 11년에 한 번, 2008년에는 22개월에 한 번

여행했으며, 미국인은 아기를 포함해 4개월에 한 번, 독일인은 8개월에 한 번 비행했다는 것을 의미한다.

노르웨이 가족이 겨울 방학을 태국에서 보내고, 중국 관광객이 라스베이거스나 베네치아를 방문하는 등의 비행 거리가 늘어남에 따라서, 인킬로는 심지어 승객 수보다 훨씬 가파르게 증가했다. 4장에서 이미 언급했듯, 전 세계 총인킬로는 280억 pkm에서 2017년 약 7조 5천억 pkm로 증가했으며, 2017년의 수치는 지구상의 모든 사람이 1,000km를 비행하는 것과 맞먹는다(Smil 2019a). 이는 세계적 차원에서 대규모 비행으로의 전환이 완료되기까지 많이 남았다는 것을 의미한다. 반면에 미래의 방향은 경기 침체, 등유 가격 그리고 무엇보다 빠르게 진행 중인 지구온난화에 의해 상당한 영향을 받을 것이다. 그러나 여전히 수십억 명의 새로운 승객과 수조 인킬로의 수요가 아직 남아 있을 것으로 예상된다.

하루에 한 사람의 여행객이 이동한 최대 거리로 근대화를 측정할 경우, 이동성은 1830년대부터 네 자릿수까지 증가했다. 이동성의 증가를 살피는 또 다른 방법은 두 가지 핵심 요소인 일과 여가 관련 여행에 초점을 맞추는 것이다. 첫 번째 범주에서 대부분은 일상적 통근이 차지하지만, 특정한 업무나 회의에 참석하기 위해 먼 거리를 이동하는 것은 세계화 경제 시대에서 더 흔해졌다. 전근대 사회에서의 통근은 원래 도보로 갈 수 있는 거리 정도였다. 이후 철도의 확대가 이루어지고 더 빠른 기차와 저렴해진 자동차의 등장 덕분에 이러한 제약은 사라졌다.

최근 미국 지역사회 조사American Community Survey에 따르면 1억 5,400만 명의 통근자 중에 85%(75%는 혼자)가 자가용을 이용하고 있으며, 단 5%만이 대중교통을 이용하고, 직장까지는 평균 25분 정도가 걸리는 것으로 나타났다(ACS 2018). 잦은 통근 빈도는 미국을 연간 평균 주행거리 1위로 만들었다. 1921년 8,500km에 못 미치던 거리는 1970년 1만 6,500km가 됐으며, 2016년에는 1만 9,500km를 기록했는데, 이것은 유럽 연합의 평균인 약 1만 2,000km보다 60% 더 긴 거리다(BTS 2019). 그러나 2006년 가정당 차량 소유는 2.05대, 가정당 평균 주행 거리는 '3만 9,000km/연'로 정점을 찍으면서 명백한 포화 상태에 도달했다고 보고 있다(Sivak 2017).

반면에 일본에서는 통근자의 85%가 철도를 이용하고 있으며, 그들의 하루 평균 통근 시간은 80분이고, 도쿄에서 근무하는 사람들은 총 102분을 쓰고 있다(NHK Cultural Institute 2015). 세계적 수치를 보수적으로 측정할 경우 25억 명 정도의 사람들이 하루 50분씩 매년 합쳐서 거의 인생의 6,000만 년을 통근 시간으로 보내는 셈인데, 이것은 인간 잠재력의 엄청난 낭비이자 스트레스와 불편감을 수반하며, 혼잡과 교통 체증, 과도한 대기 오염을 초래한다.

도시에서만 얻을 수 있는 직장과 돈벌이의 기회라는 보상이 있기는 해도, 이런 방식의 이동성 증가는 별로 원치 않을 것이다. 그리고 재택근무를 할 수 있는 직원이 얼마나 될지 지켜볼 필요가 있다. 통신을 이용한 재택근무의 잠재성은 크지만, 과거 시행에서 나타난 문제점은 무시되며 장래성은 과장되게 평가되어 왔다(Glass and Noonan 2016). 그리고 여가와 관련된 이동성은 오늘날 여러 부정적인 측면을 낳았는데, 불가피한 개발이 현재 세계적으로 소수의 상징적인 여행지들에 집중되면서 비롯된 결과다.

관광은 경험에 대한 현대적 재량 지출의 일부로, 프로 스포츠 경기와 대회를 관람하는 것부터 소위 생태 관광 탐험에 이르는 범위를 아우르고 있다. 이는 소비지상주의의 특별한 범주로 활동 범위는 꾸준히 넓어지고 있다. 휴가 여행은 역사가 깊지만 주로 상류층에 국한되었으며, 토비아스 스몰렛Tobias Smollett의 《프랑스와 이탈리아 여행Travels through France and Italy》이나 요한 볼프강 폰 괴테Johann Wolfgang von Goethe의 《이탈리아 기행Italienische Reise》과 같은 18세기와 19세기의 기록에서 일부 확인할 수 있다.

오랫동안 이런 종류의 여행은 문화적이고 역사적인 성격이 강했다. 특히 근대 초 영국의 부유한 젊은 남성들과 보호자를 동반한 여성들 사이에 있었던 프랑스와 이탈리아 지역으로의 대여행Grand Tour 풍습이 그랬다(Chaney 1998). 1863년 이후 이런 경험의 다양성은 토머스 쿡Thomas Cook이 자신의 이름을 따 설립한 여행사를 통해 점차 상업화되었으며, 국제 여행은 더 저렴해졌다. 유럽에서 휴가 여행과 관광은 제1차 세계대전 이전에 상대적으로 흔했다. 목적지의 범위는 해변과 온천 마을에서부터 유명한 도시와 종교적인 순례지[29]에 걸쳐 있었고, 여행의 시기는 여름이 압도적이었다(겨울 산에서 보내는 휴가는 최근에 생긴 문화다.). 그러나 두 번의 세계대전과 그 사이에 있었던 경제 위기 그리고 1945년 이후 재건의 시기로 인해 대규모 관광은 1960년대에 시작되었다.

1960년에는 국제 여행객이 6,900만 명이었지만, 그 수는 1970년 2배 이상으로 증가해서 1억 6,900만 명이 되었다. 이후로도 꾸준히 늘어나 2000년에는 6억 8,000만 명, 2018년에는 14억 명으로 증가했다. 유럽은 그 절반(7억 1,000만 명)에 해당하는 관광객을 받았고, 동아시아 태평양

....

29 루르드(Lourdes), 산티아고 데 콤포스텔라(Santiago de Compostela), 쳉스토호바(Częstochowa)

지역은 4분의 1을 받았다(WTO 2019). 여전히 최고의 관광지인 프랑스와 함께 스페인, 미국, 중국, 이탈리아가 5위까지 차지하고 있다. 아직도 관광은 주변 국가를 방문하는 경우가 대부분을 차지하지만, 항공사들이 중소 도시 사이에 무수한 직항 노선을 만들고 최대 수용이 가능한 인원을 채우기 위해 할인된 가격으로 티켓을 많이 판매하면서 대륙 간 여행도 일상화되고 있다.

중국의 해외여행은 최근에 시작되었지만 치솟는 인기는 이전에는 찾아볼 수 없던 수준이며, 이는 현재 많은 여행지들이 앓고 있는 '오버투어리즘[30]' 현상의 주요 원인이 되고 있다. 2012년 중국이 국제 관광에 지출하는 돈의 액수는 미국의 총액을 능가했으며, 2017년 거의 두 배(중국과 미국이 각각 2,570억 달러와 1,350억 달러)가 되었다. 독일이 지출하는 금액은 810억 달러로, 큰 차이로 3위를 차지했다. 비록 독일이 여전히 세계적 리더로서의 위치를 지키고 있고 1인당 소비는 중국의 5배, 미국의 2배 이상이지만, 해외 관광은 2000년 이후 성장의 기미가 보이지 않고 있으며, 매우 불안정한 경향을 보이고 있다(WTO 2018). 비슷하게 프랑스인, 한국인, 호주인들의 여행은 포화 상태를 보이는 반면, 미국인의 여행은 여전히 증가하고 있다.

1950년대 이후 국제 관광의 성장세는 로지스틱 곡선과 완벽하게 일치하는데, 아직 상승이 시작하는 단계에 머무르고 있다. 2050년에는 평균적으로 전 세계 인구(97억 명으로 예상)에서 두 명 중 한 명(약 43억 명)은 국

....

30 수용 가능한 범위를 넘어서는 관광객이 관광지에 몰려들면서 관광객이 도시를 점령하고 주민들의 삶을 침범하는 현상을 말한다.

제 여행을 떠날 것으로 예상된다. 이 정도 수준의 이동성 증가는 기분 좋은 전망이라고 할 수 없다. 왜냐하면 대중 관광이 이미 많은 여행지에 파괴적인 영향을 미쳤기 때문이다. 따라서 방문객 제한[31]과 많은 규제[32]의 필요성이 새롭게 대두됐으며, 이미 피해를 보고 실제로 폐쇄하게 된 아시아 해변들도 있다. 바람직하지 않은 영향의 사례로는 스키 활주로를 만들기 위해 대규모로 산의 풍경을 바꾸는 것부터, 최근 업계에서 가장 가파른 성장을 보이는 부문인 초대형 크루즈 운항에 이른다. 국제 관광이 큰 규모에서 더 큰 규모로 옮겨 가는 현상은 이미 그 결과가 매우 부정적인 평가(서비스업 대 환경 악화)를 받고 있는 세계화를 다시 한번 상징적으로 보여 준다.

얻을 수 있는 정보는 이례적으로 빠르고 보편적으로 증가하고 있으며 어디서나 즉각적으로 소통할 수 있게 된 상황은 결과를 쉽게 판단하기 어렵게 만드는 또 다른 측면이다. 다시 한번 말하자면, 전 세계의 모든 것이 전산화되고 데이터의 흐름이 엄청나게 많아지면서 얻게 되는 명백한 이점과 사생활의 손실은 반드시 견주어서 평가되어야 한다. 그것은 온갖 범죄 행위를 가능하게 하고, 독서와 사색을 감소시키며 개인 간의 직접적인 소통을 약화하고 있다. 또한 이전에는 상상조차 할 수 없던 규모로 거짓 정보가 퍼지고 그것이 선거에까지 영향을 미치는 문제 등은 말할 것도 없다.

31 갈라파고스 군도, 페루의 잉카 트레일, 우간다의 브윈디 국립공원.

32 수베네치아를 포함해, 이탈리아의 친퀘테레, 로키산맥에 있는 캐나다 밴프 국립공원.

정보와 커뮤니케이션

앞에서 언급한 바와 같이, 모키르Mokyr는 정보와 커뮤니케이션을 현대 산업사회의 원동력으로 평가했다(Mokyr 2017). 새로운 정보는 유럽 전역의 지식 기반 사회의 창작자들 사이에서 책, 팸플릿, 편지 그리고 개인적 접촉을 통해 전달됐다. 모키르의 이론에 완전히 동의하지는 않는 사람들조차 더 풍부해진 정보의 흐름과 더 쉬워진 소통(커뮤니케이션)이 농경 사회가 산업사회로 전환되는 데 근본적인 역할을 했다는 것을 인정해야 한다. 또한 현대에는 인공지능이 보편화될 것으로 예상되는데, 더욱 전산화된 경제 사회로 전환이 전개되는 동안에는 정보와 커뮤니케이션이 중요한 역할을 할 것이다. 바렛Barrat과 보스트롬Bostrom의 글을 비롯해 최근 많은 저작물이 이런 단언과 예상을 다루고 있다(Barrat 2013, Bostrom2014). 필자의 목표는 정보와 통신 과잉으로 고통받는 현재 사회를 초래하게 된 과거의 전환을 검토해 보는 것이다.

보편적인 패턴에서 두드러진 예외는 천 년 동안의 기록물과 복제된 책들의 최초의 근본적인 시작(구텐베르크의 금속활자)이 1500년, 근대 초에 들어서기 전에 일어났다는 점이다. 이 책을 시작하며 언급했듯이 1454년 이래로 상업적으로 사용된 이 발명의 영향은 놀라우리만큼 빠르게 퍼졌다. 인쇄물(책, 신문, 간행물, 통계적 요약물, 금융 기록, 청사진)은 1830년대에 시작된 사진 이미지로, 1878년 에디슨에 의해 시작된 음향 기록으로, 1890년대에 시작된 영화로 발전하였다. 그리고 1920년대 후반에 만들어진 텔레비전은 1950년부터 대중적으로 보급된 뒤에도 여전히 지배적인 정보의 보고로 남아 있다.

이후에는 1960년대에 들어와서 컴퓨터의 대규모 상업적 도입, 감시 및 날씨 위성의 발사, 의료 영상 분야에서의 기술 발전이 이루어졌다. 이 모든 경향은 PC에서 시작해, 비디오 녹화(VCR), 콤팩트디스크(CD), 디지털 카메라 그리고 1990년 이후 인터넷과 개인 모바일 기기에 대한 세계적인 중독으로 인해 크게 강화되고 있다. 이런 자원과 저장 기기의 조합으로 이용 가능한 정보가 전례 없이 증가했으며, 우리는 디지털 정보 단위인 바이트byte를 통해 전체적인 증가를 수치화하고 측정할 수 있다.

필자는 구텐베르크의 인쇄기가 도입되기 전 수작업을 통해서 복사된 도서관 자료와 개인 소장품(대부분 유럽과 아시아에 존재)에 담겨 있는 전체 텍스트 정보가 100GB 정도일 것으로 추정하는데, 이 총량은 기하급수적으로 증가하기 시작한다. 천 장이 인쇄된 책 한 권은 약 1MB, 셰익스피어 희곡 전체 텍스트는 약 5MB이며, 영화 한 편은 2~3GB이다. 레스크Lesk는 의회도서관이 보유한 텍스트는 20TB, 오디오와 사진, 지도, 영화를 포함할 경우 3PB(페타바이트), 전 세계에 저장된 모든 정보량은 3EB(엑사바이트)로 추정했는데(Lesk 1997), 이것은 1450~2000년 사이에 저장된 정보의 양이 7 자릿수 증가했다는 뜻이다. 하지만 이는 과소평가 된 수치로, 1990년대 디지털 저장량은 매우 빠르게 성장하며 2016년 전 세계 저장 매체가 전달하는 양은 16ZB(Seagate 2017) 이상이며, 이는 1450년에 도달한 정보의 총량보다 11 자릿수(1,600억 배) 증가한 수준으로, 2025년에는 한 자릿수가 더 올라갈 것으로 예상된다.

전체 정보량의 증가에는 새로운 대량 확산 수단이 따른다. 인쇄물의 판본이 독자에게 전달되기까지는 아직 상대적으로 많은 에너지가 들어가며, 노동 집약적인 과정을 거쳐야 한다. 초기 송신기의 성능이 떨어지고 수신기를 소유한 사람의 수가 적었기 때문에 초기에 방송을 통해 정보에 접근할 수 있는 사람의 수는 제한적이었지만, 강력한 신호를 보내는 많은 방송사들이 등장하고, 라디오와 텔레비전 수상기의 가격이 저렴해지면서 제약은 빠르게 사라졌다. 사람들이 정보 수신에 관심을 가진 덕분에 확산을 촉진하는 새로운 기기들이 적극적으로 채택되었을 뿐만 아니라, 인쇄에서 방송으로 정보 전달 방식이 변화된 속도는 역사상 가장 빠른 수준이었다.

진공관 덕분에 라디오의 보급이 빠르게 이루어졌으며 트랜지스터는 깨지기 쉬운 유리 부품을 대체했고, 집적 회로는 전례 없이 엄청난 규모의 정보 흐름을 가능하게 만들었다(그림 5.4a-c). 매일 나오는 라디오의 상업 방송은 1921년 미국 피츠버그에서 시작됐다. 10년 뒤 모든 미국 가정의 절반이 적어도 한 대의 수신기를 가지고 있었으며 25년만인 1946년에는 수신기를 소유한 비율이 90%에 도달했다. 트랜지스터가 처음 사용된 곳은 작은 라디오였지만 컬러텔레비전의 대중화를 이끌었다. 작은 화면의 텔레비전의 판매가 최초로 시작된 시기는 1954년이었으며 10년 뒤 가속화되어 1985년에는 미국 가정의 90%가 적어도 한 대를 소유하고 있었다. 따라서 90%의 보급률에 도달하기까지 25년이 걸린 라디오의 보급 속도가 31년이 걸린 텔레비전보다 빨랐다. 여러 유사한 사례에서 볼 수 있듯, 후발 주자의 확산 속도는 더욱 빨라서 20년도 채 되지 않아 포화 상태에 가까운 수준에 도달했다.

디지털 케이블 텔레비전과 이미지 해상도가 더 우월한 HDTV의 도입은 미디어의 오랜 역할을 근본적으로 바꿔 놓지는 않았지만, 평균 시청 시간을 훨씬 길게 늘이는 데는 기여했다. 1955년에 가정당 5시간이었던 시청 시간은 2009~2010년 사이에 9시간으로 정점을 찍었으며, 마침내

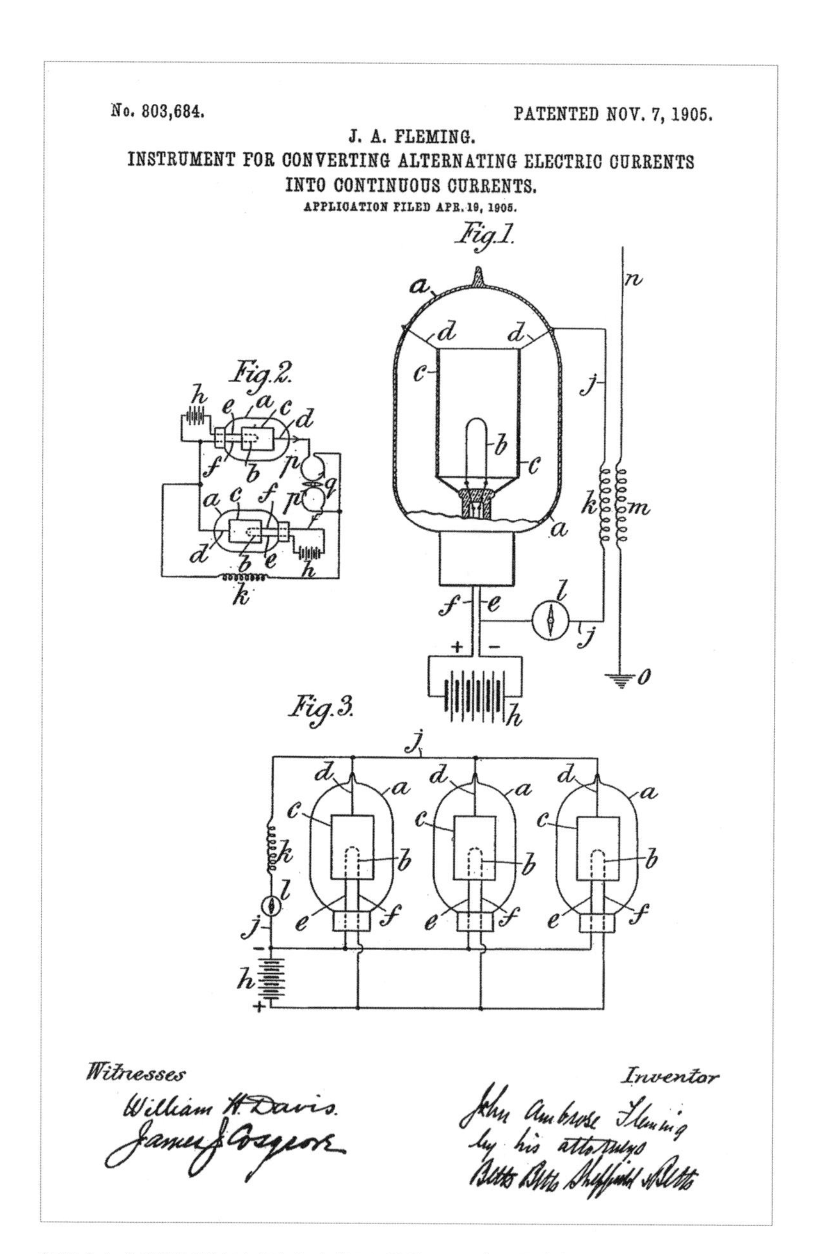

[그림 5.4-a] 새로운 정보 시대의 세 가지 주요 특허. 1905년 존 플레밍(John Fleming)의 다이오드(diode, 2극 진공관) 특허.

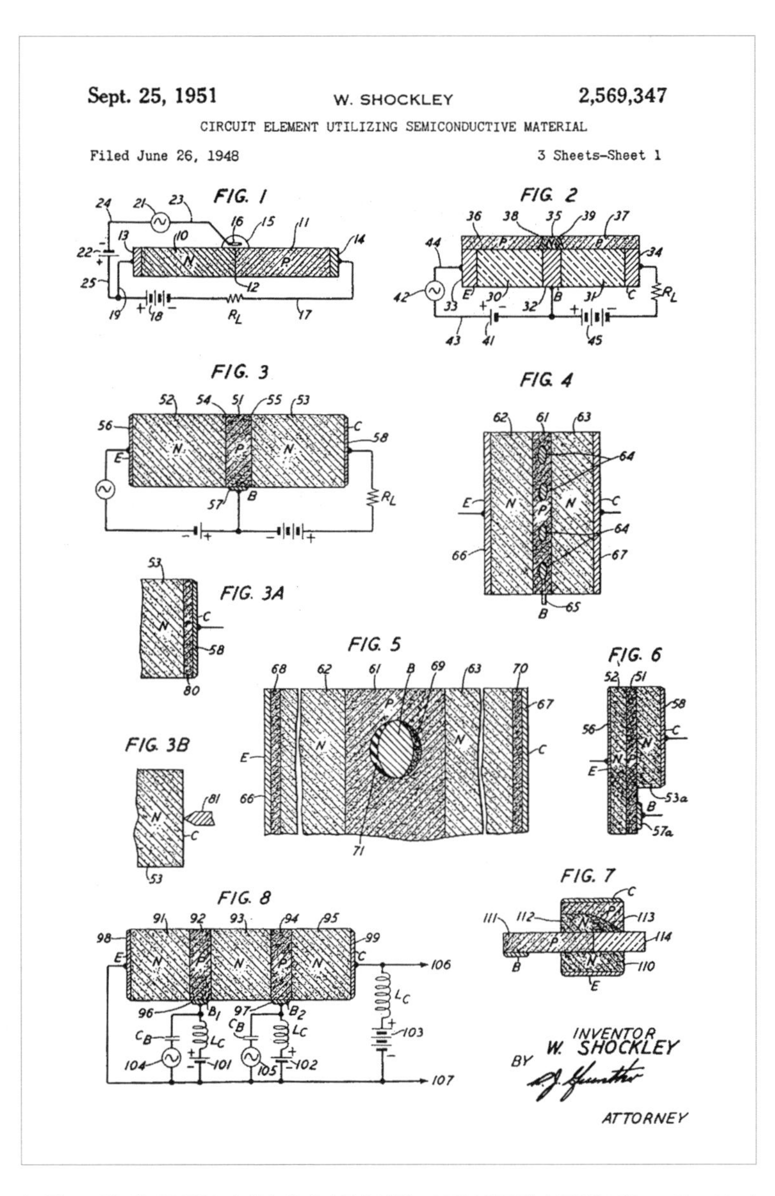

Sept. 25, 1951 W. SHOCKLEY 2,569,347

CIRCUIT ELEMENT UTILIZING SEMICONDUCTIVE MATERIAL

Filed June 26, 1948 3 Sheets-Sheet 1

FIG. 1

FIG. 2

FIG. 3

FIG. 4

FIG. 3A

FIG. 5

FIG. 6

FIG. 3B

FIG. 7

FIG. 8

INVENTOR
W. SHOCKLEY
BY
ATTORNEY

[그림 5.4-b] 새로운 정보 시대의 세 가지 주요 특허. 1951년 윌리엄 쇼클리(William Shockley)의 1951년 '반도체 재료를 이용한 회로 소자(circuit element utilizing semiconductive material)' 특허.

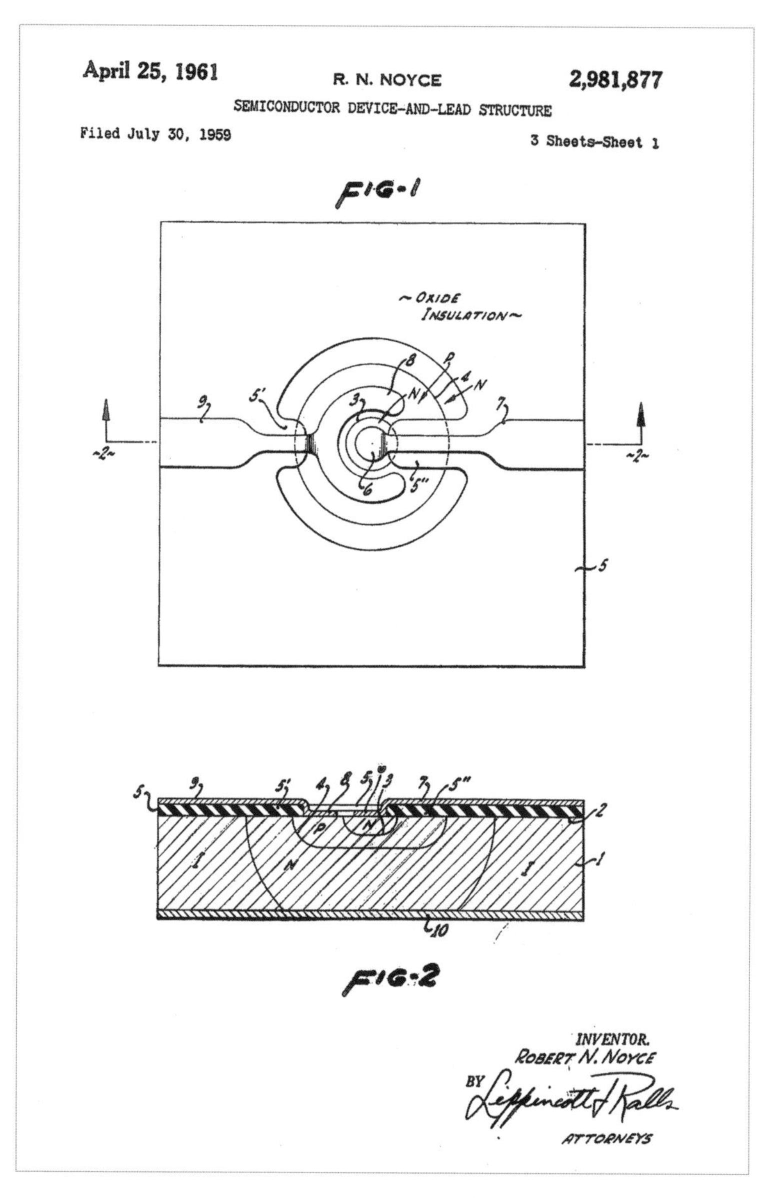

[그림 5.4-c] 새로운 정보 시대의 세 가지 주요 특허. 로버트 노이스(Robert Noyce)의 1961년 집적회로 특허.

감소하기 전까지 증가의 3분의 1가량은 21세기의 초반 십 년 동안에 일어났다(Madrigal 2018). 인터넷과 휴대폰은 전 세계적으로 사용할 수 있게 됐지만, 텔레비전 시청은 이후 15년 동안 계속 증가했고 그중 일부는 같은 방송을 작은 휴대용 화면으로 시청하는 형태로 바뀌었다. 어떤 나라에서는 포화 상태에 다다르며 전환이 완전히 완료됐다.

정보성 방송은 무선 인터넷 사용이 널리 확산되면서 엄청난 활력을 띠게 된다. 월드 와이드 웹에 대한 접속은 원래 유선으로만 가능했다. 접속량의 증가는 여전히 광섬유 케이블 네트워크의 확산에 의존하는 면이 있지만, 새로운 위성 통신기는 무선 접속을 늘리고 있다. 최초로 널리 사용된 브라우저(모자이크Mosaic)는 1993년부터 가능했으며 겨우 6년이 지나 미국 성인의 절반이 인터넷을 사용하게 되었다. 이 비율은 2015년 84%로 증가했으며 18~29세 사이에서는 96%까지 증가했다(Pew Research Center 2015). 이런 전환은 명백하게 모든 선진국에서 완료됐으며 세계적인 성장 역시 포화 상태에 이르렀다. 1992년 하루 100GB였던 전 세계 인터넷 트래픽은 2016년 26.6TB(CISCO 2017)가 됐는데, 인터넷 도메인 서베이Internet Domain Survey(ISC 2018)가 수집한 자료를 분석한 결과 호스트의 수는 2008년 변곡점을 지나 2030년경에는 점근선에 도달하는 로지스틱 곡선을 따르고 있다.

최초의 현대적 커뮤니케이션 기법은 방송을 통한 대규모 정보 전달 방식이 등장하기 한참 전부터 가능했다. 전화는 라디오보다 40년 이상 앞서 있었지만, 미국에서조차 전화가 채택되기까지는 19세기 마지막 20년 동안 느리게 이루어졌다. 1915년 미국 가정의 30%에 전화기가 있었지만, 보급률은 1920년대(라디오를 소유하기 시작한 시점) 동안 느려졌으며, 1930년대 경제 위기를 겪으면서 실제로 감소해서 1946년에도 겨우 50%가 전화를 소유하고 있었고, 1877년 7월 벨 전화 회사Bell Telephone Company가 설립되고 거의 한 세기가 지난 1970년대에 들어서야 90%를 넘어섰다.

그런데 보통 사람의 생각과는 달리, 고성능 반도체 기술에 기반한 새로운 휴대전화의 보급이 진공관 기반 전자 기기의 보급보다 항상 빨랐던 것은 아니다. 1925년과 1930년 사이 미국에서 라디오의 확산은 1995~2000년 사이 휴대전화의 확산만큼 빨랐다(Smil 2019a). 무선전화의 경우 21세기의 첫 15년 동안 가장 빨리 성장했다. 단 12년(1997~2009년) 동안에 전 세계적 판매량은 연간 1억 대에서 10억 대로 한 자릿수가 증가했다. 2017년 스마트폰의 판매는 15억 대를 넘었는데(Gartner 2018), 20억 대 정도가 포화 상태일 것으로 추측된다.

저렴한 가격, 즉각적인 접속, 커뮤니케이션의 경제적이고 사회적인 영향력은 전자 기기의 중독성과 상호작용을 일으키면서 더 강화되고 있다. 그리고 블로그와 유튜브 게시물부터 페이스북을 이용한 상호작용에 이르기까지, 그 선택의 범위는 다양하다. 2020년 페이스북은 전 세계에 30억 개 이상의 계정을 가지고 있었다(Facebook 2020). 데이터 사용량이 증가하면서 텍스트는 비디오와 음악 스트리밍이 대부분을 차지하는 상호작용 안에서 매우 빠른 시간 안에 제일 작은 단위의 구성요소가 되었다. 이런 흐름이 불러온 크고 작은 편리함, 엄청난 정보, 학습의 이점 등의 이면에는 부정적인 현상도 많다.

이미 언급했듯이 프라이버시의 상실부터, 정보, 신원, 입금된 돈의 도난, 오해의 소지가 있는 뉴스와 주장의 유포, 다른 나라의 정치적 문제에 대한 과도한 간섭 등은 대중의 많은 관심을 받는 부정적인 문제들이다

(Carr 2011; Nance 2016). 인터넷과 모바일을 통해 가능해진 모든 종류의 범죄 활동에 대해서는 훨씬 적게 언급되고 있으며, 범죄 행위의 출처나 새로운 전자 세계의 엄청난 환경 영향에 대해서는 추적하기가 점점 어려워지고 있다. 우선, 전자적 요소와 기기들은 크기가 작지만 에너지와 물질 집약도는 예외적으로 높다.

휴대폰 한 대(140g)보다 1만 배 무거운 차 한 대(1.4t)에 더 많은 에너지가 담겨 있지만, 필자가 전 세계의 양을 합해 보니 예상치 못한 결과가 나타났다(Smil 2016b). 2015년 휴대폰, 노트북 그리고 태블릿 기기의 전 세계 판매량은 55만 톤에 달했으며, 이를 생산하는 데 필요한 1차 에너지는 1EJ이며, 반면 7,200만 대의 자동차(100Mt)를 생산하려면 7EJ이 필요했다. 여기서 첫 번째 놀라운 점은 휴대용 전자 장치보다 총질량이 180배 이상 무거운 차량을 만드는 데 겨우 7배 이상의 에너지만 필요하다는 사실이다. 그런데 휴대용 장치의 수명은 짧으며, 2년으로 가정했을 때 연간 에너지 사용량은 '0.5EJ/연'이다. 자동차의 평균 수명은 10년이다. 따라서 두 번째 놀라운 점은 글로벌 자동차 제조에 들어가는 에너지 비용은 연간 0.7EJ로, 휴대용 전자제품보다 겨우 40%만 더 들어간다는 사실이다.

결과적으로 그런 제품들은 오래가도록 만들어져야 하고, 분해가 용이하도록 설계해서 쉽게 재활용될 수 있어야 한다. 그러나 현실은 정반대이다. 기기는 의도적으로 빨리 고장 나게끔 설계되고(소비자 전자 기기의 표준 품질 보증 기간은 여전히 일 년밖에 되지 않는다), 휴대전화의 경우, 제조사는 이해할 수 없을 정도로 짧은 간격으로 새로운 모델을 출시함으로써 새로움을 추구하고 사회적인 입장을 의식하는 소비자들의 심리를 부당하게 이용하는 반면, 쉽게 접근할 수 있고 일관성 있는 재활용 방법은 아직 제공하지 못하고 있다. 결과적으로 스마트폰의 평균 수명은 겨우 17~22개월 사이(Kantar Worldpanel 2017)이며, 재활용 비율은 형편없이 낮다. 전반적인 삶에 나타난 두 가지 공통적인 변화를 덧붙이자면, 직접적인 상호작용 감소와 독서의 감소를 들 수 있다. 미국인은 이제 일 년에 책을 4권밖에 안 읽으며, 미국인의 4분의 1은 책을 전혀 읽지 않는다(Pew Research Center 2018).

6

환경의 대전환

세계의 전환이 환경에 미친 부정적 영향

지난 2세기 동안 이루어진 인구, 식품, 에너지 그리고 경제 분야의 대전환과 달리, 대규모로 이루어진 지구 환경의 인위 개변적 전환은 수천 년 앞서 시작됐다. 비교적 최근의 인위 개변적 개입을 역사적 관점에서 고찰하고 최근 환경 악화의 규모와 몇 가지 주목할 만한 긍정적인 변화를 살펴보기 위해서, 필자는 전근대에 인간이 환경에 끼친 피해와 영향에 대한 설명으로 6장을 시작하고자 한다.

최초의 대규모 인위 개변적 영향은 불의 사용에서 비롯됐다. 우리는 호미닌hominin[1]이 언제 처음으로 불을 다룰 수 있었는지는 알 수 없다. 제임스James는 170만 년 전 플라이스토세[2] 중간층과 하부층에서 불을 사용

....

1 진화 경로에 따른 분류에서 원시적 인류의 조상을 일컬음.

2 지질시대 중 신생대 제4기 전반의 세를 말하며 홍적세, 갱신세, 최신세라고도 한다. 화산 활동이 뚜렷하게 나타나고 인류의 조상이 나타난 시기가 홍적세이다.

했었다는 희미한 증거를 수집했지만(James 1989) 불을 통제할 수 있게 된 것으로 추정되는 시기는 지금으로부터 약 80만 년 전(Goren-Inbar et al. 2004)이며, 구석기 중기(30만 년에서 20만 년 전)에는 흔히 사용됐고, 구석기는 호모 사피엔스 사피엔스[3]가 등장해 유럽의 네안데르탈인[4]을 대체하면서 막을 내렸다(Bar-Yosef 2002; Karkanas et al. 2007). 멜라스Mellars는 의도적으로 초목을 태우는 행위가 5만 5천 년 전에 이루어졌을 것으로 추정했다(Mellars 2006). 요리용으로 피운 불 때문에 생긴 화재와 방화 모두 시간이 지나면서 환경에 상당한 영향을 주었는데, 특히 건조한 지역에서 자주 발생했다.

불의 사용보다 훨씬 더 큰 결과를 초래한 두 번째의 영향은 메가파우나megafauna[5]의 멸종이다. 원인은 거대한 포유류에 대한 인간의 선호(식량)와 기후변화 때문이었다. 고고학적 증거(뼈에 남은 도구의 흔적)를 통해 거대한 초식동물 무리를 협동해서 사냥하는 행위가 이미 40만 년에서 20만 년 전부터 있었다는 사실을 알 수 있는데(Stiner et al. 2009), 사냥은 단백질과 지방을 섭취하기 위해서였다. 이러한 특성은 영장류의 조상과 공통된 특성으로, 침팬지와 보노보[6] 모두 고기를 얻기 위해 사냥했다

....

3 호모 사피엔스의 아종인 호모 사피엔스 사피엔스(Homo sapiens sapiens)는 4~5만 년 전에 이루어진 급격한 형질 변화를 통해 나타난 것으로 추정된다.

4 사람속(homo genus)에 속하는 하나의 종으로 네안데르탈인의 특징을 가진 최초의 네안데르탈인은 35만 년 전 유럽에 나타났으며, 13만 년 전에 이르러서 완전한 네안데르탈인이 출현했다.

5 동물학에서 '거대한', '아주 큰' 혹은 '큰' 동물을 말한다. 가장 보편적인 기준은 100파운드, 즉 미터법으로는 40~45kg 이상의 동물이다.

6 영장목 성성이과의 포유류로 인간의 유전자와 99% 비슷한 동물이다. 또한, 암수의 결혼 방식과 문제 해결 방식에서도 인간 사회와 매우 비슷한 모습을 띠고 있다.

(Hohmann and Fruth 2008). 상대적으로 작은 야생종의 고기는 순수 단백질인 반면, 메가파우나와 같은 큰 종은 포만감을 느끼게 하고 추운 지방에서 살아남는 데 필요한 에너지를 제공하는 높은 에너지 밀도의 지방을 가지고 있었다.

후기 플라이스토세의 풍경은 매머드와 털코뿔소woolly rhinoceros[7], 큰뿔사슴giant deer[8], 스텝바이슨steppe bison[9], 오록스aurochs[10], 땅늘보ground sloths[11]와 같은 거대 초식동물들로 가득 차 있었을 것이다. 하지만 이런 동물들은 모두 수렵인들이 최초로 정착 사회를 형성하기 시작하면서 멸종하게 됐다. 리처드 오웬Richard Owen 은 사냥이 멸종에 기여했다고 주장(Owen 1861)한 최초의 과학자였으며 폴 마틴Paul Martin의 과잉 살상 가설overkill hypothesis[12]은 북미 메가파우나의 소멸과 관련해 널리 받아들여진 설명이 되었다(Martin 1958, 1990, 2005).

최신 연구는 후기 플라이스토세 멸종의 주요 원인을 기후변화와 초목의 변화로 보고 있다(Pushkina and Raia 2007; Allen et al. 2010). 개방된 초원이 나무 위주의 생태계로 대체되면서 서식지 단편화가 일어났고, 이

....

7 플라이스토세에 아시아와 유럽의 북부 초원에 서식했던 코뿔소의 일종이다. 마지막 빙하기에 살아남았으나 현재는 멸종되었다.

8 소목 사슴과의 포유류로 몸길이는 약 3m이다. 약 1만~수만 년 전 제4기 홍적세의 중기 및 후기에 생존하던 사슴류이다.

9 제4기 북서 캐나다에서 멕시코에 이르는 유럽, 중앙아시아, 북아시아, 베링 육교 그리고 북아메리카를 포함한 매머드 스텝에서 발견된 멸종된 종의 들소.

10 현대 가축의 야생 조상으로 간주되는 멸종된 소.

11 오늘날의 나무늘보와 근연관계에 있는 멸종한 빈치류 분류군이다. 보통은 몸길이가 3m가 넘었다.

12 사냥꾼 무리의 이주에서 비롯된 대규모의 동물 몰살.

에 더해서 사냥이 취약한 종들의 멸종을 더 당기는 데 기여했을 수도 있다. 오늘날 아프리카코끼리와 매우 비슷하게 플라이스토세 후기의 거대 초식동물들은 나무가 없는 탁 트인 초지를 만들었고, 이것은 작은 초식동물들에게 도움이 되었다(Zimov et al. 1995). 메가파우나의 멸종은 고위도 지역에서 침엽수림, 온대 지역의 낙엽수림 또는 짧게 이어진 가문비나무와 활엽수 군락으로의 길을 열었다(Johnson 2009).

메가파우나의 멸종에 대해서 자연적인 원인과 인위 개별적 요소의 기여도를 정확하게 나누지는 못하겠지만, 세 번째 범주인 고대 인류가 환경에 미친 영향, 온실가스 배출을 야기한 토지 이용 변화를 평가할 때는 논거가 더 확고하다. 토지 이용의 변화는 거의 10000년 전 신석기시대의 경작인들과 함께 시작됐는데, 그들은 목초지와 숲 그리고 습지까지 경작지로 바꾸었다. 초기에는 낮은 인구수로 인하여 몇몇 지역에 국한되었다. 생물 다양성 변화와 토양 침식이라는 국소적 손실이 가장 뚜렷하게 드러났는데, 전체를 모두 합쳐도 전 세계적으로 큰 영향은 미치지 못했을 것이다.

이런 결론에 대해 러디먼Ruddiman은 초기 경작자의 수가 한정적이었다고 할지라도 삼림 벌채와 습지 매립과 같은 광범위한 토지 이용 변화로 인한 이산화탄소 배출량 증가, 쌀 재배용 무산소 침수 토양과 가축화된 반추동물이 내뿜는 메테인CH_4 등에 의해 눈에 띄는 변화를 일으키기 시작했다고 주장하며 이의를 제기했다(Ruddiman 2005, 2017). 이는 반박하기 어려운 관찰이지만, 그 영향력은 러디먼이 주장하는 것처럼 크지는 않을 수 있다. 러디먼은 산업화 시대가 시작될 무렵, 다음과 같이 결론 내렸다.

인간에 의한 이산화탄소와 메테인의 배출은 이전에 발생했던 자연적 변동 범위의 약 절반에 해당하는 범위에 대기 중 가스 농도를 증가시켰다… 이런 증가는… 높은 위도에서 일어나는 자연 냉각 작용의 많은 부분을 상쇄시키는 온실 온난화 효과를 낳았다… 우리가 지구 기후에 미치는 영향은 이제 자연의 영향과 거의 같아졌다(Ruddiman 2005, 171).

생물권에 가해진 근대 사회 이전의 네 번째 대규모 충격은 아시아 지역 일부(북아시아, 중앙아시아 그리고 중국 동부)와 유럽(특히 지중해 국가들)에서 이루어진 대규모 삼림 벌채였다. 여기에는 세 가지 이유가 있는데, 첫째는 숲을 경작지로 바꾸기 위해서였고, 둘째는 요리와 난방에 쓸 연료의 수요 때문이었으며, 마지막으로 색을 입힌 금속과 철을 생산하기 위해서였다. 구리 제련은 고대 지중해 지역의 삼림 파괴의 주요 원인이었는데, 1kg의 구리를 생산하려면 90kg의 나무가 필요했다(Forbes 1972). 초기 철 제련은 지역의 삼림 자원에 상당한 부담을 주었는데, 1kg의 용선hot metal[13]을 위해 20kg의 목탄(20kg의 목탄을 만들기 위해서는 최대 80kg의 나무가 필요함.)이 들어갔다(Johannsen 1953). 이후 효율이 개선된 용광로가 등장하면서 철강 생산 단위당 목재 수요는 줄어들었지만, 철강 생산량이 계속 증가하면서 목재의 절대 수요량은 줄지 않았다.

초기 중세 시대(900년쯤)에 중부 유럽의 약 70%가 숲에 뒤덮여 있었지만, 1900년에는 그 비율이 25%로 떨어졌는데(Schlüter 1952), 그중에 상당 부분이 1700년이 되기 전에 손실되었다. 대서양과 중부 유럽에서 있

....

13 용융 상태의 금속, 특히 선철을 말한다.

었던 가장 큰 규모의 벌채는 950~1350년 사이에 있었고, 그 시기는 블록Bloch에 의해 '대 개간의 시대l'âge des grands défrichements'라고 불렸다(Bloch 1931). 허He와 동료들은 1700~1900년 사이 중국에서 9,000만ha 이상의 숲이 손실됐을 것으로 봤다(He, F. et al.2008). 인위 개변의 충격은 현대에 와서 심해졌으며, 맨 앞에서 언급했듯이 우리는 전 세계적으로 영향력을 끼치는 두 종류의 인위 개변을 구별해서 설명해야 한다.

첫 번째는 지구 전체에 영향을 미치는 온실가스의 배출이다. 인위 개변적 이산화탄소의 배출량은 다른 인위 개변적 가스들의 배출량을 훨씬 능가하지만, 다른 물질들도 이에 필적할 정도로 늘고 있다. 화석연료의 연소와 금속의 제련 과정에서 나오는 황산화물의 양은 박테리아와 화산에 의해 배출되는 양을 넘어서고 있다. 그리고 인위 개변적 질소산화물의 배출량은 자연적인 일산화질소와 이산화질소의 배출량과 거의 맞먹는다. 두 가지 모두 전 지구적 문제의 다른 범주를 보여 주는 훌륭한 사례이다. 이런 변화들은 사람이 사는 모든 대륙에서 발견되는 보편적인 현상이다. 하지만 그 영향은 흔히 산성비라고 불리는 산성강하물[14]과 광화학 스모그[15]가 잘 보여 주듯, 지역적이거나 국소적이며 대륙의 일부에만 영향을 미친다. 이 범주에 있는 다른 사례들은 토양 침식부터 연안 해역의 데드존에 이르기까지 광범위한 환경 악화에 포함된다.

우리가 지금 현재 인류의 지배적인 역할로 특징지어지는 새로운 지질

....

14 화력발전, 제련소, 공업 단지, 자동차 배기가스 등에 의해 산성 물질이 대기 중으로 날아가 비나 구름, 안개 등의 형태로 땅에 내리는 것.

15 석유 연료가 연소된 후, 빛을 받아서 화학 반응을 일으키는 과정을 통해 생물에 유해한 화합물이 만들어져서 형성되는 스모그이다.

시대인 인류세Anthropocene[16]에 살고 있기 때문에, 앞의 주장들이 근본적으로 충분하지 못하다는 다음과 같은 비판도 있다.

> *인류세에서는 환경이 아니라, 지구 시스템에 미치는 인간의 영향이 중요하며 1980년대와 1990년대 지구 시스템의 과학과 함께 등장한 근본적으로 새로운 지구 시스템의 개념을 받아들이지 않는다면, 인류세 개념의 출현을 이해할 수 없다… 지구 시스템은 '풍경'이 아니며, '생태계'도 아니고, '환경'도 아니다(Hamilton 2015, 103).*

인류를 위한 새로운 지질시대가 처음 제시된 것은 2000년이었고(Crutzen and Stoermer 2000), 새로운 명칭을 공식화하는 작업은 2009년에 시작됐다. 2016년 작업 당시 그룹 내 다수의 의견은 인류세가 층서학[17]적으로 현실적이라는 것이며, 권고안은 (핵무기 실험과 관련된) 인공 방사성핵종radionuclide[18]과 함께 20세기 중반의 경계를 가장 유망한 지표로서 공식화하는 것이었다(Zalasiewicz et al. 2017). 필자는 해밀턴의 인용문을 검토했던 방식으로 이 작업을 검토했는데, 한 마디로 두 주장 모두 정확하지 못하다. 지구 시스템의 부분들(암석권, 수水권, 대기권, 생물권)이 모두 구조적이고 생물지구화학 순환에 의해 연결되어 있는 반면, 현대 문

....

16 인류가 지구 기후와 생태계를 변화시켜 만들어진 새로운 지질시대를 말한다. 대표적인 특징으로는 플라스틱 등의 인공물 증가, 이산화탄소와 메테인 농도의 급증, 닭 소비 증가 등이 꼽힌다.

17 지층의 복원된 형태 · 배열 · 분포 · 시대순서 · 분류 · 상호관계 · 기원 · 역사 등을 다루는 과학으로 지질학의 기초적 및 종합적 학문 분야를 말한다.

18 인공적인 방법으로 만들어진 방사능이 있는 불안정한 원자핵을 말한다. 원자로 속에서 중성자에 따라 물질을 조사하면 핵반응에 의해 생산할 수 있다.

명은 상호 연결된 요소들 중 일부에만 깊은 영향을 끼쳤기 때문이다.

우리 인간은 새로운 시대의 이름이 붙을 만큼 충분히 중요한 존재지만, 미세한 수준으로 쌓인 방사성핵종 때문이 아니라 대부분 기후에 미치는 영향 때문이다. 동시에 이 지구라는 행성에 생명체의 생존을 가능하게 하는 근본적인 변수들[19]은 완전히 인간의 통제 밖에 있으며, 해양과 대륙을 재정렬하고 지진과 쓰나미를 일으키는 행성의 판 구조가 발휘하는 엄청난 힘도 마찬가지다. 게다가 우리는 소행성과의 충돌이나 광범위한 화산 폭발 또는 마그마의 분출과 같은 재앙에 가까운 위협을 마주하고 있다. 우리가 환경에 가한 행동은 하나같이 파괴적이고 착취적으로 악영향을 끼치는 것들이었지만, 궁극적으로 태양계 안에서 행성의 위치와 운명을 통제하는 것은 우리 능력 밖의 일이다.

일부 인위 개변적 영향은 생태계의 범위와 행성의 크기에 의해 제한되며(기본적으로 베어낼 수 있는 열대우림에도 한계가 있다), 많은 과정에서 명백한 표지가 남기 때문에 추적이 가능하다. 삼림 파괴의 과정을 보여 주는 궤적은 (자연스러운 인구 증가의 변화로 측정되는) 인구통계학적 전환의 궤적과 매우 닮았다. 사냥과 원예가 복합된 수렵 채집 사회 이전 뉴잉글랜드의 정착지는 최소한의 삼림 벌채율을 보였다. 1700년 매사추세츠는 여전히 85%가 숲으로 덮여 있었는데, 그 비율이 1870년에는 30%로 떨어졌다가 2015년 61%가 되면서 미국에서 여덟 번째로 숲이 넓은 주가 됐다 (Foster and Aber 2004; USDA 2015).

....

19 우리은하 내 비교적 한적한 지역이라는 위치, 핵융합에 의한 태양 복사, 지구의 모양, 기울기, 회전, 태양 주위를 도는 편심 궤도 등.

그리고 1인당 식품 가용량의 포화 상태가 적어도 식품 에너지 측면에서 영양학적 전환의 마지막을 알리는 신호라면, 대응물은 포화되고 심지어 다양한 폐기물(고체, 액체, 기체)의 1인당 생성 비율이 확연히 감소할 수 있다. 후자의 사례로는 적절한 물의 처리, 화석 발전에서 나오는 가스의 탈황[20]을 들 수 있다. 다른 한편으로는 토지 이용의 변화와 허용할 수 없을 정도의 악화가 있었다. 이는 범주가 매우 넓은데 제일 두드러지는 것들만 나열하자면, 열대우림의 파괴, 해안 습지의 매립, 질소를 많이 함유한 물의 유출, 최근 빠르게 증가하는 전자 폐기물과 플라스틱 축적으로 인한 해양 오염 그리고 거의 모든 생태계에서 벌어지는 생물 다양성의 손실을 들 수 있다. 필자는 편의상 이러한 영향을 토지 사용의 전환, 생태계 악화, 전 세계적 변화로 나누어 특성들과 공간적 범위 그리고 사회·경제적 영향에서 이것저것 뒤섞인 변화를 체계적으로 다루고자 한다.

• • • •

파괴된 지표면과 무분별한 토지 사용

대전환이 불러온 놀라운 변화는 1800년의 지표면과 2000년의 지표면의 대비를 통해 알 수 있다. 최초의 지구 자원 탐사 위성 랜드샛LANDSAT[21]

....

20 연도 가스에서 이산화황 방출을 감소시키는 방법. 연도 가스 탈황은 특히 석탄 화력 공장에서 생성되는 연도 가스로부터의 이산화황 제거에서 중요하다.

21 지구 자원 탐사 위성으로, 1972년 1호가 발사된 이래 약 3년을 주기로 발사된다. 이 위성은 적조(赤潮)의 조기 발견에서부터 화산의 분화, 이에 따른 강회(降灰)의 감시, 유빙(流氷) 등의 관찰, 식물의 발육 상태, 토지의 이용 상황, 대기 오염의 확산 등 지구의 현상을 조사할 수 있다.

은 1972년에 발사되었기 때문에, 1800년의 지표면의 모습과 토지 사용은 추정만 할 수 있다. 이는 네 개의 지구 표면 맵핑 프로젝트global land-cover mapping project를 통한 비교에서도 여전히 불확실한 점이 많이 남아 있는데, 특정 토지 이용 등급에 대한 정의가 제각각이기 때문에 오차가 가장 많이 발생한다(Congaltonet al. 2014). 하지만 어떤 경우에도 자연 생태계의 상당한 손실과 인위 개변적 토지 이용이 계속 증가하고 있음은 부인할 수 없다(Ellis et al. 2013).

생태계를 가장 많이 바꾼 토지 이용은 목초지(방목지)와 경작지이며, 정착지와 산업 부지(원료의 추출부터 공장과 저장고에 이르는), 교통 시설과 도로가 그 뒤를 잇는다. 이는 대부분 충적토나 습지, 바다를 매립한 육지에 건설되는 경우가 많다. 이런 변화들은 특히 열대 지방과 북미와 유라시아 대륙의 평원의 모습을 바꿔 놓았는데, 아마존 유역의 남쪽 지역과 아시아의 몬순 지대 일부의 변화가 가장 놀랍다. 동시에 1800년과 2000년의 땅 표면 대비를 통해 근대 이전 사회에 의해 파괴된 숲이 복원[22]된 것을 알 수 있다. 도시의 성장은 옛 중심지로부터 방사성의 확장뿐만 아니라 인접한 정착지들이 융합하고 종종 해안을 따라 메가시티를 형성하는 모습을 보인다.

변화하는 도시, 산업, 교통 시설의 토지 사용을 보여 주는 가장 좋은 방법은 야간 관측이지만, 이 경우에도 발표된 총계들과 두 배가량 차이 난다. 컬럼비아 대학의 '전 세계 농촌과 도시 인구 격자 지도 프로젝트Gridded Population of the World and the Global Rural-Urban Mapping Project'는 도시 지역에 3억 5,000만ha(빙하로 덮이지 않은 땅 134억ha에서 약 2.6%를 차지)를 할

22 유럽, 북미 그리고 최근 중국 일부 지역의 대규모 나무 심기뿐만 아니라 자연 복구도 포함.

당했지만(GRUMP 2019), 콕스Cox는 이것이 상당히 과장되었다고 밝히며 실제 2010년 총면적은 전 세계에서 빙하로 덮히지 않은 땅의 1%미만인 약 1억 1,000만 ha정도로 추정했다(Cox 2010).

야간 위성의 이미지는 세계 최초로 불침투성 지표면[23]의 목록을 파악하는 데 사용되었으며, 이 조사는 '불침투성 지표면은 2000년 기준 약 5,800만ha(얼음 없는 땅의 0.43%)를 차지한다.'라고 밝혔다(Elvidge et al. 2007). 예상했듯이 중국에 있는 면적이 가장 크지만(약 870만ha), 2위는 인도가 아닌 미국(840만ha의 면적)이다. 극소국가를 제외한 국가별 1인당 최고 비율을 차지하는 곳은 고위도 지역(캐나다 350m², 핀란드 320m², 미국 300m², 노르웨이 235m²)에 있으며, 그 밖의 지역에서는 불침투성 지표면이 1인당 50~150m²에 불과하다.

도시의 미래는 경제성장보다는 인구와 더 밀접한 관련이 있다. 독일의 경제는 2008년 이후 꽤 괜찮은 편이었지만, 과거 동독이었던 지역의 인구 정체와 감소로 최근 베를린의 일부 교외 지역에서만 인구가 늘고 있다. 또한 라이프치히와 드레스덴 같은 주요 도시들조차도 제2차 세계대전 이전에 정점을 찍었던 것보다 각각 약 20%와 12% 감소한 것을 볼 수 있다. 이를 통해 독일 인구의 미래를 예측할 수 있다. 독일의 인구는 2019년 8,300만 명에서 2060년 6,800만 명(낮은 이민율과 자연 출산이 지속될 경우) 또는 7,300만 명(높은 이민율이 지속될 경우)으로 감소할 것이다. 그리고 인구가 감소하는 일본에서는 수도만이 유일하게 계속 성장하는 도시가 될 것이다(FSO 2015). 두 번째로 큰 도시인 오사카의 현재 인구는

23 도로, 공항, 항구, 인도, 차도, 창고 등을 건설하기 위해 포장된 땅이나 지붕으로 덮인 땅의 목록.

1960년보다 약 15% 정도 줄어들었으며 일본 남부에서 가장 큰 공업 도시인 기타큐슈의 인구는 1980년에 정점을 찍었다.

도시가 이미 최대로 확장한 지역은 러시아, 동유럽과 중부 유럽, 캐나다 중부 그리고 미국 등이 있다. 반면에(이미 2장에서 언급했듯이), 최근 수십 년간 무난한 경향을 보였던 중국 도시들의 성장은 유독 빨랐으며, 현대화되고 있는 아시아와 아프리카 도시의 경우 성장의 속도는 살짝 느리지만, 열대우림의 지속적인 파괴와 함께 통제되지 않은 혼란스러운 모습을 보이고 있다.

삼림 파괴와 재조림[24]

주택용 목재, 석탄과 광석 채굴용(갱도 버팀목), 교통 시설(1830년대 철도의 침목), 난방과 요리용 땔감, 가정 및 산업용 목탄(금속 제련과 벽돌, 타일, 유리 등의 생산에 사용) 등의 삼림 벌채의 동기는 다양하다(Williams 2006; Smil 2013a). 그러나 가장 주요한 목적은 경작지와 목초지를 확대하기 위한 것으로, 이 과정은 전 세계 인구의 성장 그리고 전형적인 식단의 향상과 밀접한 상관관계가 있다.

경작지란 무엇인가에 대해선 대략 의견이 일치한다. 그러나 FAO(국제연합식량농업기구)의 산림자원평가Forest Resources Assessment를 보면 숲에 관한 정의가 650가지나 기재되어 있다(FAO 2001). 모두 최소 면적과 최소의 나무

....

24 본래 산림이었다가 산림 이외의 용도로 전환되어 이용해 온 토지에 인위적으로 다시 산림을 조성하는 것.

밀집도(임관층[25] 면적의 비율로 표현)를 부과해야 하는데, 최근 FAO의 기준에 따르면, 5m이상의 나무를 가진 0.5 ha 이상의 면적을 포함하며, 임관층이 지면의 10% 이상을 덮고 있어야 한다.

게다가 집계에는 이러한 기준에 도달할 것으로 예상되는 성장 중인 지역이 포함될 수 있으며, 나무가 다시 자랄 것으로 기대되는 지역과 전혀 식물이 없는 숲길, 방화선, 작은 개구부[26] 같은 곳도 총집계에 포함된다. 이와는 다르게 태평양 북서부나 아마존의 오래된 숲처럼 나무 지붕이 지면의 90~100%를 덮는 키가 크고 성숙한 나무들로 이루어진 숲을 나타내는 정의도 있을 것이다. 농경시대 이전의 숲을 다시 구성해 보는 일이 정확하지 못하다는 점을 생각하면, 삼림 벌채와 관련된 모든 역사적인 추정치는 근사치일 뿐이다.

매튜Matthews는 1980년 이전 삼림 벌채의 총면적을 10억ha 미만으로 추정했다(Matthews1983). 윌리엄스Williams은 1978년 이전의 삼림 개간 총면적을 7억 4,000만~8억 1,000만ha로 비슷하게 추정했지만(Williams 2003), 리처드Richards는 1700~1995년 사이에만 13억ha의 벌채가 있었을 것으로 상당히 높게 추정했다(Richards 1990). 라만쿠티Ramankutty와 폴리Foley는 잠재적인 숲과 삼림 지역이 55억 2,000만ha가 됐을 것으로 계산했으며, 1700년까지 그중 5% 미만이 개간되고 1992년까지 20%가 개간되었을 것으로 추정했다(Ramankutty and Foley 1999).

....

25 어떤 식물 군락(삼림, 농경지 등)에서 수관들이 모여 형성하는 윗부분을 말한다. 즉 그 군락의 지붕에 해당하는 부분이다. 삼림의 임관층은 다른 층에서는 발견되지 않는 특이한 동물상과 식물상이 발견되는 생물 다양성의 보고다.

26 용도에 따라서 구조물에 일정 크기로 벽이나 바닥 등에 뚫어 놓은 부분.

숲의 정의가 제각각이기 때문에 지난 30년 동안 발표된 숲을 이루는 전체 면적의 범위는 매튜와 동료들이 평가한 최저치인 29억~34억ha와, 소기어Saugier와 동료들이 평가한 최고치인 41억 6,000만ha 사이에 있다. 가장 최근에는 FAO가 평가한 2015년 세계 삼림 자원의 총면적이 40억ha보다 조금 낮은데, 이는 새로운 세기의 초반 15년 동안 1.4%의 손실이 있었기 때문이다(FAO 2015). 그러나 원시림primary forest[27] 면적은 겨우 12억 8,000만ha 정도이며 전체의 75%는 7개 국가(러시아, 캐나다, 브라질, 콩고민주공화국, 미국, 페루, 인도네시아)에 위치하고 있다.

원시림과 삼림지대는 후빙기에 가장 번창하면서 얼지 않은 땅의 40%를 덮고 있었고, 1800년까지는 그 면적이 겨우 10%만 줄어들었으며, 21세기가 시작될 때는 거의 28%까지 감소했다. 숲의 정의를 FAO의 기준대로 보면 숲은 현재 얼지 않은 땅의 약 30%를 덮고 있으며 원시림의 성장은 현재 얼지 않은 땅의 겨우 10%에서만 발견된다. 하지만 전 세계 총계와 비율에서는 국가와 지역의 차이를 알 수 없다.

삼림 벌채는 유럽과 북미 전역에서 석탄이 땔감과 목탄을 대체하고 강철과 콘크리트가 주요 건축 자재로 사용되면서 줄어들기 시작했다. 그리고 한편에서는 농작물 수확량이 높아지면서 척박한 토양에서의 재배가 점차 중단되고 그것이 다시 녹화綠化로 이어졌다. 결과적으로 숲이 그렇게 확대된 것이 인상적인데, 20세기 후반 성장의 범위는 이탈리아에서는 20% 이상, 프랑스에서는 33%로 나타났으며(Gold 2003), 유럽의 숲은 1900~2005년 사이 1,200만ha 증가했는데, 이 면적은 독일 전체의 숲과

....

27 사람의 간섭이나 자연재해가 없었던 산림을 말한다.

삼림지대와 맞먹는다(MCPE 2007).

이런 경향은 세기가 바뀌어도 계속되었다. 최근 FAO의 숲 평가(FAO 2015)에 따르면, 1990~2015년 사이 25년 동안 숲이 많은 나라들뿐만 아니라 EU의 큰 나라들이 숲의 면적을 늘리거나(프랑스 0.1%/연, 이탈리아 0.8%/연, 스페인 1.2%/연, 핀란드 0.1%/연) 나무로 덮인 면적을 동일하게 유지했다(독일과 스웨덴). 한대 지역에 가장 넓은 면적을 차지하고 있는 러시아와 캐나다는 거의 변화가 없었다. 비록 일부 국가들의 경우에는 숲이 복구되는 이유가 벌채의 완전한 중단 때문이 아니라 산림의 빠른 재생 속도 덕분이지만, 많은 선진국에서는 삼림 벌채가 끝났다고 할 수 있다. 지금은 더 많은 숲을 보호하고 있는데, 2015년 다양한 제한을 통해 보호를 받는 숲의 면적은 6억 5,000만ha로, 전체 숲의 16% 이상을 차지한다(FAO 2015).

아시아와 아프리카 그리고 라틴아메리카 국가에서는 삼림 벌채가 아직 진행 중이지만, 그 속도는 느려지고 있다. FAO가 추산하는 전 세계 삼림 벌채는 1950~1980년 사이 1,200만ha/연에서 1980년대 1,500만ha/연으로 그리고 1990년대 동안 1,600만ha/연 정도로 늘었다가, 2000~2010년 사이 약 1,300만ha/연으로 감소했다(FAO 2015). 게다가 재조림의 속도가 올라가면서 삼림 벌채는 1990년대와 2000~2015년 사이 1,150만ha/연에서 580만ha/연으로 절반이 되었다. 하지만 여전히 많은 아시아 국가와 아프리카 그리고 라틴아메리카 국가에서 삼림 벌채율은 심각할 정도로 높다. 열대우림의 생물 다양성과 전 세계의 탄소와 물의 순환에서의 역할을 생각하면, 여전히 큰 걱정거리로 남아 있다(Moutinho 2012; Lawrence and Vandecar 2015).

브라질, 베네수엘라, 콜롬비아, 에콰도르, 페루 그리고 볼리비아에 걸쳐 있는, 지구상에서 가장 큰 열대우림인 아마존 유역의 벌채는 1970년 이전까지 최소한으로 이루어졌는데(전체 3,500만ha), 숲의 면적은 약 41억ha였으며, 브라질의 사바나 세라도 지역을 포함해 8억 5,000만ha 규모였다(Fearnside 2005). 그러나 1978년에는 거의 8,000만ha가 개간되었고, 1980년대 연평균 손실 면적은 150만ha였다(Skole and Tucker 1993). 1996~2005년 사이 1,950만ha에 달하는 아마존 숲의 손실은 아크레Acre와 아마조나스Amazonas 지역까지 이어졌는데, 브라질 정부가 삼림 벌채를 크게 줄일 것을 약속하면서 더 이상의 파괴를 끝낼 수 있다는 희망적인 분위기가 생겨났다.

그러나 현실은 달랐다. 브라질은 1990~2015년 사이에 세계 최대 규모의 원시림(총 1,550만ha)을 파괴하였고(Morales-Hidalgo et al. 2015), 브라질 정부의 후속 정책들은 추가적인 파괴를 막는 데 거의 도움이 되지 않았다. 그리고 아이티Haiti에서의 삼림 파괴는 종말로 향하고 있다. 1990년 원시림은 국가 면적의 4.4%에 불과했는데, 2016년에는 0.32%가 되었다(Hedges et al. 2018). 따라서 아이티는 최초로 나라의 습윤림濕潤林이 완전히 사라지게 된 작은 국가가 될 것이다. 반면에 히스파니올라Hispaniola섬 서쪽의 40%(도미니카 공화국)는 아직 숲으로 덮여 있어, 위성사진을 보면 선명하게 대조를 이루고 있음을 알 수 있다.

중국의 경우는 조금 특별하다. 마오주의 시대에 대규모의 재조림 사업이 크게 실패한 뒤, 30% 이상의 임관층을 가진 숲은 국토의 13% 미만이었다(Smil 2004). 이후 중국의 재조림 노력으로 그 면적을 2000년까지 거의 1억 3,800만ha로 늘렸지만(Liu et al. 2005), FAO의 분류에 따르면,

증가량은 1990년 1억 5,700만ha에서 2015년 2억 800만ha로 중국 영토의 22%에 해당한다. 중국의 재조림 사업을 통해 늘어난 면적에 필적할 나라는 없지만, 질적 수준은 조금 떨어진다. 빨리 자라는 소나무, 포플러 나무, 유칼립투스를 단일 식재한 경우가 대부분이기 때문이다. 결론적으로 중국의 원시 자연림이 차지하는 면적은 1,200만 ha(전체의 6% 미만)가 안 된다(비교하자면, 2015년 캐나다의 경우, 전체 숲에서 원시 자연림이 차지하는 비율은 60%였다).

어쨌든 이런 변화는 전 세계의 이산화탄소 흡수계로서 주요한 역할을 하는 숲의 능력에 긍정적인 영향을 미쳤으며, 대기 중의 이상화탄소 농도가 높아지고 화석연료 연소에 의해 생성된 배출물로부터 야기된 질소 증착에 따라 숲의 역할이 더 커졌다(Bellassen and Luyssaert 2014). 1990~2005년 사이 미국의 숲은 매년 약 160Mt의 탄소를 흡수하고 있으며(Potter et al. 2005; Beer et al. 2006), 중국의 숲은 190~260Mt의 탄소를 흡수하고 있다(Piao et al. 2009). 무엇보다 가장 큰 이산화탄소 흡수계의 역할을 하는 아마존 유역의 숲은 매년 최대 1.3Gt의 탄소를 흡수하고 있다.

전 세계 숲은 1990~2007년 사이 연평균 2.4(± 0.2)Gt의 탄소를 흡수하고 있으며, 열대 삼림 벌채로 인한 탄소가 1.3(± 0.7)Gt이기 때문에 전 지구적으로 순 탄소의 흡수량은 1.1(± 0.8)Gt으로 추산된다(Pan et al. 2011). 숲과 다른 초목이 늘어나면 오늘날 흡수 능력의 다섯 배까지도 증가할 수 있지만, 잦은 산불, 가뭄, 폭풍우, 병충해 등이 장애 요인이 된다. 결과적으로 우리는 2100년까지 숲과 다른 초목들이 순수 탄소 흡수원 될지 확신할 수 없다.

경작지와 목초지

경작지와 목초지의 확대를 알 수 있는 근대 이전의 자료들은 모두 추정에 불과하다. 상대적으로 기록이 풍부한 중국조차 경작지의 추정치는 1900년에도 최대 20%까지 차이가 났다(Miao et al. 2016). 전 세계적인 수준에서 볼 때 오차는 1700년에는 최대 ±25%, 1800년에는 ±18% 정도로 추정된다. 그러나 기원후 1500년 동안 농경지는 약 1억 3,000만ha에서 약 2억 3,000만ha가 되었으며 목초지는 약 1억 1,000만ha에서 2억 2,000만ha로, 둘 다 토지 사용의 확장 속도가 느리다는 데는 의심의 여지가 없었다(Klein Goldewijk 2011).

그러나 1500~1800년 사이에 동유럽과 중국의 중부와 남부 그리고 라틴아메리카의 유럽 식민지에서 새로운 농장들이 문을 열기 시작하면서, 농지는 거의 두 배(2억 3,000만~4억 2,000만ha) 가까이 증가했다. 목초지는 두 배 이상 확장했는데(2억 2,000만~5억 1,000만ha) 목초지 확장는 주로 아시아에서 이루어졌다. 인구 성장이 빨라지면서 과거 2세기 동안 토지 사용에 전례 없는 변화가 나타났다. 전 세계의 경작지는 19세기 중에 두 배가 되었으며, 그중 성장의 절대치는 4억 3,000만ha의 경작지가 8억 5,000만ha가 된 것이다. 이는 주로 미국의 그레이트플레인스와 캐나다의 프레리에서 이루어지는 북미 농업이 서쪽으로 확장되고, 호주, 브라질, 아르헨티나, 러시아 제국(중앙아시아 지역), 중국 북부 등지에서도 비슷하게 새로운 경작지가 생겼기 때문이었다.

목초지는 이보다도 빠르게 확장되어 19세기에 약 8억ha가 증가하였다. 다시 말하면 이런 증가는 정착지가 대부분 북아메리카에서 정착지가 서쪽으로 이동하고, 호주와 사하라 이남 아프리카, 중앙아시아의 초원 지대가 확장됐기 때문이다. 이러한 두 가지 경향은 20세기 동안에 다양해졌다. 전 세계 경작지의 성장 속도는 면적이 80% 증가하면서 느려졌지만, 모든 대륙에서 늘어난 덕분에 2000년까지는 15억ha를 넘어서고 2015년에는 15억 9,000만ha를 넘어서면서 늘어난 절대 면적은 6억 8,000만ha가 되었다. 아시아에서 경작지가 눈에 띄게 늘어난 이유는 소련이 카자흐스탄까지 경작지를 확대했기 때문이며, 미국에서는 서부 그레이트플레인스의 반건조 지역[28]으로 경작이 확대되었다. 브라질 세라도 지역의 토지 전환(대부분 사탕수수와 대두 경작을 위해)과 아르헨티나의 팜파 pampa(대두 경작)도 경작지가 늘어나는 데 한몫했으며, 호주와 사하라 이남 아프리카 등에서도 경작지가 새로 생겨났다.

모든 경작지의 90%에서 곡식을 기르고 나머지는 영구 작물(대부분 과일, 견과류, 차 등)을 기른다. 하지만 이런 총계는 실제 재배에 사용되는 면적을 과소평가하는 동시에 과장하고 있는 것이다. 과소평가의 원인은 2가지가 있다. FAO의 평가는 이동 경작shifting cultivation[29]으로 5년 이상 쉬고 있는 토지를 포함시키지 않고 있으며, 다작[30]은 대부분 따뜻한 기후에서 흔한데 그 빈도가 점점 증가하고 있다.

다작의 대부분은 이모작이고 온대성 기후와 아열대성 기후 지역에서 행해지고 있다. 미국에서는 이모작의 3분의 1이 남서쪽에서 행해지고, 중

....

28 증발량이 강수량보다 더 많은 지역.

29 숲이나 원야 등을 불사르고 작물을 재배하다가 지력이 소모되면 다른 토지로 옮겨가는 농법. 자연조건이나 교통 불량 등의 환경하에서 비료를 주지 않고 실시하는 조방적인 농업 형태이다. 아직도 아시아, 아프리카, 라틴아메리카의 많은 지역에서 행해지고 있다.

30 매년 하나 이상의 작물을 기르고 재배하는 형태.

서부에서는 5분의 1을 살짝 넘지만, 거의 매년 전체 경작지의 약 2%에 해당할 정도이다(Borchers et al. 2014). 독일과 폴란드 그리고 동유럽의 흑토Black Earth[31] 지역(Estel et al. 2016)과 중국 화베이 평원North China Plain에서는 이모작이 흔하다(Jeong et al. 2014). 위성 연구에 따르면 2002년에 중국의 다작지가 차지하는 비율이 34%이고, 삼모작이 전체의 5%를 갓 넘는다는 사실을 알 수 있다(Yan 2014). 집중 경작이 이루어지는 열대의 토양이나 아열대 지역의 비닐 피복 밑에서는 최대 다섯 종류의 식물을 수확할 수 있다.

경작지가 과도하게 측정되는 이유는 넓은 휴한지 때문인데, 휴한지란 한 번의 경작기 또는 일 년 내내 경작하지 않고 두는 경작지를 말한다. 21세기가 시작될 때 경작지의 총면적은 16억ha(FAO의 측정보다 살짝 높은)였고, 휴한지는 4억 4,200만ha(전체의 25%)에 달했으며, 경작 강도cropping intensity는 휴한지를 제외하면 1.13회, 휴한지를 포함하면 0.82회이며, 휴한지가 포함될 경우 경작 지속 기간crop duration[32]은 0.68년이고 휴한지를 제외하면 0.49년이다(Siebert at al. 2010).

마지막 비율(0.49년)은 1998~2002년 사이에 전 세계 농경지가 그 시간의 반 정도 되는 시기 동안 경작되었다는 걸 의미한다. 예상했듯이 동아시아와 남아시아에서 작물 집중도가 가장 높았고(채소와 중국 쌀 삼모작의 연속 재배), 사하라 이남 아프리카 지역에서 가장 낮았다. 따라서 재배 비율은 일반적으로 상정되는 것보다 훨씬 낮으며, 전 세계 수확량을 높이기

31 표층에 두꺼운 흑색 층이 있는 토양, 호주에서는 입단이 잘 발달된 열대의 흑색 점토를 지칭함.

32 일 년 중 생장하는 작물로 토지가 덮이는 기간.

위해서 추가적인 집중화가 가능하다는 걸 가리킨다. 하지만 거기에는 추가적인 에너지 보조와 적절한 농업 방식의 보급이 필요할 것이다.

목초지의 전 세계적 확장은 20세기 동안 21억ha 늘어나 전체가 34억ha를 넘어가면서 절대적인 기록을 세웠다. 사하라 이남 아프리카 지역은 절대적 증가량이 가장 컸으며(약 9억ha로 2배 이상 증가), 목초지 전체 지역이 4배 늘어난 라틴아메리카(브라질과 아르헨티나가 주도하는)가 그 뒤를 이었다(FAO 2019). FAO가 최근 합산한 전 세계 영구 초원과 목초지는 32억 7,000만ha로 감소했지만, 실제 면적은 아마 훨씬 작을 것이다. 자원 조사 일람inventory data과 위성 사진을 종합한 연구는 겨우 28억ha의 초지를 확인했다(Ramankutty et al. 2008). 목초지는 식량 생산을 위해 인간이 변형시킨 자연 생태계의 가장 큰 영역이며 그 지역은 현재 감소하고 있다.

아프리카의 목초지는 관목과 나무가 유입되지 못하도록 하거나 이후 재성장을 촉진하기 위해서 매년 불태워지고 있다. 위성사진을 통해 이런 과정을 볼 수 있는데, 그 빈도의 범위는 일 년에서 20년 사이이며 중간 간격은 4년이다. 연간 태워지는 피토매스의 극단적인 추정값은 8배(2억 2,000t/연 대 18억 5,000t/연) 차이가 나는데, 연간 태워지는 전체 면적은 약 2억ha로, 미국 농경지의 전체 면적보다 넓다(Barbosa et al. 1999; Lehsten et al. 2009).

우리는 인간의 손을 전혀 타지 않았던 자연 생태계에서 경작지와 방목지까지 이르는 전환의 과정 중 어느 지점에 있는 걸까? 식량 생산에 사용된 토지의 증가를 보여 주는 궤적은 대칭적인 로지스틱 곡선을 형성하는데, 그 변곡점은 목초지가 성장하는 1960년대 후반과 경작지가 확대되는

1990년대 중반이었다. 미래 경작지 확장의 추정치는 약 28억ha일 것이며, 이는 잠재적으로 경작할 수 있는 토지의 면적으로 알려진 31억ha에서 34억ha 사이의 범위보다 훨씬 좁다(Buringh 1977; Smil 2013a). 경작 가능성이 있는 땅의 대부분은 현재 숲, 습지 그리고 초원으로 덮여 있기 때문에 이를 경작지로 전환한다면 생물권이 엄청나게 피폐해질 것이다.

하지만 궁극적으로 30억ha에 가까운 경작지를 개간하지는 않을 것이다. 1950년 이후 경작의 집중화(생산성 향상으로 인한)는 넓은 자연 생태계가 새로운 농경지로 바뀌는 상황을 막았다. 인구 증가 현상에도 불구하고 많은 나라가 실제로 이 집중화를 통해 경작지를 줄이고 있다. 토지 절약의 효과는 특히 다수확 재배 품종에서 인상적인 결과를 보여 주었다(Ausubel et al. 2013).

국가별로 안정기에 접어들었거나 감소한 경작지의 면적은 이미 상당하다. 2015년 북미와 유럽 그리고 구소련의 경작지는 1950년대에 도달했던 최고치에서 각각 약 14%, 25%, 13%씩 감소했다(FAO 2019). 미국의 경작지는 1950년대 초 1억 9,400만ha로 정점을 찍었으며 2016년에는 20%가 줄어들어서 1억 5,450만ha가 되었다. 이는 여태까지 미국에서 가장 많이 재배하는 작물인 옥수수의 36%가 동물 사료와 차량을 위한 옥수수 에탄올로 사용되고 난 이후의 수치이다(USDOE 2016). 오슈벨Ausubel과 동료들은 이런 경향을 토대로 전 세계적으로 1961년에 13억 7,000만ha에서 2009년 15억 3,000만ha로 늘어난 농경지(계속 경작이 가능하고 영구 작물을 재배하는) 면적이 정점에 달했다고 결론 내렸으며, 2060년까지 13억 8,000만ha로 다시 하락세로 돌아설 것으로 예측했다(Ausubel 2013).

오슈벨과 동료들의 연구가 발표된 이래로, FAO가 조사한 세계 경작지는 더 증가해서 2017년 지구상 총경작지 면적은 18억 7,400만ha에 달했는데, 가장 큰 비중을 차지하는 국가는 인도(1억 7,980만ha), 미국(1억 6,780만ha), 중국(1억 6,520만ha) 등이다(GFSAD 2017). 동시에 전 세계 경작지의 면적이 정점에 다가가고 있다고 판단하는 이유는 명백하다. 증가하는 수확량이 아시아와 아프리카에서 경작의 집중화뿐만 아니라 연간 휴한지를 감소함으로써 달성될 수 있기 때문이다. 두 경향을 결합하는 것은 훨씬 더 큰 토지 절약 효과를 나타낼 것이다. 반면에 여전히 빠르게 증가하는 인구의 식량 수요를 충족시키기 위한 브라질과 사하라 이남 아프리카 지역에서의 경작지는 충분히 현대적이지 못한 아프리카식 재배법과 결합되면서 향후 수십 년 동안 추가적으로 증가하게 될 것으로 보인다.

영향 요약

지표면과 토지 사용의 변화가 표면의 알베도를 변화시키면서 토양, 식생의 온도, 증발, 증발산[33]도 변화했다(Liang et al. 2010). 자연적인 표면을 불침투성 표면이 대체하면서 생겨난 방사열의 성질 변화는 도시 열섬 현상의 주요 원인이 되고 있다. 열섬 현상은 모든 대도시에서 나타나고 있으며 쾌적함, 풍속, 강수량의 변화와 관련이 있다(Peng et al. 2011). 불침투성 표면은 홍수의 위험을 높이기도 한다. 대개의 경작 과정에서 좋지 않은 농업 관행 때문에 지질 분진의 이동, 토양 유실률, 퇴적물 제거가 늘

33 증산과 증발을 총칭한다. 일반적으로 태양복사 에너지에 의해서 발생하며, 증발산된 수증기는 기상 현상에 의해서 대기 중으로 이동하고 기상 조건에 따라 수증기는 응축하여 물방울을 형성한다. 이러한 물방울은 해양이나 육지에 강하하여 물순환을 이룬다.

어나고, 토양의 수분 보유력을 낮춰서 유기 물질의 손실을 증가시켜왔다(Wilkinson and McElroy 2007; Eglin et al. 2010).

2015년 훼손된 숲, 목초지, 경작지, 도시 지역의 총면적에는 인간에 의해 표면이 파괴되고 대체되거나 변경된 75억ha의 땅이 추가됐는데, 이는 지구에서 동토가 아닌 지역의 55%에 해당한다. 그러나 여기에는 광업, 비도시 거주지, 공장, 교통 통로, 저수지에 의해 파괴되거나 대체된 면적은 포함되지 않았다. 훅Hooke과 동료들 그리고 필자는 이런 영향을 추산해서 발표했다(Hooke et al. 2012 and Smil 2015b). 첫 번째 범주에는 광물과 화석연료의 채굴 및 처리 과정이 포함된다. 구덩이, 채석장, 노천광露天鑛이 차지하는 비중이 가장 크지만 많은 지하 광산들도 채굴과 폐기물 처리 등으로 인해 많은 인간의 흔적을 남긴다.

2015년까지 영향을 받은 총면적은 5,000만ha 정도이다. 시골의 거주지가 차지하는 지역도 도시 못지않은 면적(2억ha)이며, 모든 도로와 철로는 5억ha 이상이다. 한편, 거주지와 교통로는 원래 표면의 일부를 보존하고 있는데, 거기에는 종종 새롭게 심은 풀이나 나무가 포함된다. 저수지의 전 세계 면적은 현재 2억ha를 넘어섰으며, 필자는 잔디나 나무 등이 있을 수 있는 파이프라인과 고압선의 총 선로 설치권(통신망 구축 선로 등을 이용할 수 있는 권한) 면적을 약 1억ha로 추정했다.

인간에 의해 영향을 받은 땅의 총면적은 약 85억ha로, 얼지 않은 땅의 63% 정도이다. 훅Hooke과 동료들은 여기에 채굴에 의해 사라진 토양, 쟁기질에 의해 생긴 흙먼지, 건설, 삼림 벌채, 과잉 방목, 사막화 등으로 인해 가속화된 침식이 포함된 인간 활동으로 인해 변형된 면적인 최소 5억ha 정도를 더했다(Hooke et al. 2012). 즉 인위 개변에 의한 퇴적물의 중간 추정치는 인간 활동에 의해 영향을 받는 면적의 총합이 약 90억ha로, 얼지 않은 땅의 67%를 차지한다. 얼지 않은 땅의 3분의 2가 현재 인간 활동에 의한 다양한 집중화로 영향을 받고 있으며 인간이 제멋대로 지구를 개조하는 수준은 타의 추종을 불허한다. 그러나 구체적인 전 세계의 토지 사용에는 한계가 있기에 21세기 말이 되기 전에는 각 용도의 최고 수준에 도달할 가능성이 매우 높다.

지리적으로 지구를 개조하는 인간의 역할은 관련 면적 대신 양을 추정하는 것으로도 설명할 수 있다. 영국의 지리학자 로버트 라이오넬 셜록 Robert Lionel Sherlock은 대영 제국에서 인간 활동에 의해 동원된 물질의 구체적인 목록을 만들었다. 그는 토지 개변 과정에 주의를 환기시킨 최초의 과학자였다(Sherlock 1922). 그는 1500~1914년 사이 광산, 채석, 철도, 도로, 운하, 항만 건설 등과 관련된 발굴 및 도시의 확장과 관련된 출토량은 300억m^3 이상에 달한다고 계산했는데, 이는 영국 제도의 표면에서 거의 10cm의 두께 층을 제거하는 것과 맞먹는 양이다. 그는 인류를 자연의 지형 침식과 비교할 때, '잉글랜드같이 조밀하게 발달된 국가에서 인간은 표면 침식의 주요 원인으로 작용하며, 모든 대기권의 침식력을 합친 것보다 몇 배나 더 강력한 영향을 행사한다(Sherlock 1922, 333).'라고 결론 내렸다.

윌킨슨 Wilkinson은 깊은 시간의 관점 deep-time perspective[34]에서 이 바위들과 침전물의 이동을 표현하려고 시도했다. 그는 과거 5억 년 동안 자연적인 침

....

34 1981년 미국 작가 존 맥피(John McPhee)가 만든 표현. 지구 나이라는 엄청난 지질학적 시간의 규모로 보면 인간의 시간 개념이 아무것도 아닌 것처럼 보이는 것을 강조함.

식 과정으로는 대륙 표면이 백만 년당 수십 미터씩 낮아진 반면, 현대의 건설과 식량 생산은 퇴적물과 암석을 운반함으로써 지구의 빙하 외 표면을 백만 년마다 수백 미터씩 낮추었다는 사실을 발견했다(Wilkinson 2005). 인위 개변적인 침식 작용은 전 세계 현생누대[35] 평균보다 한 자릿수 빠른 속도로 이루어지고 있지만, 어떤 문명도 이런 속도로 지구를 깎아 먹으면서 수백만 년 동안 살아남을 수는 없을 것이다. 토지 매립과 건설 콘크리트에 필요한 모래 부족을 다룬 보고서들은 이 과정에서 가장 눈에 띄는 한 측면일 뿐이다. 또한 윌킨슨의 연구는 인간이 기원 후 천 년이 끝나기 전에 침식의 주체가 되긴 했어도 대부분의 인위 개변적 침식 작용은 1800년 이후에 일어났다는 점을 보여 준다.

지구의 지표면과 토지 사용에 관한 다른 최근 연구들을 통해 인간의 개입 범위를 확인할 수 있다. 지구 표면에 대한 지금까지의 가장 정확한 평가는 2014년에 나온 FAO의 GLC-SHARE이다(Latham et al. 2014). 다양한 데이터를 기반으로, 눈 덮인 지역, 빙하 지역 모두를 포함한 이 분석은 인공적 표면이 전 대륙의 단 0.6%로, 경작지는 12.6%, 목초지(관목, 풀밭, 빈약한 초지를 포함)는 31.5%, 나무로 덮인 지역은 27.7%, 맨땅은 15.2%, 수역들과 맹그로브[36]는 2.7%로 추정하고 있다. 원시림이 차지하는 부분을 제외하면 적어도 전체 표면의 63%(빙하 지대 포함)가 인간의 행위에 영향을 받아 왔다는 사실을 알 수 있다. 그러나 GLC-SHARE에서

....

35 화석이 비교적 많이 발견되어 지질시대 구분의 기준으로 이용되는 시기로 고생대, 중생대, 신생대가 여기에 속한다.

36 아열대나 열대의 해변이나 하구의 습지에서 자라는 관목이나 교목을 통틀어 이르는 말. 조수에 따라 물속에 잠기기도 하고 나오기도 한다.

저자들이 사용한 분류는 척박한 표면과 해안 생태계에 미치는 영향의 범위를 알 수 없기 때문에 실제 인간의 개입 범위는 다소 더 클 것이라는 점을 분명히 한다.

인위 개변적으로 이루어진 토지의 용도 변화를 더 광범위하게 살펴보는 방법은 인공위성 모니터링(1km^2 해상도)을 이용해 인간 활동이 가하는 직접 압력의 누적된 영향을 보여 주는 '인간 발자국 지도human footprint map[37]'를 구성하는 것이다. 벤터Venter와 동료들이 발전시킨 인간 발자국의 정의에는 인공적으로 조성된 환경, 경작지, 목초지, 인구 밀집 지역, 야간 조명, 철로, 도로, 뱃길이 포함된다. 1993~2009년 사이 인구가 23% 성장하고 세계 경제 생산량이 153% 확대됐을 때조차 인간 발자국 지수는 9%에 못 미치게 증가했다는 사실을 알 수 있다. 하지만 2009년에는 전체적으로 지구의 75%가 인간이 주는 압박의 영향 아래 있으며, 이전 16년 동안은 인공적으로 조성된 환경(약 11%), 경작지(21%), 야간 조명(24%)이 상대적으로 가장 크게 증가했다(Venter et al. 2016). 해당 지도[38]는 인간이 미친 영향의 진행 상황을 추적하고, 인간이 주는 부담이 줄어들거나 증가하는 지역을 구분할 수 있게 해 준다. 부담이 줄어드는 지역은 미국 중서부, 캐나다 대초원(프레리), 유럽과 남동부 아프리카의 일부에 해당하며, 늘어나는 지역은 브라질, 사헬Sahel, 인도, 인도네시아, 중국, 우크라이나와 러시아 일부에 몰려 있다.

....

37 지구의 지상 시스템에 대한 인간의 영향을 보여 주는 생태발자국 지도이다. 1990년대 고해상도 위성 이미지의 출현으로 인간의 영향에 대한 지도가 가능해졌다.

38 인간 발자국 지도는 다음 웹사이트에서 확인할 수 있다. (wcshumanfootprint.org)

그렇다면 반대로 지구의 표면 중 어느 정도가 야생의 상태로 남아 있을까? 여기서 사용된 야생이란 표현은 종종 정착지와 기반 시설에서 멀리 떨어져 있는 특성(생물물리적 장애의 부재)을 지칭하는 것이 아니다(Kormos et al. 2017). 당연히 문명에서 멀리 떨어진 지역에서도 황산염과 질산염이 대기 중에 퇴적되고 이산화탄소의 농도가 높아짐에 따라 변화가 일어날 수 있다. 그리고 인간이 영향을 미치는 범위가 얼마나 넓은지 알기 때문에 새삼스러울 것도 없다. 아마존의 테라 프레타terra preta[39]의 발견에서부터 장 자크 루소Jean-Jacques Rousseau의 《고독한 산책자의 몽상Reveries of a Solitary Walker(Rousseau 1782)》에 이르기까지, 우리는 놀라울 정도로 침투적인 인간의 영향력을 보여주는 다양한 역사적 사례를 알고 있다.

브라질의 아마존은 유역에서 고대인들이 만든 인위 개변적 토양 지역인 '테라 프레타'가 발견되기 전까지 인간이 침범하지 않은 지역의 중요한 사례로 여겨졌었다(Sombroek 1966; Lehmann et al. 2003). 탄소가 풍부한 흙은 군데군데에서 평균 약 20ha씩 만들어지고, 전체적으로 수천 제곱킬로미터를 덮고 있는데, 당시 몇몇 정착지들은 도시의 규모로 성장했으며(Roosevelt 2013), 당시의 사람들이 남긴 퇴적물에는 요리에 사용된 목탄과 음식물 쓰레기에서 비롯한 유기물이 풍부하다.

야생에서 루소가 겪은 경험만큼 인간이 개입한 후의 놀라운 결과를 잘 보여 주는 사례도 없을 것이다. 그는 알프스산맥의 깊은 곳으로 걸어가는

....

39 아마존 유역은 토양 내 양분이 적은 척박한 땅이고 농업에는 적합하지 않지만 테라 프레타라고 불리는 일부 토지는 촉촉한 검고 풍부한 토양으로 알려져 있다. 테라 프레타는 농업에 종사한 고대인에 의해 만들어진 것으로 알려져 있다.

중이었다. 해당 글은 루소의 양가적 감정(안도[40]와 경악[41])을 보여 준다.

살면서 이토록 황량한 광경은 본 일이 없다… 무인도를 발견한 위대한 여행자들과 나 자신을 비교하며 감격해 이렇게 중얼거렸다. "분명 지금까지 여길 지나간 사람은 내가 최초일 것이다"… 이렇게 우쭐대고 있던 찰나, 멀지 않은 곳에서 어떤 철컹거리는 소리가 들렸다… 나는 일어나 서둘러 덤불을 헤치며 나갔다… 그리고, 내가 이곳에 도착한 최초의 인간이라고 믿었던 바로 그 장소로부터 20피트 떨어진 작은 구멍을 통해 스타킹 공장을 보았다(Rousseau 1782, 100).

40만ha 이상(최소 한 변이 약 63km인 정사각형에 맞먹는 넓이)의 인접한 자연 지대로 남아 있는 지구의 야생 지역에 대한 최초의 지형 조사 목록은 1980년대에 만들어졌다. 맥클로스키McCloskey와 스폴딩Spalding은 10년 동안 모든 대륙 표면의 약 3분의 1에 해당하는 총 48억ha의 지역이 여전히 그대로 남아 있다는 사실을 발견했다(McCloskey and Spalding 1989). 야생이 차지하는 범위는 남극의 경우 100%, 캐나다는 65%에 이르고, 멕시코와 나이지리아는 2%가 못 되며, 스웨덴을 제외하고 가장 큰 유럽 국가들에서도 그런 지역은 발견되지 않았다. 남극 이외에 한대지방의 숲과 극지방 근처의 한랭 사막 지역은 최소한의 영향만을 받은 채로 남아 있는 반면, 지중해, 북아메리카 동부, 중국의 온대림과 기니 고원

....

40 완벽한 고독에 처해 있다고 믿었던 순간, 자신이 인간들 사이로 돌아와 있었다는 사실의 발견.

41 알프스 깊은 곳조차 인간의 사악한 영향력에서 벗어날 수 없다는 충격.

Guinean Highlands, 마다가스카르, 자바, 수마트라 지역의 열대우림에는 넓게 이어지는 야생 지역이 남아 있지 않았다.

이후 야생 지역의 소실은 가속화되었고, 1993~2009년 사이에는 인도보다 더 큰 면적인 2억 3,000만ha의 야생 지역이 인간 활동 때문에 사라졌다(Watson et al. 2018). 남극 대륙 밖에 있는 토지의 23% 정도만이 야생 지역으로 분류될 수 있으며, 그 면적의 70% 이상을 차지하는 국가는 5개(한대지방을 가진 러시아, 캐나다, 미국과, 열대우림을 가진 브라질, 사막을 가진 호주)뿐인데, 20개 국가의 지역을 합치면 전체의 94%를 차지한다. 이와 비슷하게 손상되지 않은 해양 생태계의 목록을 보면 파괴가 훨씬 더 심각하다는 것을 알 수 있다(Jones et al. 2018). 전 세계 해양 지역의 오직 13.2%만이 야생 상태로 분류될 수 있다. 산호초를 포함한 해안 수역은 남아 있는 야생 지역의 단 10%를 차지하고 있는데, 넓은 지역은 현재 열대 태평양의 서부 지역과 남부 해양에서만 발견된다.

남아 있는 자연 생태계가 더 이상 인위적으로 개조되는 것을 억제하는 또 다른 대책은 보호 구역과 야생 공원의 보호구역을 늘리는 것이다. 2016년까지 전 세계에는 약 2,000만km^{2}에 걸쳐 20만 2,467개의 보호구역이 있었다. 이는 대륙의 15% 가까이 되는 면적으로, 2020년 목표인 17%에 근접한 수준이었다(IUCN 2016). 현재는 238개의 넓은 보존 지역(옐로우스톤 국립공원, 오카방고 삼각주, 갈라파고스 군도)이 세계자연유산에 속해 있는데, 이 지역은 전체 보호 지역의 8%를 차지한다(Kormos et al. 2017). 하지만 해양 생물의 보호 지역은 훨씬 작다. 이미 언급 했듯이 해양의 13% 정도가 야생이지만, 그중 약 5% 만이 출입 금지 구역으로 지정되어 보호받고 있다(Jones et al. 2018).

• • • •

현대 사회가 환경에 끼친 많은 악영향

지표면과 토지 사용에 영향을 주는 대부분의 변화는 환경 악화[42]와 관련돼 있다. 필자는 그런 문제들을 따로 묶어서 설명했는데, 그것들이 주로 변화하는 지역의 범위에 의해 정의되기 때문이다. 다양해진 환경 악화 요소들은 우리 모두에게 질적인 피해를 가져온다. 토양의 잘못된 관리에서부터 처리수에 남아 있는 살충제와 의약품의 잔여물(Schröder et al. 2016), 해양에서 발견되는 미세플라스틱 오염까지(Zarfl et al. 2011), 현대 사회는 생물권에 너무 많은 악영향을 미쳤기 때문에 가장 중요한 일부 영역으로 관심의 초점을 제한할 필요가 있는데, 대개 질적인 변화와 환경오염(바람직하지 않은 인위 개변적 물질의 도입 또는 위해 가능성이 있는 자연 발생 화합물의 동원), 이 두 개의 넓은 영역에 속한다.

천연자원 고갈에 대한 우려는 질적인 변화에 비하면 아무것도 아니다. 이미 설명했듯이 우리는 많은 지역을 농지로 할애하고 있으며 많은 양의 식량을 낭비하고 있기에 농지가 고갈되는 문제에 대해 걱정할 이유가 없다. 원자재로 쓰이거나 종이를 만들기 위한 목재는 나무 농장에서 문제없이 수확할 수 있으며, 이전에는 버려지던 목질 피토매스를 집성목으로 활용할 수 있다. 물도 의심할 여지 없이 잘못 관리되고 있는 중요한 자원이다. 심지어 물은 합리적인 사용으로 훨씬 더 잘 관리할 수 있다. 물의 가격을 잘 책정하고, 재활용을 보편화해야 한다. 그리고 농업에서 제일 많

....

42 산림 벌채는 생물 다양성을 줄이고, 집중 농업은 토양 침식을 가속화하며, 불침투성 표면은 도시의 열섬 현상을 만드는 데 영향을 미친다.

이 사용된다는 것을 고려했을 때, 육식을 위해 재배되는 농작물이나 가축의 선택을 최적화하면 된다.

질적인 변화

반면에 인간 활동에서 비롯된 여러 질적인 변화들은 교정하기가 어렵거나 불가능하다. 예를 들어 야생 코끼리가 튀니지나 알제리, 모로코 등의 원래 서식지로 돌아올 거라고 기대하기는 어렵다. 그리고 간간이 뉴펀들랜드 연해에서 대구가 잡히지만, 상업적 어획을 금지한 지 40년 가까이 지났음에도 대규모 대구 떼는 돌아오지 않았으며, 50년 가까이 지속했던 풍요의 흔적만이 남아 있다(Haedrich and Hamilton 2000).

생물 다양성의 소실이라는 표현은 (너무 학문적이고 격식 있게 들려서) 생물권을 공유하는 다른 종을 경시하는 인간의 태도를 제대로 반영하지 못한다. 미국 여행비둘기American passenger pigeon와 들소bison를 포함해 한때 풍요로웠던 무수한 종들이 현대에 와서 멸종하거나 멸종에 가까운 상황에 처한 현실에 주목하는 것은 놀랄 일이 아니며, 현대의 생물 다양성에 대한 관심은 판다나 호랑이, 고래처럼 대중에게 인상적인 매력을 어필하는 동물 정도이다. 하지만 훨씬 더 주목해야 할 감소는 야생에서 식용을 위해 사냥한 종의 수와 많은 포유류 군의 감소, 이 두 가지다. 이 과정이 불러올 결과는 문명화된 시간의 척도로는 고칠 수 없다.

첫 번째 경우는 어류와 해양 무척추동물의 남획이다. 이는 영양학적으로 그리고 경제적으로 중요한 결과를 낳는다. 육지 동물의 인위 개변적 개체 감소의 역사는 꽤 길지만 해양 생물의 개체 감소는 산업적 어업이 도입되면서 심화됐다(McCauley et al. 2015). 이런 공격적인 포획은 19세기 후반 증기선이 이전의 범선에서 사용되던 것보다 훨씬 큰 어망을 장착할 수 있게 되고, 큰 그물을 바닥에서 끌며 해저에 사는 고기를 잡는 트롤 어업을 하게 되면서 시작됐다.

제1차 세계대전 이후 도입된 디젤엔진은 평균 동력과 자동화된 어획의 운용 범위를 넓혔으며, 이런 추세는 제2차 세계대전 이후 가공 및 냉각 설비를 갖춘 큰 배가 남극 바다를 아우르는 원양 어업을 하며, 수중 음파 탐지기로 물고기의 위치를 파악하고 최장 50km에 이르는 유망을 사용하게 되면서 완성되었다. 디젤 동력 선박에 작살포까지 장착한 현대의 고래잡이 역시 과거에 작은 배로 사냥을 하던 방식보다 파괴적이었다. 다만, 1982년에 와서 상업적 고래잡이가 금지되었고 이로 인해 세계에서 가장 큰 종을 멸종 위기에서 구했다(Kalland and Moeran 1992).

현대 어업은 항구에서 더 멀고 더 깊은 물속에 사는 생물까지 잡아들면서 어획량을 세 배로 성장시켰다(Pauly 2009). 이러한 방식은 1950~2000년에 대서양과 인도양에서 포식자 종의 밀도를 절반으로 감소시켰고, 태평양에서는 약 25% 감소시켰다(Worm et al. 2005). 21세기가 시작됐을 때 상업적 어업은 해저와 먼바다에 사는 종(대구, 참치)의 개체 수를 적어도 한 자릿수 이상 감소시켰다(Pauly 2009). FAO가 조사한 전 세계 어류 평가에 따르면 2009년 약 57%로 한계치에 다다랐으며, 30%는 불필요하게 남획되고 있다고 밝혔다(FAO 2011).

원래는 배의 충돌을 막기 위해 설계된 자동 인식 시스템은 현재 7만 척 이상의 산업적 어업 선박을 추적할 수 있게 해 주는데, 크루즈마Kroodsma와 동료들은 220억 개의 위치를 처리한 뒤, 2012년부터 2016년까지 어업이 전 세계에 남긴 흔적을 지도화 할 수 있었다. 그들은 산업적 어업이 세계 바다의 55% 이상에서 이루어지고 있는데, 그 면적은 농업의 4배에 달하는 수준이다(Kroodsma et al.2018). 예상했듯, 어업에 들어가는 노력(단위 지역당 어획에 드는 시간)은 유럽의 연안 해역, 동아시아 그리고 북태평양에서 가장 높지만(전 세계에서 가장 높은 강도는 북위 45°와 50° 사이) 태평양 적도 부근의 넓은 지역에서도 고강도의 어업이 이루어지는 반면, 남극 주변 해역은 어획량이 많지 않다.

해양 생물의 다양성 손실은 바다의 식량 생산 능력을 손상시키고 있으며 수질에 영향을 주고 교란된 생태계가 회복하는 것을 더 어렵게 만들고 있다(Worm et al. 2006). 가격은 희소성의 정도를 잘 보여 주는 지표이다. 멸종 위기의 참다랑어(초밥과 생선회에 쓰이는 귀한 일본 참치)는 대중적 인기가 야생 어종의 가격에 미치는 영향을 잘 보여 주는 사례이다. 1960년대 후반 0.1달러였던 일본 내 가격(kg당)은 1975년에는 2.5달러가 됐으며, 2018년 10월 도요스$_{\text{Toyosu}}$ 도매 시장에서 거래된 신선한 참치의 평균 가격은 53달러로, 50년 만에 무려 500배 이상 증가했다(Buck 1995; TMG 2019).

더욱이 이러한 남획은 양식업을 빠른 속도로 확장시켰다. 양식업은 전 세계적 산업으로 성장해서 2016년에는 내륙과 해안을 합쳐 연간 생산량이 80Mt에 달했다. 참고로 바다와 담수에서 잡힌 양은 91Mt 정도였다(FAO 2018b). 양식업은 현재 연어, 도미 그리고 참치까지 이르는 상업적 가치가 있는 육식 어종들을 생산하고 있다(Benetti et al. 2016). 초식 어종은 최적의 성장을 위한 식물성 사료 배합을 통해 양식할 수 있지만, 육식 어종의 경우에는 어육 단백질과 종에 따라 어유$_{\text{魚油}}$가 추가로 필요한데, 어육과 어유는 멸치나 정어리, 청어, 캐플린$_{\text{capelin}}$ 종을 수확함으로써만 충족될 수 있다(Hasan and Halwart 2009). 따라서 양식업은 해양 생물에 대한 과도한 압박을 완화하기도 하지만, 동시에 강화하는 측면도 있다.

지구상에 도시화한 새로운 세상에는 동물량zoomass의 대부분을 개와 고양이가 차지하는 넓은 지역이 생겨났으며, 야생 포유류와 조류는 주로 쥐, 비둘기, 까마귀처럼 전 세계적인 불청객들뿐이고, 여기에 지역적으로 너구리와 사슴을 포함한 몇몇 다른 종들 그리고 코요테(주로 북미의 넓은 지역) 및 인도의 원숭이(벵골원숭이, 회색 랑구르)가 추가된다. 이런 지구상 생물들의 개체 감소를 살펴보는 방법은 많지만, 동물 개체군 감소의 기록 중에 가장 크게 오해를 불러일으키는 방식은 세계자연기금 지구 생명 보고서World Wildlife Fund Living Planet Report의 내용을 지나치게 단순화한 것이다. 보고서에 의하면 1970년 이후 지구상 동물의 60%가 사라졌다고 했다 (WWF 2018b).

세계자연기금은 2년마다 지구생명지수Living Planet Index를 통해 이용할 수 있는 모든 종의 풍부한 데이터를 보여 주는데, 최근 내용에는 1970년 이후 척추동물의 개체 수가 평균 60%나 감소했다고 기록했다. 이 결과는 분명 개체 수가 상당히 감소해 온 동물의 추가적인 손실에 영향을 받는다. 하지만 특정 지역에서 20마리 코뿔소가 사라질 경우 개체 수의 90% 감소를 의미하지만, 캐나다에서 기러기 1만 마리가 줄어들 경우에는 이는 무시할 수 있는 수치가 되기도 한다. 이런 손실에 대해 오해가 적은 측정 기준으로는 국제자연보전연맹International Union for Conservation of Nature이 위기종의 적색 목록Red List of threatened species이라 부르는 것이 있다.

지금까지 국제자연보전연맹은 9만 6,000종 이상(포유류, 조류, 양서류와 일부 해양 동물을 완벽하게 포함하는 범위)을 평가해 오고 있으며, 그중 2만 6,500종 이상이 멸종 위기에 처해 있다. 구체적으로 비율을 살펴보면 모든 양서류의 40%, 산호초의 33%, 포유류의 25% 그리고 조류의 14%가 차지하고 있다(IUCN 2018). 덜조Dirzo와 동료들에 따르면 1500년부터 지구상 척추동물 중 322종이 멸종했으며, 나머지 종들도 그때부터 평균 25% 감소해 왔다고 한다(Dirzo et al.2014). 무척추동물은 훨씬 더 심각한 상황일 수 있다. 일부 연구에 따르면 많은 수의 곤충들이 전반적으로 크게 감소하고 있으며(Hallmann et al. 2017; Lister and Garcia 2018; Sánchez-Bayoa and Wyckhuys 2019), 나비의 경우가 특히 심각하다(Habel et al. 2015; Stenoien et al. 2017).감소의 주된 원인으로는 서식지의 손실, 오염, 병원균 그리고 외래종과 기후변화 등을 들 수 있다.

손실을 측정하는 또 다른 방법은 인간이 개입하기 이전 지구의 다양성을 회복하는 데 필요한 시간을 산정하는 것이다. 데이비스Davis와 동료들은 탄생-사망 계도birth-death tree[43]를 사용해서 오늘날 멸종의 속도가 인류 발생 이전의 수준으로 느려진다고 해도 포유류의 계통발생[44]적 다양성을 회복하기까지는 수백만 년이 걸릴 가능성이 높다는 것을 보여 준다(Davis et al. 2018). 그러나감속에 대한 희망조차 가당치 않은데, 생물 다양성 손실의 장기적 추세를 평가한 부차트Butchart와 동료들은 몇몇 지역적 성공 사례에도 불구하고 손실의 전체적인 감소의 속도는 전혀 늦춰지고 있지 않다고 결론 내렸다(Butchart et al. 2010).

환경 간섭에는 여러 좋지 않은 부가물과 개입이 포함되는데, 그것은 정상적인 생물물리학적 특성과 기능에 영향을 준다. 그중에서 어둠의 상실

....

43 시간 간격에 따른 종 다양성의 패턴을 예측하기 위해 성장을 모형화 한 것.

44 어떤 생물의 종족이 원시 상태에서 멸종에 이르기까지 변화해 온 과정.

이 불러온 여파가 가장 컸다. 온도와 강수량은 아주 긴 시간 동안 상당히 변화했지만, 주어진 위도에서 자연광은 일정했다. 하지만 인공조명으로 그것이 파괴되면서 핵심적 순환에 상당한 간섭이 일어났다(Gaston et al. 2013). 모든 유기체는 밤과 낮에 의해 규칙적으로 조절되는 일주기 리듬과 더불어 진화했다. 그러나 이제는 실내에서뿐만 아니라 실외 조명에 의해서 그 규칙성이 무너졌다. 빛 공해는 근본적인 생산력과 손상 복구 능력, 회복력에 영향을 미쳤을 뿐만 아니라 유기체의 공간 감지 및 시·지각에도 영향을 미치기 때문에 궁극적으로 먼 거리를 이동하는 종에 영향을 미친다.

밤중에 빛에 노출되면 인간의 멜라토닌 생산에 안 좋은 영향을 미치게 된다. 멜라토닌은 일주기 리듬에 의해 지배되며 수면을 유도할 뿐만 아니라 면역 시스템을 향상시키며 콜레스테롤 수치를 낮추고 모든 내분비선에 영향을 미친다(Wright and Lack 2001). 이 문제는 저녁이나 늦은 밤에 전자 기기 화면 또는 빛의 스펙트럼이 블루 라이트[45]에 맞춰진 다른 광원에 노출됨으로써 훨씬 악화될 수 있다(Oh et al. 2015). 빛에 대한 과도한 노출과 암, 당뇨, 심혈관계 질환의 발생률 사이의 관련성이 제기되고 있기도 하다. 실험 연구 역시 밤 시간의 빛이 식품의 섭취 시간을 바꿈으로써 체질량을 증가시킬 수 있다는 가능성을 제기한다(Fonkena et al. 2010).

이런 경향은 LED로 대규모 전환이 전개되며 더 심각해질 것이다.

....

45 컴퓨터 모니터·스마트폰·TV 등에서 나오는 파란색 계열의 광원으로, 380~500나노미터 사이의 파장에 존재한다.

LED는 다른 빛보다 더 효율적이지만, LED 빛의 스펙트럼에서는 밤에 멜라토닌을 가장 효과적으로 억제하는 파장(470nm의 블루 라이트)이 매우 선명하게 나타난다(Wright and Lack 2001; Oh et al. 2015; Kraus 2016). 이런 걱정은 최근 수면 지속 시간의 감소에 대한 일반적인 가정이 제대로 된 분석에 의해 뒷받침되지 않는다는 사실과 더불어 균형 있게 다뤄져야 한다. 호요스Hoyos와 동료들은 12개국에서 나타나고 있는 수면 감소 경향에 대해 증거가 거의 없다고 결론을 내렸으며(Hoyos et al. 2015), 영스테드Youngstedt와 동료들 역시 1960~1989년 사이의 자료와 1990~2013년 사이의 자료를 비교한 뒤 비슷한 결론에 도달했다(Youngstedt et al.2016).

도시에 거주하는 사람들과 동물들은 상대적으로 높은 배경 소음으로 인한 청각적인 방해에도 시달리고 있다. 구조적인 장애물은 새의 폐사율에 미치는 영향이 매우 큰 편이다. 새의 경우 대체로 투명하거나 반사되는 유리를 장애물로 인지하지 못하거나 건물의 밝은 외관에 끌리기 때문에 비행에 영향을 준다. 철새들 중에서 특히 물에서 뭍으로 이동하고 난 다음이나, 도시에서 초고층 건물의 유리 외관에서 크게 반사된 태양 빛에 의해 방향 감각을 잃고 건물과 충돌하는 경우가 생기는데, 종종 빠른 속도 때문에 즉사하거나 심각한 부상을 입게 된다. 그러나 충돌로 인한 모든 사망의 절반은 낮은 건물 때문이며 연간 사망 집계는 확실하지 않다. 미국의 경우 개체 수의 범위는 3억 6,500만~9억 8,800만 마리 사이다(Loss et al. 2014). 포유류, 양서류, 갑각류 등에게 먹이를 공급하거나 이동시키려고 할 때 간섭 요인은 고속도로와 운하 등이 되겠지만, 알을 낳으러 강을 거슬러 올라가는 동물들에게는 큰 댐이 극복할 수 없는 장애물이 될 것이다.

높이가 15m 이상 되는 커다란 댐은 세계적 규모의 환경 간섭을 보여주는 사례다. 거대한 댐은 모든 대륙에서 전력을 생산하거나 도시에 대한 물 공급과 농업의 관개 등의 다목적 사용을 위해 지어졌다. 전체 댐의 수는 2014년 5만 7,000개를 넘었으며, 2014년에는 적어도 3,700개가 건설 중이거나 건설될 예정이었다(Zarfl et al. 2014). 전 세계에서 가장 큰 댐들은 대부분 강화 콘크리트로 만든 가장 거대한 축조물로, 몇몇 작은 나라의 크기와 비슷한 규모의 저수지를 형성한다(Smil 2015b).

커다란 댐의 건설은 최소 4,000만 명의 사람들을 이동시켰고(주로 중국, 인도) 흐름에 방해를 받은 물줄기와 댐에 저장된 엄청난 규모의 물은 궁극적으로 하류 방류에 크고 중요한 영향을 미친다. 저수지는 많은 양의 운반된 흙모래를 묶어두어 하류 지역으로 풍부한 영양분이 흘러 들어가는 것을 막는다. 퇴적물은 댐 뒤에 쌓이면서 저수지의 유효 수명을 단축시키고, 저장된 물은 신선하지 못한 상태로 방류되며, 계절적으로 큰 변화폭을 가진 강물의 온도와 달리 매년 최소한의 변화만을 보인다. 그리고 넓은 지역에 걸쳐 고여 있고 종종 영양분이 풍부한 저수는 조류나 다른 번식력이 강한 수생식물이 자라기에 이상적인 조건이 된다.

20세기 말, 큰 댐에 저장된 물은 천연 강물 비축량의 700% 증가를 의미했다. 저수지에 갇힌 물은 몇몇 큰 강의 어귀에서는 3개월 넘게 고여있으며 세계 평균은 한 달을 족히 넘겨 3배 증가했다(Vörösmarty et al. 1997). 분명 물의 노화는 순 흐름의 균형과 상태를 변화시키고, 표면층의 재산화와 퇴적물 이동에 영향을 미친다. 온대 지방에서는 여름에 깊고 큰 저수지에서 방출되는 물이 하천에서 흐르는 물보다 훨씬 더 차가운데, 그 정도가 종종 생물군을 교란시킬 수준이다. 따뜻한 기후에서는 영양분이 풍부한 저수지의 물이 조류의 성장에 최적화된 장소(녹조 현상 등)가 된다. 저수지의 과도한 퇴적 현상은 몬순 지역의 아시아와 특히 중국의 일부 지역에서 흔하며, 그런 지역에서는 유용한 저수량이 몇십 년 안에 설계 기대치 이하로 감소되었다(Smil 2004).

외래종은 이제 전 세계적으로 흔한 현상이 되었다. 큰 나무를 질식시켜 죽이는 칡넝쿨이나 고속도로에서 터져 죽는 사탕수수두꺼비 같은 것들이 그 예이다. 칡넝쿨은 1876년 미국에서 도입된 아열대 아시아의 여러해살이 덩굴 식물로, 현재 미국 남동부에서 약 300만ha를 차지하고 있고, 북쪽으로 노바스코샤까지 뻗어 있으며 쉽게 제거되지 않고 있다(Webster et al. 2007). 사탕수수두꺼비는 1935년 사탕수수 딱정벌레를 잡기 위해 퀸즐랜드에 들인 독이 있는 양서류였다. 매년 그 영역을 60km까지 넓혀왔으며, 2009년에는 원래 방류지에서 2,000km 이상 떨어진 웨스턴오스트레일리아주Western Australia와 노던준주Northern Territory의 경계를 넘어왔다(DPW 2014).

밤나무 줄기마름병 진균Chestnut blight fungus은 20세기 초 동부 아메리카 숲에 등장하여, 숲의 대다수를 차지하고 있던 아메리카 밤나무림을 황폐화시켰다(Freinkel 2007). 아시아 아스코메테 균류Asian ascomycete fungus는 1928년 유럽을 거쳐 미국 동부에 처음 상륙해 서스캐처원Saskatchewan까지 대부분의 미국 느릅나무American elms를 파괴했다. 그리고 수액을 빨아들이는 솔송나무솜벌레Adelges tsugae는, 현재 캐나다 솔송나무Tsuga canadensis와 캐롤라이나 솔송나무Tsuga caroliniana를 황폐화하고 있다(Nuckolls et al. 2009). 외래종을 근절하려면 비용이 많이 들고 그 과정이 쉽지 않으며, 발본 자체가 불가능할 수도 있다. 외래종 쥐 근절에 성공한 최초의 사례는 2005년 뉴질랜드 아남극에 있는 캠벨섬에서 이루어졌으며, 이후 캠벨섬 남쪽의 매쿼리섬(2010년 근절)과 알류샨 열도, 갈라파고스 열도에서 박멸이 이어졌고, 남대서양 사우스조지아섬에서 가장 큰 규모의 박멸이 이루어졌다.

환경오염

전근대의 환경오염도 심각했으나, 대부분은 제한된 공간에서 발생했다. 시골에서 가장 흔한 오염 물질(만성적으로 건강에 영향을 주는)은 환기가 잘 안 되는 공간에서 나무를 땔 때 발생했다. 이런 관행은 여전히 아프리카와 아시아의 저소득 국가의 시골에서 호흡기 질환을 일으키고 증상을 악화시키는 원인이 된다(WHO 2018b). 또한 그 당시에는 전통적인 가축 사육 방식 과정에서 발생한 배설물에 그대로 노출됐으며, 마을 전체가 개방된 하수구와 오염된 우물 가까이 살았다.

환경오염의 증가는 산업화 및 도시화와 밀접한 관련이 있다. 도시의 수질오염은 산업이 주택지와 섞이며 더 흔해졌고, 오염된 물을 그냥 관에 흘려보내면서 더 흔해졌다. 석탄의 연소는 공기 오염의 주원인이 되었다. 반면 오늘날의 도시에서는 악화되기도 하고 개선되기도 하는 추세가 다양하게 조합된 사례를 찾아볼 수 있다. 거의 모든 물은 수도관을 통해 공급되고, 인가의 배설물은 하수구를 통해 따로 배출되어 수인성 질병의 위험을 줄이면서 기본적인 수질 관리가 거의 표준화되었다고 할 수 있다. 하지만 쓰레기 처리는 대충 이루어지며 재활용은 거의 찾아보기 힘들다. 산더미 같은 쓰레기가 도시 외곽에 쌓여 가고 있으며, 공기 오염과 더불어 소음과 빛 공해도 전례 없이 심각한 수준에 이르렀다.

재나 매연처럼 눈에 보이는 오염 물질과 눈에 보이지 않는 미립자들은 석탄 기반의 근대화를 가장 잘 보여 주는 표지자이다. 이는 건축 구조물을 검게 만들고 가시성을 감소시키며 식물의 광합성을 방해하며 호흡기 질환을 일으킨다. 미립자들이 식물과 건강, 가시성에 미치는 영향은 황산화물에 의해 더 악화된다. 19세기의 말에 발생한 스모그는 산업화한 대도시에서 흔히 볼 수 있는 현상이었다. 1952년 12월에 런던에서 발생했던 제일 끔찍한 스모그 사태는 심한 미세먼지와 황산화물에 의한 대기 오염으로 4,000명의 조기 사망자가 발생했다. 이후 1954년에는 한 국가의 공기를 깨끗하게 만들기 위한 최초의 광범위한 법률인 청정공기법Clean Air Act[46]이 생겼다(Brimblecombe 1987). 서양의 도시들에서 발생한 미세먼지와 이산화황이 결합된 스모그를 통제하기까지는 몇십 년이 걸렸는데, 마지막으로 가장 심각한 스모그는 1966년 11월 19일과 25일 사이 뉴욕시에서 발생했다(Fensterstock and Fankhauser 1968).

전기를 생산하는 공장이나 제련소 혹은 기타 산업 기업의 높은 굴뚝에서 배출되는 황과 질소산화물은 바람을 타고 먼 거리를 날아 이동했고, 대기 반응에 의해 황산염과 질산염으로 바뀌었다. 이런 산성화 화합물의 생성은 정전식 침전기가 설치된 이후 더 쉽게 이루어졌다. 황산염과 질산염은 아주 미세한(0.1~1μ) 에어로졸[47]로 빛을 산란시키고 가시성을 떨어

....

46 영국, 미국, 뉴질랜드에서 제정된 대기 오염 방지법. 영국은 1956년, 미국은 1963년, 뉴질랜드는 1972년에 제정되었다.

47 공기 중에 부유하고 있는 작은 고체 및 액체 입자들을 지칭한다. 에어로졸은 배출원으로부터 직접 배출되기도 하며 기체들이 공기 중에서 입자상 물질로 변환되어 생성되기도 한다.

뜨리며, 궁극적으로 그 침전물은 호수와 농토 및 숲의 토양을 산성화한다. 침전물이 대개 바람을 따라 배출원에서 수백 킬로미터를 이동해 동부 북아메리카와 북서부, 중부, 북유럽 대부분에 영향을 미쳤기 때문에 이 문제는 반대륙적 차원이라고 가정했다(Smil 1997). 그러나 1980년 중반까지 거론되던 고농도 산성화 호수나 죽은 숲이 등장하는 재앙까지는 실현되지 않았다.

저황 석탄의 사용, 석탄의 천연가스 대체, 발전소에서 배출되는 '연도 가스 탈황[48]'과 천연가스로의 전환은 산성 퇴적물(주로 산성비) 때문이었다. 이는 1970년대와 1980년대의 '환경 문제'를 '환경오염'으로 인식을 바꾸게 만든 주요 원인이었다(Smil 2013d). 그때쯤 중국에서는 화력 발전(석탄)이 전례 없이 확장되기 시작했기 때문에, 연도 가스 탈황은 중국의 배출(황산화물)을 제한하는 데 도움을 준 기술이었다. 이뿐만 아니라, 북중국의 황토와 사막의 땅에서 비롯된 알칼리성 분진은 중요한 공기 완충재 역할을 해 왔다.

새로운 대기 오염 현상인 광화학 스모그는 제2차 세계대전 말 로스앤젤레스 분지에서 처음 관찰되었다. 하겐 스미트Haagen-Smit가 그 복합적인 생성을 설명했다(Haagen-Smit 1952). 일산화탄소, 질소산화물, 휘발성 유기화합물[49]의 1차 방출이 일련의 광화학 반응[50]을 거치면, 오존과 질산과

48 황산화물에 의한 대기오염을 막기 위해 연료와 연도 가스(굴뚝으로 나가는 가스로 보통 연소에 의해 생성됨)로부터 황산화물을 제거하는 것.

49 주로 자동차 및 산업 시설에서 탄화수소의 연소와 연료 및 용제의 증발로 생김.

50 물질이 빛을 흡수하고 빛에너지에 의해 일어나는 화학 반응을 말한다.

산화아세틸peroxyacetyl nitrate[51]을 포함하는 2차 오염물질이 만들어진다. 자외선을 막아 주는 필수적 성층권 보호막인 오존은 지면 가까이에 있을 경우 폐, 식물, 물질 등을 손상시키는 위험한 성분이다. 질산과산화아세틸 역시 호흡기와 안구를 자극하는 주요 물질이며, 이산화질소는 햇빛이 잘 드는 기후에서 만성적으로 발생하는 갈색 스모그 공기의 주원인이다.

산업화를 진행한 도시는 우선 로마인들이 선구적으로 설계했던 지하 하수도를 건설했다. 그런 다음 정화하지 않은 하수를 하천과 호수, 해안 수역에 그대로 버리던 관행을 멈추고 기본적인 현대식 하수 처리 시설을 설치했다(Spellman 2003). 일부 유럽과 북아메리카의 도시에서는 1900년 전에 하수 처리 시설을 짓기 시작했으며, 제2차 세계대전 이전에 설비를 강화하였다. 일본은 1950년대에, 중국은 한 세대가 지나고 나서야 도입했는데, 나이지리아의 가장 큰 도시인 라고스의 폐수 처리 시설은 아직도 형편없는 상태이다(Asemota et al. 2011). 폐수 처리는 가장 단순한 1차 처리(무겁거나 떠다니는 고체 물질의 침전 및 분리)에서 2차 처리(잔여 미립자들과 용해 물질들의 제거)를 거쳐 가장 비용이 많이 드는 3차 처리로 구성되는데, 3차 처리에서는 질소 및 인 화합물을 제거하고 폐수를 소독한다.

새롭게 등장한 수질 오염의 종류는 미세플라스틱부터 잠재적으로 해로운 잔여물에 이른다. 그중 의약품 사용 증가에서 비롯된 것들이 잠재적 해로운 잔여물의 대표적인 사례이다. 폐수에서 이런 잔류물을 제거할 수 있는 저렴한 처리법은 전무한 실정이다. 도시의 방류수와 방류수

....

51 질소산화물이 탄화수소, 오존 등과 광화학 반응을 일으켜 생성된 대표적인 2차 대기 오염 물질. 독성이 강해 인체와 식물에 피해를 주는데, 식물의 경우 잎의 뒷면에 광택이 나고 청동색으로 변한다.

역the receiving waterbody에는 처리하기 까다로운 약물[52]이 미량 포함돼 있다(Schröder et al. 2016). 이런 약품을 비롯해 기타 의약품과 그 대사물의 농도가 비록 낮다곤 해도, 장기적으로 노출되었을 때 어떤 영향을 미치는지는 정보가 불충분하다(Touraud et al. 2011).

다른 염려들

앞에서 언급했던 문제 외에도 환경에 영향을 주는 문제들이 있다. 그 중에서 가장 중요한 것은 항세균제에 대한 세균의 저항성이다. 세균의 저항성은 새로운 항균제가 시장에 느린 속도로 출시되게 만들며, 더불어 세계 보건 및 식량 안보에 대한 주요 위협이다(WHO 2018c). 두 번째는 미세플라스틱의 위험이다. 바다에 플라스틱 쓰레기가 쌓이는 모습은 보기에 가장 불쾌한 현상일 수 있다. 그러나 해안가를 뒤덮은 채로 오래도록 떠다니는 쓰레기의 이미지만으로는 훨씬 더 많은 미세플라스틱의 위협을 제대로 묘사할 수 없다. 마지막 세 번째는 인간에 의해 대기 중 질소와 인의 농도가 높아지는 것이다. 이것은 분명 공개적으로 논의되지 않은 환경 악화의 예시일 것이다.

20세기에 과거 치료가 불가능했던 질병으로 인한 사망을 거의 없애다시피 한 발명품은 항균제가 유일하다. 그러나 박테리아는 즉시 적응했다(Ventola 2015). 최초의 페니실린에 내성을 나타낸 황색포도상구균은 1947년에 발견되었고, 메티실린methicillin 항생제의 사용은 1962년 메티실

....

52 미량의 진통제 디클로로페낙, 호르몬인 17β-에스트라디올(estradiol), 17α-에티닐에스트라디올(ethinylestradiol) 등.

린에 내성을 가진 황색포도상구균MRSA: methicillin-resistant Staphylococcus aureus의 출현으로 이어졌다. 현재 메티실린 내성 황색포도상구균의 다양한 변종이 전 세계에 존재하고 있으며, 특히 병원에서 대부분의 감염을 유발하는 원인이다(Hassoun et al. 2017). 이후 반코마이신Vancomycin은 최후의 수단이 되었고, 최초의 반코마이신 내성 박테리아는 1986년에 등장했다(Leeb 2004).

항생제 저항 균주의 확산은 여러 원인으로 거슬러 올라갈 수 있다. 의사와 수의사가 항생제를 과잉 처방하는 관행과 처방전 없이 국가나 인터넷에서 항생제 등을 구매할 수 있는 소비자는 과다한 약물에 노출될 수 있다(Mainous et al. 2009). 그리고 병원의 열악한 위생 시설과 예방적 차원에서 이루어지는 육류, 계란, 우유 생산 과정에서의 대규모 항생제 사용도 있다. 일반적인 항생제에 대한 내성은 현재 일부 야생 동물에서도 나타나며 항생제 내성 유전자는 북극뿐만 아니라 열대 및 온대의 토양에서도 발견됐다(Clare et al. 2019). 사망률의 증가, 입원의 장기화 그리고 의료 비용의 상승은 항생제 효능의 상실에 비하면 경미한 문제다. 이런 항생제의 세상에서 매년 발생하는 독감 전염병은 박테리아 폐렴과의 합병증으로 인해 훨씬 더 많은 사망자를 낳을 것이고, 결핵과 장티푸스는 다시 한번 효과적인 치료법이 없는 무서운 질병이 될 것이다.

많은 박테리아 균주는 흔히 사용되는 모든 항균제에 대해 내성을 지니게 되었다. 내성을 가진 균주 중에는 위장염과 요로 감염을 일으키는 대장균Escherichia coli, 폐렴과 수막염 등을 일으키는 헤모필루스 인플루엔자균Haemophilus influenzae, 결핵을 일으키는 미코박테리아Mycobacterium, 장티푸스균Salmonella typh, 심한 설사를 유발하는 지하적리균Shigella dysenteriae, 콜레라균Vibrio cholerae처럼 흔한 병원균도 포함된다. 결과적으로 폐렴, 결핵, 임질, 살모넬라 등을 포함해서 흔한 감염이 증가하고 있는데, 이는 치료를 위해 사용된 첫 번째 또는 두 번째 항생제가 효과를 보지 못했기 때문이다.

항생제의 약 80%가 가축 생산 과정[53]에 쓰이기 때문에 잔여물이 가금류의 배설물이나 소와 돼지의 분뇨에서 흔히 발견된다. 따라서 이러한 폐기물을 저장하고 사용하는 과정에서 항생제 내성이 촉진된다(Van Boeckel et al. 2015; CDDEP 2015). 이런 물질들이 환경에 흘러 들어가는 것을 막기란 어렵다. 반 엡스Van Epps와 블레인Blane은 퇴비 더미를 적극적으로 관리한다고 해서 항생제 분해가 촉진되지 않았으며 혐기성 소화 처리[54]가 일부 항생제 잔류물을 중화시키는 데 효과적이지 않다는 사실을 발견했다(Van Epps and Blane 2016).

합성 물질이 사용되면서 완전히 새로운 환경 문제가 생겼다. 니트로셀룰로오스Nitrocellulose를 기반으로 하는 파케신Parkesine[55]은 1862년에 도입됐지만, 플라스틱의 시대는 20세기 초 베이클라이트Bakelite, 폴리염화비닐polyvinylchloride과 함께 시작됐다. 일반적으로 사용되는 합성물(폴리스테렌polysterene, 플렉시글라스Plexiglass, 나일론nylon, 폴리에틸렌polyethylene, 테프론Teflon, 요소포름알데히드urea formaldehyde)은 1930년대에 발명됐지만, 상업적 영향력은 제2차 세계대전 이후부터 나타나기 시작했다(Smil 2005;

....

53 플루오로퀴놀렌계(fluoroquinolones), 설폰아미드(sulfonamides), 테트라사이클린계의 항생물질(tetracyclines) 등.

54 무산소 상태에서 미생물에 의한 생분해성 유기물이 분해되는 과정을 뜻한다. 혐기성 소화는 습지, 호수, 바다의 침전물 등 자연환경 또는 동물의 생체 내부 등 생태계에서도 널리 일어나는 현상이다.

55 첫 번째로 만들어진 플라스틱의 이름.

Zalasiewicz et al. 2016). 플라스틱이 수많은 산업, 운송, 가정에서 여러 용도로 사용되던 금속, 유리, 세라믹을 대체하면서 이후 생산량은 기하급수적으로 증가했다.

전 세계 플라스틱 생산량은 1950년 2Mt에서 2015년 380Mt으로 증가했으며 1950~2015년 누적 생산량은 7.8Gt이었다. 이 중에서 약 6.3Gt는 재활용되지 않았다. 12%는 소각되고, 단 9%만이 재활용됐으며, 79%는 쓰레기 매립지에 묻혀 토양에 부담을 주었다. 플라스틱은 육지에 축적되고 담수와 결국 바다로 흘러가게 되었다. 바다로까지 부유 잔해물의 추정치보다 훨씬 더 많은 양의 플라스틱을 받아들인다.

미국의 조사 자료에 따르면, 2015년에 생산된 플라스틱 중 약 9%만이 재활용됐고, 16%가 소각됐으며, 75%는 매립되어 오랫동안 사라지지 않는 인위 개변적 퇴적물을 만들었다(USEPA 2018; Zalasiewicz et al. 2016). 잼벡Jambeck과 동료들이 계산한 바에 따르면, 192개 해안 국가에서 2010년 275Mt 정도의 플라스틱 폐기물이 발생했으며 4.8~12.7Mt 정도가 바다로 유입됐다. 미국의 플라스틱 해양유입량은 최대 0.11Mt을 넘지 않는 것에 비해, 세계에서 가장 플라스틱을 많이 버리는 나라인 중국의 플라스틱 해양유입량은 최대 3.5Mt에 달한다. 인도네시아는 큰 차이가 나는 두 번째 국가이며, 그 뒤를 필리핀, 베트남이 따르고 있다. 바다에 있는 플라스틱 쓰레기는 육지에서 흘러간 것과 잃어버리거나 의도적으로 버린 어업 장비가 있다.

온갖 종류의 플라스틱은 대부분 환경에 계속 남는데, 합성 물질의 약 60%는 바닷물보다 밀도가 낮아서 조류에 휩쓸리게 된다. 결국 바다 위를 떠다니다가 전 세계의 외딴 지역에 축적되어 해안가 물을 막거나 해변에서 씻겨 내려간다. 르브레통Lebreton과 동료들은 캘리포니아와 하와이 사이의 아열대 수역에서 태평양 쓰레기 섬[56]이라고 불리는 것의 정체가 무엇인지 측정했다. 배와 공중에서 수집한 자료를 토대로 160만km^{2}의 면적 안에 총 7만 9,000(45,000~129,000)t이 있다고 결론 내렸는데, 이는 이전에 보고된 것보다 4~16배 더 큰 덩어리였다(Lebreton et al. 2018). 그것의 75% 이상은 5cm보다 큰 잔해물들이고 어망이 거의 전체의 반을 차지하며, 미세플라스틱은 전체 질량의 8%를 차지했지만, 1조 8,000억 개의 떠다니는 조각들로 추정되는 것들의 94%를 차지했다. 이런 보고는 널리 주목을 받았지만, 실제로 미세플라스틱이 가장 많이 모여 있는 장소는 깊고 먼 바닷속 수심 200~600m 사이다(Choy et al. 2019).

미세플라스틱은 앞서 3장에서 언급한 것처럼 농작물 생산 과정에서 사용된 보호 필름이 찢어지고 풍화와 분해 과정을 거쳐 생기기도 하며, 개인 관리 용품과 합성 섬유의 세탁 과정에서 떨어져 나온 조직 등과 함께 육지에서도 흔히 발견된다(Rochman 2018). 플라스틱은 이미 퇴적물 안에 산재해 있으며, 가장 밀집되어 있는 매립지가 침식되면 그것들도 결국 퇴적 주기에 들어가게 된다(Zalasiewicz et al. 2016).

탄소에 비하면 질소와 인 순환에 대한 인위 개변적인 변화는 대중의 관심을 적게 받아 왔다. 그러나 인과 질소만큼 인간의 행위에 영향을 받는 생물 지구 화학적 순환도 없을 것이다. 현대 사회는 주로 하버-보슈법

....

56 미국의 하와이와 캘리포니아 사이에 있는 북태평양 바다 위의 거대한 쓰레기 더미를 일컫는 것으로, '태평양 거대 쓰레기 지대(GPGP, Great Pacific Garbage Patch)'라고도 불린다.

을 통해 반응성 질소[57]를 생산하며, 고정 암모니아fixed ammonia의 전 세계 생산량은 2017년 166.4Mt N(질소)에 이르고 후자의 총생산량 중에서 113.6Mt N(거의 70%)은 비료로 사용되었으며 나머지는 화학 공업에 이용됐다(FAO 2017b). 주로 대두와 알팔파로 이루어지는 콩과 작물의 경작으로 50Mt N/연의 질소가 추가되고, 약 30Mt N/연에 해당하는 질소 산화물이 화력 발전소와 내연기관에서 배출된다. 이런 배출은 최대 약 200Mt N이 되는 반면 파울러Fowler와 동료들은 전체 인위 개변적 배출이 약 210Mt N/연 정도가 될 것으로 추정한다(Fowler et al. 2013).

따라서 인위 개변적 고정 질소fixed nitrogen의 질량은 전근대 동원 총량보다 상당히 크며, 이러한 흐름의 확대와 가속은 많은 환경적 결과를 불러왔다. 무엇보다 이러한 반응은 매년 100kg N/ha 이상의 가장 많은 질소가 사용되는 세 가지 곡물인 쌀, 밀, 옥수수 때문에 질소 비료의 회수 효율이 상대적으로 낮기 때문이다. 세 작물에 대한 세계 평균은 추수되는 곡물에서 50% 정도가 회복된다(Smil 2001; Ladha et al. 2005). 전 세계적 평가에 따르면 1961~1980년 사이 질소 이용 효율이 68%에서 45%로 현저하게 감소한 뒤 47% 정도에서 안정화된 것으로 나타난다(Lassaletta et al. 2014).

질소 비료의 과도한 사용은 토양이 산성화되는 원인이었다. 특히 높은 쌀 생산량을 유지하기 위해 중국에서 사용한 요소의 양은 기록적인 수준이다. 1980년대와 2000년대 두 번의 전국적인 조사에서는 평균 pH가 0.5 이상 감소하였으며(평균 산성도의 3배), 일부 토양은 산성 pH가 5에

....

57 생태계에서 쉽게 이용될 수 있는 질소의 모든 형태를 말한다. 주로 암모니아, 암모늄 및 질산과 질소 화합물 등이 있다.

서 5.5 정도로 낮았다(Guo et al. 2010). 이런 변화를 중화시키려면 엄청난 양의 탄산칼슘$CaCO_3$을 도포해야 할 것이다.

토양의 산성화에 더해, 반응성 질소화합물은 휘발과 탈질소 작용[58]을 통해 공기 중으로 들어가고, 용해 작용을 거치거나 들판에서 흘러 들어가 물을 오염시킨다. 이런 것들에서 비롯된 가장 주요한 결과는 잠재적인 온실가스의 배출, 질소 및 암모니아의 대기 침적 그리고 생태계의 부영양화[59]이다(Fowler et al. 2013). 아산화질소는 인위 개변적인 지구온난화에 기여한다. 건조하든 습하든 질산염의 침전은 토양과 물의 산성화에 기여한다. 그리고 반응성 질소의 침출과 유출은 물속의 영양을 풍부하게 하고, 그로 인한 부영양화는 조류를 성장하게 하며, 결국 부패하면서 연안 바다에서 저산소와 무산소 데드존을 형성한다(Diaz and Rosenberg 2008).

비료의 집중적 사용은 전 세계에 데드존을 생성하고 그 범위를 확장한 주요 원인이다. 연안 해역으로 흘러 들어가는 질소는 20세기 후반 30년 동안 40% 이상 증가했으며, 75%는 비료에서 비롯된 것들이다(Bouwman et al. 2005). 500개의 연안 해역의 산소 농도는 1mg/L(저산소로 정의되는 수준)이며, 그중 10%가 조금 안 되는 양이 1950년쯤에 고갈됐던 것으로 알려져 있다(Breitburg et al. 2018). 가장 넓은 지역으로는

....

58 질소화합물에서 질소의 이탈이나 질산염을 단순 화합물로 환원해서 질소를 떼어내는 과정을 탈질소 작용이라 한다. 토양 중의 질소가 질소가스, 산화질소, 아산화질소 등의 형태로 변하면서 토양 밖으로 달아나는 현상을 말한다.

59 화학 비료나 오수의 유입 등으로 물에 인과 질소와 같은 영양분이 과잉 공급되어 식물의 급속한 성장 또는 소멸을 유발하고 조류가 과도하게 번식하게 하여 하천이나 호소 심층수의 산소를 빼앗아 용존산소량을 감소시켜 생물을 죽게 하는 현상을 말한다.

북쪽 멕시코만, 유럽의 북쪽과 발트해 그리고 흑해, 아시아에서는 동중국해, 한국과 규슈섬 앞바다 등이다(NASA 2008). 더욱이 1960년대 후반부터 외양[60]에서는 지금까지 약 2%의 산소가 소실됐고, 최소 산소 농도를 가진 외양의 넓이는 유럽연합에 필적할 정도로 확장됐다.

이런 상황을 개선하는 일은 쉽지 않다. 이미 설명했지만, 전 세계 인구는 현재 질소 비료에 상당히 의존하고 있는 실정이다. 현재 세계 인구의 약 45%에 해당하는 30억 명 이상의 식단이 질소 비료에 의존 하고 있으며, 중국과 인도의 경우만 따지면 그 비율이 60% 이상이다(Ma et al. 2010; Pathak et al. 2010). 질소 사용을 줄이는 효과적인 방법은 두 가지뿐이다. 우선 향상된 농업 관리를 통해 밭에서의 질소 손실을 줄이는 방법이 있다. 이를 위해서는 비료 분시(비료, 농약을 수회에 걸쳐 나누어 주는 것) 방법, 영양소의 균형 잡힌 사용, 정밀 농업, 콩과 작물을 사용한 윤작, 비싸고 느린 방식으로 만드는 비료 화합물 등 복합적이고 정교한 단계와 높은 비용이 필요하다.

두 번째 방법은 선진국이 평균 육류 소비를 줄이는 것인데, 그렇게 함으로써 더 효과적으로 질소의 사용량을 줄일 수 있다. 경작 과정에서의 낮은 질소 회수율, 동물 사료에 사용되는 엄청난 비율, 사료에서 육류로의 낮은 전환 효율을 종합적으로 고려해 보면, 세계 푸드 시스템의 전체 질소 효율은 15%를 넘지 않으며(Smil 2013b), 미국의 경우 약 12%(Howarth et al. 2002), 중국은 단 9%에 불과하다(Ma et al. 2010). 그

....

60 외해나 대양 또는 대양의 수심 200m 이상의 부분. 일반적으로 영해 밖에 있으며, 공해(空海)에 속하는 것이 많다.

러나 육류 생산이 크게 줄어들 경우 농업 시스템에 부담을 줄 것이고, 그런 조치들이 상대적으로 효과적이더라도 아직 합성 비료의 사용량이 아시아 평균의 극히 적은 양밖에 되지 않기 때문에 21세기의 남은 기간 동안에 가장 많은 인구가 성장하게 될 아프리카에서는 훨씬 더 많은 질소가 필요하게 될 것이다.

인은 빠르게 순환되지 않는데, 그 이유는 지구공학적 침식-융기 주기의 일부분으로서 자연스러운 동원 속도가 매우 느리기 때문이다. 인산염은 잘 녹지 않고, 불용성의 형태로 빠르게 바뀔 경우 식물에게 전달되지 않는다. 이것이 주로 수생 생태계의 성장을 억제하는 주된 원인이다(Redfield 1934; Smil 2000b). 인간의 활동은 이 원소의 자연스러운 흐름의 속도를 빠르게 만드는데, 이것은 더 많은 양의 유기 폐기물이 생기고 재활용되며 종종 여과 과정 없이 하천이나 호수, 해안 수역으로 방출될 뿐만 아니라, 가장 중요하게는 무기 비료를 사용함으로써 토양 침식이 증가하고 경지에서 유출되기 때문이다. 21세기가 시작될 무렵, 이런 인간의 활동들로 인해 매년 적어도 전근대 시대 흐름의 5배에 해당하는 양이 동원됐다.

무기비료[61]의 시대는 1840년대 인산칼슘의 사용과 함께 시작됐다. 플로리다에 있는 엄청난 퇴적량 덕분에, 미국은 1880년대 인광석의 최대 생산국이 되었다. 이후 2005년이 되어서야 중국이 이를 넘어섰으며 모로코와 러시아도 주요 생산국이 되었다(USGS 2018). 세계적 인광석의 생산은 현재 250Mt에 가깝고 비료 통계에서 흔히 사용하는 오산화인(P_2O_5)으로 계산했을 때 연간 인산 비료의 공급량은 50Mt을 조금 넘는다. 이는 원소

....

61 무기물로 이루어진 비료. 황산암모늄, 과인산석회, 염화칼륨 따위의 화학 비료가 있다.

P로 계산할 경우 22Mt 정도이다(FAO 2017b). 현재 전 세계의 식품 생산은 인산염에 의존하고 있는 실정이다. 이는 작물에 투입되는 인의 60%를 차지하며, 유기물을 재활용하여 작물에 투입하는 것은 두 번째 방법일 뿐이다. 다시 말하지만, 영양이 가장 결핍된 지역은 아프리카이다.

식물에 의한 흡수 효율은 약 50% 정도인데, 질소 침출의 경우처럼 인의 손실 역시 부영양화의 주요 원인이 된다. 레드필드$_{Redfield}$의 비율에 따르면, 인의 원자는 질소의 원자보다 16배나 많은 수생 광합성을 지원하며, 인의 추가는 종종 빠른 조류의 증식을 일으켜 해양에서 데드존이 늘어나는 결과로 이어진다(Redfield 1934). 질소 손실과 마찬가지로, 선진국의 바다에서 원치 않는 인의 존재를 줄이는 가장 효과적인 방법은 육류 소비를 줄이고 최선의 농업 관행을 따르는 것이다.

고도로 유동적인 반응성 질소와 달리, 용해된 과인산은 토양에 존재하는 알루미늄, 철 등과 반응하여 거의 용해가 안 되는 불용성[62] 화합물을 생성한다. 이런 인의 고정화$_{fixation}$[63] 과정은 1950년부터 알려져 왔으며, 농경지의 토양에서 인산염이 불용성 형태로 남아 있기 때문에 궁극적으로 인산염 저장량의 고갈에 대한 우려로 이어졌다. 실제로, 모래흙과 거의 중성의 pH 농도를 가진 토양은 유지율이 낮으며 수용적인 토양의 고정 능력이 포화 상태에 이르면, 식물의 흡수와 침출로 인한 손실된 영양분을 보충하기 위해서 추가적인 사용이 필요하다. 또한, 도시의 폐기물에 있는 인은 석출, 흡착, 이온 교환 메커니즘을 포함하는 물리 화학적 과정

....

62 어떤 화합물이 특정한 용매에 대해 매우 작은(무시할 정도의) 용해도밖에 나타내지 않는 것을 뜻함.

63 무기 성분인 질소, 인, 황 따위의 화합물이 미생물에 의하여 고정되어 유기성 화합물로 되는 현상.

을 거쳐 분리된 뒤 재활용될 수 있다(Bunce et al. 2018).

····

인간의 행동이 야기한 전 지구적 변화

지구의 가장 두드러진 특징은 생명체가 존재한다는 점이다. 따라서 가장 근본적인 평가를 위해서는 인간의 행동이 야기한 지구상 생명체의 총 질량과 비율의 변화를 살펴야 한다. 두 가지 접근법에서는 많은 변수를 고려하게 된다. 첫 번째 접근법은 인류의 전반적인 생태발자국과 적절한 환경수용력carrying capacity[64]을 정량화하려는 시도이고, 두 번째 접근법은 인류를 위한 안전한 운영 공간을 정의하려는 시도이다. 이 장의 나머지 부분에서는 가장 중요한 인위 개변적 변화인 지구의 기후변화를 다루게 될 것이다.

지구적 차원에 대한 측정

인구가 적은 농경 이전의 사회에서 단순한 도구들이 생태에 미치는 영향력은 적었다. 유일하게 눈에 띄는 예외가 있다면 신석기시대 수렵인들에 의한 유라시아와 북아메리카의 메가파우나 멸종을 들 수 있다. 변화 속도는 경작의 확산과 함께 가속화됐지만, 이로 인해 식물이 덮고 있는 면적과 포유류의 동물량의 동시 감소를 정량화하는 작업은 대략적인 방

....

64 삼림이나 토지 등의 자연환경에 사람의 손이 더해질 때 생태계의 안정성이 흐트러지지 않고 유지될 수 있는 인구의 최대 수용 정도. 유네스코의 조사에 의하면 세계 대부분의 경지에서 이를 초월한 농업이 이루어지고 있다.

식으로만 이루어질 수 있다. 또한 인간 바이오매스인 인류량anthropomass의 증가도 마찬가지인데, 기원전 1만 년이나 5000년 전에 살았던 인간의 총수에 대해 제대로 정해진 바가 없기 때문이다.

기원전 5000년에 1,000만 명이 살아 있었다고 가정하면 인류량은 0.5Mt에 지나지 않았을 것이다. 1900년에 총 인류량은 약 75Mt이었고, 2000년에는 300Mt이었다. 이 수치는 7000년 동안 600배 증가했으며 지난 세기에 4배 증가했다는 뜻이다. 무척추동물과 척추동물의 바이오매스를 재구성하는 것이 최선의 추측이겠지만, 육지의 야생 포유류의 동물량만 정량화할 경우에는 이 오차가 줄어든다.

필자가 구성한 바에 따르면 1900년에는 생체중으로 40Mt이었으며 2000년에는 35~45%가 줄어서 25Mt이 됐는데, 바-온Bar-On과 동료들은 야생 포유류의 동물량을 약 14Mt 정도로 추정한다(Bar-On et al. 2018). 결과적으로 전 세계의 인간량은 19세기 중엽 어느 시점부터 육지의 동물량을 넘어섰으며 현재는 한 자릿수가 더 많다. 하지만 필자가 발견한 가장 놀라운 사실은 많은 곳에서 인간량이 야생 포유류의 동물량을 능가했다는 것뿐만 아니라, 토양 무척추동물의 총생물량조차 능가한다는 점이다. 생체중으로 따지면 침팬지의 동물량은 보통 0.5kg/ha를 차지한다. 집약적 전통 농업은 적어도 200kg/ha에 해당하는 다섯 명의 사람을 부양할 수 있는데, 현재 중국은 15명을 부양할 수 있으며 이는 최소 650kg/ha에 해당한다.

마지막 비율은 건조 생물량으로 따지면 약 225kg인데, 온대 경작지의 건조 동물량의 경우 토양 동물상의 동물량은 전형적으로 100kg/ha보다 적다(Coleman and Crossley 1996). 이는 수천 년 동안 대규모 에너지 영양 보조 덕분에 농경에서 전형적이었던 정상적인 영양분 요구량의 순서가 역전(미생물 바이오매스 > 무척추동물 바이오메스 > 척추동물 동물량 > 인류량)되었음을 말한다. 또한 많은 지역의 높은 수확량이 모든 토양 무척추동물의 질량보다 더 많은 인류량을 부양한다는 것을 의미한다. 이러한 결과는 인간의 지배력을 잘 보여 줄 수 있는 비교 사례이다.

하지만 전 세계 포유류 바이오매스 중 많은 비율을 차지하는 종은 인간이 아니라 인간의 가축이다. 1900년 대형 가축(소, 물소, 돼지)의 총수는 약 16억 마리에 달했으며, 2000년에는 43억 마리를 넘었다. 필자가 계산한 바에 따르면 1900년 가축 동물량의 생체중은 170Mt 이상이며 2000년에는 적어도 600Mt에 달했다(Smil 2013a). 이것의 의미는 1900년 가축의 질량이 야생 포유류의 4배 이상이며 이 차이는 2000년에 25배로 이어진다. 이는 지구가 더 이상 자유롭게 돌아다니는 야생동물이 지배하는 행성이 아니라는 사실을 의미한다. 이뿐만 아니라 전 세계에서 가장 큰 포유류인 아프리카코끼리의 동물량조차 현재는 전 세계 소의 동물량의 0.5% 미만일 것으로 추정된다.

대륙의 식생은 마지막 빙하기를 거치며 쇠퇴했고, 홀로세Holocene[65] 동안 열대우림의 총면적은 약 3배 증가했으며, 서늘한 기후의 숲은 30배 이상 확장되었다(Adams and Faure 1998). 빙하가 완전히 사라진 뒤인 7000년 전 육지의 피토매스 현존량現存量은 1000Gt C[66]를 넘어섰고, 산

....

65 지질시대의 최후 시대로 충적세, 전신세, 완신세 또는 현세라고도 한다. 인류는 홀로세 초기에 농경을 시작했으며, 그 후 급격히 문화를 발달시켜 나갔다.

66 탄소로 환산된 무게.

림 벌채와 농경지 확장으로 19세기 초에는 그 총량이 750~800Gt C 사이로 줄었다. 지난 2세기 동안의 손실은 150~200Gt C 이상이었고, 21세기 초 육지에 존재했던 양은 650Gt C 이하였으며, 600Gt C 정도로 낮았을 수 있다. 이런 근사치들은 농경 시대가 시작한 뒤 지구의 피토매스가 인간으로 인해 35~40% 정도 감소했음을 암시한다.

이런 영향을 보여줄 수 있는 또 다른 방법은 생물권의 순일차생산량 중 인간이 현재 얼마큼 가져다 쓰고 있는지를 확인하는 것이다. 순일차생산량이란 총광합성에서 식물이 생존에 사용한 호흡량을 뺀 나머지를 말하는 것이다. 하지만 안타깝게도 순일차생산량은 실제로 정확히 산출할 수 있는 것이 아니라 이론적인 개념에 가깝고, 보편적인 정의와 측정값도 불분명하다. 어쨌든 순일차생산을 통해 종속 영양 생물들[67]이 생육될 수 있고, 그 이후에 남은 것을 인간이 수확하게 된다. 그러나 뿌리와 줄기와 같은 식물의 일부는 수확되지 않고 남아 있기에 총량은 실제 생산되는 양을 정확하게 반영하지는 않는다.

순일차생산량은 광합성의 생산량을 가장 넓게 포괄하는 개념이다. 인간이 가져간 양에 대한 연구를 보면, 최댓값과 최솟값은 각각 57Gt C/연(Imhoff et al. 2004)과 80Gt C/연(Wright 1990)으로 최대 40%까지 차이가 났다. 지구 전체에 걸쳐 사용된 바이오매스에 대한 첫 번째 평가 범위(3~39%)는 너무 넓어서 별 도움이 안 됐지만, 이 논문은 마치 인간이 이미 모든 순일차생산량의 약 40%를 수확했었다는 식으로 잘못 인용되

....

67 생육에 필요한 탄소를 얻기 위해 유기화합물을 이용하는 생물을 말한다. 생물 연쇄에서의 소비자 또는 분해자이다. 해당 글에서는 박테리아부터 곰팡이, 곤충, 설치류 등을 말한다.

었다(Vitousek et al. 1986). 이후에 이루어진 인간이 가져간 순일차생산량의 평가의 범위는 24~55%였다(Wright 1990; Rojstaczer et al. 2001; Imhoff et al. 2004; Haberl et al. 2007). 필자의 종합적인 평가는 21세기 첫 10년 동안 지상 식물 질량의 모든 연간 수확량은 약 20Gt의 건조 식물 물질이고, 이는 약 10Gt C에 해당한다(Smil 2013).

가장 널리 받아들여지는 순일차생산의 비율을(60Gt C/연) 가정하면 인간이 가져가는 양은 전체의 17%에 가까운 수준이며, 더 높은 순일차생산 속도(75Gt C/연)로 가정하면 약 13%에 불과하다. 비록 지분이 높지 않아 보이지만, 중요한 사실은 순일차생산에 기반한 '전용$_{\text{appropriation}}$' 비율을 인간 미치는 영향의 척도로 삼기에는 생략된 것들이 많다는 뜻이다. 실제 비율이 어떻든 인간이 가져가는 양은 점점 늘어날 것이다. 그렇지 않으면 현재 저소득 국가에 사는 50억 명의 인구와 향후 (21세기 말까지) 늘어날 20억 명의 삶을 향상시킬 방법은 없을 것이다.

전반적인 지구의 부담을 평가하는 두 가지 접근 방법은 생태발자국과 환경수용력$_{\text{carrying capacity}}$을 정량화(Rees 1992)하는 것과 인류를 위한 안전한 운영 공간을 정의하는 것이다(Rockstr ö m et al. 2009). 첫 번째 방법은 환경수용력이 고정된 값이 아니라[68] 서로 다른 속성, 차원, 척도를 단일 지수로 집계하기 때문에 신뢰하기 어렵다. 이 지수는 현재 글로벌 생태발자국 네트워크$_{\text{Global Footprint Network}}$[69]에서 지구와 약 200개국

....

68 인간의 진보에 따라 변화하며 그 한계를 현재 우리가 정의할 수 없다.

69 2003년에 설립되었으며 미국, 벨기에, 스위스에 기반을 둔 독립 싱크탱크이다. 그 목표는 인류가 사용하는 자원의 양과 보유한 자원의 양을 측정하는 생태발자국 및 생물 용량을 포함하여 지속 가능성을 향상시키기 위한 도구를 개발하고 촉진하는 것이다.

에 관해 발표되고 있지만(Global Footprint Network 2018), 여러 복합적인 현실을 제대로 보여 주고 있지 못하다(Giampietro and Saltelli 2014). 이 지표에 따르면, 우리는 현재 1.7개의 지구를 사용하고 있다고 전한다. 과도하게 표현된 행성 시간은 정확성이 낮아 보인다. 그리고 이에 따르면 2018년 8월 1일은 '우리(모든 인류)가 일 년 동안 지구가 재생할 수 있는 것보다 더 많은 것을 자연으로부터 가져다 쓴 시점이다.' (GFN 2018)

측정에 대한 비판은 차치하고라도, 너무 많은 국가가 10^3년 정도의 문명화 시간 동안 생존과 양립할 수 없는 수준을 넘어서 환경에 부담을 줘 왔다는 사실은 틀림없다. 인류의 안전한 운영 공간에 대한 개념은 생존을 행성의 생물물리학적 하위 체계나 과정과 연결하는데, 이들 중 많은 것들이 비선형적인 방식으로 간섭에 반응한다. 록스트룀Rockström과 동료들은 '지구 위험 한계선' 9개를 식별하고 안전선을 기존의 생물물리학적 임계치보다 훨씬 낮춰서 잡았다. 이는 사태가 심각함을 알리는 일종의 경고이기도 하다(Rockström et al. 2009). 환경 변화를 막기 위해 넘어서는 안 되는 지구의 한계치 항목 아홉 가지는 기후변화, 생물 다양성의 손실률(육지와 해양), 질소 및 인 순환에 대한 간섭, 성층권의 오존층 파괴, 해양의 산성화, 전 세계 담수 사용, 토지 사용의 변화, 화학적 오염, 대기 중 에어로졸의 부담이다.

최초의 평가에 따르면 2009년에 우리는 이미 그 안전선들을 넘었으며, 세계 담수 사용, 토지 사용의 변화, 해양의 산성화, 세계적인 인 순환의 간섭은 한계치에 빠르게 다가가고 있다. 개정된 평가는 그 기한을 2010년으로 연장하고 일부 정의를 조정했다. 인류세의 궤적은 '대단한 가속도The Great Acceleration'를 보이고 있으며 일부 핵심적인 변수들은 안전 한계를 넘었다고 분석했다(Steffen et al. 2015a). 가장 걱정되는 항목은 이산화탄소(안전 한계는 350ppm), 생물권의 온전성 변화(안전 한계는 연간 100만 종당 10~199종의 멸종), 해양 산성화(평균 대양 표면이 산업 이전 아라고나이트aragonite 포화 상태의 80%를 넘지 않는 수준[70]), 생물 지구 화학적 흐름(특히 연간 62~82Mt N의 질소 고정 수준) 등이었다.

기후변화

대기 중 온실가스 농도의 증가, 그중에서 특히 인위 개변적인 이산화탄소만큼 지구 환경에 중대한 변화를 일으키는 존재는 없다. 그 이유는 간단하다. 그 결과로 인한 기후변화는 인간의 활동뿐만 아니라 생물권 전체에 영향을 미치게 되기 때문이다. 이산화탄소의 배출과 그 결과는 지구온난화가 주요 환경 문제가 된 이래로 줄곧 집중적인 관심을 받아 왔으며, 그 관심은 부유한 국가들부터 시작해(1980년대 중) 곧 전 세계로 퍼져나갔다[71]. 그러니 온실가스 효과와 지구 생명체의 필요성 그리고 기후와의 연관성에 대해서는 더 새로울 것도 없다.

1820년대 후반, 프랑스의 수학자 조제프 푸리에Joseph Fourier는 대기가 온실 유리처럼 작용해서 빛은 통과시키지만 눈에 보이지 않는 재방사를 막는다고 설명했다. 1861년 존 틴달John Tyndall은 수증기가 방출 복사의 주요 흡수체라고 밝혔고, 1896년 스반테 아레니우스Svante Arrhenius는 산

....

70 해양미생물은 아라고나이트를 외골격으로 가지는데 조개류, 이매패류 등의 방해석보다 산에 약해서 해양 산성화에 매우 취약하다.

71 최초의 유엔기후변화협약(UN Framework Convention on Climate Change)은 1992년에 있었다.

업화 이전보다 대기 중에 두 배나 더 증가한 이산화탄소에 의해 상승한 지구의 온도를 최초로 계산해 발표했다. 그는 열대 지방에서는 연평균 섭씨 4.95도, 북극에서는 연평균 섭씨 6도 상승할 것으로 예측했는데, 이는 최근 컴퓨터가 계산한 지구 기후의 예측 범위 내에 있다(Arrhenius 1896). 더 많은 이산화탄소 배출과 관련된 이해는 한 세기 이상 알려져 왔지만, 지구상의 생명체 존립 자체는 온실가스의 존재에 달려 있다. 온실가스가 완전히 없다면 섭씨 영하 18.1도로 얼어붙을 것이지만, 온실가스의 존재 덕분에 지구 표면은 평균 섭씨 15도를 유지하고 있다. 수증기는 전체 효과의 거의 3분의 2를 차지하고 이산화탄소는 거의 4분의 1을 차지하며 메테인, 아산화질소, 오존이 나머지의 대부분을 차지한다. 이산화탄소는 수백 년 동안 존재하며 그 농도가 상승하면 생물권의 복사 균형[72]이 바뀐다. 19세기 중반부터 이산화탄소에서 기인하는 복사 강제력[73]은 약 2W/m^{2}였으며, 다른 온실가스의 영향을 더하면 합계는 약 3W/m^{2}가 된다(Butler and Montzka 2019).

지난 천 년 동안 이산화탄소는 매우 안정적인 농도 범위를 유지했으며, 가장 낮았던 17세기 초의 275ppm부터 가장 높았던 12세기 말 285ppm 사이에 걸쳐 있었다(그림 6.1). 반면에 최근 증가 속도는 엄청나게 빨라서 1998년 350ppm이었던 수준이 2015년에는 400ppm이 되었고, 2020년 7월에는 414ppm을 넘어섰다(NOAA 2020).

....

72 흡수되는 에너지와 우주로 다시 방출되는 에너지의 균형을 '복사 균형'이라고 하며, 이것이 지구의 온도를 결정한다.

73 어떤 인자가 갖는 지구-대기 시스템에 영향을 주어 에너지 평형을 유지 및 변화시키는 영향력의 척도이다. 이러한 복사 강제력은 잠재적인 기후 변동 메커니즘의 중요한 지표이다.

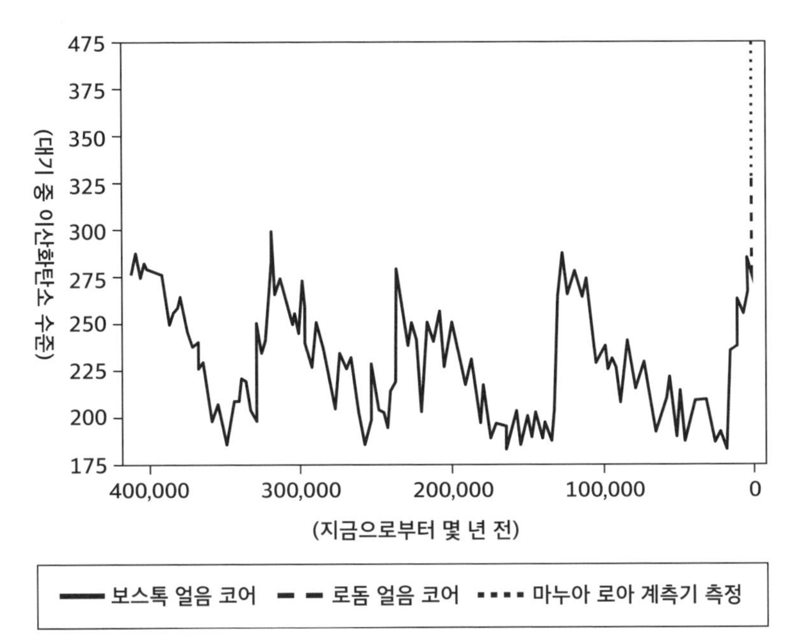

[그림 6.1] 대기 중 이산화탄소 농도의 증가: 1959년부터 마누아 로아 관측소에서 얼음 코어로부터 지난 40만 년을 계측.

하지만 온실가스들은 저마다 다른데, 물질량에 따라 방출되는 적외선 복사를 훨씬 더 많이 흡수하기도 하지만, 이산화탄소만큼 대기 중에 체류 기간이 길지 않다. 이런 차이를 계산하기 위해 다른 온실가스의 온난화 영향은 이산화탄소 등가물인 이산화탄소환산량$_{CO_2e}$을 사용한 지구온난화 지수Global Warming Potential[74]로 표현되는데, 이는 100년 동안 다양한 가스의 등가 효과를 정량화하는 척도이다. 과거 일반적인 냉매로 사용되

74 각각의 온실가스가 지구온난화에 기여하는 영향 정도로, 이산화탄소의 지구온난화 영향을 1이라고 할 때 이와 비교하여 영향 정도를 나타낸 값이다. 예를 들어 메테인(CH_4)의 GWP=21로써 메테인 1kg은 이산화탄소 21kg에 해당하는 정도로 지구온난화에 영향을 미친다.

던 가장 단순한 염화불화탄소(삼염화 플루오린화 탄소CCL3F)의 지구온난화 잠재력은 3,800CO_2e이고, 아산화질소의 경우 310CO_2e, 메테인의 경우 21CO_2e이다(IPCC 2007). 20년 기준으로 메테인의 지구온난화 잠재력은 약 72CO_2e이지만, 500년을 기준으로 잡을 경우 8CO_2e 미만으로 감소한다. 이산화탄소 배출은 현재 전체 온난화 잠재력의 약 75%를 차지하며 나머지 대부분은 메테인(16% 정도)과 아산화질소가 차지한다(IPCC 2014).

지구온난화를 다각도로 살펴본 연구에도 불구하고, 불확실한 부분이 여전히 많이 남아 있지만, 배출의 추세는 선명하다. 4세대에 걸쳐 꾸준히 증가했고, 화석 이산화탄소의 모든 주요 공급원은 기후변화에 대한 첫 번째 세계 협약을 한 1992년 이래로 주목할 만한 수준의 증가를 기록했다(UN 1992). 이후 25년 동안 석탄에서 비롯된 배출은 70% 증가했고, 천연가스에서는 83%가 증가했다. 그리고 사료나 연료를 위해 화석연료에 의존하는 핵심 물질 및 처리 과정에서는 더 많이 증가했다. 암모니아에서는 60%, 선철에서는 90%, 시멘트에서는 230%가 증가했으며, 그러는 동안 연간 등록된 자동차는 2배가 되었고 비행 수송은 거의 150%나 증가했다.

지구온난화에 대한 정보의 주기적 요약은 기후변화에 관한 정부 간 협의체the Intergovernmental Panel on Climate Change(IPCC 2014)가 하고 있다. 수천 페이지에 달하는 전문 보고서를 읽을 자신이 없는 사람들에게는 섭씨 1.5도의 지구온난화에 대한 최신 보고서(IPCC 2018) 요약본이라도 읽어 볼 것을 권한다. 지금까지 인간의 활동으로 지구의 평균 온도는 섭씨 1도 상승했고, 현재 온실가스를 배출하는 속도라면 2030~2052년 사이 섭씨 1.5도 상승할 것으로 예상된다.

변화의 결과

미래에 발생할 온도 상승은 지구 전반에 고르게 나타나지는 않을 것이다(IPCC 2014). 전 세계 평균은 현재 산업혁명 이전 평균보다 섭씨 1도 높지만, 북극의 이상 기온은 현재 약 섭씨 3도 높아졌으며, 관련된 환경 변화는 심해질 것으로 예상된다. 그러한 변화에는 여름에 해빙의 표면 두께 감소, 겨울에 눈 두께의 감소, 빙하의 부피 감소, 영구 동토층의 붕괴, 하천 유량河川 流量, 호수의 수온 상승, 툰드라 지대의 관목 증가, 아북극 동물의 번식 지역과 개체군을 크게 바꿀 북극의 수목 한계선(고도와 위도 모두에서)의 전진 등이 포함된다.

유럽처럼 에어컨이 아직 흔하지 않은 지역과 중동의 대도시에서는 극단적으로 더워지는 여름이 최대 걱정거리다. 일부 지역에서는 특히 겨울에 호우의 빈도가 증가했으며 이러한 현상은 중위도 지역에서 더 빈번하고 강렬하게 나타난다(IPCC 2014).

높아지는 이산화탄소 수준과 평균 기온 상승의 조합은 식물 생산성을 높아지게 할 것이다. 오늘날의 이산화탄소 농도(400ppm 이상)도 옥수수와 사탕수수를 제외한 대부분 숲의 나무와 모든 주요 작물 종에 해당하는 C_3-식물[75] 광합성의 포화 수준보다 훨씬 낮다. 생산성 증가는 C_3-식물의 물 사용 효율이 더 높은 데서 기인하는데, 심지어 강수량이 더 낮은 지역에서조차 더 많이 생산할 수 있다는 것이 연구를 통해 확인되었다(Peters et al. 2018). 더 높아진 연간 생산성은 20세기 하반기에 미국 대부분의 지역과 중국의 숲에서 관찰됐으며(Nemani et al. 2002; Tao et al.

75 광합성에 필요한 이산화탄소를 공기 중에서 직접 얻는 식물.

2007), 네마니Nemani와 동료들은 이미 전 세계적 차원에서의 효과를 확인했는데, 1982~1999년 사이 전 세계 순일차생산량은 약 6% 증가했다(Nemani et al. 2003).

그런데 상승한 온도가 높은 위도에서 식물의 평균 성장 시기를 연장하기는 해도 지구 생태계는 온도 변화에 여전히 민감할 것이다(Nolan et al. 2018). 게다가 높아진 생산성은 영양 부족과 다 자란 나무들의 최소한의 성장 반응으로 인해 제한될 수 있다. 더 높아진 이산화탄소 농도와 함께 더워지는 세계에서 식물 성장이 순조로울 것이라고 자신 있게 결론짓기는 쉽지 않다. 증가하는 이산화탄소의 상당량은 바다가 흡수해 왔으며 이 과정은 바다를 점점 산성화시키면서 모든 바다 생물군과 특히 칼슘으로 껍질과 뼈대를 만드는 모든 유기체에 영향을 미치고 있다. 해양의 산성화가 바닷물을 완전한 산성(pH<7.0)으로 만들진 않겠지만 알칼리성은 줄어들고 있는데, 지난 2세기 동안 표면 해수의 pH는 8.2에서 8.1로 낮아졌으며 이는 대수적 척도로 거의 30%의 감소를 의미한다.

바닷물은 탄산칼슘 광물질(방해석과 아라고나이트 등)로 과포화 상태인데, 탄산칼슘 광물질은 조개껍데기와 골격을 만들기 위한 유기체(연체동물, 산호, 식물성 플랑크톤 등) 석회화 과정에서 사용된다. 바다의 많은 부분이 탄산칼슘 광물이 불포화되면서 일부 석회화 유기체들은 껍데기나 골격을 만드는 데 점점 큰 어려움을 겪게 될 것이다. 수온이 올라가는 현상 역시 산호의 표백화를 일으키고, 무척추동물들은 황록공생조류와 같은 것들을 자신의 세포 조직에서 배출하면서 하얗게 변한다. 이런 경우는 생존이 가능하지만, 산호의 경우 대개 상당한 폐사율을 수반하며, 연속 증상의 간격이 짧아질수록 회복하기 힘들 수 있다. 휴즈Hughes와 동료들은 1980~2016년 사이 전 세계 100개 산호초 지역의 표백화 현상 기록을 분석한 결과, 심각한 표백화 현상들 사이의 중간값이 꾸준히 감소하고 있다는 것을 발견했다(Hughes et al. 2018).

우리는 이미 몇몇 식물과 동물의 서식지가 북쪽으로 옮겨 가는 것을 보아 왔다. 생장온도 일수[76]에 대한 평가는 2017년에는 한대 지역의 겨우 32%만이 작은 곡물 재배에 적합한 조건을 갖추고 있었지만, 그 경계가 최대 1,200km까지 북쪽으로 이동하면서 2099년에는 그 지역의 76%가 경작에 적합해질 것으로 전망한다(King et al. 2018). 최근 호주, 북미, 유럽 등지에서 있었던 큰 규모의 화재는 또 다른 변화에 대한 대중의 관심을 집중시켰다. 증가하는 산불 빈도는 수십 년의 산불 억제와 숲을 침범하는 인간 정착지와도 관련이 있다.

어려움의 규모와 자연과의 불가피한 밀접성 때문에 이러한 환경 변화를 다루는 일은 매우 어려워질 것이다. 인구가 많은 나라의 경우에서조차 농업, 에너지, 경제에 기반한 과거의 변화는 한 가지였다. 그러나 약 10억 명의 사람들에게 적절한 식량과 에너지 공급을 보장하고, 매년 100조 달러를 초과하여 생산되는 세계 경제를 지탱하는 동시에 10년 안에 100억 Mt의 화석 탄소를 대체하는 일은 전혀 다른 차원의 도전이다.

....

76 작물의 생육 가능 온도를 적산한 값으로 그 지역의 기후에 따른 작물 또는 품종의 재배 가능성을 예측하거나 현재 재배하는 작물의 생육 단계를 예측할 수 있도록 고안된 것이다.

7
대전환의 결과와 미래

다섯 가지 대전환에 대한 결과와 전망

변화는 진화의 본질이지만 그 속도는 매우 다양하기에 대전환의 결과를 더 넓은 관점에서 바라보아야 한다. 필자는 속도와 규모에 초점을 맞춰 보았다. 비교와 요약은 전환의 정도와 인류의 안녕에 미친 영향에 대한 확실한 증거를 제공한다. 그런데도 이런 결과들은 제대로 검토되지 못했다. 그것은 미디어에서 소위 재난이라고 끊임없이 떠드는 주제들만큼 관심을 받지 못했기 때문이다.

이런 편향은 자주 있어 왔다. 1960년부터 통제 불가능한 인구 증가, 식량 위기와 기근, 환경 악화, 에너지 부족 그리고 이로 인한 경제 붕괴는 널리 주목을 받아 왔지만, 지난 반세기 동안 제시됐던 종말론적 예측 중 어느 것도 실현되지 않았다. 과거와 현재의 사실들을 정확하게 이해하는 것은 중요하며, 반복해서 등장하는 재난적 주장들을 회의적인 시선으로 검토하는 것이 현명하다. 반면, 미래가 과거에 이룬 성취보다 더 나을 거라고 자만하는 것은 매우 경솔한 태도다. 현대 문명이 이룬 성취는 희망을 고취하고 우리의 문제 해결 능력에 자신감을 불어넣었다. 하지만 이러한 진보를 찬양하느라 미래의 대전환을 매우 어렵게 만들 수 있는 여러 근본적 한계와 바람직하지 못한 추세의 복합적인 영향을 무시해서는 안 된다.

····

다섯 가지 대전환의 영향

태양은 수소 원자를 융합하여 중심핵에서 헬륨을 생성하고 엄청난 양의 에너지(4^{26}W)를 방출하는 주계열성[1]에 속한다. 태양의 핵융합은 46억 년 전에 시작됐으며, 별이 마지막 붕괴 전 백색왜성[2]이 될 적색거성[3] 단계에 들어설 때까지 45억~55억 년이 더 남았다. 지구의 나이는 45억 살이며 그중 절반 이상은 대륙이 바다 위로 솟아 있고 대기 중에 산소가 있는 현재의 모습과 크게 다르지 않았다(Smil 2002).

우주와 지질의 시간(10^9년)에 비교하면 지적인 인간이 출현한 뒤로 벌어진 변화들은 거의 눈 깜짝할 순간처럼 보인다. 변화의 규모는 수치의 비교를 통해 잘 설명할 수 있지만, 우리의 이해는 한계에 부딪히기 마련이다. 한 자릿수의 차이는 물론 10배를 의미하기 때문에 1과 10, 10과 100

········

1 주계열에 속하는 별. 지름과 질량이 태양과 비슷한 왜성(矮星)으로, 별의 중심부에서 일어나는 수소 핵융합 반응으로 빛을 내며, 질량이 클수록 표면 온도가 높고 더 밝아진다.

2 밀도가 높고 흰빛을 내는 작은 항성(恒星). 지름은 지구와 비슷하고 질량은 태양과 비슷하다.

3 중심핵에서 수소의 연소가 끝난 진화 단계에 있는 항성. 본래 크기의 100배까지 팽창하며, 표면 온도는 낮다.

의 차이로 쉽게 상상할 수 있지만, 천만에서 1억의 차이(10^7에서 10^8)를 구체적으로 상상하는 것은 불가능하다.

변화의 속도

현대 인류가 최초로 출현한 시기는 불확실하지만, 그 차이는 26만~35만 년(10^5) 전으로 거슬러 올라간다(Schlebusch et al. 2017). 기원전 1만 년에는 거주가 가능한 전 대륙에 몇백만(10^6) 명이 살고 있었고, 그들은 모두 수렵 채집인이었다. 기원전 4000년에 전체 인구는 1천만(10^7) 명에 가까웠으며, 농경 사회에 정착한 인구는 점점 증가해 일부 지역에서의 전환은 몇천 년 만에 이루어졌다. 다음에 이루어진 양적 전환과 질적 전환의 조합은 훨씬 더 빠르고 더 인상적이었다. 기원전 500년 즈음(피타고라스가 죽고 보이오티아 동맹Boeotian League[4]이 결성된 뒤 두 세대가 지났을 때)에 세계 인구는 1억 명(10^8)에 도달했으며, 대부분은 놀라운 구조물과 예술 작품을 보유하고 있는 도시가 통치하는 복합적인 정주定住 사회에 살고 있었다.

그리고 지중해를 중심으로 한 로마제국(기원전 509년에 원래 공화국이었다가 기원전 27년부터 서기 476년까지의 제국), 중동의 파르티아Parthian(기원전 247년~서기 224년), 중국의 한나라(기원전 202년~서기 220년)에 이르는 천 년 동안 점진적으로 발전한 후, 인구, 기술, 경제적인 측면에서 상대적인 정체기가 뒤따랐다. 이런 암울한 상황은 16세기 유럽 사회가 제국주의

....

4 기원전 550년경에 고대 그리스 보이오티아 지역에 있던 도시 국가들이 결성한 동맹. 테베의 주도로 결성되었고, 페르시아 전쟁에서 페르시아 편을 들었다가 전쟁에서 패하자 동맹이 해체되었다.

정복과 과학적 돌파구를 결합하는 과정에서 반전되며 이전에 기술적으로 더 발전된 중국을 앞서 나가기 시작하면서 근대 문명의 기초가 세워지기 시작한다.

전 세계의 인구는 19세기 초 1억 명에서 10억 명으로 한 자릿수 증가하기까지 2천 년 이상(약 2300년) 소요되었다. 그리고 고대, 중세, 근대 초기의 경제 생산을 재구성한 것을 보면(신뢰도가 낮은 걸 감안하더라도) 수 세기 동안 연간 성장률이 0.01% 미만이고, 이후 높아도 단 0.1~0.2%에 불과하며, 몇 세대에 걸쳐 반복적으로 성장이 멈췄었다. 이런 점을 고려해 보면 세계의 경제 생산은 성장하기까지 오랜 시간이 필요했을 것으로 보인다.

엄청난 가속도의 연쇄로 인해 사회·경제적인 발전과 삶의 질, 복합성의 근본적인 수치가 빠르게 증가하기 시작하면서, 단 몇 세대 동안에 현대 사회의 급격한 변화가 이루어졌다. 전 세계 인구는 1960년대까지 기하급수적인 성장을 지속했으며 그즈음에는 여덟 세대 만에 4배가 됐다. 이후 성장률은 감소했으나 기존의 증가를 토대로 세계 인구는 1800년 이래 200년 동안 6배로 증가했다. 10^9명을 넘어선 지 300년도 안 된 2100년에, 100억 명(10^{10})으로 한 자릿수가 더 증가할 가능성은 매우 높아 보인다.

아마 현대의 가장 경이로운 특징은 식량과 에너지 공급 그리고 인간 존재의 기초인 전 세계 총경제성장률이 전 세계 인구 증가율(20세기 중 1.3%)을 상당한 차이로 넘어서며 1인당 큰 이득을 얻게 됐다는 점일 것이다. 식량 생산은 만성적인 결핍 조건에서 부유한 나라의 과잉 상태로(모든 식품 생산에서 최대 40%까지 낭비되고 있다.) 그리고 중국, 인도, 인도네시아, 브라질과 같은 세계에서 가장 인구가 많은 국가에서도 충분히 안정적인 수준까지 증가했다. 중국의 1인당 식량 공급량 수준은 현재 일본보다 높으며,

브라질의 평균은 호주와 비슷하다(FAO 2019).

20세기 작물 수확량을 재구성한 결과, 총생산량(에너지로 표현)은 7배 증가했으며, 이는 1.9%의 연평균 성장률을 의미하는데 같은 시기 연평균 인구 증가율보다 50% 가량 높은 수치이다. 유사 이래 처음으로 상당량의 작물 수확이 인간을 위한 식량에서 동물 사료로 전환되면서 전 세계의 육류 생산은 일 년에 1.9%씩 성장하여 20세기 중 5배가 되었으며, 동물성 식품 섭취가 많이 늘면서 영양실조와 영양 부족에 시달리는 인구가 꾸준히 감소했다.

1차 에너지 공급은 바이오매스와 동물 에너지가 지배하던 세상에서 압도적으로 화석연료와 비동물 원동기에 의존하는(그리고 수력 및 원자력 발전에 의해 보충되는) 새롭고 복합적인 시스템으로 전환했다. 20세기 중 이런 새로운 에너지의 공급은 연평균 약 2.8%의 성장했지만, 적절한 비교를 위해서는 에너지 효율의 전환으로 얻은 이득을 고려해야 한다. 그렇게 하면 유용한 상업 에너지의 연평균 성장률이 총인구 증가율의 약 3배인 3.7%가 된다.

전 세계 경제 생산의 총계는 그들의 구성 국가 측정의 모든 문제를 담고 있으며, 장기적 측정들은 근사치일 뿐이다. 이런 이유로 지표적인 성장률만 인용하는 편이 더 낫다. 드롱DeLong이 기록한 연속적인 수치는 1800~2000년 사이 200년 동안 연평균 2.7%의 성장을 보여 주고(DeLong 1998), 매디슨Maddison의 자료에 따르면 1820~2003년 사이에 연평균 2.2%의 성장을 보여 주는데(Maddison 2007), 둘 다 평균적인 인구 성장을 훨씬 앞서면서 1인당 주목할 만한 이득이 생겼음을 의미한다.

변화의 규모

20세기 진보의 핵심적인 역할을 한 물질들의 연간 전 세계 생산량에 대한 자료를 수집했다. 핵심적인 변수들이란 에너지, 인광석을 황산으로 분해하여 만든 합성 암모니아와 과인산염으로 전달되는 두 개의 주요 비료인 질소와 인 그리고 네 개의 지배적인 물질인 시멘트, 강철, 플라스틱, 알루미늄(그림 7.1)이다. 가장 두드러진 특징은 새로운 물질의 출현이다. 19세기 중에서는 단 두 개의 품목만이 해당된다. 왜냐하면 1800년에는 상대적으로 적은 양의 석탄과 훨씬 적은 양의 강철만이 상업적으로 생산됐으며 두 분야 모두 모두 영국이 선두 주자였다.

반면에 비록 플라스틱 생산의 급증은 1910년 합성수지인 베이클라이트Bakelite의 도입과 더불어 이루어졌지만, 1900년에는 오늘날 주요 핵심

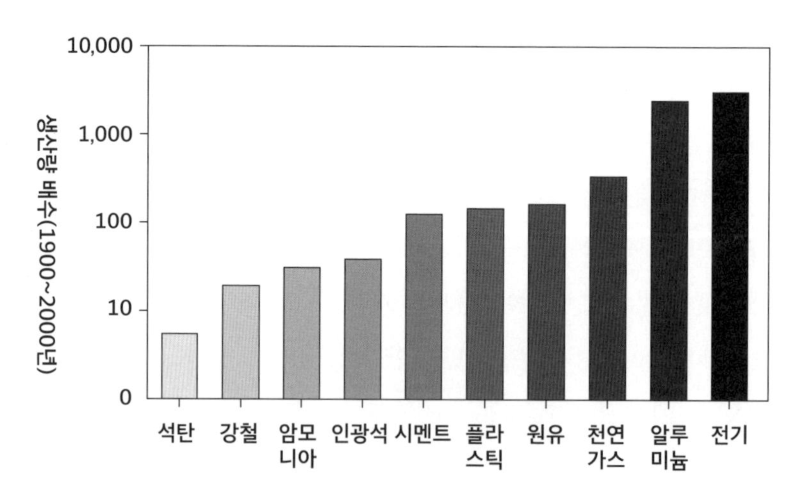

[그림 7.1] 20세기 주요 에너지 형태 및 가장 중요한 물질에 대한 생산량 배수. 전기 발전, 알루미늄의 제련, 질소 고정화가 가장 큰 확장을 보였으며, 암모니아와 플라스틱의 증가는 1950~2000년 사이에 이루어졌다.

투입물인 합성 암모니아(1913년 생산 시작)를 제외한 모든 투입물의 상업화가 이루어지게 됐다. 결과적으로 우리는 암모니아와 플라스틱이 얼마나 증가했는지 알 수 없지만, 1950년과 2000년 사이에는 각각 약 30배와 120배 정도 증가했다고 계산할 수 있다. 석탄을 제외한 강철과 인산광물 투입량의 경우 20세기 동안 적어도 한 자릿수 증가했으며, 원유와 천연가스 추출, 시멘트 생산은 두 자릿수, 알루미늄 제련, 전력 생산은 세 자릿수 증가했다.

이렇게 서로 관련 있는 생산물의 증가가 미친 영향은 장수하는 인구의 증가, 활동적인 삶을 사는 기간의 연장, 교육 수준의 향상, 소득의 증가, 생활 편의품의 이용, 여행 빈도의 증가, 정보와 커뮤니케이션의 이용 등을 포함하는 삶의 질적 향상을 통해 확인할 수 있다. 대개 이런 향상은 동시에 이루어지면서 그 어느 때보다 더 많은 사람에게 혜택을 주었다. 20세기에 와서야 산업화한 국가들에서는 기대 수명이나 교육 수준이 한 자릿수조차 향상되지 못했지만, 서구 사회에서 장수 인구의 수명은 1800~2000년 사이 40세에서 80세로 늘어나며 거의 2배가 됐다. 1900년에는 읽고 쓸 줄 아는 인구의 비중이 서유럽의 경우 약 80%로 높았지만, 전 세계 평균은 겨우 35%였으며 동아시아의 경우 30%였다. 2000년에 전 유럽 평균은 궁극적으로 100%가 되었고, 동아시아 평균도 90%에 근접하면서 전 세계 평균은 80%에 가까워졌다(van Leeuwen and van Leeuwen-Li 2014).

매디슨에 따르면, 1인당 GDP 성장에 대한 전 세계 평균은 1820~2003년 사이 10배였으며, 국가별로 살펴보면, 일본은 30배, 미국의 경우 거의 25배, 독일은 약 18배였으며 영국은 12배였다. 드롱의 전 세계 GDP 추산은 1800년 이래 대략 평균 40배로, 이는 20세기 중에 거의 정확하게 10배의 성장이 있었음을 암시한다(DeLong 1998). 주요 경제 국가 중 가장 큰 성장을 기록한 국가는 중국이었다. 중국은 1800~1950년 사이에는 1인당 GDP가 성장하지 않았고, 그 비율은 다음 25년 동안에도 약 2배밖에 되지 않았다(마오쩌둥은 1976년에 사망했다). 경제 개혁은 1980년에 천천히 시작되었고 2000년에는 중국의 1인당 GDP가 12배 성장했으며 2019년까지 추가로 거의 10배 성장하면서 1980년 이래로 120배 성장했다. 이런 이례적인 증가는 후발주자로서의 이점(이미 존재하는 최고의 기술을 활용할 수 있다는 점), 엄청난 양의 외국인 직접 투자 유치, 세계 최대 수출 지향적 제조국이라는 삼박자가 맞아떨어지면서 가능했다.

전반적인 이동 거리의 배수는 구성하기가 쉽지 않다. 종합적인 계산은 현대의 운송 방식과 널리 사용되는 운반 기기의 수용력 그리고 일반적인 여행 거리를 결합해야 하며, 그 결과에 이동의 이유는 포함되지 않을 것이다. 예를 들면 엄청난 인킬로의 총합은 대규모의 단거리 통근이나 잦은 도시 간 장거리 비행을 통해 알 수 있다. 미국의 교통 통계 자료를 통해 1900년과 2000년의 인킬로 총합을 구성할 수 있다(USBC 1975; BTS 2019). 첫 번째 경우에는 총계에 철도 교통만이 포함되다가, 한 세기 이후에는 자동차 승객, 정기적 비행, 철도 교통이 종합적으로 포함됐다. 20세기 동안 증가는 대략 200배 정도이며, 2000년의 자동차에 의한 인킬로는 전체의 85%를 차지한다.

따라서 부유한 국가에서는 개인 이동성의 향상이 에너지와 물질적 투입량의 증가와 비슷한 수준으로 이루어졌다. 그러나 이 모든 것들은 정보와 소통의 장기적인 향상과 비교하면 미미해 보인다. 정보와 소통의 지표들은 19세기 동안 빠른 인쇄, 사진, 오디오 녹음의 발전과 목재 펄프로 만든 값싼 종이 생산으로 인해 처음으로 상승했다. 20세기 전반에는 훨씬 더 저렴해진 인쇄, 녹음, 이미지 복제뿐만 아니라 영화와 텔레비전이 등장했다. 이후 디지털 정보의 팽창은 이전까지의 성장을 아무것도 아닌 수준으로 만들었다. 2016년까지 전 세계 정보 저장량은 16ZB를 넘어섰으며, 이는 2000년 전보다 11자릿수(3,200억 배) 높은 수치이다(Seagate 2017).

아마 통신의 향상을 수치화하는 가장 좋은 지표는 국제 전화 요금일 것이다. 다시 말하자면, 20세기 전체에 대한 종합적 비교는 있을 수 없는데, 시외 전화 서비스는 미국의 일부 지역에서 1880년대 초부터 가능했지만, 대륙 횡단 통화(샌프란시스코에서 뉴욕의 경우)는 1915년 1월에 들어서야 가능했으며, 최초의 대서양 횡단 통화(런던에서 뉴욕)는 1926년 3월에야 처음으로 이루어졌기 때문이다. 1930년에는 국제 전화에 대한 일반적인 요금이 부과되기 시작했는데, 1972년에는 90% 감소했으며 1993년에는 1% 미만으로, 2000년에는 0.1%로 떨어지면서(OECD 2013) 70년 안에 1,000배의 감소를 보였다. 그리고 21세기 들어 15년 동안 비용은 또 한 번 한 자릿수 감소했다(그림 7.2). 페이스북 메신저, 왓츠앱, 위챗, 텔레그램, 바이버, 구글 행아웃 등을 통해 개인이 세계 어디에 있든지 동시에 통화할 수 있게 되었고, 오래 기다려야 하고 교환원이 연결해 주는 잘 안 들리는 국제전화를 하던 시절은 아득한 기억이 되었다.

아서 클라크Arthur Clarke는 충분히 진보된 기술은 마법과 구별할 수 없다는 과학의 제3법칙Third Law을 자주 언급하곤 했다(Clarke 1962). 이 주장

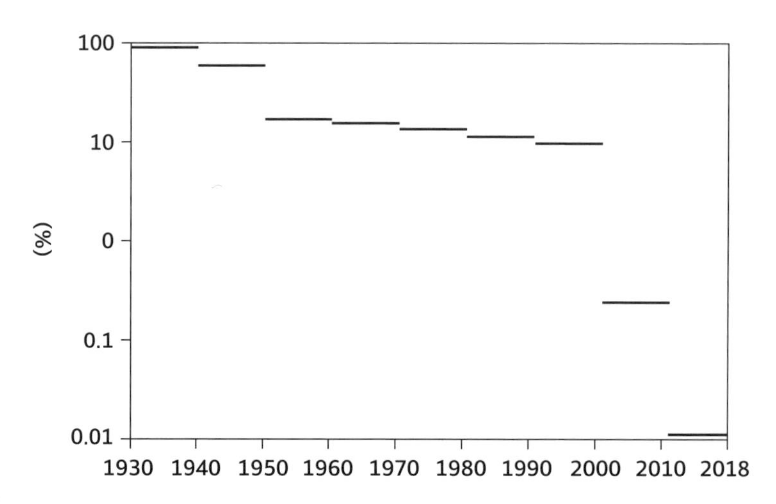

[그림 7.2] 국제전화 요금의 하락. 1930년대와 비교해서 짧은 대서양 횡단 통화는 현재 4자릿수 (1/10,000) 저렴하다.

은 두 세기나 한 세기, 혹은 더 짧은 기간의 대전환에서 비롯된 삶의 질적 향상을 설명하는 데도 충분히 목적에 맞게 적용할 수 있을 것이다. 장수, 소득 수준, 편의 시설, 에너지의 공급, 다양한 음식, 여행의 용이성과 저렴한 가격, 정보의 과잉과 같은 모든 발전은 두 가지 측면에서 진짜 마법처럼 여겨졌다. 첫째, 오늘날 필수적인 주요 투입물의 대부분(암모니아 합성에서 전기 발전에 이르는)과 그로 인해 얻게 된 이득(항생제에서 냉각시설에 이르는)은 두 세기 전에는 존재하지도 않던 것이다. 둘째, 기대 수명은 차치하고라도 20세기의 성취 규모는 초기 실적의 단지 2~3배 수준이 아니라 적어도 10배에서 100배 혹은 1,000배에 이르는 데다 발전이 영향을 미치는 범위는 쉽게 개념화하기 어렵기 때문에 되돌아보면 진정 마법과 같다고 할 수 있다.

미래에 대한 전망

이 책의 존재 이유는 (누군가에게는) 과도한 수치의 나열을 통해 부정할 수 없는 성취의 기원을 설명하고 발전 궤적을 따라가는 것이다. 필자는 이런 식의 접근이 대전환의 복합적 측면을 기록하고, 많은 우려스러운 결과뿐만 아니라 주목할 만한 성취도 보여 주며, 이어지는 과정의 획기적인 성과와 내재한 복잡성을 전달하기 위해 필요하다고 믿는다. 이런 이유로 이후에 벌어질 전환들을 평가할 때 실패와 성공 중 하나만을 주요 본보기로 삼는 것을 거부한다. 필자의 이런 입장은 음울하고 재앙적이거나 아니면 그저 눈부시고 밝기만 한 미래를 주장하는 사람들과는 다소 대조적으로 보일 것이다.

첫 번째 전망은 고대의 종말론적 혈통을 따르는데, 현대에 그런 전망을 하는 사람들은 임박한 멸망과 엄청난 고난의 이야기를 할 때 극적인 묘사를 아끼지 않는다. 로마제국은 그들이 선호하는 붕괴의 사례인데, 여기에는 두 가지 중요한 사실을 무시하는 관행이 드러난다. 첫째는 제국의 동쪽 지역(330년에 수도가 로마에서 콘스탄티노플로 옮겨간)은 수백 년 동안 번영을 이어갔으며(심지어 확장하기까지), 마지막 서쪽 지역의 통치자가 476년에 폐위된 이후로도 거의 천 년 동안 살아남았다는 사실이다. 둘째는 서쪽 제국의 다양한 유산은 절대 사라지지 않았으며, 서기 800년 이후에 주요한 방식으로 부활하고, 유럽 역사에서 또 다른 1000년 동안 중요한 정치적, 문화적 발판을 제공하면서 오늘날 유럽연합에 지속적인 영향을 미쳤다는 것이다.

인구 증가와 식량 생산에 관한 재난적인 예측들 중 폴 에를리히Paul Ehrlich의 결론만큼 실패한 예측의 모범으로 회자되는 것도 없다. 그는 '모든 인류를 먹여 살리기 위한 전투는 끝났다. 1970년대에는 수억 명의 사람들이 굶어 죽을 것이다.'라고 했다(Ehrlich 1968, xi). 하지만 임박한 종말론을 떠들고 다닌 사람은 에를리히만이 아니었다. 그는 단지 다른 사람들보다 더 극적으로 시대의 분위기를 포착했던 것뿐이다.

로버트. 하일브로너Robert Heilbroner의 가장 유명한 예측은 임박한 미래의 식량에 관한 것이었다. 그는 '세계 식량의 비축량은 제2차 세계대전 이래로 현재 최저점에 있으며, 전례 없는 기근의 가능성에 대한 전반적인 경각심이 있다… 한편, 세계 어획량은 정체에 접어들었거나 실제로 감소하고 있다… 마지막으로, 저개발 국가들의 절망적 식량 부족 사태를 미연에 방지할 수 있을 만큼 빨리 비료 공장을 건설할 가능성은 없어 보인다.(Heilbroner 1975, 153~154)'라고 했지만, 이런 예측은 완전히 빗나갔다. 현실은 반대 방향으로 흐르면서 수억 명의 사람들의 처지가 불안정한 식량 공급 상황에서 안정적인 식량 공급 상황으로 바뀌었다.

저소득 국가의 영양실조 유병률은 1970년 35%에서 2018년 약 12%로 감소했다. 1970년 이래로 전 세계 평균 영아 사망률은 반 이상 감소했으며, 2018년 전 세계 주요 곡물 생산량은 1970년 수준의 2.5배가 됐고 해양 수확량(어획과 양식)은 약 3배 높았다(FAO 2019). 경제학과 교수인 하일브로너는 하버-보슈법을 사용하는 질소 비료 공장에 관해 기본적인 지식이 있는 누군가에게 자문했어야 했다. 추가적인 비료 공장을 짓는 데는 기술적이거나 경제적인 문제가 하나도 없었다. 중국은 1989년, 암모니아의 최대 생산국이 되었으며(소련을 넘어섰다), 질소 비료의 과잉 공급으로 1990년 초 상당한 가격 하락이 이어졌으며, 2018년에 전 세계 암모니아 생산은 1975년의 세 배 이상이었다(FAO 2019).

대신, 하일브로너Heilbroner는 중국을 '다음 세대가 반드시 해야 하는 심오하고 고통스러운 적응에 관한 가장 큰 희망을 보여 주는' 이상적인 사회 형태라며 칭찬했다. 그는 중국 집권 공산당의 끔찍한 기록(수백만 명에게 영향을 미친 인간에 의해 유발된 전 세계 최악의 기근, 숙청, 추방 등)을 무시하고, 새로운 중국에 관한 그 시대의 광범위한 열광을 반영하며, 마오쩌둥의 사망 일 년 전, 다음과 같이 썼다.

우리는 중국 사회에서 미래의 어떤 모범적 요소들을 엿볼 수 있다. 그것은 산업화에 대한 신중한 통제, 개인의 소비 욕구를 부추기기보다 억제를 위해 계산된 경제 정책 그리고 무엇보다 사회주의 '교敎'의 신념과 준수를 통해 표현된 조직된 믿음이다(Heilbroner 1975, 161).

40년이 지나도 여전히 같은 당의 완전한 지배를 받고 있으며 운영 방식은 고통을 가하는 방식에서 대규모 전자 제어(사회 신용 시스템)를 강요하는 것으로 바뀌었다. 그리고 포스트 마오주의 정책은 세계에서 가장 빠르고 광범위한 산업화와 물질 소비를 추구하는 경향 때문에 세계 최대 사치품 시장과 가장 많은 억만장자(합법적이든 불법적이든)를 양산했다. 중국은 미국을 앞지르려고 하지만 미국은 심오하고 고통스러운 적응의 패러다임이 아니다. 그리고 일부 서구 지식인들의 희망 사항과 (덩샤오핑이 새로운 기근을 막기 위해 국가를 현대화해야 한다고 생각했다는 사실은 놀랍지 않다) 중국이 경제 따라잡기를 하고 있는 매우 다른 현실만큼 당혹스러운 대조를 보여 주는 예는 별로 없다. 저자들은 실패한 재난 예측과 현실에 대한 근본적인 오해를 장황하게 설명하는 것으로 책을 채우면서 편한 길을 걷는다.

이런 재난에 대한 해석과 예측의 오랜 전통은 전반적으로 자원이 고갈되고 특히 원유가 그러할 것이라는 반복적인 주장을 비롯해 경제적 침체, 테러리스트의 활동 그리고 심각한 지구온난화에 의해 되살아나고 있다. 이런 것들은 기근 예측에 실패한 폴 에를리히가 45년 만에 쓴 글에서 증가하는 환경 악화로 인해 '이제, 최초의 세계적인 멸망이 일어날 것 같다(Ehrlich and Ehrlich 2013, 1).'라고 결론지은 이유이다. 게다가 이는 에를리히 혼자만의 생각이 아니다. 월리스-웰스Wallace-Wells는 지구온난화로 인해 모든 상황이 '당신이 생각하는 것보다 아주 많이 심각하다'고 장담했으며(Wallace-Wells 2019), 영국 공공정책연구소British Institute for Public Policy Research도 자연계가 새로운 위험 영역을 만들어 내며 사회에 국소적인 수준부터 세계적인 수준에 이르는 영향을 미치면서 우리가 환경 몰락의 시대로 접어들었다고 결론 내렸다(Laybourn-Langton et al. 2019).

인류에 대한 전망과 관련해 가장 염려스러운 최근의 평가는 아마 생물다양성과학기구Intergovernmental Science-Policy Platform on Biodiversity and Ecosystem Services에서 나온 생물 다양성과 생태계 서비스에 관한 국제 평가 보고서Global Assessment Report on Biodiversity and Ecosystem Services일 것이다(IPBES 2019). 악화하는 문제들에 관해 장황하게 이어지는 설명은 산호초의 손실(1870년 이래로 반 정도가 사라짐)에서부터 육지의 황폐화(전 세계 토양의 약 4분의 1에서 나타나는 생산성 감소) 그리고 꽃가루 매개자의 감소부터 외래종의 침투(1980년 이래로 최대 40%까지)에 이르기까지 광범위하게 걸쳐 있다. 등장하는 모든 결론 중에서 가장 심각한 내용은 다음과 같다.

동식물군의 약 25%의 종이 위협을 받고 있는데, 이는 가속화되는 생물 다양성의 손실을 줄이기 위한 행동을 하지 않는다면 약 100만 종이 수십 년 안에 멸종할 위기에 직면해 있음을 암시한다. 그리고 조처가 이루어지지 않는다면, 이미 지난 1000만 년 동안 지구상에서 사라졌던 것보다 적어도 수십 배에서 수백 배 더 많은 생물이 더 빠른 속도로 사라질 것이다.

이런 내용은 단순히 10대들의 행진[5]이나 멸종 저항Extinction Rebellion 활동[6]에서만 나오는 말이 아니다. 유엔 총회의 의장도 재앙을 막을 수 있는 기한이 11년밖에 남지 않았다고 주장했다(UN 2019b). 우리는 무너진 미래 서구 문명에 대한 시각(Oreskes and Conway 2014)까지 얻게 되었으며, 벤델Bendell은 '기후변화로 인한 피할 수 없는 단기적 사회 붕괴에 직면하여 독자들에게 그들의 일과 삶을 재평가할 기회를 제공하기 위해서' 지구의 기후 비극에 대해 관념적인 논문을 썼다(Bendell 2018, 2).

필자는 반복해서 등장하는 격변설(기후 때문이든, 자원 때문이든)이 지루하고 설득력이 없다고 생각하지만, 그 반대의 시각에도 비슷한 태도를 취하고 있다. 먼저, 이런 시각 중에 상대적으로 절제된 버전은 다가올 밝은 미래에서 우리의 최근 성취의 많은 것들이 반복되면서 건강이 개선되며, 수입이 높아지고, 식량은 넘쳐나고, 이동에 드는 비용도 줄어들며, 정보에도 더 쉽게 접근할 수 있게 되는데, 그 어느 때와 비교해도 이 모든 것들이 환경에 미치는 영향은 적을 것이라고 주장한다. 이것은 크게 호평받

....

5 기후변화 운동원에는 10대 소년 소녀도 많이 있다.

6 영국에서 기후변화 대응 시위를 이끌고 있는 단체.

은 한스 로슬링Hans Rosling과 스티븐 핑커Steven Pinker의 두 출판물이 담고 있는 메시지이다(Rosling et al. 2018; Pinker 2018).

저자들은 필자가 2000년부터 이 책과 다른 글(특히 Smil 2005, 2006, 2010a, 2013b, 2014, 2017a, and 2020)에서 했던 것과 같은 기본적인 수칙들을 따르고 있다. 우리는 모두 주목할 만한 역사적 업적을 살피면서 사실과 수치에 초점을 맞추어 현대 문명의 현주소를 평가했다. 그리고 우리는 모두 얼마나 많은 것들이 꾸준하고 인상적으로 더 나아졌는지 설명하기 위해, 다양하고 암울한 문제와 임박한 한계, 침체 및 재난에 대한 기사를 보도하는 뉴스 헤드라인에 대항하며 눈에 띄는 삶의 질적 향상과 놀라운 기술적 성과를 제시해 왔다.

한스 로슬링은 그의 책 《팩트풀니스Factfulness》에서, 아는 것이 많은 사람조차 '세상에 대한 기본적인 사실'이 '세상이 점점 나빠지고 있다.'라고 이해하고 있으며, 이것은 '엄청난 오해'로, '상황은 당신이 생각하는 것보다 좋다.'라고 주장했다(Hans Rosling 2018). 스티븐 핑커는 우리가 헤드라인이 아니라 트렌드 라인(추세)을 봐야 한다고 훈계하며, 장수나 빈곤 감소에서부터 민주적 통치의 확산에 이르는 수많은 삶의 질적 향상을 읊었다(Steven Pinker 2018, 77). 필자 역시 과거 발전의 범위와 속도에 주목함으로써 훨씬 더 다루기 힘든 문제에만 빠져 있는 세계의 일방적인 시각을 바르게 조정할 수 있다는 로슬링과 핑커의 의견에 동의한다. 그러나 어째서 필자는 아직 로슬링이나 핑커의 전망에 온전히 동의하지는 못하는가? 왜 필자는 감탄스러운 기록의 존재가 미래도 마찬가지일 거라는 전망을 보여 주는 불가피한 근거라고 믿지 않을까?

필자는(핑커의 몇몇 경멸적인 표현을 선택하자면) '쇠퇴론자'가 아니며, '진보 공포증progressophobia'을 가진 것도 아니고, 무엇보다 '대혼란 장사치entrepreneur of mayhem'도 확실히 아니지만, 보편적이고 끊이지 않는 발전 메시지에 관해 적어도 세 가지는 매우 우려하고 있다. 그중 가장 우려하는 것은 '선별적 사실 무관심'이다. 로슬링과 핑커는 모두 그들의 주장에 맞지 않는 현실은 무시하기로 했는데, 그들이 긍정적인 진보를 묘사하기 위해 선택한 범주 내에서도 그런 모습이 보인다. 베르그렌Berggren은 로슬링의 '편향된 변수 선택'에 대한 실질적인 문제를 비판했다(Berggren 2018). 필자는 이 중 주요한 예시를 두 가지만 들어 설명할 것이다.

지구의 생물권은 로슬링의 책에 거의 등장하지 않는다. 생물 다양성의 손실과 같은 중요한 걱정거리에 대한 내용은 전혀 없고, 지구온난화는 329쪽 중에 14줄을 차지한다. 그리고 로슬링의 책이 '세상과 실제 상황에 대한' 것이라면, 왜 소득과 부의 분배를 점점 더 불평등하게 만드는 것에 대해 아무 말도 하지 않는 것인가? 이것은 토마 피케티Thomas Piketty의 매우 유명한 《21세기 자본Capital in the Twenty-First Century》(Piketty 2014) 이후 4년 만에 출판된 책에 나타난 기묘한 생략이다. 필자는 피케티의 결론이 의심을 받아 왔다는 점을 잘 알고 있다. 오텐Auten과 스플린터Splinter는 미국의 변화에 대한 그의 모든 주장이 비판적인 질문에도 끄떡없다는 것을 설득력 있게 보여 주었다(Auten and Splinter 2018). 하지만 최근 많은 다른 연구들도 불평등이 전 세계적으로 증가하고 있다는 사실을 보여 주고 있으며, 이는 아마 중국에서 가장 두드러진 현상일 것이다.

중국은 항상 새로운 부를 퍼뜨리는 가장 큰 성공 사례로 언급돼 왔고, 실제로 대부분의 인구가 겨우 생존하던 상태에서 어느 정도 번영이라 부를 수 있는 상황으로 변화했다. 그러나 이미 언급했듯, 중국 사회는 1980

년대 경제 개혁의 초기 단계의 적당한 불평등에서 세계에서 가장 불평등한 국가 중 하나가 되었다(Jain-Chandra et al. 2017). 로슬링이 사용한 자료에는 이런 달갑지 않은 경제적 변화에 대한 언급은 없었던 반면, 이후 《지금 다시 계몽Enlightenment Now》(Pinker 2018)에서 기본 메시지를 반복하고 확장하게 되는 《우리 본성의 선한 천사The Better Angels of Our Nature》(Pinker 2011)를 필두로 하는 핑커의 책 네 권이 등장하는데, 이 책들의 기본적인 메시지는 거의 모든 것이 좋아졌으며 앞으로도 마찬가지일 것이라는 내용이다.

첫 번째 책의 가장 주목할 만한 메시지는 폭력이 감소하고 있으며, 국가 간의 전쟁이 줄어들고, 따라서 전투로 인한 사망도 드물어졌다는 것이다. 다시 말하지만 다른 사람들은 도덕적 진보에 대한 근본적인 생각과(Gray 2015) 핑커의 '유토피아에 던지는 추파'에 대해 통찰력 있는 비판을 해 왔다(Willick 2018). 따라서 필자는 어떤 지표들은 그의 이야기와는 전혀 다른 현실을 보여 준다는 것만 지적하겠다. 소위 폭력이 사라지고 있다는 이 시대에 미국은 아프가니스탄에서 처음에는 알카에다, 나중에는 탈레반에 대항하고, 이어서 탈레반과 ISIS를 동시에 상대하며 미국 역사상 가장 긴 전쟁을 벌여왔다. 2019년 10월 이 전쟁은 군사적으로 해결되지 못한 채, 19년 차에 접어들었다. 그동안 탈레반은 2001년보다 훨씬 더 강력한 세력이 되었으며, 아마 그들에게 '평화'란 중세적 여성 혐오 신권정치에 대한 항복을 의미할 것이다.

게다가 2019년까지 이라크, 아프가니스탄, 파키스탄, 시리아에서 미국이 들인 전쟁 비용은 거의 6조 달러에 달했으며, 차용된 돈과 재향 군인 의료에 대한 미래 이자 비용은 향후 40년 동안 8조 달러에 이를 것으로 추산된다(Watson Institute 2018). 그리고 핑커가 완전히 무시한 사실은 48만 명의 사람들이 이 전쟁에서 죽었으며, 그 수는 제2차 세계대전에서 미군과 민간인 사망자 수를 합친 것보다 더 높다는 점이다(DeBruyne 2018). 여기서 선한 천사의 본성이 보이는가? 그리고 말리에서 미얀마까지, 다른 지역에서 벌어지는 폭력도 사라지지 않고 있으며 불균형적으로 민간인에게 영향을 미치고 있다. 이런 이유로 유엔난민고등판무관위원회UN High Commission for Refugees는 전 세계의 강제 실향민 수가 역대 최고 수준인 약 7,100만 명을 기록했다고 보고했다(UNHCR 2019). 과연 핑커는 220만 명 가까이 되는 미국 성인을 포함한 새로운 대량 살상 현상을 뭐라고 분류할까?

핑커는 또 미국의 대기오염물질 배출 감소, 온대 생태계의 삼림 벌채 감소, 기름 유출 감소, 전 세계적 보호 지역 증가 등을 포함해 몇 가지 주목할 만한 환경 발전 사례들을 언급하고, 심지어 전 세계적인 멸종률이 75%까지 감소했다고 주장한다. 하지만 핌Pimm과 동료들은 현재 멸종률이 인류가 등장하기 전의 약 1,000배라고 결론지었다(Pimm et al. 2014). 왓슨Watson과 동료들도 우리가 20년 만에 지구 야생 지역의 10분의 1을 파괴했다고 계산했고(Watson et al. 2016), 세발로스Ceballos와 동료들 역시 인간에 의해 가속화된 종의 손실을 지구의 여섯 번째 대멸종의 시작으로 규정한다(Ceballos et al. 2015). 이런 사실을 받아들인다면, 어떻게 이를 진보로 해석할 수 있겠는가?

두 번째로 필자가 더 강하게 반박하고 싶은 것은 생활, 환경, 사회, 경제가 마치 에스컬레이터에 올라타고 결코 층이 끝나지 않는 건물 위로 계속 올라간다는 것처럼 발전한다는 주장이다. 핑커는 '지식, 번영, 연결성과 같이 진보를 추진한 힘은 아마도 역행하지 않을 것이며, 서로를 기반으로 삼을 것이다.'라고 결론 내렸다(Steven Pinker 2018, 77). 이런 종류의 결정론은 우리 종의 진화와 우리가 역사에 항상 기록해 온 불연속성, 반전, 예측할 수 없는 변화의 여지를 거의 남겨두지 않은, 또 다른 신념 같아 보인다. 역사를 공부하는 학자라면 발전과 진보가 실재하기는 하지만, 순환은 항상 역사의 일부이며, '계속 강해지기만 하기보다는… 문명은 본질적으로 취약한 상태이다.'라고 지적할 수 있다(Gray 2015, 6). 혹은 맥닐McNeill이 우리에게 상기시키듯, 우리는 재난 관리를 인간 문제의 현실에서 떨쳐버려서는 안 된다(McNeill 1992).

성장을 진지하게 연구하는 학자 중에 로지스틱이나 제한된 기하급수적 성장 곡선이 실제 세상에 설 자리가 없다고 믿는 사람은 없을 것이며, 그것은 선형적인 것뿐만 아니라 기하급수적이고 심지어 쌍곡선의 궤적을 따르는 끝없이 증가하는 추세로 구성되어 있다. 끝없이 증가하는 속성에 대해 잘 정립된 확신은 강력한 전자 기기들의 발전에서 강한 지지를 얻었는데, 그것은 우리가 곧 인공지능에 의해 지배될 것이고 인공지능에 의한 경제성장이 필연적으로 에너지와 물질에 대한 수요의 증가로부터 분리될 것이라는 약속이다. 이런 주장들은 진정으로 구속받지 않고 필연적으로 확대되는 진보의 범주에 속한다.

이처럼 절대 멈추지 않는 진보의 세계에서 점근선이나 한계는 찾아볼 수 없다. 이런 태도는 레이 커즈와일Ray Kurzweil과 제프리 웨스트Geoffrey West, 유발 하라리Yuval Harari에 의해 극에 달했다(Ray Kurzweil and Geoffrey West 2017, Yuval Harari 2018). 극단적인 해석을 하면 이 세계에는 지속적이고 왕성한 성장 그 이상이 수반되어 우리는 미래에 상상할 수조차 없는 보상을 받게 될 거라는 것이다.

'그러니까 우리는 21세기 중에 100년의 진보가 아닌, 2만 년의 진보(지금 속도로)를 경험할 것이다… 심지어 기하급수적인 속도 안에 기하급수적인 성장이 있다. 몇십 년 안에 기계의 지능은 인간의 지능을 넘어서 '특이점'에 도달할 것인데, 기술 변화는 너무 빠르고 근본적인 곳에서 이루어지기 때문에 인류 역사의 구조에 파열이 일어날 것이다. 그 영향에는 생물학적 및 비생물적 지능, 불멸의 소프트웨어 기반 인류, 빛의 속도로 우주 밖으로 확장하는 엄청나게 높은 지능의 융합이 내포되어 있다(Kurzweil 2001, 1).'

백만 배 더 지능이 높고 백만 배 더 빨리 행동하는 인간이라면 최근 한 세기의 발전을 몇 밀리초 안에 이룰 수 있을 것이고, 그러면 인류의 물리적 욕구를 충족하는 문제 따위는 사소할 것이다. 그 시간은 빠르게 다가오고 있다. 특이점 도달 시점에 관한 커즈와일의 최근 전망은 2045년이다(Kurzweil 2017). 특이점에 접근하는 어떤 종류의 방식에 있어서 커즈와일에 동조하는 이들이 있다. 웨스트West는 인간의 활동이 기하급수적 속도로 확장되어 유한한 시간 내에 무한한 양이 발생한다는 데 동의했는데(West 2017), 다이슨Dyson은 이 진술을 '과학이 아닌 공상 과학 소설에 속하는 것 같다.'라고 적절하게 표현했다(Dyson 2018).

하라리의 생각은 그의 책 제목인 『호모 데우스Homo Deus』에 담겨 있다(Yuval Harari 2018). 의심할 여지 없이, 어떤 진지한 역사가라도 우리가 매우 적응적이고, 독창적이며, 따라서 매우 성공적인 종이었다는 사실을 분명 인정할 것이다. 그러나 확실히 신 같은 존재는 아니다. 그의 책은 불멸과 신성을 성취한 신과 같은 종이 인류 대부분을 불필요하게 만들 만능 인공지능을 지휘하게 될 하나의 미래를 보여 준다. 일부 경제학자 역시 끊임없는 혁신에 의해 만들어지는 기적에 가까운 변화를 예견한다(Mokyr 2014).

그리고 오슈벨*Ausubel*은 '자원은 필요치 않다… 자연은 완전히 쓸모없거나 거의 쓸모없겠지만 적어도 전통적인 시장의 개념에서는 그렇다.'라고 믿으며, 다음과 같이 주장했다.

> *인류의 목표는 우리 자신을 자연계에서 분리하는 것이다… 우리는 토지가 없는 수직의 농업으로 변화를 계속할 것이다… 도시들은 본질적으로 물을 포함해 대부분의 물질이 재활용되는 폐쇄적인 시스템으로 기능할 것이다… 우리는 십 년마다 정보 이용량을 두 배로 늘릴 것이며, 그러면 나머지는 해방될 것이다. 그리고 또 다른 60년 안에 우리의 실제 성과가 자연을 필요 없게 만드는 지속적인 궤적을 만들고, 실제로 보존을 달성하며 결국 미소 지을 것이다(Ausubel 2015).*

만약 앞의 내용이 다가올 현실의 일부라도 포착한 것이라면, 경제 상태(산업화에서 로봇화), 생물권(지구온난화에서 해양 산성화까지) 또는 고령화 인구(치매에서 신체적 약화까지)에 대한 우리의 모든 걱정은 무의미할 것이다. 걱정할 것은 없다. 우리는 그저 모든 것을 초지수적으로 성장시키고, 무한한 속도에 도달하며 자연을 가치 없게 만들고, (이미 신과 같은)사람들을 초신超神으로 바꿔 줄, 불가항력적이고 자동적으로 초증대하는 지능이 처리하는 것을 몇십 년만 기다리면 된다.

하지만 현실 세계의 생물권 안에서는 늘 불가피하게 제한적인 모습이 지배적이다. 생물권에서 개별적 유기체의 성장이나 생태계의 진화는 무수한 자연의 제한에 의해 형성되고 경계가 형성된다. 그리고 우리 사회와 경제 역시 그러한 생물권에 속해 있다는 사실을 잊어서는 안 된다. 그 위계가 변치 않는다는 사실은 여러 면에서 매우 중요한데, 식량 생산에 적합한 조건을 유지하는 문제에 있어서 가장 중요하다. 이런 측면에서 지구의 생물 다양성과 벌의 건강 상태는 대중의 많은 관심을 받아 왔지만, 사실 벌에 대한 의존성은 훨씬 더 중요하다.

우리가 완전 다른 식물의 대사 작용을 고안해 내고 그것을 주요 작물에 적용하지 않는 한, 모든 작물의 재배자들은 식물 진화의 결과로서 질소가 늘 지배적인 영양소가 될 거라는 사실을 알아야 한다. 따라서 우리는 질소의 자연스러운 생물 지구 화학적(박테리아에 의한 탈질소 반응이든 질소의 용탈溶脫이든) 순환이나 주요 곡물들(질소 고정 박테리아와 공생하는 콩과 식물과 다르게)이 이 필수적인 요소(질소, 인 등)를 스스로 공급할 수 없다는 사실을 무시할 수 없다. 이런 제약은 질소 고정 능력을 곡물과 기름작물로 확장함으로써 극복할 수 있다. 하지만 그러한 목표에 기여할 수 있는 몇 가지 흥미로운 자연적 과정의 발견은 아마 반 데인즈Van Deynze와 동료들에 의한 것일 텐데(Van Deynze et al. 2018), 아직 실험의 영역에 머물러 있으며 그런 공생물이 어느 정도까지 지배적인 농작물 생산량을 줄이게 될지는 알 수 없다.

이제 필자가 끊임없는 향상과 무한한 전망에 대한 세 번째이자 어쩌면 가장 근본적인 반박을 해야 할 때가 됐다. 생물권의 악화에 대한 그들의 대처법 말이다. 그런 글들은 세 가지 태도 중에 하나를 선택한다. 먼저 감탄할 만한 삶의 질적 향상을 누리느라 엄청난 환경 부담을 완전히 무시하는 태도다. 두 번째는 이런 우려스러운 변화를 지나가는 말로 언급할 뿐 추가적인 악화에 대해서는 어떤 걱정도 표하지 않는 태도다. 세 번째 태도는 온실가스 배출을 성공적으로 통제하거나 환경 보호의 확대가 이루어진 과거의 사례를 모범으로 제시하면서 이를 다가올 문제의 해결책으로 삼는 것이다.

예를 들면, 핑커는 효과적인 해결을 보여 주는 과거의 주요 사례로 GDP의 달러당 이산화탄소 배출 농도의 감소와 1990년 이후 환경 보호 지역의 확장을 언급한다(Pinker 2018). 그러나 유럽, 미국을 비롯해 전 세계의 이산화탄소 상대적 배출량이 2~3세대 전 정점을 찍은 반면, 절대적인 양은 기록적인 수준에 도달했고, 전 세계 총량은 핑커의 주장과는 반대로 계속 증가하고 있다. 대기는 이산화탄소의 절대 농도의 상승에 반응하는 것이지 국가적인 기여 수준에서 상대적인 변화에 반응하는 것이 아니다. 그리고 보호되는 토지의 확장이 보기 좋은 상승 그래프를 만드는 반면, 많은 자연공원에서는 빈번한 밀렵(아프리카뿐만 아니라 캐나다에서도), 불법 벌목, 거주지에 의한 침범이 벌어지고 있다. 주장된 숫자 뒤에 있는 현실은 그다지 고무적이지 않다.

사실 더 걱정스러운 현상은 끊임없이 늘어나는 발명품을 믿는 사람들과 신과 같은 능력을 우리 종에게 부여하는 사람들 그리고 자연이 필요 없어질 게 분명하다고 믿는 사람들이 우리가 지구를 거주할 수 있는 곳으로 유지해야 하며, 이 궁극적인 목표는 이미 생물권에 가한 엄청난 변화를 지속하는 한 달성될 수 없다는 사실에 무관심하다는 사실이다. 이런 사람들은 원시림의 대규모 손실부터 항생제에 대한 박테리아의 저항성 또는 남극 대륙의 급속한 융해에서 바이러스 전염병에 이르는 다양한 잠재적 변화와 영향에서 볼 수 있는 이런 변화의 범위를 인정하지 않는 것 같다.

그들의 글 어디에도 우리가 이미 인간 존재의 기반인 생물권을 심각하게 악화시켰으며, 지구 환경이 모든 삶의 질적 이득에 대해 엄청난 대가를 치렀고, 이러한 충격의 강도와 범위가 이제 새로운 지질 시대인 인류세라는 명칭을 정당화하는 수준에 도달했을지도 모른다고 언급하는 부분을 찾을 수 없다. 그리고 이 과정이 빨라져서 우리가 이 행성에서 오래 살기 위해 넘지 말아야 할 몇 가지 경계에 접근하고 있다는 사실을 인정하는 부분도 찾을 수 없다. 우리는 아마 생물권의 토대를 계속 훼손할 것이고, 갑작스러운 생물권 붕괴가 없다고 하더라도 그 구조는 전환을 시작할 정도로 약해질 것이고 그러면 우리는 매우 다른 상황에 대처해야 할 것이다. 그리고 분명 이런 상황들은 인위 개변적 기후변화, 지표면의 파괴와 변형, 대규모 도시화 그리고 엄청난 수준의 연료와 물질의 추출로 인한 것이다.

수십억 명의 사람들은 아직 선진국의 소수가 누리는 혜택의 대부분을 누리지 못했으며, 필자가 제시했던 것처럼 그러한 혜택에는 엄청난 투입이 필요하기 때문에 추가적인 환경 악화가 불가피하다. 최대 부담과 최대의 흐름을 명시함으로써 지구의 안전한 작동 공간을 정의하려는 시도가 있었지만(Rockström et al. 2009; Steffen et al. 2015b), 우리는 생물권 역학의 복잡성을 완벽히 이해하지는 못하기 때문에 그런 시도는 강력한 예측이라기보다는 참고할 수준이다. 그러나 다가올 대전환의 요구 사항과 한계를 탐구하기 위해서 핵심적으로 필요한 것들을 정하고 일부 필수적인 수요의 범위를 정량화하는 작업은 할 수 있다.

우리가 필요한 것의 대략적인 윤곽을 그리는 일은 어렵지 않으며, 목록의 대부분은 자유 시장 경제학자, 에너지 혁신가, 혹은 환경 운동가 승인해야 할 것이다. 분명한 점은, 우리가 식량에 접근하는 현재 방식을 개선할 필요가 있다는 사실이다. 그러려면 현재 엄청나게 인구가 늘고 있고, 만성적인 영양 부족에 시달리고 있으며 영양에 대한 접근을 보장하기 위한 적절한 수입이 있는 국가에서 생산량이나 수입량을 크게 늘려야 한다. 마찬가지로, 그런 국가들이 최소한 존엄한 삶의 질을 보장하려면 1인당 에너지와 물질의 소비도 늘어날 수밖에 없을 것이다. 그리고 이 모든 혜택과 향상을 위해 현대 문명은 실질적으로 환경을 덜 파괴하는 방식을 취해야 한다. 인구 성장을 줄이면 모든 목표를 달성하는 데 도움이 되겠지만, 그런 일은 조만간 이루어지지 않을 것이다. 21세기 전반 동안 세계에는 중국의 두 배에 상당하는 인구가 더해질 것이기 때문이다.

그러면 중국은 최근 어떻게 하고 있을까? 14억 명에 가까운 사람들에게 약간의 번영을 가져다주기 위해 중국은 1990~2015년 사이의 25년 동안 전체 에너지 소비는 4배 이상 늘렸고, 현대 사회의 기반 시설을 위한 두 개의 기초 자재인 시멘트와 철의 소비는 12배로 증가했는데, 현재는 전 세계 철강 생산량의 50%, 시멘트 생산량의 거의 50%를 차지하고 있다. 경제 발전 수준이 중국의 일부밖에 안 되는 세계 인구의 절반이 중국과 같은 성장을 보이려면 중국이 지금 소비하는 것보다 적어도 두 배 이상의 에너지와 물질적 자원을 투입하려는 노력이 필요할 것이다. 게다가 경제 발전에 대한 목표는 선진국에서 흔히 나타나는 1인당 목표 수준의 반에도 못 미치는 중국의 최근 수준에 도달하는 것으로 끝나지 않는다. 동시에 같은 혜택이 금세기 전반에 세계 최빈국에 추가될 30억 명 이상의 사람들에게까지 확대되어야 한다.

과연 생물권에 대한 인간의 간섭이 위험한 수준에 다가가지 않으면서(심지어 몇몇 경우는 이미 위험한 수준을 넘었다!), 또 지구온난화를 늦추지는 못해도 가속하지는 않으면서 이런 요구 사항들을 충족할 수 있을까? 대부분 풍력터빈과 태양전지를 통해 이루어진 재생 가능한 전력 발전 분야의 진보, 몇몇 나라에서의 상대적으로 빠른 전기 자동차의 도입 그리고 화석연료로부터 빨리 벗어나기 위한 대담한 국가 계획의 발표 등은 미래의 탈탄소 속도에 대해 많은 비현실적인 기대를 불러일으켰다.

비슷하게, 최근 발전하고 있는 게놈학과 유전공학은 인공적으로 설계된 유기체인 합성종의 초기 개발에 대해 희망을 보여 주었는데, 이는 상업화될 경우 영양에서부터 물질 생산에 이르는 다양한 분야에서의 어려움을 해결하는 데 도움을 줄 수 있기 때문이다. 그리고 최근 인공지능의 발전과 4차 산업혁명의 출현에 대해 이어지는 주장들은 많은 사람들로 하여금 기계가 사람들을 쓸모없게 만들 미래가 임박했다고 믿게 만든다.

그런 기대는 필자가 '무어의 저주'라고 부르는 법칙[7]에 영향을 받아 왔다. 무어의 법칙은 마이크로칩에서 나타나는 기하급수적 발전(1956년에 시작하여 여전히 계속되는)이 다른 영역의 기술혁신으로 매우 빠르게 옮겨가서 완전히 재생 가능한 에너지로 돌아가고, 새롭게 설계된 합성종으로 식량을 해결하며, 신과 같은 기계에 의해 완벽하게 관리되는 세상이

....

7 인터넷 경제의 3원칙 가운데 하나로, 마이크로칩의 밀도가 24개월마다 2배로 늘어난다는 법칙.

금세 올 것이라는 심각한 오해를 빚었다. 불행하게도 이는 전형적인 오해로, 부품 밀도가 빠르게 두 배가 되는 시간은 일반적인 인간의 진보 속도를 보여 준다기보다는 주목할 만한 예외적 현상이다. 모든 선례와 마찬가지로 현재 문명은 에너지와 물질의 끊임없는 흐름에 의존하며, 근본적인 투입을 전달하는 프로세스와 전환의 성능은 2년마다 두 배가 될 수 없다.

투입에 있어서 향상은 무어의 법칙에 따른 증가율보다 훨씬 낮은 수준으로 대부분 1.5~3% 범위 내에 있다. 다음은 이런 안정적이고 장기적으로 낮은 향상률을 보이는 몇 가지 중요한 사례들이다. 단모종 밀과 벼의 재배가 도입된 지 반세기가 넘는 기간 동안 전 세계 밀과 쌀의 연간 생산량은 각각 약 3.2%에서 2.6%씩 증가했고, 미국의 교배종 옥수수 생산량은 1950년 이후 매년 2%씩 증가하고 있다(FAO 2019). 20세기 중 전 세계 대부분의 전기를 생산하는 증기 터보 발전기의 평균 효율은 매년 1.5%씩 향상하고 있다. 조명의 효율은 에디슨의 첫 번째 전구가 등장한 이래로 매년 약 2.6%씩 향상하고 있다. 현대 문명에서 가장 중요한 금속인 강철을 만드는 데 드는 에너지 비용은 1950년 이래로 매년 2% 미만씩 감소하고 있다(Smil 2016a). 그리고 1958년 제트 여객기의 정기 운항이 시작된 이래로 항공기의 운항 속도는 거의 일정하게 유지되고 있다.

기기의 성능이나 새로운 제품의 연간 설치의 빠른 증가율은 종종 새로운 시대의 진보를 특징짓는 새로운 현실의 증거로 언급되곤 하지만, 그런 상대적인 속도는 로지스틱 궤적이 갓 시작할 때 나타나는 상승 국면인 성장의 초기에 예상할 수 있는 것이다. 다시 말하면, 점진적인 감소가 뒤따르는 최대 성장률에 도달하기 전에 나타나는 현상을 의미한다.

빠른 성장 속도는 기관차의 속도나 증기터빈의 성능 향상, 혹은 라디오가 보급될 때도 나타났던 특성이었다. 신규 설비의 단가 하락도 보급 초기에 예상되는 부분이다. 궁극적으로 모든 향상의 속도는 그것이 새로운 기기의 연간 증가율이든 새로운 변환기의 가격이든 반드시 떨어지기 마련이다.

그러나 현대 문명의 에너지와 물질적 요구가 이전 모든 문명의 에너지나 물질적 요구와 근본적으로 다른 한 가지가 있는데, 바로 전례 없는 규모이다. 전 세계적 전력의 흐름은 이제 테라와트terawatt로 측정되고, 연간 식량 수요와 광물 및 유기 물질에 대한 요구량은 수십억 미터톤 단위에 이른다. 오늘날 거의 80억 명의 사람들은 연간 100조 달러 가치가 넘는 제품과 서비스를 생산하고 있으며, 세계 경제 시스템은 약 18TW(총량의 85%가 화석에너지에서 나온다)의 1차 상업 에너지를 소비한다. 그리고 이러한 인구는 약 2.6Gt의 곡물, 300Mt의 고기를 소비할 뿐만 아니라, 건물 자재, 금속, 합성물질을 60Gt 정도 소비한다. 이런 규모를 생각하면 비록 지금 기술과 비용 면에서 혁신이 가능하다고 하더라도, 현재 이런 투입량이 요구되는 프로세스와 산업에 대한 대안이 널리 확산하기까지는 상당한 시간이 필요할 것이다. 그렇다면 앞으로의 전환은 얼마나 빨리 전개될 수 있을까?

마지막 문장에 미래형이 아닌 가능성으로 표현한 부분에 주목하길 바란다. 필자는 이 장에서 시간별 예측을 하려는 게 아니라는 점을 분명히 하고자 한다. 필자는 수십 년 동안 그런 노력을 피해 왔으며, 거기에는 분명한 이유가 있다. 예측의 지평을 넓힐수록 정확할 가능성은 줄어들기 마련이다. 그리고 장기 예측이 특정 추세를 포착하는 데 근접하더라도 더 넓은 환경을 예측할 수 없을 것이다. 다양한 성장 곡선에 적합하거나 다양한 시스템의 정교한 모형을 실행하여 장기 예측을 할 수 있는 용이성과 그런 시행에 대한 폭넓은 수요를 생각할 때, 1960년 이후 수십 년 동안 예측이 빗나갔으며, 엄청나게 많은 책들이 현실성 없는 것들에 대한 탐구를 보여 주기 위해 쓰여졌다.

인구, 식량 그리고 환경에 초점을 맞춘 예측뿐만 아니라, 경제나 에너지 예측에 있어서 명백한 착각과 망상이 난무하는 큰 변화에 대한 예측 실패와 엄청난 과장의 사례들에 영향을 받지 않은 인간의 노력은 없었다. 경제 범주에서 흥미로운 사례 중에는 1990년대의 팽창에 기초한 주식 시장가치의 급등에 대한 예측이 있다. 1999년 말까지 다우존스가 1만 1,000포인트 이상 상승했을 때, 일부 사람들은 그것이 4만 포인트(Elias 2000)뿐만 아니라 10만 포인트(Kadlec and Acampora 1999)로 빠르게 그리고 멈추지 않고 나아갈 것으로 예측했다. 그러나 20년 이상 지난 지금 우리는 여전히 그것의 3분의 1도 안 되는 수준에 머물러 있다.

에너지 발전과 관련된 가장 유명한 예측 실패는 20세기 말까지 원자력 발전이 지배적 위치를 차지할 거라는 일반적인 기대였다(Smil 2017b). 이 주장은 1950년대 중에 처음 제기되어 1970년대 초반까지 이어졌는데, 당시 수냉각원자로water-cooled reactor에 대한 대규모 도입뿐만 아니라 고속증식로fast-breeder reactors로의 전환이 예측됐었다. 하지만 현실은 어땠는가? 2019년에 원자력 발전은 전 세계 전기의 겨우 10%만 생산했으며, 증식로는 상업적 가동을 하지 않았다. 그리고 우리는 아직 핵융합의 상업화와 세계 수소 경제, 혹은 저렴한 바이오 연료의 대규모 생산을 기다리는 중이다. 원론적으로나 실험실 환경에서는 효과가 있어도 대규모 배치가 수십 년에 걸친 점진적 개발을 거쳐 나올 수 있거나, 전혀 일어나지 않을 수도 있는 새롭고 어쩌면 '파괴적'이기까지 한 발명품에 대해 매일같이 듣고 있는 것처럼 의심스러운 주장이 잦아지고 있다. 그런 주장의 소재의 범위는 치매에 대한 효과적인 치료제부터 자가 수정 작물 또는 기적에 가까운 배터리에까지 걸쳐 있다.

····

다가오는 획기적인 전환

필자는 의심스러운 예측보다는 불가피한 기술적 제약과 생물권 한계 그리고 혁신이 도입 및 확산되는 과정을 고려하여 가능성 높은 범위를 제시하는 걸 선호한다. 진짜 유망한 혁신과 과장된 주장을 분리할 수 있었는지, 우리의 기록을 돌아보면 형편없었다. 필자는 우리가 갑자기 이 지긋지긋한 도전에서 선전할 수 있을 것 같지 않다. 따라서 다가오는 변화를 촉진할 수 있는 가장 가능성 높은 주장이 편재하는 현실이 되기까지 왜 상당한 시간이 걸릴 수밖에 없는지 이야기하고자 한다. 이런 관점은 필자를 자칫 보수적인 쪽으로 이끌 수도 있겠지만, 사과할 생각은 없다. 계속 실망하는 것보다는 종종 틀리더라도 가끔 기분 좋게 놀라는 편이 낫다.

인구와 식량

세계 인구 전망은 20세기 후반 40년 동안 근본적인 변화를 겪었다. 1960년대 초에는 쌍곡선의 지속적인 성장에 대한 우려로 2026년까지 무한히 빠른 팽창을 보일 것으로 예측하거나(von Foerster et al. 1960), 보다 현실적으로 맬서스적 우려를 다시 불러일으켰다. 하일브로너는 2075년까지 저개발 국가들이 '400억 명 정도의 사람들을 부양해야 할 것'이라고 우려했다(Robert L. Heilbroner 1975, 33). 40년 뒤, 유럽에서 합계 출산율은 대체 수준 밑으로 수렴했고, 이는 아시아와 라틴아메리카의 현대화 국가들의 평균 수준이 되었다. 이러한 나라 중 일부는 이런 낮은 수준의 출산율이 1970년대부터 시작됐는데, 약간의 변동 외에는 반전의 징후 없이 평평한 궤적만을 보여 준다.

가임률의 감소는 러츠Lutz와 동료들이 세계 인구가 21세기가 끝나기 전에 성장을 멈출 확률이 85%이며 100억 명을 넘지 않을 확률은 60%라고 결론 내린 주요한 이유가 되었다. 또한 그들은 전체가 2000년보다 2100년에 낮아질 것이라는 데 15%의 가능성을 부여했다(Lutz et al. 2001). 분명 이런 변화는 식량과 에너지 수요, 경제성장 그리고 증가하는 환경 악화에서 주요한 요소로서 인구 성장을 억제할 것이다. 인구가 안정적이면 삶의 질을 향상하는 방향으로 자원을 쓸 수 있으며, 환경 악화를 반전시키기 위한 전망은 훨씬 더 현실화할 것이다(안정된 인구가 현재 미국이나 두바이에서 전반적으로 나타나는 1인당 소비 수준을 달성하려고 노력하지 않는다는 전제하에). 하지만 인구 증가의 단기적 종식에 대한 이런 희망이 반박되기까지는 얼마 걸리지 않았다.

2014년 유엔의 세계 인구 전망에서는 이렇게 결론 내리고 있다. '사하라 사막 이남 아프리카의 대부분 지역에서 전례 없는 가임률 감소 없이는 금세기 세계 인구 증가의 종말을 기대하기는 어렵다(Gerland et al. 2014, 234).' 전망에 따르면 2012년 세계 인구는 76억 명에서 2050년 96억 명,

2100년 109억 명으로 증가할 것이고, 21세기 동안 인구 성장이 끝날 확률은 30%를 넘지 않는다. 2017년에 나온 전망은 2100년 중위 예측값을 111억 2,000만 명으로 잡았지만(UN 2017b), 2019년에는 다시 108억 7,000만 명으로 낮췄다(UN 2019c).

상향 조정했던 주된 이유는 아프리카의 가임률 감소세가 둔화되었기 때문인데, 1990년대 중에는 감소 중이었지만, 그것은 1970년대 아시아와 라틴아메리카가 비슷한 출산율 전환의 단계에 있을 때 볼 수 있었던 비율의 25% 정도에 불과했다(Bongaarts and Casterline 2013). 3.2명보다 높은 합계 출산율은(대체율의 50%를 넘는) 아프리카 어디에서나 볼 수 있는 평균 수준이지만, 아프리카를 제외한 인구가 많은 다른 국가에서는 보기 드물며, 파키스탄, 예멘, 볼리비아에서만 흔하게 나타난다. 최근 아프리카의 가임률 감소가 교착된 원인은 여성 교육의 단절로 부분적으로만 짐작할 수 있다(Kebedea et al. 2019).

결과적으로, 앞으로 아프리카에서 가임률 전환의 전개 과정이 나타날지 아닐지는 매우 불확실한 상태다. 유엔의 장기 전망에 따르면 2012년 단 10억 명에 불과했던 아프리카의 인구는 2100년 31억 명에서 51억 명의 범위 안에 있을 확률이 95%로 중앙값은 43억 명에 이른다. 다른 관점을 살펴보면, 국제응용시스템 분석 연구소IISASA: International Institute for Applied Systems Analysis가 준비한 주요 대안 중위 추계 예측은 도시화와 교육의 발전이 미래의 인구 성장률을 감소시켜서 전 세계 총인구는 2050년 92억 명으로 증가하고 2070년 97억 명 정도에서 정점을 찍은 뒤 21세기 말에는 90억 명으로 천천히 줄어들 것으로 전망한다(Lutz et al. 2014). 그리고 최근 어떤 책에서는 훨씬 빨리 감소할 수 있다며, 세계 인구가 충격적으로 감소하며 지구가 텅 빌 것이라고 전망한다(Bricker and Ibbitson 2018). 반전이 그렇게 급격하게 일어날 리는 없다. 국제응용시스템 분석 연구소의 감소한 인구 성장 시나리오를 따른다고 해도 아프리카의 총인구 수가 유엔의 중위 전망보다 30% 정도 낮지만, 2100년이면 그래도 30억 명이 될 것이다.

유엔의 최근 인구 전망 보고서에 주목할 만한 다른 사항은 노년부양비가 어디에서나 상당히 증가하게 될 것이란 점이다. 이미 일본과 일부 유럽 국가에서 매우 뚜렷하게 나타나는 인구의 고령화가 심각해지며 중국에서 가장 심화할 것이다. 중국은 현재 2029년 14억 4,200만 명에서 정점을 찍은 다음, '멈출 수 없는' 감소를 시작해서 2050년 13억 4,600만 명, 2065년에는 1990년의 총인구와 같은 11억 7,200만 명이 될 것으로 예상하고 있다(CASS 2019). 이와 비교해 유엔의 전망은 2031년에 14억 6,400만 명으로 정점을 찍은 뒤 2050년에는 14억 200만 명으로 감소할 것으로 예측한다(UN 2019c). 결과적으로 21세기 내내 예상되는 노년부양비는 11명에서 64명으로, 중국에 가장 큰 영향을 미칠 것이다. 이는 유럽의 평균인 61명보다 높지만 약 80명 가까이 되는 일본의 비율보다는 여전히 낮다. 인도의 비율은 9명에서 50명으로 상승하는 반면, 아프리카 내에서는 8명에서 24명으로, 나이지리아는 7명이 안 되는 수준에서 17명으로 증가할 전망이다(UN 2019c). 따라서 인구 고령화가 미치는 국가 재정의 영향은 모든 고소득 국가뿐만 아니라 중국, 대만, 한국 그리고 말레이시아에 어려움을 안겨 줄 전망이다(Cai et al. 2018).

이 모든 현상은 첫째, 아프리카의 이례적인 감소만이 21세기 동안 세계 인구의 지속하는 성장을 막을 수 있다는 것을 의미하며, 우리는 전체적인 수준에서 낮은 가임률 달성이라는 목표가 효과적인 산아제한이 널리 이루어지지 않고서는 불가능하다는 사실을 알고 있다(Bongaarts and Casterline 2018). 둘째, 2020~2100년 사이에 세계 인구는 31억 명이 더해지면서 약 40% 정도 성장할 가능성이 높으며, 그중 대략 절반은 아프리카의 가장 가난한 국가들이 차지하고, 전 세계 인구의 커다란 재편이 이뤄질 전망이다. 셋째, 모든 사회는 고령화될 것이고 노년 부양비는 유럽과 중국에서 약 60명으로 증가하며 아프리카에서는 세 배 이상 증가할 것이다. 20세기 내내 바닥이 넓은 피라미드 형태였던 세계 연령-성별 분포는 2015년 돔 형태가 되고, 2060년에는 50세 이상에서 끝이 뾰족해지는 기둥의 모습과 비슷해질 것이다. 이런 변화는 다세대 가족의 추가적 감소, 1인 가구의 증가 그리고 홀로 사망하는 사람의 증가를 동반할 것이다.

넷째, 많은 선진국이 국가 일부 혹은 전체적인 인구 감소를 겪게 될 것이다. 루마니아, 불가리아, 그리스, 알바니아, 라트비아, 리투아니아, 과거 동독이었던 지역 전체 그리고 스페인의 서부와 북서부, 스칸디나비아 일부와 같은 유럽에서는 인구 감소가 이미 커다란 문제이다. 미국의 인구 감소는 그레이트플레인스, 애팔래치아Appalachia 전역 그리고 몬태나에서 가장 뚜렷하다(Johnson et al. 2018). 다섯째, 21세기 후반으로 접어들면서 일본뿐만 아니라 러시아를 포함한 더 많은 유럽 국가들의 인구가 감소할 것이다. (이민자가 없을 경우) 이런 감소는 2020년에 비해 일본과 루마니아에서 15%, 폴란드에서 12%, 러시아에서 7% 정도일 수 있다.

필자가 2050년까지 제일 가능성이 높은 수준의 증가만 살피려는 이유는 2100년을 위한 예측은 오차 범위가 상당하기 때문이다.[8] 그 대신 한 세대보다 조금 앞을 내다보는 예측은 오류 가능성을 크게 줄일 수 있는데, 상당수의 미래 엄마들이 이미 우리와 함께하고 있고, 80년보다는 30년의 가임률 추이를 예측하는 것이 정확성이 더 높기 때문이다. 2050년 예상의 중간값인 97억 4,000만 명은 위아래로 ±10% 미만의 차이를 보이지만, 지속적인 인구 증가에 대한 부담은 여전히 엄청나다.

20세기 후반에 전 세계는 36억 1,000만 명이 늘었다. 21세기 전반에 가장 가능성이 높은 증가율은 36억 명이다. 느려진 성장 속도와 높아진 기초(삶의 질, 생활 수준 등)의 조합이 궁극적으로 똑같은 수준의 전체 성장을 불러올 것이기 때문이다. 이런 증가는 경제성장에 필요한 에너지와 물질에 주요한 영향을 미치지만, 지속적인 기후변화로 인해 환경 조건이 악화하지 않는 한(그리고 이런 영향은 전 지구적 수준에서 계량화하기 어렵다), 미래 식량 생산에 대한 최근 세계적 평가를 종합해 보면 인구 증가를 감안하더라도 특별히 무슨 비상 대책이 필요한 건 아니라는 것이 중론이다(Bruinsma 2009;FAO 2009; FAO 2017c; Steensland and Zeigler 2017; Searchinger et al. 2018).

인구 고령화, 가족 규모의 감소, 국가적 혹은 국소적 인구 감소 등으로 인한 큰 구조적 변화에는 국제 이민이 뒤따를 것이다. 저소득 국가에서 부유한 국가로 향하는 흐름은 다양한 대책에 의해 느려질 수 있지만, 해외 원조는 이민을 막는 효과적인 조처가 아니다(Clemens and Postel 2018). 장벽, 순찰 그리고 국가들 간의 합의에도 불구하고, 장기적으로 유

....

8 2019년 유엔이 발표한 최저치와 최고치는 각각 73억 명과 156억 명으로 2.1배 이상 차이가 난다.

럽에는 이슬람 배후지로부터 수백만 명의 새로운 사람들이 오게 될 것이고, 중남미에서 온 수백만 명의 이민자들은 합법적인 방법으로든 불법적인 방법으로든 미국에 도달할 것이며, 아시아와 아프리카의 합법적인 이민자 대부분은 계속 캐나다와 호주로 향할 것이다.

2050년까지 전반적인 식량 수요는 21세기 전반에 비해 약 60% 늘어날 수 있고, 동물성 식품에 대한 수요는 70%까지 증가할 수 있다. 그러려면 연간 주요 곡물 수확은 3Gt에 도달해야 하고 육류 생산량은 약 500Mt에 달해야 한다. 적절한 투자, 지속적인 생산성 향상, 경작의 집중화, 농경지 확장, 폐기물 감소 및 동물성 식품 섭취량의 조절이 결합되어 필요한 목표를 달성할 수 있어야 한다. 이러한 것들을 개선하려면 전례 없는 수준의 숫자가 필요하지만, 이 모든 요소들이 환경적인 투입을 줄이는 동시에 공급이 증가하는 궤적을 유지해야 한다.

이를 위해서는 먼저, 과거와 미래 성장의 주요 동력인 세계 농업 생산성 지수를 연평균 1.75%로 유지해야 한다. 그래야만 미래에의 경작지와 목초지를 큰 규모로 확대할 필요성을 제한할 수 있다. 증가한 경작의 집중화로 모든 저소득 국가에서 경작지의 추가 수요를 현재 총량의 10% 밑으로 유지할 것이다. 농경지의 확대는 대부분 라틴아메리카와 아프리카에서 이루어지겠지만 다행히 몇몇 지역(남미의 브라질, 아르헨티나, 콜롬비아, 베네수엘라, 사하라 이남 아프리카의 콩고, 앙골라, 모잠비크, 탄자니아)도 이루어질 것이다.

생산성의 향상은 실재하는 기후 상황, 토양, 물의 상태를 반영한, 식물 성장 모델에 기반한 일드갭yield gap[9]으로 가장 잘 알 수 있다(GYGA 2017).

9 실제 가치와 기대 가치의 차이를 나타내는 경제 용어.

미국 내에서도 전국적인 일드갭은 천수天水[10]와 관개 옥수수 경작 모두에 2~3t/ha, 관개 쌀 경작은 3~4t/ha이고, 인도에서는 그 차이가 밀의 천수 경작의 경우 1.6~2.4t/ha, 관개 경작의 경우 3.2~4t/ha이다. 예상하듯, 여전히 비료가 들어가지 않거나 최소한으로 들어가는 전통적인 천수 농업이 이루어지는 사하라 이남 아프리카만큼 일드갭이 큰 지역은 없다. 여러 아프리카 국가의 주요 곡물인 옥수수는 물이 제한적일 경우, 에티오피아의 생산량은 12~13t/ha(실제 수확량 2~3t/ha), 나이지리아의 생산량은 11t/ha(실제 수확량 1~2t/ha)이다. 아주 오랫동안 이런 차이를 줄이지 못하고 있는데, 특히 아시아의 두 거대 국가와 비교했을 때 아프리카 대륙은 상당한 농업 생산 잠재력에도 불구하고 1970년대부터 주요 곡물과 유제품, 식용유 그리고 육류의 순수입 지역이었다(Rakotoarisoa et al. 2012).

생산성은 더 나은 재배 품종을 도입함으로써 향상될 수 있다. 20세기 후반에는 전 세계적으로 교잡종과 단모종의 고수확 곡물 품종들이 도입되고 유전자 조작 옥수수와 대두가 널리 재배되었다. 2017년 미국은 7,500만ha의 땅에 유전자를 이식한 곡물을 심었으며 브라질은 그 뒤를 이어 5,000만ha의 땅에 심었다(ISAAA 2017). 이런 곡물이 미래에 기여하는 바는 여전히 예측이 어려운 상태지만, 궁극적으로 큰 차이를 만들 수 있는 다른 유전학적 발전이 있다.

가장 흥미로운 방법들 중 하나는 최소한의 광호흡을 하는 식물을 설계하는 일인데, 이는 C_3 광합성 경로를 가진 일반 식품 및 사료 작물에서

....

10 지하수 중 대기로부터 유래된 물. 즉 물의 대순환 과정 중 주로 강우로 인한 지하 침투로 생성된 물을 말한다.

20~50%의 수확량 손실을 수반하는 산소성 광합성의 필수적인 대사 보수 경로를 만드는 것이다(Eisenhut and Weber 2019). 사우스South와 동료들은 식물의 광합성 효율이 높아지도록 하는 실험을 했다. 그들은 대사 경로를 인위적으로 조절할 수 있는 유전자를 식물체에 이식했고, 광호흡의 비효율과 부작용을 최소화시켰다. 그 결과 담뱃잎의 생산량을 40% 늘리는 데 성공했다. 이는 궁극적으로 C_3 곡물 전체의 산출량 향상으로 이어질지도 모른다(South et al. 2019). 그러나 그 과정에 필요한 효소는 자연적인 유전자에 존재하지 않기 때문에, 이런 이점을 가진 미래의 작물들은 유전적으로 설계되어야 할 것이고 따라서 실용성 여부는 미지수다.

더 나은 농경법은 선진국에서 비료의 사용을 안정화시키고 양을 줄이는 것으로, 가장 높은 일드갭을 보이는 지역에 적절한 영양을 공급하는 데 있어서 기술과 자원적 차원의 어려움은 없다. 다만, 사하라 이남 아프리카 지역은 교육과 재정적 지원뿐만 아니라 전반적인 농업 관행에 있어서 집중적인 경작이 이루어지는 실질적인 현대화가 필요하다. 이상적인 해법은 질소를 고정시키는 곡류를 도입하는 것이지만, 그런 목표를 향한 진행은 매우 실망스러운 실정이다. 그리고 전 세계 농업이 온실가스 감축 격차(세계 농업에서 발생하는 연간 배출량과 온난화를 1.5℃ 미만으로 제한하는 데 필요한 목표량 간의 차이)를 어떻게 좁힐 수 있을지 상상하는 것은 더 어렵다. 박테리아의 탈질소 과정에서 비롯된 메테인(논과 반추동물이 원인)과 아산화질소가 많은 양을 차지하는데, 이산화탄소 10Gt 이상에 상당하는 온실가스 배출량을 2050년까지 절반 이하로 감소해야 할 것이다(Bennetzen et al. 2016).

동물 사육에서도 상당한 개선의 여지가 있다. 예를 들어 2015년 인도는 미국보다 50% 더 많은 우유를 생산했지만, 우유를 생산하는 솟과 동물(젖소나 물소)은 10배나 더 많았다. 그리고 사료 곡물 수요에 대한 가장 큰 감소는 저소득 국가에서 곡물 대 육류 전환 효율이 높아진 데서 비롯될 것이다. 대체육에는 세포배양기 안에서 동물의 근섬유를 배양하는 것과 콩과 식물 단백질로 만든 콩고기를 생산하는 것이 포함된다. 첫 번째 방식은 초기에 큰 변화를 불러올 가능성이 없다. 미국산 쇠고기 섭취를 점진적으로 줄여서(1976년 최고치 이후 31% 감소) 현재의 메테인 감소 추세를 따라잡으려면 인공 고기 배양 산업을 어마어마하게 크게 설립해서 운영해야 할 것이다. (생산량이 전체 항생제 산업보다 약 50배 커야 한다.)

그런 산업이 30년 안에 부상할 가능성이 얼마나 될까? 반면에 콩과 작물(특히 대두와 완두콩)은 고기 대체품을 생산하는 단백질 원료로 사용되고 있으며, 현재 동물 사료로 사용되는 더 많은 양의 두류豆類는 콩과 작물 기반의 육류 대체품 생산으로 쉽게 전환될 수 있다. 특히 질감이 중요하지 않은 분야에서 다짐육을 대체할 수 있다. 그러나 역시 필자가 선호하는 쪽은 현존하는 육류 생산을 합리화하는 것이다. 필자는 육류를 덜 생산하고 대체육류가 없을 때도 100억 명의 사람들에게 충분한 동물성 단백질을 제공할 수 있음을 설명해 왔다. 이러한 변화는 방목하거나 곡물 잔여물만 먹여서 생산한 고기로만 소고기 소비를 제한하거나 효율적으로 생산된 닭고기, 양식 어류 및 유제품의 소비를 확대함으로써 영향을 받을 수 있다(Smil 2013b).

미래의 식품 소비는 거의 변하지 않거나 유럽연합 국가와 일본에서 감소할 것이다. 하지만 일본에서는 농부들도 꾸준히 감소하기 때문에 수입 의존도가 낮아지지 않을 수 있다. 이미 2010~2017년 사이에 25% 줄어들었으며, 농부들의 평균 나이는 70세 가까이 된다(SB 2020). 반면 인도와 아프리카에서는 육류 공급을 크게 늘릴 필요가 있을 것이다. 이미 언급했듯이 21세기 전반에 세계는 20세기 후반 동안에 증가한 인구만큼 늘어날 가능성이 매우 높은데, 거의 반 이상이 아프리카 중에서도 특히 사하라 이남 지역의 인구일 것이다(Casterline와 Bongaarts 2017). 이런 증가는 적절한 식량 공급을 보장하는 데 특히 장애가 될 전망이다.

그리 오래되지 않은 1990년대 중반에만 해도 중국의 식량 자급력에 대한 우려가 있었다(Brown 1995). 그런 우려는 잘못된 억측들과 '더 나은 관리, 더 나은 가격 책정, 더 나은 투입, 더 나은 환경 보호의 조합은 다음 세대 동안 적절한 영양 공급을 위해 중국의 농업 생태계에서 충분한 추가 식량을 추출할 수 있다.'라는 가정에 바탕을 두고 있었다(Smil 1995, 813). 그런 조합은 정확하게 일어났으며, 상대적으로 최근에 있었던 기근과 식량 부족 그리고 기아의 역사를 고려하면 중국은 식량 요구를 충족시키는 데 있어서 놀랄 만한 일을 해냈다(Yu and Wu 2018). 필자는 이에 못지않게 중국이 미래에도 자급 문제를 잘 관리할 수 있다고 자신하는데, 이는 2019~2050년 사이에 중국 인구가 실제로 약간(4% 정도) 감소하게 될 것이기 때문에 더 쉬운 도전이 될 것이다.

개선된 농업 관행은 현재 식량 수입(2016년 당시 곡류 소비의 4% 미만 정도)을 크게 늘리지 않고 현재 인구에게 적절한 식량 공급 이상을 지속해서 보장할 수 있을 것이다. 이런 결론은 환경적 영향을 더 적게 미치면서 더 많은 주요 곡물을 생산할 수 있는 가능성을 보여 주는 최근의 대규모 현장 연구와 1980년 이후 중국의 농업 성과에 기반한 것이다(Chen et al. 2014; Cui et al. 2018). 강화된 복합 토양 작물 관리 관행 연구는

2005~2015년 사이, 중국의 주요 작물인 밀과 쌀, 옥수수 재배 지역에서의 작물 환경 생리학과 토양-생물 지구 화학적 발견에 기초하여 수행됐다.

권고 사항들은 궁극적으로 거의 누적 4,000만 헥타르의 면적에 해당하는 주요 작물 재배 지역의 2,090만 명의 농부들에 의해 실험되었다. 평균 산출 곡물은 11% 정도 증가했으며 15~18%의 질소 비료 사용이 감소했고, 따라서 반응성 질소의 손실도 감소했다. 만약 중국 대부분의 농부가 이러한 이득의 상당 부분을 실현할 수 있다면, 그 수확량은 동물 사료의 수요뿐만 아니라 직접 소비를 위한 곡물을 공급하기에 충분할 것이다. 게다가 다른 고령화 인구에서 나타나는 것과 마찬가지로, 전체 육류 수요는 결국 감소하기 시작하면서 사료 작물의 수요가 줄어들 것으로 예상된다.

절대적인 차원에서 볼 때 어떤 국가도 다가오는 몇십 년 동안 인도보다 더 큰 식량 자급의 도전에 직면하지는 않을 것이다. 인도는 2050년이면 2000년보다 6억 명의 인구가 더 늘어날 것이다. 중국과 비교하면 인도는 더 넓은 경작지(거의 1인당 50% 넓음), 더 많은 가용수를 가지고 있을 뿐만 아니라 전반적으로 일드갭이 더 크고 비료 사용이 적은데(헥타르당 질소는 중국의 반에도 못 미친다), 이 조합은 경작의 집중화와 생산성 성장의 기회를 더 높인다(Prajapati and Dutta 2014). 한편, 인도에는 여전히 상대적으로 영양이 부족한 인구가 많다. 고급 (동물성) 단백질의 평균 공급량은 중국 평균의 반에도 못 미친다. 증가하는 수요는 콩과 작물, 식용유, 설탕 공급의 공백을 크게 늘릴 것이며, 국가는 늘 몬순 기후의 큰 혼란과 히말라야에서 흐르는 물의 감소에 취약할 것이다(Maurer et al. 2019).

세계에서 제일 큰 두 나라가 자국의 인구가 정점을 찍고 감소하기 시작할 때까지 식량 수요를 충족시킬 수 있겠지만, 사하라 주변 지역의 식량 안전성이 개선될 것이라는 보장은 어렵다. 그 지역 국가의 대부분(모리타니Mauritania, 말리, 니제르, 차드)은 심각한 영양실조를 해결하지 못하고 있다. 식량 자급자족 비율은 최근 몇십 년 동안 줄어들고 있으며, 강수량의 적은 감소(또는 변동성의 상승)조차도 (특히 만성적으로 열악한 통치 체제와 결합할 경우) 심각한 악영향을 미칠 것이다. 전 세계적 어려움의 규모는 여전히 상당하다. 2016년에도 여전히 8억 1,500만 명의 사람들이 영양 부족 상태였으며, 5세 미만의 아동 1억 5,500만 명이 발육 부진을 겪고 있었고, 5세 미만의 아동 약 5,200만 명이 소모성 질환의 영향을 받았다(FAO 2017a).

식량 불안정의 문제는 사하라 주변 지역으로만 국한되지 않는다. 페이더Fader와 동료들에 따르면 66개 국가는 국가 자원의 제한(경작지와 가용수의 제한)으로 식량 자급을 할 수 없었으며 증가하는 인구는 꾸준히 증가하는 세계 식량 시장에 의존해야 할 것이다(Fader et al.2013). 그러나 인상적인 반전 덕분에 전망은 더 고무적이다. 제정러시아[11]는 주요 곡물 수출국이었지만, 비효율적인 것으로 악명 높은 소련의 농업은 국가의 인구를 제대로 먹여 살릴 수 없었으며, 1960년대 후반에는 엄청난 수입에 의존해야 했다. 그러나 추세는 결국 반전되었다. 1990년 무너져가는 소련은 세계 곡물 수출의 0.7%를 차지했었지만, 러시아는 2016년에 거의 8%로 상승했고, 2017~2018년 사이에는 32.4Mt을 수출하면서 미국의

....

11 18세기 초부터 1917년 러시아 혁명까지의 러시아.

31.5Mt을 넘어서며 세계에서 가장 큰 수출국이 되었다(FAO 2019). 그리고 가장 큰 두 이웃 국가인 우크라이나와 카자흐스탄과 마찬가지로 훨씬 더 많은 수확을 할 수 있는 상당한 잠재력을 가지고 있다.

필자는 전 세계적으로 현대의 과체중과 비만이 1970년대 이전 수준으로 감소하는 것과 세계 식량 손실을 최소한 절반으로 줄이는 것을 통해 얻게 될 이점에 대해 강조하지 않을 수 없다. 일본은 부유한 나라의 다른 노령 인구에게 무엇이 가능하고 어떤 혜택이 주어질지에 대한 완벽한 사례를 제시하고 있다. 2000~2015년 사이에 일본의 1인당 평균 식품 섭취량은 3% 감소했고, 현재 동물성 식품은 전체 식품 에너지의 약 25%만 공급하고 있는 반면(SB 2020), 기대 수명에 있어서는 세계적인 우위를 차지하고 있다.

최근 전 세계의 장기적 식량 전망은 잠재적 생산의 측면에서 꽤 고무적이지만, 이런 생산이 환경적 요소와 연결됐을 때 주요한 문제가 대두되고 있다. 스프링먼Springman과 동료들은 혁신적인 진보가 이루어지지 않은 채 확대된 식량 생산이 환경에 미치는 영향은 2010~2050년 사이 50~90%까지 증가할 것이며, 인류의 안전한 운영 공간을 규정하는 지구 위험 한계선planetary boundaries[12]을 넘어서는 수준에 도달할 것으로 계산했다(Springman et al. 2018). 리즈비Rizvi와 동료들은 만약 전 세계 사람들이 먹고살려면 (미국의 식단 가이드라인을 기준으로) 세계 식량 생산은 10억ha의 땅(캐나다 전체 국토와 맞먹는 정도)이 추가로 필요할 것이라고 결론 내렸

....

12 인류의 지속 가능한 발전을 위해 반드시 보존해야 하는 영역들을 지구시스템과학적으로 제시한 개념.

다(Rizvi et al. 2018). 그러나 현재 식량 작물에 의해 생산되는 모든 에너지의 약 36%가 동물에게 공급되고 있으며, 공급 에너지원 중에서 바이오 연료는 약 5%를 차지한다. 캐시디Cassidy와 동료들은 인간이 직접 소비만을 위해서 작물을 기른다면, 이론적으로는 에너지 공급을 70% 증가시키고 유엔의 중위 버전 인구 예측으로 추정한 것보다 많은 40억 명의 사람을 추가로 먹일 수 있다고 계산했다(Cassidy et al. 2013).

잇랜싯 위원회The EAT-Lancet Commission는 인류세 시대의 건강에 좋지 않은 식품의 지속 불가능한 생산 관행을 없애고, 2050년까지 더 건강하고 환경 절약적인 관행으로 대체하기 위해 필요한 농경법과 식단의 변화를 정량화했다(Willett et al. 2019). 식단의 변화에는 전 세계 붉은 육류와 설탕의 소비를 50% 이상 줄이는 것과 견과류, 과일, 채소, 콩류 소비량을 100% 이상 늘리는 것이 포함된다. 이런 변화는 '어떤 추가적인 토지 사용 없이, 현존하는 생물 다양성을 보호하고 물, 질소, 인의 사용을 줄이며 온실가스 감축 노력을 병행하면서' 이루어져야 한다.

상대적으로 빠르고 광범위한 변화가 '지구 위험 한계선' 안에서 일어나야 하는 동시에 양질의 삶을 평가하는 요구 사항 또한 충족시켜야 한다는 것이 얼마나 어려운 일일까(O'Neill et al. 2018). 이에 대한 평가는 현재 70억 명이 넘는 사람들이 지구 위험 한계선을 넘지 않고 기본적인 물리적 요구(적절한 영양, 위생, 전기 공급 그리고 극심한 빈곤 제거)를 충족시킬 수 있지만, 더 높은 질적인 목표에 도달하기 위해서는 현재 관계에 기초해서 지속 가능한 수준보다 2~6배 더 많은 자원을 요구할 것이라는 결론을 내렸다.

에너지 공급의 탈탄소화

전 세계 현대 문명은 전통적인 바이오매스 에너지와 동물에 의한 동력이 화석연료와 연소를 통한 비생물 원동기로 전환되지 않았다면 불가능했을 것이다. 화석 탄소에 대한 높은 의존성의 시기는 석탄이 전 세계 1차 에너지의 절반 이상을 공급하기 시작한 20세기 초 몇 년 동안 시작됐다. 한 세기 이후 전통적인 바이오 연료는 전체의 겨우 10% 정도를 공급했으며, 화석연료가 나머지의 90%(나머지는 주로 수력과 원자력)를 차지했다. 따라서 화석연료 시대의 시작은 매우 최근이며 환경 문제가 없다면 지구 지각의 최상층에서 수익성 있게 추출할 수 있는 연료의 질량에 의해 지속 기간이 제한될 것이다.

이용할 수 있는 총자원의 추정치는 대략적인 지표에 불과하지만, 그 지표들은 화석연료 시대가 얼마나 지속될지 보여 주기에는 유용하다. 화석연료의 총량이 200ZJ에 달하고 기술적 진보로 인해 모든 화석연료를 발견하는 것이 가능하다고 하더라도(모든 자원이 상업적 매장량이 될 경우로, 꽤 비현실적인 가정이다), 그 시대는 500년도 채 남지 않았는데, 그 시간은 과거로 거슬러가면 폭군 이반Ivan the Terrible(재위 기간 1533~1584)이나 스코틀랜드의 메리 여왕Mary Queen of Scots(재위 기간 1542~1567)이 통치했던 시절이며, 인류 전체 기록된 역사의 10분의 1일뿐이다. 비화석 에너지 전환의 궁극적인 발전으로 지상에 남아 있는 화석연료의 상당수를 남기게 될 것이라는 점은 늘 분명했지만, 비용만 고려하면 그런 점진적인 전환은 현재 받아들여지지 않을 것으로 보인다.

우리는 현재 화석연료의 시대를 단축하려고 노력 중이지만 자원의 고갈이 임박했다거나 찾아내고 사용하는 데 드는 비용을 감당할 수 없기 때문이 아니다. 얼마 전까지도 강경했던 피크오일[13]의 움직임은 석유 시대의 종말을 예언했지만, 이런 염려들은 근거 없는 우려였다. 수평 시추, 유압 파쇄의 조합으로 이전에는 개발 불가능한 자원이었던 셰일오일 층이 대규모로 열리면서, 증가하는 수요에도 불구하고 세계는 미국이 다시 주도하는 기록적인 원유 생산, 포화한 시장, 떨어지는 원유 가격으로 인한 문제들을 경험하고 있다.

전개되는 전환의 궁극적인 목표는 화석연료를 태우지 않고 전 세계의 에너지 요구를 만족시키는 것인데, 이를 종종 부정확한 방식으로 세계 에너지의 탈탄소화라고 부르곤 한다. 목표는 화석연료에서 나오는 이산화탄소를 더는 보태지 않는 것이지만, 바이오매스 연료는 (건식 기준 약 50%의 탄소) 사용될 수 있는데, 이는 바이오매스를 태울 때 나오는 탄소가 이후 작물이나 나무 심기에 의해 공기에서 제거될 수 있기 때문이다. 그리고 한 가지 사항을 추가하자면, 일부 화석연료의 연소는 공기 중에 이산화탄소를 추가하지 않는 한 허용될 수 있는데, 이는 가스의 격리 강화(대규모 재조림이나 탄소 포집과 저장)를 통해 달성될 수 있다. 화석연료로부터 벗어나는 전 세계적 변화의 심각성은 기본적인 현실을 검토함으로써 쉽게 보여 줄 수 있다(Smil 2016c and 2017b).

첫째, 우리는 여전히 화석연료를 압도적으로 많이 사용하는 문명이며, 최근에는 화석에서 벗어나는 것이 아니라 오히려 격렬하게 달려가고 있다. 1750~2000년 사이, 화석연료에서 비롯한 전 세계의 이산화탄소 배출량은 세 자릿수 증가해 70억Mt의 탄소를 배출하였고, 21세기가 시작된

....

13 석유 수출이 빠른 속도로 증가하고 한계치에 달하여 영구적으로 감소하는 시점.

후 17년 동안 45% 가까이 증가했다(Olivier and Peters 2018; CO_2 Earth 2019). 1차 에너지 공급원 중에서 화석연료는 1950년에 약 98%에서 2000년에 90%로 떨어졌지만, 절대 소비량은 5.3배 증가했다. 그리고 21세기 들어 18년 동안 1차 에너지의 총사용은 주로 중국의 경제 확장으로 인해 약 50% 성장했는데, 화석연료가 차지하는 비중은 변화가 없었고(영국 석유회사 BP에 따르면 약 85%, 유엔은 약 90% 정도), 화석 탄소의 약 9.2Gt이 공기 중 이산화탄소로 돌아갔다(BP 2020; LeQuéré et al. 2018). 게다가 어떤 빠른 반전을 나타내는 것은 없었다.

코로나19 사태로 인해서 이산화탄소 배출량의 직접적인 감소가 있겠지만, 그 영향은 미미할 것이다(Forster et al. 2020). 비록 팬데믹의 경험이 부유한 국가에서 에너지 전환을 가속하게 만들더라도, 오늘날 저에너지 국가에서는 비슷한 효과를 거두지 못할 것이다. 21세기 들어 20년 동안 유럽의 모든 1차 에너지의 소비는 변동을 보이지 않고 있으며, 북미에서는 겨우 약 5% 상승했지만, 전 세계 총량을 살펴보면 주로 아시아와 아프리카에 의해 일 년에 2% 이상씩 상승하고 있다(BP 2020). 현대화가 진행 중인 국가들에 대해 말하자면, 중국은 에너지 소비가 2020년대 후반과 2035년에 정점(약 158EJ)을 찍을 것으로 예측했는데, 가장 최신의 예측은 그 시기를 2040년으로 미루고 2017년 수준보다 30% 증가한 170EJ이 될 것으로 본다(CNPC 2017). 그리고 인도의 총 1차 에너지 소비에 관한 정부의 연구에 따르면, 2012~2047년 사이 거의 5배 증가할 것으로 예측된다(Kumar et al. 2017).

장기간의 예측은 이런 기대를 반영하며 국제에너지기구의 새 정책 시나리오New Policy Scenario는 2040년까지 전 세계적 에너지 수요가 2017년 수준보다 약 25% 높을 것이라고 예측했다(IEA 2018b). 과거와 마찬가지로 전력 수요는 전체 1차 에너지 공급보다 빠르게 증가할 것이고, 이는 에어컨과 제조 부문, 운송과 전자 기기에 대한 수요로 인한 강력한 증가뿐만 아니라 아직 전기를 사용하지 않는 10억 명에 가까운 사람들과 관련된 수요에서 비롯될 것이다(IEA 2018a). 국제에너지기구의 새 정책 시나리오에서 그 수요는 2050년이면 2017년보다 약 50%를 더 올라갈 것이며, '미래는 전기 시나리오Future is Electric Scenario'에서는 2017년 중국과 인도의 소비를 결합한 것과 같은 추가 증가를 필요로 한다(IEA 2018b).

둘째, 대규모의 에너지 전환은 언제나 세대를 가로지르며 전개되는 점진적이고 장기적인 문제였으며 화석 탄소에서 비탄소 에너지로의 변화도 예외가 아니다(Smil 2017b). 전환의 속도는 25년 동안의 전 세계적 노력을 살펴보면 잘 알 수 있다. 첫 번째 세계 온난화 관련 조약인 기후변화에 대한 유엔 프레임 워크 협약the United Nations Framework Convention on Climate Change(교토 의정서)은 1992년 5월 '대기 중 온실가스 농도를 기후 시스템에 대한 위험한 인위 개변적 간섭을 방지할 수 있는 수준으로 안정화'하는 목적으로 채택됐다(UN 1992). 이 협약과 함께 재생 에너지 채택을 위한 추진이 동시에 시작됐기 때문에 현재 화석연료에서 재생 에너지로 전개되는 전환 과정을 평가하고 어느 정도 관찰을 거쳐 최종 결론에 도달할 때까지 상당한 기간이 소요되었다.

1차 에너지의 총량에서 차지하는 구체적인 지분을 계산하기 위해서 유엔의 에너지 변환(3.6MJ에 상당하는 비열전기 1kWh)을 사용하면, 1992년 전 세계 1차 에너지 중 약 91%는 화석연료에서 비롯됐으며, 2017년에는 약 90.5%로 전 세계의 탈탄소화 과정에 어떤 핵심적인 변화나 진보가 없었다는 사실을 알 수 있다. 재생 가능한 에너지의 기여도가 25년 동안 크게 증가한 건 사실이다. 하지만 화석연료의 소비 증가가 매우 강력해서 전 세계 공급의 전반적인 지분을 유지하고 있고 추출량은 1992년보다 53% 더 높아졌다.

핵심적인 결론을 다시 반복하자면, 우리는 화석 탄소에서 벗어나는 것이 아니라 더 다가가고 있다. 2017년 연소를 통한 이산화탄소 배출량은 1992년에 비해 57% 더 증가했으며 그 결과 가스의 평균 대류권 농도는 356.5ppm에서 406.5ppm으로 증가했다(NOAA 2019). 같은 기간 풍력 터빈과 태양전지의 비중은 1992년 둘이 합쳐서 겨우 5TWh였던 것에서 2017년 1,565TWh로 빠르게 증가했다. 25년 만에 300배 증가한 것인데, 전체 전기 발전에서 차지하는 상대적 비중은 겨우 6%로 늘어났다. 이는 16%를 차지하는 수력발전에 비해 한참 뒤처진 수준이다.

풍력과 태양광 전력의 비중을 합쳐서 향후 25년 동안 3배가 된다고하더라도 증가하는 수력발전보다 여전히 적은 양일 것이며(원자력 산업의 불확실한 미래에 영향을 받는) 화석연료 발전은 2040년까지도 여전히 전체의 반 이상을 차지할 것이다(2017년 시점에서 대부분 석탄과 천연가스에서 얻고 있으며 68%를 차지함). 그리고 풍력과 광전지 전력(태양광)이 표준 유엔 비율을 사용해서 두루 통용되는 에너지로 변환됐을 때, 2017년에는 전체 1차 상업 에너지의 겨우 1.1%를 공급했으며, 풍력과 태양열 발전에 현대 바이오 연료를 더할 경우에도 모든 새로운 비탄소 에너지의 합계는 전 세계 1차 에너지의 2.2%에 불과했다.

셋째, 재생 가능한 전기 발전으로의 전환은 (상대적으로) 전 세계 에너지 전환 과정에서 가장 쉬운 부분이기는 하다. 일부 국가들이 현재 수요의 상당 부분을 풍력과 태양전지로 만들어 내고 있지만 완전히 탄소가 제거된 전력 공급을 달성하는 일은 다른 문제다. 우리는 이미 핵심적으로 필요한 전환 기술을 습득하고 상당한 규모를 확장해 왔다. 태양광 모듈의 설치 범위는 건물 옥상(10^3W)에서 대규모 농장(10^8W 용량)에 이르며, 최대 규모의 중앙 전력 태양광 발전소는 동일한 용량을 가지고 있고, 최대 규모의 해상 풍력터빈은 10MW의 용량을 갖추고 있다. 게다가 내재적으로 제한적인 용량 요소와 효율성이 증가하는 가운데 설치하는 데 드는 단위 비용은 감소하고 있다.

현대의 재생 가능한 전기 생산의 우월성을 표현하기 위해 사용되는 가장 흔한 주장 중 하나는 태양광 패널과 풍력터빈의 비용 하락이었으며, 현재는 매우 낮아서 일부 지역에서는 벌써 새로운 전기 용량을 위한 가장 저렴한 선택이 됐다. 따라서 바람과 태양에서 가장 많은 전기를 생산하고 있는 국가에서는 전기료가 저렴하며 계속 떨어져야 한다. 그러나 현실은 정반대다. 이런 역설적 상황은 대개 두 가지 현실을 통해 설명된다. 첫 번째는 연구에 따르면 태양 빛과 바람이 풍부한 시기 동안 이루어진 과잉 공급으로 인해 전기 보급률이 높아지고, 이어서 간헐적으로 공급되는 재생에너지는 시장가치 하락과 함께 마이너스 가격으로 이어지는 현상을 보여 주었다(Hirth 2013). 두 번째는 재생 가능한 발전 시스템 또한 수요 증가에 대비해서 충분한 예비 용량을 유지할 수 있어야 한다.

대규모의 전력을 저장하는 것은 간헐적 전기 발전의 채택을 부양할 수 있는 가장 좋은 방법이지만, 현재까지 가장 효과적인 중앙 배터리 저장 방법은 최대 10^6W이며 방전 시간은 몇 시간 정도이다. 재생 가능한 발전의 지지자들이 자주 내세우는 분산형 저장 방법Decentralized options은 증가하는 인구의 비중을 수용하는 거대 도시에는 완전히 비현실적이다. 도쿄의 주요 대도시권에는 약 3,900만 명이 살고 있으며 전기 요구량은 약 30GW이다. 큰 태풍이 발생하는 기간(하늘이 심하게 흐리고 바람이 강해 태양 및 풍력 발전에 어려움이 있을 때[14])에 3일 동안 공급하기 위해 필요한 전기 저장량은 약 2.2TWh(30GW × 72시간)이다. 우리가 상업과 산업 및 주거용 저장소의 평균 균배 비용을 $200/kWh로 가정하더라도(Lazard 2018), 3일 동안 전력 수요를 충족시킬 수 있는 충분한 리튬 이온 저장 장치를 도쿄 대도시 전역에 설치하려면 거의 5천억 달러(2.2TWh × $0.2/Wh)가 들 것이다.

기가와트GW 수준의 전기를 저장하는 방식 중 상업적으로 이용 가능하고 비용면에서도 효과적인 선택지는 19세기 말 이전에 처음 도입됐던 양수식 수력 저장[15]이다. 이것은 산 정상의 저장소에서 가까운 낮은 지대에 저수지를 배치해서 운영하기 때문에 상당한 높이 차이가 있는 특정 지형에서 가능하며 양수揚水로 인해 상당한 양(약 25%)의 에너지가 손실된다. 더 저렴한 야간 전기가 물을 오르막으로 끌어 올려 수요가 가장 많은 시간에 내보내는 데 사용되지만, 양수의 경우 분명 햇빛과 바람이 있는 시간에 태양광과 풍력을 이용할 수 있을 것이다. 현재 개발 중인 에너지 저장 방법들(압축 공기, 플라이휠flywheels, 슈퍼커패시터supercapacitors, 플로우 배터리flow batteries) 중 가까운 미래에 기가와트 수준의 전기를 제공할 수 있는

....

14 바람이 강하게 불면 풍력발전을 하기 좋을 것으로 오해할 수 있으나 너무 거세게 부는 경우는 제어 장치나 블레이드가 버티지 못하고 박살 난다.

15 수력발전소 댐의 물을 거꾸로 올리는 방식. 우리나라의 경우 청평 양수 수력발전소가 대표적인 사례다.

선택지는 없다. 수소를 사용하면 이런 문제 중 상당 부분을 해결할 수 있겠지만, 그러려면 그 기체가 산업적 사용과 노면 교통에서 일반적인 에너지 운반체가 되는 새로운 수소 경제로의 전환이 필요할 것이다.

넷째, 재생 가능한 에너지로의 전환은 운송 부문에서 훨씬 더 어려울 것이다. 풍부한 농지와 동물 사료로 생산되는 옥수수의 약 40%를 전환할 수 있는 미국에서조차, 에탄올의 연간 생산량은 휘발유 소비량의 겨우 10%밖에 안 된다(USEIA 2018b). 에탄올과 바이오디젤[16]의 전 세계 생산량은 2018년 석유로 환산해 볼 때 96Mt으로, 전체 가동 수요의 3% 정도에 해당한다. 이런 바이오연료의 빠른 대량 확산도 가능할 것 같지 않은데, 최근 전체 생산량의 3분의 2가 미국과 브라질, 단 두 나라에서 비롯되기 때문이다. 셀룰로스[17] 에탄올의 생산은 물자 기반을 확장할 수 있지만 이 새로운 흐름의 실제 실적은 우리의 기대에 한참 못 미친다. 첫 번째 공장이 문을 연 지 몇 년이 지난 2018년, 미국의 셀룰로스 에탄올 생산량은 옥수수 에탄올의 0.1% 미만(Schill 2018), 미국 휘발유 수요의 0.01% 미만에 해당하기 때문에 현실에서 이 연료가 가까운 시일에 주요한 역할을 할 가능성은 거의 없다.

전기 구동으로의 전환은 운송 부문에서 바이오 연료의 필요성을 줄이는 최선의 방법이다. 승용차의 대규모 전기화는 극복할 수 없는 문제에 직면하는 것은 아니지만, 리튬, 코발트, 니켈 등 배터리를 생산하는 데 필

....

16 식물성 기름이나 동물성 기름을 화학 처리를 통해 경유와 유사한 연료를 제조하여 석유 기반인 경유를 대체하거나 혼합해서 사용하는 연료.

17 식물 세포벽을 구성하는 유기 화합물. 섬유소(纖維素)라고도 하며, 고등식물에는 물론 해산동물과 조개류에도 존재한다.

요한 원소의 대규모 채굴이 미칠 영향부터 배터리 재활용의 어려움에 이르기까지 많은 새로운 환경 관련 문제를 불러올 것이다(Dominish et al. 2019; Kalgathgi 2018). 그리고 전기를 어디서 가져다 쓰느냐에 따라, 전기 자동차는 실제로 디젤 자동차보다 더 많은 이산화탄소를 배출할 가능성이 있다. 라이프 사이클 분석life-cycle analysis[18]은 중국의 사례를 통해 이를 확인시켜 준다(Yu et al. 2018).

이른 도입의 다른 사례들처럼 전기차의 판매량은 빠르게 늘어났지만, 2020년 도로를 달리는 자동차의 1%에 못 미쳤으며, 2040년까지도 지배적일 가능성은 거의 없다. 현재 또는 점진적으로 개선되는 배터리에 기반한 트럭 운송의 전기화는 훨씬 더 어려우며, 무엇보다 중요한 사실은 우리가 모든 종류의 소비재를 옮기는 벌크선, 유조선, 컨테이너 선박의 해상 운송에 사용되는 강력한 디젤엔진이나 대륙 간 비행의 급속한 확장 시기에 등유로 구동되는 터보팬 엔진을 대체할 준비가 되어 있지 않다는 점이다.

에너지 밀도 사이의 큰 차이는 해양 운송과 항공 운송에서 배터리의 채택을 어렵게 한다. 정제 연료는 거의 12,000Wh/kg(약 42MJ/kg)의 에너지 밀도를 가지며, 시판되고 있는 리튬 이온 배터리 중 최고 비율은 약 300Wh/kg(약 1MJ/kg)으로 40배 이상 차이가 난다. 보잉 787기는 이륙할 때 최대 약 101t의 등유를 실을 수 있고 총중량은 254t인 반면 동일한 비행을 위한 500Wh/kg(주요 밀도 증가를 가정하는 경우) 배터리의 무게는 거의 2,500t으로 2019년 이륙 중량의 10배에 이른다. 유사한 비교를

....

18 제품의 설계부터 제조, 폐기까지 모든 과정을 단계별로 나눠 환경 영향을 평가하는 선진 환경 관리 기법.

통해 중국에서 유럽 연합 및 북미로 소비재를 운송하는 컨테이너 선박이 가까운 미래에 배터리 구동 방식으로 바뀌기 힘든 이유도 알 수 있다(Smil 2019b).

다섯째, 모든 형태의 운송 수단에서 탄소를 없애는 것이 어려운 만큼, 모든 산업에서 화석 탄소를 제거하는 일은 가장 어려운 과제가 될 것이다(Schüwer and Schneider 2018). 몇몇 산업 과정(펄프와 종이를 비롯해 일부 화학적 처리 과정과 유리와 도자기 제조를 포함)에서 사용되는 연료는 전부 또는 상당 부분 전기로 대체될 수 있다. 그러나 이런 산업적 과정에서는 지속적이고 일관성 있는 전기 공급이 필요하기 때문에 간헐적인 공급에 전체적으로 의존하는 시스템은 상당한 저장 용량이 뒷받침되어야 한다. 게다가 기술적으로 가능한 경우에도 종종 비용을 감당하기 어려운 것들이 있는데, 산업용 난방에서 우선 선택되는 천연가스와 전기의 현재 비용을 생각해 보면 전기의 가격이 에너지 단위당 3배에서 5배 더 비싸다.

다른 부문들(무엇보다 정제, 화학적 합성, 철 야금 분야)에서 현재 사용되는 연료의 아주 적은 부분만이 전기로 대체될 수 있었다. 이런 부분들은 현대 문명의 중요한 핵심 요소를 생산한다. 현재 1차 철 제련(철광석, 코크스, 석회암이 채워진 용광로)으로 일 년에 약 1Gt의 금속이 생산되며 기반 시설과 교통, 산업 및 소비재에 필요한 강철로 만들어진다. 용광로 제련은 금속 코크스가 필요하며, 현재 비교적 큰 규모로 이용할 수 있는 유일한 상업적 대안은 철의 직접적 환원이지만, 그 과정에는 천연 가스 형태의 탄소 투입이 추가된다. 마찬가지로 우리는 매년 거의 200Mt의 암모니아와 300Mt의 플라스틱을 합성하는 데 사용하는 석유 화학 원료의 대규모 대체제를 쉽게 구할 수 없다(Smil 2018).

마지막으로 중요한 사항은 시스템이 대체되는 변화의 규모와 전 세계적 차원에서 행동의 필요성에 대한 것이다. 비탄소 대체제가 저렴한 가격으로 대규모 상업화를 쉽게 이룰 수 있다고 하더라도, 우리는 세계의 탄소 기반 에너지 시스템이 우리 문명에서 가장 넓은 영역의 가장 비싼 투자를 필요로 한다는 사실을 기억해야 한다. 이 시스템은 매년 약 100억 Mt의 화석 탄소를 추출하는 것으로 시작한다. 이것은 약 300만km의 석유와 가스 파이프라인, 수십만 킬로미터의 철도 그리고 약 1만 척의 석유와 LNG 유조선을 통해 분배된다.

2019년 화석연료는 여전히 현대 1차 에너지 공급량의 85%가까이를 차지했다. 전 세계는 화석연료를 태워서 전기 공급량의 5분의 3을 발생시키고, 유라시아와 북미에 있는 약 10억 명의 사람들의 집에 난방을 제공하며, 육상, 수상 그리고 항공 운송에 필요한 에너지의 95% 이상을 공급할 뿐만 아니라, 현대 문명의 4대 원료 물질인 철, 시멘트, 플라스틱, 암모니아 생산에 필수적인 에너지와 원자재를 제공한다. 거대한 전 세계 시스템을 아우르는 구조와 기반 시설 그리고 변환기의 대체 비용은 거의 30조 달러를 넘는다.

글로벌 시스템의 규모, 복잡성, 공간 범위와 동등하게 신뢰할 수 있고 저렴한 비용의 대안을 복합적으로 생각해 보면, 이를 완전히 대체하는 일은 오랜 세대에 걸친 과제가 될 것이 분명하다. 그리고 성공 여부는 대기 중 이산화탄소의 지속적인 감소에 달렸다. 이런 변화는 세계적인 노력이 필요하다. 1950년 국가적인 노력은 물과 공기를 정화하는 데 매우 효과적이었지만, 영국이나 프랑스 같은 주요 경제 국가들이 하룻밤 사이에 탄소 배출을 없앤다고 해도 화석연료에 기반한 세계 경제성장으로 단 일 년 안

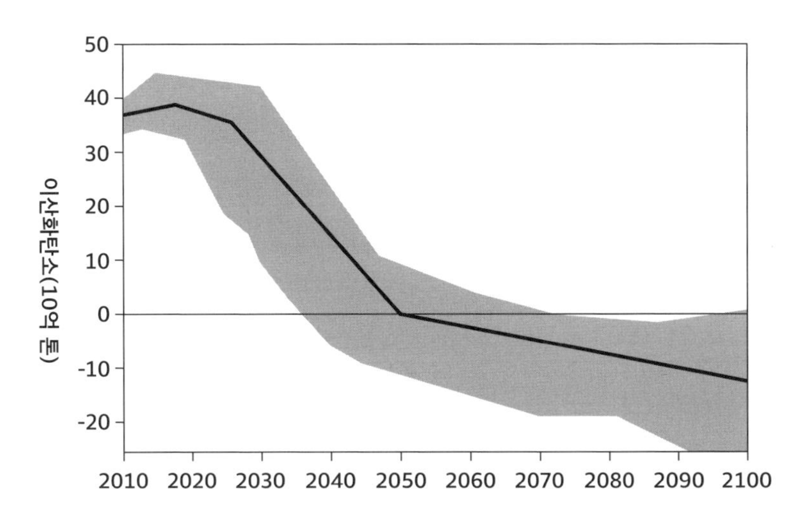

[그림 7.3] IPCC 가 제안한 다양한 모델 경로가 나타내는 마법처럼 구부러진 곡선(2018).

에 그만큼의 배출량이 채워질 것이다. 2010~2018년 사이 전 세계 화석연료와 시멘트에서 배출한 연간 이산화탄소의 평균 증가량은 약 340Mt에 이른다. 참고로 프랑스의 배출량은 331Mt, 영국의 배출량은 368Mt이다(GCP 2019). 이런 현실을 감안하면, 1.5°C 온난화 대책을 위한 기후변화에 관한 정부간 협의체IPCC의 보고서(IPCC 2018)나 렌튼Lenton과 동료들의 긴급 조치에 대한 요약(Lenton et al. 2019)에 나온 것처럼 이산화탄소 배출량을 2030년까지 절반으로 줄이고 2050년까지 제거하는 갑작스러운 역전은 희망 사항일 뿐이다(그림 7.3).

우리는 여전히 비탄소로 전환하는 과정의 초기 단계에 있기 때문에 재생 에너지와 원자력 발전에서 나오는 전기와 수소, 바이오 연료가 궁극적으로 어떤 기여를 하게 될지 확신할 수 없다. 다만, 합리적인 비용, 쉬운 전환(에너지의 최종 사용 형태가 효율적이고 유연하게 변할 수 있는 것), 편리한 운반, 투자 대비 높은 에너지 수익, 환경에 미치는 악영향의 최소화, 높은 수준의 안전성과 신뢰성, 공공의 높은 수용도(Tsao et al. 2018; Smil 2017a; Hall et al. 2014) 등과 같은 원칙의 특성은 안다. 그래도 21세기의 마지막 10년을 전기가 지배할지, 수소 기반의 경제체제가 성립될지 말하기에는 아직 너무 이르다.

경제와 환경

더 나은 결정을 내리기 위해서는 에너지 사용에서와 마찬가지로 경제 활동을 측정하는 더 나은 기준 즉, 번영의 핵심 열쇠가 필요하다. 더 나은 경제 지표를 탐구하는 일부 저명한 연구자들이 있으며(Stiglitz et al. 2010), 인간개발지수HDI: Human Development Index는 처음으로 널리 사용된 대안 지표였다(UNDP 2018). 인간개발지수는 세 가지 차원(평균 수명과 건강한 삶, 교육 수준, 생활수준)에서의 국가 점수로 이루어진 통합 지표이지만 불평등, 가난, 인간의 안전과는 무관하다. 세계경제포럼The World Economic Forum은 포괄적 개발 지수Inclusive Development Index를 발표하는데, 그것은 각 국가의 GDP에 더해 경제 과정의 11가지 차원에서 수행을 측정한다(WEF 2018). 포괄적 개발 지수의 세 기둥은 성장과 개발, 포괄inclusion, 세대 간 공평(자연 및 금융 자원에 대한 지속 가능한 관리 포함)이다.

지표들 중 어떤 것도 삶의 질적 향상을 저해하는 환경 악화를 다루지 않았으며, 데일리Daly와 콥Cobb이 그것을 포함시켜 제안한 1인당 지속 가능한 복지 지수ISEW: Index of Sustainable Welfare는 보편적인 측정 도구로까지는 개발되지 못했다(Daly and Cobb 1989). 진정한 대표 지수라면 제2차 세계대전 전에 사이먼 쿠즈네츠가 제안한 구분에 따라 경제성장에 의해

야기된 해악적인 기능(디스-서비스dis-services)에 대해서도 이야기해야 한다(Kuznets 1937). 현대 사회에서 흔한 해악적 기능에 대한 그의 짧은(그리고 명백히 다룰 가치가 있는) 목록에는 대부분의 군사 비용, 광고 비용, 금융과 투기 활동 그리고 무엇보다 중요한 도시 생활의 지출(광범위한 교통, 비싼 주택)이 포함되어 있었으며, 이런 것들은 현대 세계의 어려움에 대처하기 위해 필요해진 우리 문명에 내재된 비용에 해당한다. 쿠즈네츠는 조정이 어려울 것이라는 걸 알고 있었지만, 그것들이 '총국민소득이 연간 및 국가 간 비교를 위해 생산되는 서비스의 양을 훨씬 더 잘 측정할 수 있게 만들 것'이라고 확신했다(Kuznets 1937, 37).

에너지에 대해 말하자면, 총 1차 에너지 사용(전체와 1인당)의 표준 비교로는 총량 측정의 구성(연료별 비율, 전기의 중요도), 변환 효율(실제 유용하게 쓰이는 에너지), 에너지 서비스에 대한 접근성, 에너지 사용이 환경에 끼치는 영향을 줄이기 위한 통제 방식에 관해서는 전혀 알 수 없다. 이들 대부분은 개별적으로 측정할 수 있지만, 대표적인 에너지 지수에 기초해서 국가의 진보 과정을 평가하는 것이 나을 것이다. 1999년 이후 처음에는 환경 지속 가능성 지수Environmental Sustainability Index, 그다음에는 환경 성과 지수Environmental Performance Index처럼, 국가 환경 진보를 평가하기 위해 사용된 유사한 지수를 이용할 수 있다. 그 목표는 환경 보건(위험 노출, 대기 오염, 물, 위생)과 생태계 활력(수자원, 질소 균형, 산림, 어업, 보호 지역과 보호종, 탄소 배출)을 정량화하는 것이다.

경제와 환경 전환의 전개는 앞선 서술과는 조금 다른 방식으로 설명하고자 한다. 다가오는 인구와 식량의 전환을 다룬 부분에서는 명확하게 제한된 결과를 가지고 밀접하게 연결된 두 과정의 가능성 있는 궤적에 초점을 맞췄다. 화석 에너지에서 재생 가능한 에너지원으로의 전환에 대한 부분은 점진적 변화가 내재적으로 안고 있는 어려움을 강조했는데, 무엇보다 도전 과제의 거대한 규모와 관련된 기술과 경제적 복잡성에서 비롯된 것이다. 다가오는 경제 및 환경 전환에 관한 이 부분에서는 경제성장과 환경 관리에 대한 지배적 접근법의 주요 실패를 다루고, 몇몇 바람직한 제안을 제시하는 등의 분명한 규범적 요소를 담고 있다.

먼저 필자는 근대화와 그에 따른 삶의 질의 향상을 가능하게 한 대전환을 (에너지, 물질, 환경의 선결 조건 등) 등한시해 온 고착적인 주류 경제적 사고에 대한 비판하고자 한다. 그런 사고가 함축하는 바는 투입 요소들이 주요한 변수가 아니라 특이점을 향해 가속하는 호모 데우스의 끝없는 창의성에 의한 의지(그리고 어떤 환경적 영향에 대한 걱정 없이)로 마음대로 할 수 있는 부차적인 요구 조건이라는 것이다. 이런 비판이 현실에 대한 물질적 접근 방식이라고 말할 수 있다.

경제학자들은 노동 투입, 자본, 교육, 향상된 자원의 배분, 규모의 경제, 지식의 성장과 같은 경제성장의 원인이 되는 요인들의 목록을 만들어 왔다. 여기에 에너지와 환경은 어디에 있는가? 에너지는 거의 찾아볼 수 없다. 환경은 종종 등장하긴 해도 스쳐 지나갈 뿐이다. 예를 들어 로버트 솔로Robert Solow는 '매우 가치 있는 일이지만, 측정 결과에는 나타나지 않는 환경 개선을 위한 투자'를 경제적 생산량의 성장을 줄여온 한 요인으로 인지했다(Solow 1987).

지구에서 일어나는 모든 것에 대한 에너지적이고 물질적인 제약에 관해 알고 있는 한 사람의 과학자로서, 필자는 이런 무지뿐만 아니라 에너지와 환경이 점점 무시될 수 있다는 주장들에 대해 그리고 현재 유행하고 있는 에너지와 미래 경제성장의 분리 및 미래 경제의 비물질화에 대한 논의에서 표현된 개념들에 대해 경악을 금치 못하겠다. 우리가 에너지와 물질의 중심적 역할과 인간 복지의 측면에서 수많은 환경 제약의 중요성을 인식하지 않는 한 그리고 이런 불가피한 제약을 장기적인 경제발전과 조화시키기 위해 근본적으로 다른 접근 방식을 생각해 내지 않는 한 앞으로 경제와 환경의 성공적인 전환은 찾아볼 수 없을 것이다.

활발한 경제성장이 이전과 달리 아주 적은 양의 에너지 물질을 통해 진행될 수 있다는 믿음은 심각한 착각이다. 왜냐하면 근본적인 물리 법칙에 위배되기 때문이다. 이미 언급했듯, 주류 경제적 사고는 '에너지는 보편적인 것이며 모든 물질은 에너지의 한 형태라는 것 그리고 경제의 본질은 에너지를 추출하고 가공해서 제품과 서비스에 포함시키는 것'이라는 핵심적 진리를 광범위하게 무시해 왔다(Ayres 2017, 40). 애초에 왜 등한시하게 됐는지는 명확하다. 에너지를 경제 생산의 부산물 정도로 여기기 때문이다.

에너지 변환의 역사는 성능(에너지/거리)의 차원이든 구현된 투입(에너지/최종 산물의 질량)량의 차원이든, 상대적인 에너지 집약도의 성공적이고 점진적인 감소의 역사이기도 하다. 비슷하게 기술적 진보의 역사는 그것이 구현된 투입 물질(구체적인 물질의 질량/최종 제품의 단위)로서든 전체 비용(질량/최종 제품의 가격)의 측면이든, 요구량의 상대적인 감소의 역사라고 할 수 있다. 그러나 이런 환영받는 현실은 세 가지의 당연한 결과로 이어진다. 상대적 감소는 전 세계적 차원에서 절대 감소로 치환될 수 없다. 그리고 국가적 성취는 세계 경제에서 큰 의미가 없을 수 있다. 마지막으로 이 모든 감소의 궤적은 자연적 한계를 가진다.

상대적 순위나 성능이 향상할 때조차 에너지 총량의 절대치와 전 세계에서 사용되는 물질량은 지속적인 인구 성장과 증가하는 1인당 소비(더 큰 집, 더 좋은 차, 더 흔해진 여행, 더 자주 등장하는 최신 전자 기기)로 인해서 증가하고 있다. 게다가 물질과 에너지 집약도의 감소는 오해의 소지가 있는 지표이다. 고소득 국가처럼 탈산업화(물자 생산 및 에너지 집약적인 산업을 완전히 포기하는 것)하고 수입 의존성이 높아지는 것이 글로벌한 것이라고 착각하게 만들기 때문이다. 그리고 어떤 경우에는 추가적인 개선의 여지가 충분하지만, 다른 사례에서는 더 이상 줄일 수가 없을 정도로 물질적 최솟값, 변환 최댓값 또는 화학량의 한계에 근접했다.

각 한계에 근접한 에너지 효율의 두드러진 사례들은 대형 전기모터 및 대형 풍력터빈과 같은 서로 다른 변환기들을 포함한다. 대형 전기모터의 이론상 효율은 90%를 초과한다. 베츠의 법칙$_{\text{Betz limit}}$에 따르면, 풍력터빈의 최고 효율은 59.6%이며(Betz 1926), 오늘날 최고의 기계는 이미 최대 성능의 80%에 근접해 있다. 철을 생산하기 위한 최소 에너지는 약 10.4GJ/t이고, 암모니아를 합성하는 데는 약 21GJ/t이 필요하며, 현재 제일 모범적인 사례도 각각의 최소 에너지의 120%와 130% 수준이다(Smil 2016a and 2014). 하지만 100%의 효율을 가진 풍력터빈이라는 것은 있을 수 없으며 마찬가지로 최소 열보다 낮은 온도에서 합성되는 암모니아도 있을 수 없다. 이는 물리 법칙에 위배되는 일이다.

일부 질량도 마찬가지로 인상적으로 감소했다. 상업적 도입의 해인 1959~2011년 사이, 일반적인 알루미늄 음료 캔의 질량은 85% 감소했다. 현재 무게는 1캔당 10g을 웃돌지만, 분명 1mg이나 2mg으로 줄어들 수는 없다. 보잉 787기에 동력을 제공하는 2018년에 개발된 터보팬 엔진은

1958년 보잉 707에 장착된 것과 동일한 최대 추력을 35% 더 적은 물질을 사용해 이루었다. 그러나 최신 엔진을 위해 날의 수를 22개에서 18개로 줄이게 한 카본 섬유 합성보다 더 가벼운 소재를 생각하긴 어렵고(GE Aviation 2019), 날이 하나뿐인 터보팬도 생각하기 어렵다.

상대적인 탈물질화의 순수한 결과는 물질적 이득이 빠르게 증가하는 여행량으로 전환됨에 따라 비싸고 높은 에너지 집약적 물질에 대한 전체 수요를 엄청나게 증가시켰다. 즉 비행기는 더 가벼워졌지만, 전 세계적인 인킬로 비행은 1958~2018년 사이에 40배 정도 증가했으며, 제트 여객기를 만드는 데 있어서(질량/좌석, 질량/인킬로) 상대적 탈물질화 이득을 무효로 만들었다. 이런 강한 성장은 계속될 것으로 예상하는데, 비행기 여행이 현대화되는 아시아의 모든 국가에서 증가할 뿐만 아니라, 아프리카에서도 증가하기 시작했기 때문이다. 가난한 사하라 이남 아프리카 지역에서도 승객수가 2000년 이래로 3배가 되었다(World Bank 2019).

상대적 탈물질화와 고품질 제품에 대한 수요는 단지 평범한 현실에 대한 구체적인 묘사일 뿐이다. 이미 언급했듯, 이런 현실은 국가와 전 세계적 수준에서 총량과 1인당 물질 소비량의 큰 증대를 불러왔으며, 상대적인 물질 집약도의 감소는 물질에 대한 절대 소비량의 증가를 줄일 수 없을 것이다. 왜냐하면 21세기의 남은 기간에 대부분 인구가 늘어나고, 현대화가 진행 중인 아프리카와 아시아의 일부 국가에서는 서너 세대 전 부유한 나라에서 달성한 것과 같은 수준으로 삶의 질이 향상되기를 바라기 때문이다.

경제성장에 있어 생물권이 제공하는 상품과 서비스의 본질적인 역할도 흔히 누락되어 왔다. 대부분 무시하거나 인지하지 못했고, 심지어 그 역할이 얼마나 중요한지도 까먹는다. 총가치가 전 세계적으로 33~123조 달러에 이르는데도 말이다. 이런 누락이 오로지 학문적 영역의 관심사였다면 별다른 차이를 만들지 않았을 것이다. 생물권을 다루는 이런 방식에 대해 필자는 완고하게 진화에 바탕을 두고 있다. 우리가 큰 두뇌 덕분에 다른 종들과 차별화되었다거나 혁신적인 추진력으로 인해 많은 자연적 제약에서 해방되기도 했겠지만, 그래봤자 여전히 우리 인간은 생물권 안에 있는 탄소 기반 유기체에 불과하다(Vernadskii 1926; Smil 2002).

케네스 볼딩Kenneth Boulding은 다음과 같은 말을 남겼다. '물리적으로 유한한 행성에서, 무한한 성장을 믿는 사람은 미쳤거나 경제학자이다(Boulding 1973, 248).' 그는 카우보이 경제[19]와 우주선 경제[20]를 처음 제시하고 구별했다. 그리고 다음과 같이 지적했다. '카우보이식 경제체제에서 소비는 좋은 것으로 간주하고 생산도 마찬가지이다… 반면에 우주선 경제체제에서 뒤처리할 것이 늘어나는 것은 결코 원하는 바가 아니며, 실제로 최대화보다는 최소화해야 하는 것으로 간주된다'(Boulding 1966, 7-8).

니콜라스 조르주스쿠-로겐Nicholas Georgescu-Roegen과 헤르만 데일리Herman Daly는 경제를 올바른 열역학적 기반 위에 두었으며, 데일리는 경제가 성장하지 않는 생물물리 시스템의 일부가 아닌 경우, 그러니까 오로지 비물리적 차원에서 열역학적 법칙에 적용받지 않은 상태로 진행되

....

19 카우보이 경제는 미 서부 개척 시대의 카우보이의 행동처럼 자원이 무한정이라고 가정하는 경제를 말한다.

20 우주선 경제는 제한된 자원을 가지고 우주선을 타는 우주인처럼 행동하는 폐쇄적 경제를 말한다.

는 경우에만 지구에서 지속적인 경제성장이 가능할 것이라고 비꼬았다(Nicholas Georgescu-Roegen 1971, 1975 and Herman Daly 1971, 1980, 1996). 경제에 대한 생태학적 접근은 1970년대에 널리 관심을 받았는데, 제이 포레스터Jay Forrester의 시스템 다이내믹스system dynamics에 기초해 단순화한(그래서 여러 면에서 오해를 불러일으켰지만 매우 영향력 있는) 행성 미래 모델《성장의 한계The Limits to Growth》가 출판된 후에 특히 그랬다(Meadows et al. 1971; Forrester 1971).

생태학적 사고에 대한 새로운 옹호는 지속 가능한 경제 개념의 출현과 더불어 등장했다(WCED 1987). 1989년, 국제생태경제학회The International Society for Ecological Economics가 설립됐고, 인위 개변적 지구온난화의 영향에 대한 우려는 미래의 대안적인 방법에 초점을 맞추는 데 도움을 주었으며, 경제성장의 감소뿐만 아니라 경제의 계획적인 감소에 관한 연구들이 이어졌다(Hardin 1992; Daly 1996; Coyle 2011; D'Alisa et al. 2014). 그러나 이런 것들 중 어떤 것도 실질적인 차이를 만들지 못했다. 제2차 세계대전 이후 최악의 경제 침체조차도 단기간의 하락으로 끝나면서 21세기 들어 20년 동안 전 세계 경제의 엄청난 성장(일정한 통화증가율 속에 70% 성장)과 에너지 공급에서 큰 증가(1차 에너지 소비량 약 48% 증가, 전기 발전 74% 증가)를 보였으며, 물질 사용량이 엄청나게 늘었다(시멘트와 알루미늄 생산은 2.6배 상승, 강철 생산은 2배 이상 증가).

지속 가능한 성장과 순환 경제는 유행 중인 개념이지만, 첫 번째 개념은 21세기 초의 현실과 희미한 관계가 있을 뿐이고, 두 번째 개념은 생물물리학적으로 불가능하다. 지속 가능한 경제는 어떤 것이든 재생 가능한 에너지 단독으로 운용되어야 할 것이며 물질적 누출이 없어야 한다. 그러나 현대 경제는 에너지와 물질의 거대한 선형적 흐름에 의존하고, 동원된 자원의 많은 부분을 낭비한다. 오로지 열역학 법칙을 폐기한 경우에만 오늘날 현대 문명이 연간 소비하는 600EJ에 가까운 에너지의 재사용이 가능하다고 말할 수 있을 것이다. 그중 약 25%가 물질 생산에 들어간 에너지(낮게는 3~4GJ/t인 시멘트부터 높게는 20TJ/t에 이르는 완제품 실리콘 웨이퍼silicon wafer 등)이다(Smil 2014).

몇몇 국가에서 일부 물질의 상대적으로 높은 재사용률(미국의 경우 알루미늄, 일본의 경우 종이)은 예외적인 경우이며 그조차도 종종 '다운사이클링down-cycling(인쇄된 흰 종이가 포장용 마분지로 사용되는)'되고 있고, 불가피한 물질 손실 그리고 종종 상당한 에너지 비용을 수반한다. 무엇보다 다양한 종류의 플라스틱을 포함한 다른 물질들은 재활용하기 어렵다. 폐기물의 수집, 분류, 리폼의 어떤 경우에도 추가적인 에너지 투입이 따르기 마련이다. 예를 들어 재활용된 유리는 알루미늄과 다르게 1차 상품에 비해 에너지 비용이 살짝 낮은데(10~15% 이하), 이러한 약간의 이점은 수집과 운송 비용의 상승과 함께 사라진다. 게다가 기존의 폐기물 처리국(특히 중국)이 수입을 금지하거나 줄였기 때문에 재활용은 점점 더 어려워지고 있다.

그리고 에너지, 금속, 비금속 광물의 생산에 수반되는 '숨겨진' 물질의 유동을 찾아내고 재활용할 방법이 없다. 이런 물질들의 거대한 흐름은 환경에 악영향을 끼치지만 경제적 가치는 인정받지 못한다. 여기에는 광물을 추출하기 전 제거해야 하는 표토, 암석으로부터의 금속 분리와 관련된 처리 폐기물(보크사이트는 알루미늄의 15~25%, 타코나이트taconite는 철의 30~40%, 코발트 광석은 원소의 1~2%를 함유), 건설 사업 중에 위치가 바뀐 흙, 모래, 암석 그리고 들판에서 침식된 토양 등이 포함된다. 숨겨진 유동의 총량은 전 세계적으로 변위된 원자재의 절반 이상을 차지한다.

모든 경제 활동 중 가장 근본적이라고 할 수 있는 식품 생산의 경우, 핵심 투입물인 물, 비료 그리고 다른 농약 등의 유동을 재활용할 방법이 없다. 빗물과 관개수를 재사용한다는 것은 수확된 식물에 포함된 모든 물을 반환할 뿐만 아니라 증발 증산과 밭에서의 유실된 물을 포착해야 하는 상상 이상의 솜씨를 발휘해야 하는 위업이 될 것이다. 그리고 앞서 언급했듯, 침식, 용해, 휘발, 탈질소 작용으로 인한 사용된 질소 비료의 전 세계적 손실은 보통 최초 투입된 비료의 50%를 넘는다. 우리의 낭비적 사용 정도를 감안하면, 계속해서 더 효율적인 경제 활동이 장려되어야 하는 것은 맞지만, 순환적 경제를 만들 수 있다는 주장은 현실적으로 불가능하다.

높은 수준의 세계 경제 통합은 에너지 및 물질 투입을 줄이는 데 반대하는 현재에 깊이 뿌리박혀 있는 또 다른 경제 현실이다. 저렴해진 대륙간 운송(저렴한 연료, 효율적인 엔진, 대규모 선박으로 인한)은 제한 요소로서 거리를 줄이거나 심지어 제거했다. 이런 현상은 기본 상품과 제조 제품 측면에서 모두 실재했다. 상품 무역은 곡물, 시멘트, 광석의 벌크선과 액체 및 기체 연료를 위한 탱커에 의존하며, 완제품은 컨테이너선으로 운송되고 대부분 사람들이 인지하는 것보다 더 자주 화물 항공기로 운송된다. 최신 보잉 비행기는 그런 선적에 의존하는 원거리 제조 네트워크의 완벽한 사례이다.

보잉 787의 주요 부품만 언급해도, 엔진은 미국이나 영국, 후방 동체와 수직 안정판은 미국, 중앙 동체는 이탈리아의 알레니아Alenia, 날개 및 날개 뒷부분은 일본(미쓰비시와 가와사키), 착륙 장치 구조물과 승객 진입문은 프랑스(메시에 다우티Messier-Dowty 및 라테코에르Latecoere), 차체 페어링은 캐나다, 날개 끝은 한국, 화물 출입문은 스웨덴에서 각각 선적된다(Hale 2006). 그런 다음 비행기는 워싱턴과 사우스캐롤라이나에서 조립되는데, 이제 그 거대한 조립 공장들이 근처의 공급자들로부터 모든 부품을 조달하고 운송 비용을 없앤다는 것은 상상할 수도 없다. 어디에서든 가능한 공급망 덕분에 우리는 주요하고 끊임없는 에너지 및 자재 소비자로서 전 세계적으로 5만 척의 해양 선박과 수천 대의 화물 비행기를 운영하며, 컨테이너 철도 운송과 화물 트럭에 의존한다.

게다가 소득의 증가는 더 비싼 소비(고급 주택, 고가의 차량)를 이끌며, 결과적으로 더 많은 물질 및 에너지 집약 상품 구입과 경험(근처 호수나 산으로의 단거리 자동차 여행 대 대륙 횡단 비행)을 하게 된다. 중국의 사례는 그런 수요의 증가가 얼마나 빠르게 이루어지는지 보여 준다. 2000년에는 도시의 200가구 중 1가구에서 자동차를 소유하고 있었지만, 현재는 10가구 중 4가구가 자동차를 소유하고 있으며, 해외로 나가는 전체 관광객의 수는 2018년까지 10년 동안 3배가 되었다(NBSC 2020). 현재 전 세계에는 중국이 경제 현대화를 시작했던 시기와 소득 수준이 같은 사람들이 20억 명 넘게 있는데, 이런 현실은 에너지와 물질 집약적인 소비에 대한 엄청난 잠재 수요를 보여 준다.

····

끝나지 않은 대전환과 인류의 선택

현대 사회는 아동 및 청소년기의 정상적인 발달을 지원하고 성인기에 활력 있는 삶을 가능하게 하는 식량 공급 체계를 갖추고 있다. 그리고 의료 서비스는 조기 사망을 예방하고 건강하게 사는 기간을 늘리도록 도와주며, 평균 소득은 최소한의 물질적 편안함을 제공하는데, 무엇보다 양질의 주택이 이에 해당한다. 이 모든 요구 조건은 언제나 에너지와 물질의 충분한 유동을 기반으로 하기 때문에 수요의 규모와 성장 가능성으로 인해 충족하기가 더 어려워졌다.

이미 선진국에 살거나 현대화가 진행 중인 국가의 상류층에 속하는 약 15억 명의 사람들은 풍부한 에너지와 물질을 이용할 수 있다. 그리고 거의 비슷한 수의 사람들 또한 이와 비슷한 성취를 바로 눈앞에 두고 있으며 아마 한 세대도 안 되어 성취하게 될 사회(세계은행이 중산층 경제라고 부르는 부유한 계층)에 살고 있다. 그러나 인류의 나머지, 그러니까 약 60%를 차지하는 45억 명 정도의 사람들은 아직 물질과 에너지의 투입량이 최소 수준에 한참 못 미치는 사회에 살고 있다. 이런 불평등을 줄이는 일은 분명 오늘날 전 세계 문명에 가장 큰 도덕적 부담을 안겨 주는 일이며, 그러한 목표를 향한 발전은 더 많은 에너지와 물질적 투입 없이는 제대로 성취될 수 없을 것이다. 그리고 그것이 세계 에너지 공급의 탈탄소화와 이산화탄소 배출의 감소를 훨씬 더 어렵게 만들 것은 자명하다.

1980년대부터 아시아, 중동, 라틴아메리카의 많은 나라에서 물질의 1인당 사용이 3배 또는 4배 증가했으며, 에너지 수요도 비슷하거나 아시아의 상당 지역에서 훨씬 더 많이 증가했다. 그러나 아프리카는 여전히 실질적인 소비가 증가하기 시작하는 아주 초기 단계에 머물러 있다. 아프리카 대륙에서 가장 큰 두 나라인 나이지리아와 남아프리카 공화국에서 나타난 최근 성장은 낮았지만, 에티오피아, 가나, 탄자니아는 상승 추세를 보였다(World Bank 2019). 발전이 진행됨에 따라 이 나라들은 필수 사회 기반 시설을 건설하고 더 나은 도시 주택을 짓기 위한 1인당 강철 및 시멘트 사용이 몇 배는 증가하게 될 것이다.

요구되는 전환의 규모는 세 가지 핵심 사례가 잘 보여 준다. 만약 아프리카도 1980년 이후 중국의 1인당 사용량만큼 에너지가 증가한다면 오늘날 아프리카의 연료 및 전기 소비는 대략 10배 정도 증가해야 할 것이고, 1인당 철강 소비량이 중국에 맞먹는다면 연간 금속 생산량은 50배 이상 증가해야 할 것이다. 그리고 사하라 이남 아프리카 지역이 작물에 있어서 질소 사용 수준이 인도의 현재 수준과 딱 일치할 경우 합성 비료에 대한 수요는 한 자릿수 증가할 것이다. 알루미늄, 유리, 플라스틱 또는 마이크로프로세서에 대한 비교 역시 마찬가지로 놀랄 만한 수준일 것이다.

경제적 측면의 도전 과제를 잘 보여 줄 수 있는 또 다른 방법은 경제 활동의 왜곡된 분배로 인해 세계 인구의 약 70%가 현재 1인당 평균 GDP가 최근 세계 평균보다 낮은 국가들(모든 아프리카와 대다수 아시아 국가를 포함)에 살고 있다는 점에 주목하는 것이다. 50억 명 이상의 사람들을 단지 세계 부의 평균 정도로 끌어올리는 데만 해도 1980년 이후 중국 경제의 성장 과정에서 소비된 것보다 적어도 두 배 많은 에너지와 물질 소비의 증가가 요구될 것이다. 유럽 연합의 1차 에너지와 물질 사용의 평균(미국 평균은 두 배 이상 높다)을 그대로 따라간다면 전체 인류의 하위 20%에 해당하는 가장 가난한 인구가 그 소비를 10배 늘리게 된다는 것을 의미할 것이다.

하지만 아시아의 신진 부자들은 유럽 선진국의 평균을 뛰어넘기를 열망하고 있으며 현재 상위 20%에 해당하는 미국의 중상류층이 향유하는 소비 수준을 그대로 따르고 있다(Reeves 2017). 이런 부유한 코호트(특정 경험을 공유한 사람들의 집체) 집단은 현재 1차 에너지 소비량이 연간 1인당 500GJ을 초과하는 반면 인류의 가장 가난한 20%는 20GJ 미만으로 버티고 있다. 이는 21세기 안에 사라질 수 없는 25배 이상의 격차이지만, 전 세계적으로 정보가 공유되고 있는 상황에서 아시아, 아프리카 그리고 라틴아메리카에 사는 수백만 명의 열망을 자극할 것이다.

고소득 국가에서 수요가 줄어들고 있다고는 하나, 과연 전 세계적으로 환경에 가해지는 상당한 추가 부담 없이 저소득 국가의 경제성장이 가능할까? 고령화가 진행 중이며 종종 인구가 감소하고 있는 모든 선진국이 지난 30~40년 동안 1인당 소비 부진과 감소가 결합한 형태를 보인다는 점은 사실이다. 미국에서조차 1인당 1차 에너지 수요(SUV 차량, 더 큰 집, 더 많은 유동성, 범람하는 전자 기기에도 불구하고)는 상승 경향의 기미가 보이지 않으며 연간 280~300GJ 사이에서 등락을 보이고 있고, 유럽의 경우 대부분 연간 140~170GJ 사이이다. 그러나 1980년 이후 절대 수요는 각각 25%, 15% 증가했다.

비슷하게 미국과 유럽의 1인당 핵심 물질(금속, 시멘트, 종이, 유리)의 수요는 전반적으로 포화 상태이거나 감소하고 있다. 절대 수요는 훨씬 적은 변화를 보인다. 예를 들어 미국의 강철 소비는 1980~2018년 사이 단 10% 감소했지만, 그것은 대단한 성취로 볼 수 없다. 쇠락한 국가 기반 시설을 손보고 개선하려면 미국의 강철 수요는 늘어날 수밖에 없다. 게다가 예전 선택지를 대체하는 많은 물질들의 전반적인 에너지와 환경 비용이 더 높다. 플라스틱에 의한 목재의 대체는 바람직하지 않은 결과의 가장 분명한 사례가 되었다. 나무의 에너지 비용은 대개 5GJ/t이지만, 플라스틱의 에너지 비용은 100GJ/t이 든다. 그리고 폐목재는 자연스럽게 썩지만, 플라스틱 폐기물은 사라지지 않는다. 2014년 바다에는 5조 개 이상의 플라스틱이 떠다니고 있었으며(Eriksen et al. 2014), 현재 플라스틱 폐기물은 가장 깊은 해구海溝에서도 발견되고 있다 (Jamieson et al. 2019).

비록 높은 삶의 수준을 향유하고 있는 15억 명의 인구가 에너지와 물질 사용을 반으로 줄이고 환경에 큰 부담을 가중하지 않은 상태로 감소분을 전부 저소득 국가에서 이용할 수 있게 되더라도, 최근 세계 에너지와 물질 사용량을 유지하면서 모든 인류가 적절한 삶의 질을 누리는 것은 불가능하다. 에너지의 측면에서 그것은 연간 에너지 사용을 약 1인당 180GJ의 현재 평균에서 90GJ로 줄이는 것을 의미하는데, 그 정도는 중국의 현재 평균 수준보다 높지 않다. 하지만 그런 정도의 엄청난 에너지 이동으로도 오늘날 저소득 국가의 1인당 사용량은 중국 평균보다 훨씬 못 미치는 상태일 것이며, 그 인구는 세기 중반까지 약 20억 명 증가할 것이다.

만약 부유한 나라의 자발적 빈곤화라는 선택을 비현실적이라는 이유로 배제한다면, 오로지 비탄소 에너지와 어떠한 화석탄소 없이 생산되는 물질로 모든 것을 공급하는 가능성에 대해서도 같은 말을 해야 할 것이다. 오늘날의 저소득 사회를 현대화하기 위한 모든 추가 필요 조건을 공급할 목적으로 비탄소 에너지에만 의존하면서 몇십 년 안에 화석 탄소에 대한 의존성을 완전히 없앨 수 있는 현실적인 방법은 없다. 파리 협정의 최종본에는 단기 에너지의 절대적 감소의 달성이 얼마나 어려운지 묘사돼 있다. 국가적 결심이 충족된다고 하더라도 온실가스 배출은 '2°C 시나리오 중 가장 적은 수준의 범위에 속하는 것이 아니라, 2030년 55Gt으로 예상되는 수준으로 이어질 것이며(UN 2015, 4)' 후자의 총량은 2018년의 수준보다 거의 50% 이상 높다.

하지만 2°C 상승하는 것과 관련해서 더 큰 환경 피해를 막으려면 평균 대류권 온도 상승은 1.5°C 밑으로 유지되어야 한다(IPCC 2018). 이를 달성하기 위한 유일한 방법은 화석연료에서 비탄소 대체물로 이례적인 전환을 이루는 것뿐이다. 화석연료로부터 배출되는 전 세계 이산화탄소가 200년 이상 꾸준히 증가하다(2018년 33.1Gt으로 기록적인 양을 나타냄), 증가를 멈추고 2050년에 제거되려면 2020년에 빠르게 감소(적어도 일 년에 이산화탄소 1Gt씩)하기 시작해야 할 것이며, 2100년이 되기 전까지 2018년 수준보다 10~20% 낮춰야 할 것이다(IPCC 2018).

후자의 목표를 달성하려면 대기에서 수천억 톤의 이산화탄소를 제거하고 가스를 영구적으로 지하 격리시켜야 한다. 그러나 현실적으로는 매우 어려우며, 만약 그런 시나리오가 전 세계적으로 실현된다면 나는 그것을 기적적인 변화라고 부를 것이다. 기술 낙관주의자에게는 어떤 선례도 큰 걱정거리가 아니다. 그들은 과학과 기술, 전반적인 관리 혁신 그리고 4차 산업혁명을 향한 진보의 에스컬레이터에 올라타기만 하면 해결책은 저절로 생길 거라 믿는다(Schwab 2016). 기술 낙관주의자의 이런 희망 사항은 무한한 시간 속에서 기술적 진보의 지혜가 무한히 특이점을 맞으며 뿜어져 나올 것이라 믿는 진짜 광신자들에 비해선 구닥다리고 보수적으로 느껴지기까지 한다.

그러나 이런 것들은 어디까지나 희망 사항일 뿐이다. 필자가 보여 주었듯 혁신의 꾸준한 흐름이 전 세계적 수요의 추가 증가를 막을 수는 없다. 오늘날 낭비되는 식량의 3분의 1을 줄인 뒤에도 2050년까지 전 세계 인구는 적어도 현재 공급 수준을 유지하는 데만 20%의 식량이 더 필요할 것이며, 현존하는 영양 부족을 없애기 위해서는 적어도 3분의 1이 더 필요하다. 비록 에너지 변환 효율의 향상이 역사상 최고 수준을 기록한다고 해도, 2050년에 전 세계는 적어도 2020년보다 40% 더 많은 1차 에너지 공급이 필요할 것이며, 전기의 발전량도 훨씬 더 증가할 것이다. 상대적인 비물질화가 진보하게 되더라도 기본적인 철과 비금속 광물질의 수요는 많이 증가할 것이며, 식량, 에너지, 물질의 증가 중 어떤 것도 모든 화석연료 사용을 제거하면서 이룰 수는 없는 것들이다.

결과적으로 가장 가능성 있는 전 세계의 발전 과정의 모습은 흔히 예상되는 네 가지의 궤적을 따르지 않을 것이다. 하락세는 있겠지만, 부유한 국가에서 급진적인 소비 감소는 없을 것이다. 급격한 탈탄소도 없을 것인데, 이는 현재 상용화 능력의 한계가 그런 선택을 제한하기 때문이다. 그리고 새로운 근본적 혁신의 축적이나 특이점의 이른 도래가 효과적인 해결 방법을 불러오지도 않을 것이다. 배출의 조기 안정에 이어 느리고 점진적인 감소가 나타나는 것이 그나마 가장 좋은 단기적 전망이다. 이런 접근은 추가 배출을 막을 뿐만 아니라 현재 기록 수준 아래로 상당히 낮추는 결과를 낼 수 있을 것이다. 반면에 2050년까지 배출을 종식하려면 선진국의 경제 쇠퇴를 감수하면서, 마찬가지로 저소득 국가 수십억 명의 사람들에게 욕을 먹을 것을 각오하고서 탄소 배출을 통한 경제적 부를 축적하지 못하게 하는 방법밖에 없다.

이산화탄소 배출의 세계적 특성과 거기에서 비롯된 결과만으로는 결단력 있고 구속력 있는 국가적 협약이 채택되기에 부족하다. 게오르제스쿠 뢰겐Georgescu-Roegen은 근본적인 중요성의 관찰을 통한 엔트로피 법칙과 경제성장에 대한 소급 검토에서 그 어려움을 이렇게 묘사했다. '에너지 절약의 과제는… 한 국가나 심지어 몇몇 국가만의 것이 아니다. 이 과제는 모든 나라의 협력을 필요로 하는데, 이것은 에너지보다 훨씬 더 무서운 위기, 그러니까 호모 사피엔스가 가진 지혜의 위기를 드러내는 지점이다(Georgescu-Roegen 1986, 18).' 전 세계 기후변화를 다루는 일에는 전 세계의 합의된 행동, 즉 명확하게 정의된 장기적 약속에 대한 공통의 이행이 필요하다.

그러나 이행의 과정에서 우리는 깊이 뿌리박힌 인간의 보편적 습성의 강한 관성에 맞닥뜨리게 된다. 인간은 중요한 결정을 내리거나 전례 없는 위험에 처했을 때, 특히 관련된 시간 범위가 몇 년이 아니라 수십 년으로 예측될 때조차 미래의 심각성을 평가 절하하는 습성이 있다. 게다가 종종 풍부한 자원을 가지고 있으면서도 국민들에게 적절한 삶의 질을 제공하는 것조차 제대로 하지 못하는 국가들이 갑자기 지구 공통의 문제를 해결하는 데 기여하는 협조자가 될 것이라고 기대하는 것은 순진한 생각이다. 능력이 되는 부유한 국가들도 당장 선거에 도움이 되지 않는 공약들은 은근슬쩍 넘어가는 전략을 추구하기 때문이다.

이런 문제를 해결하기 위한 대책은 독창적이지도 적절하지도 않았다. 탄소세든 비탄소 에너지 변환을 도입하는 것에 대한 보조금이든 바라는 만큼의 비율로 이산화탄소 배출을 줄일 수 없었다. 탄소세와 보조금 같은 조치는 거주자의 약 60%가 평균적인 에너지와 물질 소비량이 적어서 추가적인 탄소 배출이 상대적으로 평균 대비 여력이 있었던 지역에서 발생하며, 보조금에 관계없이 이용 가능한 비탄소 대안 자체가 없었던 세계에서 발생한다는 점을 상기하라.

이런 현실 중 어떤 것도 최근 종말론적 우려의 목소리에 대한 동참과 다가오는(어쩌면 이미 거의 도달한) 티핑포인트, 인간성의 고갈, 서구 문명과 세계 문명의 붕괴 임박 그리고 살 수 없는 지구에 대한 정해진 운명의 논거가 될 수는 없다(Oreskes and Conway 2014; WallaceWells 2019; McKibben 2019; Spratt and Dunlop 2019; Lenton et al. 2019). 이런 전망은 알 수 없는 현실의 가장 가능성 높은 묘사를 통한 최악의 시나리오(본질적으로 불확실한 모형에 의존해서)들을 연결해서 제시할 뿐만 아니라, 인간의 대처 능력과 적응 능력을 과소평가한다. 종말론적 주장은 항상 역효과를 낳는다. 종교는 수천 년 동안 인간을 착하게 만들겠다며 지옥의 끔찍한 처벌을 사용했지만 실패했다.

최근 종말론적 주장을 담은 저작들은 인도의 탄광 광부들이 그들의 일을 내팽개치게 만들도록 인도의 수뇌부들을 설득하지도 못했고, 다행히 인도의 수뇌부는 나라를 나락으로 떨어뜨리지 않았다[21]. 한편, 높은 효율에 대한 추구, 낭비의 감소, 최적화된 설계, 합리적인 가격, 효과적인 세금 제도, 도움이 되는 보조금, 절제하는 소비 습관 등의 노력이 그 어느 때보다 시급하다.

모든 목표를 달성하기 위해서는 전례 없는 강도의 노력이 필요하며, 이런 조처들로 큰 절감 효과를 볼 수 있을 것이다. 만약 지난 세대 동안 우리가 엄격한 건축 법규를 채택하고 건물에 초단열을 적용하고 커다란

....

21 인도는 전력 생산의 80%를 석탄에 의존하며 상당한 양을 더 늘릴 계획을 가지고 있다. 또, 중국 농부들이 방글라데시보다 1인당 경작 면적이 좁은 땅에서 쌀 재배를 두 배로 늘리기 위한 석탄과 천연가스 기반의 질소 비료 사용을 막지도 못할 것이다. 그들은 어떤 주요 작물 재배자들보다 헥타르당 더 많은 질소 비료를 사용한다.

SUV 차량 소유를 억제했다면(혹은 도입 자체를 하지 않았더라면), 혹은 항공 여행의 가격을 환경적 영향을 더 잘 반영하도록 책정했다면 얼마나 많은 탄소가 대기에 도달하는 것을 막았을지 가늠해 보라. 그러나 우리는 효율성과 합리적 소비에 대한 추구가 생물권에 대한 추가적인 영향 안에서 편안하게 살 수 있는 문명으로의 전환을 달성하기 충분하지 않을 수 있다는 사실을 반드시 의식하고 있어야 한다. 최근 기후변화에 대한 관심이 생물권을 악화시키고 오염시키는 다른 환경 문제에 관한 우려에서 눈을 돌리고 있지만, 이런 바람직하지 않은 변화들은 기적이 일어나 온실가스 배출이 일시에 중단된다고 해도 해결되지 않을 것이라는 점을 명심해야 한다.

특별한 역경에는 그에 맞는 조처를 해야 한다. 그것이 일부 사람들이 지구공학을 탄소 기반 경제성장과 세계 기후변화에 대한 우려를 조화시키는 최고의 해결책으로 보고 있는 이유다. 지구공학의 영역은 들어오는 방사선을 줄이고 대류권을 냉각시키기 위해 성층권에 에어로졸(황산염 또는 탄산염)을 지속해서 분산하는 것부터 지상의 알베도의 변화와 대규모 해양 비옥화에 이르기까지 다양하다(Keith 2013; Boyd and Vivian 2019).

이런 방법들은 이론적으로 전망이 좋지만, 세계의 공유 지역을 관리할 권리와 국가의 주권을 주장하는 것에서부터 방사선이나 알베도의 장기적 변경이 미칠 예상할 수 없고 불균일하게 분포되는 결과에 이르기까지 여러 측면에서 매우 복잡한 문제를 안고 있다. 필자는 오늘날 지구공학의 가장 열정적인 옹호자 중 한 사람이 거의 한 세대 전 '우리가 무언가 더 개입해서 다른 개입과 균형을 맞추려고 하기보다는 자연계에 대한 개입을 줄이는 새로운 약속으로 시작하는 것이 현명할 것이다(Keith 2000, 280)'라고 한 말에 동의한다.

결과적으로 지구온난화의 영향이 최근 예측된 대로(대륙권 온도 상승, 해수면의 점진적 상승, 산악 빙하의 지속적 후퇴 포함) 전개된다면, 향후 몇십 년 동안 경제적, 사회적, 환경적 측면에서 다양한 변화에 대한 적응을 피할 수 없을 것이다. 이를 위해 자원을 투입하는 일은 이산화탄소 배출 곡선을 급격하게 하향 조정하고 2050년까지 연간 증가를 마이너스로 떨어뜨리는(대기 중 가스의 대규모 제거를 의미), 예외적으로 빠르며 매우 혁신적인 기술이 반드시 성공할 것이라고 믿는 것보다 더 신중한 과정일 수 있다.

진화적 증거는 우리가 기후 변화(북쪽 대륙의 급격한 퇴빙이 이어진 마지막 빙하기)를 포함해 다양한 형태의 변화를 다룰 수 있었다는 사실을 보여준다. 지난 세기 동안 우리는 두 번의 세계대전(1914~1918년, 1939~1945년)으로 인한 파멸을 극복하고, 장기간의 경제 위기(1929~1939년), 전 세계 번영의 새로운 수준에 도달하기 위한 전례 없는 인구 성장을 감당해야 했다. 우리는 또한 냉전(1945~1989년)으로부터 절멸의 위협을 잘 관리했으며, 원유 가격의 가파른 상승(1973~1980년)에도 빠르게 적응했다. 이뿐만 아니라 예측됐던 기근을 예방하고, 한때는 생태계에 가장 큰 위협으로 여겨지기도 했던 산성비에서 오존층 파괴에 이르는 환경 위협을 관리했다.

물론 그 전에 통찰력 있는 예측과 결단력 있는 행동으로 위협을 사전에 예방하면 좋겠지만, 우리는 역사적으로 그런 적이 거의 없다. 과거와 결별하고 새로운 선택을 내리는 일은 항상 위기가 코앞에 닥치고 나서야 하기 마련이다. 부유한 나라들은 더 적응하기 쉬울 것이다. 왜냐하면 행복에 대한 지표는 명백한 포화의 징후를 보이기 때문이다. 성인의 신장, 기대 수명, 교육 기간, 1인당 에너지 소비 등을 포함한 대부분의 변화는 1인당 경제 생산액이 약 2만 달러로 증가하거나 연평균 1차 에너지 소비가 1인당 100GJ을 초과하면 포화 현상이 나타나기 시작한다.

그리고 낮은 가임률과 인구의 고령화가 거의 모든 선진국에서 표준이 됨에 따라, 1인당 에너지와 물질 사용을 추가로 감소하도록 촉진하는 것은 전반적인 삶의 기준을 크게 낮추지 않으면서도 크게 어렵지 않을 것이다. 그러나 거기에는 반드시 기존의 경제적 불평등의 범위를 줄이기 위해 고안된 조치들이 수반되어야 할 것이다. 저소득 국가의 경우 적응은 훨씬 더 어려울 것이며, 보다 적합한 작물의 보급, 물 관리 개선, 적절한 주택 건설, 새로운 에너지 자원의 대규모 채택과 같은 부분적인 성공조차 선진국의 상당한 투자 및 기술 이전이나 향후 수많은 이민을 수용하려는 의지가 필요하다.

동시에, 우리는 결코 미래 환경에 대한 제일 좋은 징조를 현실적인 예측이라고 착각해서는 안 된다. 많은 기후 모델이 한 두 세대 앞선 선례들(1960년대 후반까지 거슬러 올라간다.)에 비해 훨씬 더 현실적인 것은 사실이지만, 대기 온실가스의 인위 개변적 상승이 불러온 변화에 대한 모든 종류의 장기적 평가는 확실하지 않다. 기후 모델을 깊이 연구하는 사람들은 모델이 여전히 불확실한데도 '상대적으로 그것을 고치는 데 거의 노력을 들이지 않고 있는데… 불확실성을 줄이지 않는 한 우리가 하는 과학이 그 자체만으로 정부와 정책 입안자 그리고 대중에게 분명한 정보를 제공하기에는 충분하지 않다.'라는 사실을 주저하지 않고 받아들인다(Carslaw et al. 2018, 2).

현재 모델들은 태양의 활동을 무시하고, 구름의 미시 물리학을 제대로 반영하지 않으며, 미래 공기 중 이산화탄소, 메테인, 아산화질소 농도에 영향을 줄 수 있는 모든 수권水圈과 생물권의 피드백을 재현하지 못한다. 결과적으로 우리는 현재 최고의 모델들에 기초한 어떤 결론이 어떤 구체적인 결과를 과장하고 어떤 장기적 영향을 과소평가할 수 있는지 확신할 수 없다. 이런 현실을 반영한 완벽한 사례는 20년간의 관찰 후에나 확고한 결론이 나오는 연구에 의해 제공된다.

다른 모든 것이 동일한 상태에서 대기 중 더 높아진 이산화탄소는 육지에서 광합성을 촉진한다. 이런 과정은 농업 경작지와 숲에서 여러 번 확인됐으며, 두 개의 주요 대사 경로를 가진 식물들은 상승한 이산화탄소 농도에 각각 다르게 반응해 왔다. 라이히Reich와 동료들이 수행한 장기적 이산화탄소 농축 실험에서 초기에는 실험 식물들이 예상대로 반응했다. C_3 종은 이산화탄소의 상승에 강하게 반응했으며 C_4 종은 반응하지 않았다. 점진적으로 C_4의 반응이 점차 강해지는 동안 C_3의 반응은 줄어들었고, 15~20년 뒤 C_4 종은 꾸준히 강하게 반응하는 반면 C_3 종의 반응은 무시할 만한 수준이 되었으며, 마지막 5년 동안 강화된 C_4의 반응은 어떤 단계에서 C_3가 보인 반응보다 높았다(Reich et al. 2018).

모든 주요 작물들은 C_3 종이고, C_4의 광합성 경로는 나무들 사이에서는 볼 수 없기 때문에 이런 발견(이전의 합의된 이론에 반하는)은 더 높아진 이산화탄소 농도에 대한 식물의 장기적 반응을 이해하는 데 시사하는 바가 크다. 그러나 미래의 식물 반응에는 강수량과 분포, 추가적인 다량영양소와 미량영양소의 가용성, 바이러스, 곰팡이, 곤충으로 인한 피해 등 몇몇 추가적인 불확실성이 작용한다. 가뭄은 식물이 수분의 증발로 인한 손실을 막기 위해 기공을 부분적으로 닫아 광합성을 위한 탄소 흡수를 감소시키기 때문에 가뭄에 대한 반응은 특히 중요하다. 피터스와Peters 동료들은 2001~2011년 사이 10년 동안 유럽, 러시아, 미국에 영향을 미친 심각한 가뭄이 북반구 전역의 생태계에 미친 변화를 확인했다(Peters et al.2018).

그 결과 6개의 최신 기후 모델에 의해 시뮬레이션된 것보다 반응이 훨씬 크다는 것을 발견했는데, 이는 모델링된 가뭄으로 인한 탄소 기후 피드백이 너무 작을 수 있으며 광범위하고 장기화된 가뭄이 연간 세계 탄소 예산에 상당한 영향을 미칠 수 있음을 시사한다. 그러나 최근 한 보고서는 전 세계 식물 면적의 3분의 1이 점점 녹지화하고 있으며, 5%만이 갈변하고 있기 때문에 '중국과 인도는 토지 이용 관리를 통해 세계의 녹지화에 앞장서고 있다.'라고 분명하게 밝혔다(Chen et al. 2019, 486). 이는 매우 반가운 소식일 것이다. 하지만 헤드라인 이상을 읽어 보면 그 나라들의 위성이 보여 준 푸른 잎의 증가는 대부분 경작의 집중화로 인한 것이란 사실을 알 수 있다. 비료와 지하수에 의한 관개를 더 많이 사용함으로써 가능한 더 광범위한 다작의 조합은 인도에서 잎 면적 증가의 82%를, 중국에서는 32%를 차지한다. 중국에서 잎 면적 증가의 42%는 나무를 심기 때문인데, 매우 빨리 자라며 단일 작물이 압도적으로 많지만, 종종 외래종으로서 새로운 환경에 잘 적응하지 못하기 때문에 장기적인 이점은 의심스러운 상황이다(Xu 2011).

결과적으로 바람직한 결과인 녹지화에 관한 보고는 환경에 바람직하지 않은 영향을 추가적으로 만들어 내며 우려를 높이고 있다. 그리고 식물의 생장 반응은 다른 경우들처럼 보장하기 힘든 여러 발전에 기대고 있다. 지구온난화와 관련된 미래의 변화에 대한 불확실성은 남극의 얼음이 녹는 속도, 해수면 상승(Rignot et al. 2018; Schlegel et al. 2018), 해양의 용존산소 감소(Schmidtko et al. 2017), 영구 동토층이 녹으면서 방출되고 이로 인해 온실가스의 연간 흐름을 증가시키면서 온난화의 진행을 가속화할 수 있는 메테인과 이산화탄소의 부피 증가(Schurret al. 2015) 등 수십 가지 변수로 확장된다.

그러나 또 다른 주요 불확실성은 해저에서 방출되는 자연적 메테인의 영향에 관한 것이다. 그런 종류의 방출은 지구의 온난화를 증폭할 수 있지만 폴만Pholman과 동료들은 메테인의 유동이 많은 북극 지역이 메테인 방출로 인한 온난화 영향을 압도하는 효과를 가진 이산화탄소 흡수량도 상당하다는 사실을 발견했다(Pholman et al. 2017). 만약 이것을 널리 적용할 수 있다면 메테인의 유출 지역은 온실가스를 만들어 내기 보다는 사라지게 만드는 지역일 것이다.

우리가 2050년이나 2075년까지 실제로 어떤 생물물리적 변화가 벌어지는지 알 수 있다고 해도, 변화에 대한 개별 국가의 반응까지 예측하는 것은 여전히 불확실하다. 지난 발전들은 주요 과제에 대한 국가의 구체적인 반응이 상당히 다른 결과로 이어질 수 있다는 점을 보여 준다. 나이지리아의 1인당 GDP가 중국의 2배였던 1990년과 오늘날의 나이지리아는 여전히 상대적으로 중국보다 자원이 많고 인구통계학적 배당을 누리고 있지만, 나이지리아의 1인당 GDP가 겨우 50% 성장하는 동안 중국은 평균 10배나 올랐다.

이 모든 불가피한 불확실성을 기준으로 우리는 어쩌면 보상을 가져다줄지도 모르는 해결책을 교조적인 선택으로 배제하는 일은 하지 말아야 한다. 이것은 수십 년 동안 나의 핵심 논거였다.

우리는 단순화하는 맥시멀리스트가 되기보다 복잡하게 만드는 미니멀리스트로서 행동해야 하고, 단호하지만 유연하고 절충적이지만 분별력 있는 태도를 견지해야 한다. 복잡하게 만드는 미니멀리스트로 행동해야 한다는 것은 완벽하다고 알려진 단일 해결책에 의존하지 않고, 다수의 접근 방식을 선호하며, 달성 가능한 가장 높은 서비스와 양립할 수 있는 최소한의 투입을 옹호하는 걸 말한다. 단호하지만 유연하고 절충적이지만 분별력 있는 태도란 특정 해결책을 용납하지 않는 선험적, 이데올로기적 순결함을 용납해선 안 되며, 특정 요소를 범주적으로 배제하지 말아야 하고… 최선을 고려할 때 융통성 없는 주장을 하지 않는 걸 의미한다(Smil 2003, 367).

이런 계획은 실행 단계에서 시스템 설계를 촉진하고(예를 들면, 전기 자동차 도입으로 얻는 환경적 장점을 무색하게 만들어 버리는 SUV를 생산하지 않는 것 등), 선험적으로 하나의 총아를 선정하는 것을 피하며(원자력 발전을 어떠한 경우에도 용납할 수 없는 것으로 낙인찍거나 해결책이라고 극찬하는 태도), 광기전성의 장단점을 파악하고(재생 가능한 변환들 중 가장 높은 전력 밀도를 가진다는 장점 대 광전지 용량 점유율이 높은 시스템에는 대규모 전력을 저장해야 하는 단점), 상당한 할인을 제공하며 국가별 소유 목표를 부과하면서 배터리 구동 자동차의 채택을 명시적으로 권장함으로써 수소 구동 차량의 개발을 배제하지 않는다는 것을 의미한다. 식량 생산과 영양 분야에서는 생물종의 다양성 유지, 모든 단계에서 폐기물 감소, 계절적 차이에 대한 섭취량 조절, 현재 유행하는 '도시 농업'이 가진 고유한 한계 인식, 혹은 엄청나게 큰 차량의 작물 유래 바이오 연료 사용을 중단할 필요가 있다.

극단적인 시나리오는 대략적인 설명이 쉽다. 평형 기후 민감도the equilibrium climate sensitivity(산업화 이전 이산화탄소의 농도가 2배 증가한 결과로 나타난 지구온난화의 평균)는 결과가 견딜 만한 수준이거나 상대적으로 적응이 쉬운 예측 범위의 바닥에 가깝게 유지되거나, 그 범위를 훨씬 지나 위험한 영역에 진입하거나 둘 중 하나가 될 것이다. 지속적인 탄소 배출량 감소를 감독하기에 앞서 탄소 배출의 현재 수준을 안정화하기에 충분한 전 세계적 합의를 찾거나, 효과적인 합의점을 발견하지 못하고 기대를 훨씬 뛰어넘는 수준의 환경에서 살거나 둘 중 하나일 것이다. 지구온난화에 대한 자연의 복합적인 반응(특히 식물과 바다에 있는 모든 저장고에서)이 우리가 기대한 것 이상으로 더 큰 완충 역할을 하거나, 완전히 실패해서 훨씬 더 끔찍하고 바람직하지 않은 결과를 안겨 주거나 둘 중 하나가 될 것이다.

결과에는 모든 가능성의 스펙트럼에서 예측 불가능한 구성 요소의 혼합이 포함될 가능성이 가장 높다. 우리는 미래에 어떤 일이 벌어질지 모르며, 구체적인 산출에 대한 가장 가능성 높은 평가조차 알려진 정보에 기반한 추측일 뿐이다. 2020년에 2100년의 세계를 예상할 수 있다는 생각은 완전히 우스운 생각이다. 1940년의 세계를 떠올려 보고 그 세계에 뭐가 없었는지, 무엇을 예상할 수 없었는지 생각해 보라. 항생제도, 피임약도, 대체출산율 밑으로 떨어진 국가도, 전국적으로 기대 수명이 60세를 넘긴 적도, 대부분의 성인이 과체중이거나 비만인 국가도 없었다. 인구에서 식량으로 눈을 돌려보자. 거기에는 제초제도, 고수확의 단모종 곡물도, 유전자 이식 작물도, 무경간 경작법도, 공장식 사육 시스템도, 채소의 대규모 온실 재배도, 비닐을 씌운 재배도, 바나나를 제외하면 대륙간 신선 과일의 무역도 없었다.

에너지에 대해 말하자면, 대규모 노천광이나 사우디아라비아의 유전, 바다 시추, 수압 파쇄법, 액화 천연가스, 거대 유조선, LNG 탱커, 기가와트의 터빈 발전기, 널리 장착된 가스터빈, 배연 탈황, 원자로, 고압직류 송전선, 광전지, 풍력터빈은 존재하지 않았다. 경제는 컴퓨터, 위성, 제트 여객기, 컨테이너선, 고속철 없이 돌아갔다. 기본적인 산소 용광로에서 생산되는 강철, 판유리, 암모니아 합성의 원심 압축기, 복합 재료, 반도체를 이용한 전자 기기, 인터넷, 휴대전화, 자유로운 정보의 유동 역시 없었다. 따라서 산성비나 오존층, 온실가스, 광화학 스모그, 항생제 내성, 농약 잔여물, 대규모 플라스틱 폐기물에 대한 걱정도 없었다.

많은 미래 예측 모델이 꿈꾸는 것과 달리, 미래는 여전히 알 수 없다. 그러나 우리에게는 아직 선택지가 많고 가능성 있는 궤적과 효과적인 대안의 선택이 과거의 선택으로 인해 돌이킬 수 없을 정도로 끝나지 않았다는 것을 알고 있다. 특이점에 대해서 희망적 약속과 종말론적 위험이 모두 양극단에 다다랐을 때, 인구와 경제성장, 에너지 사용 그리고 환경의 대전환은 우리를 인간 진화의 이 지점에 이르게 했다. 낙관론자나 비관론자 모두에게 그 시점은 2050년, 혹은 2030년까지 벌어질 것으로 계획된 일이었다. 그러나 필자는 우리가 짧은 시간 안에 종말론자나 무한한 지성의 맹신자들이 말하는 미래를 맞이할 거라고 생각하지 않는다.

우리는 지금껏 그랬듯 앞으로도 뻗어 나가는 창의성과 이해할 수 없는 지체, 효과적인 적응과 답답한 실패가 복합적으로 얽혀 있는 세계 속에서 살게 될 것이다. 그리고 한계 속에서도 문명의 대전환을 계속 관리해 나갈 것이다. 우리가 성공할까? 글쎄, 우리가 성공을 어떻게 정의하느냐에 따라 다를 것이다. 하지만 21세기에 일어날 전환이 20세기의 전환보다 작다면, 그건 그것대로 놀라운 일일 것이다. 우리에게는 또 다른 대전환이 펼쳐지고 있으며 그 결과는 아직 정해지지 않았다. 그것은 우리의 선택에 달려 있다.

그런 면에서, '태양 아래 새로운 것은 없다nihil novi sub sole.'

부록

과학 단위 및 배수

<본문에 사용된 국제단위계(SI) 기준의 측량 단위>

측량	이름	이름
길이	미터	m
무게	킬로그램	kg
시간	초	s

<본문에 사용된 기타 단위>

측량	이름	표기
넓이	헥타르	ha
	제곱미터	m^2
에너지	줄	J
무게	그램	g
	톤	t
일률	와트	W
온도	섭씨	℃
부피	세제곱미터	m^3

<본문에 사용된 국제단위계(SI)의 배수(+)>

접두어	약어	과학적 표지법
헥토	h	10^2
킬로	k	10^3

메가	M	10^{6}
기가	G	10^{9}
테라	T	10^{12}
페타	P	10^{15}
엑사	E	10^{18}
제타	Z	10^{21}
요타	Y	10^{24}

<본문에 사용된 국제단위계(SI)의 배수(-)>

접두어	약어	과학적 표지법
데시	d	10^{-1}
센티	c	10^{-2}
밀리	m	10^{-3}
마이크로	µ	10^{-6}
나노	n	10^{-9}

참고 문헌 및 출처

바츨라프 스밀의 《대전환》의 참고 문헌 및 출처는
QR을 통해 웹페이지에서 확인하실 수 있습니다.